高质量发展与评价研究系列丛书

U1014352

江苏高质量发展评价体系研究

苗成斌 等 著

JIANGSU GAOZHILIANG FAZHAN PINGJIA TIXI YANJIU

中国社会出版社
国家一级出版社 · 全国百佳图书出版单位

图书在版编目（CIP）数据

江苏高质量发展评价体系研究 / 苗成斌等著 .-- 北京：中国社会出版社，2022.11
（高质量发展与评价研究系列丛书）
ISBN 978-7-5087-6620-1

Ⅰ.①江… Ⅱ.①苗… Ⅲ.①区域经济发展—研究—江苏 Ⅳ.①F127.53

中国版本图书馆 CIP 数据核字（2022）第 199231 号

出 版 人：浦善新　　终 审 人：李　浩
责任编辑：杨春岩　　责任校对：朱永玲
封面设计：时　捷

出版发行：中国社会出版社　　地　　址：北京市西城区二龙路甲 33 号
邮政编码：100032　　编 辑 部：(010)58124829
网　　址：shcbs.mca.gov.cn　　发 行 部：(010)58124864；58124848
经　　销：新华书店

印刷装订：北京九州迅驰传媒文化有限公司
开　　本：170 mm×240 mm　1/16
印　　张：23　　字　　数：350 千字
版　　次：2022 年 11 月第 1 版　　印　　次：2022 年 11 月第 1 次印刷
定　　价：90.00 元

中国社会出版社微信公众号

中国社会出版社天猫旗舰店

本书为 2021 年江苏省社科基金重大项目（项目编号 21ZD007)、“江苏高质量发展评价体系研究”专项研究成果。

序

党的十九大以来，我国学术界在高质量发展指标体系方面作了大量的研究和探讨，进一步丰富了高质量发展考核评价理论内涵，提供了一些新的研究思路和有效方法路径，取得了诸多创新研究成果；全国各地党委、政府积极探索高质量发展考核评价指标体系构建，各地的指标设计因地制宜、各有所长，指标考核评价工作取得了明显成效。2018 年，江苏在全国率先实行高质量发展综合考核，在理论、实践和制度层面积累了宝贵的经验。江苏省第十四次党代会强调，要完善和用好综合考核“指挥棒”，推动各行各业在高质量发展中比学赶超、争先创优，以理论制度探索之“先”，鼓干事创业之“劲”，提“强富美高”新江苏建设之“效”。“江苏高质量发展评价体系研究”正是在这样的背景下，从 2021 年 7 月江苏省社科基金重大项目立项，到 2022 年 8 月完成课题报告，研究团队历经一年多的创新协作、辛勤耕耘，形成了 30 多万字的江苏高质量发展考核评价研究报告。

知事识人，要在考评。评价是人类的基本活动之一，贯穿于人类活动的整个过程。考核评价制度古已有之，而作为高质量发展考核评价则是新时代的新产物。研究江苏高质量发展评价体系，要从江苏高质量发展的实际情况出发，从理论与实践的双向互动中求突破。2018 年，江苏在全国率先实行高质量发展综合考核，经历了起步、深化、巩固、提升、完善 5 年的探索实践，积累了弥足珍贵的经验。本研究报告在系统总结江苏高质量发展综合考核经验的基础上，对目前高质量发展考核评价遇到的重点与难点问题、关键性问题进行梳理研究和综合分析。譬如，如何提高高质量发展考核评价精准度和公认度问题，如何提高评价指标的科学性和牵引性问题，如何创建有效测度、知事识人的评价模型问题，如何探索解决评价结果运用牵引高质量发展不强问题，如何探索解决高质量发展数据信息孤岛问题，怎样加强对高质量发展影响因素分析，怎样破解前瞻性研究难度大的问题，等等。基于对这些问题的深入研究，我们努力从江苏高质量发展考核评价理论与实践的结合上及运行机制上下功夫、求突破，为考核评价更好地引导、激励、牵引高质量发展提供决策依据和实践指导，力求使综合考核评价精准、牵引有力、务实高效。

乘众之智，研精覃思。考核评价贵在牵引、要在精准，难点也在精准，在发展变化中追求考核评价的精准度是永恒的主题。本研究报告围绕构建江苏高质量发展考核评价体系，按照高质量发展考核评价“引领扣准、指标定准、考评精准、结果用准”的高标准高定位的目标要求，充分吸纳了省内外诸多专家、省直机关有关部门领导和研究团队的智慧和意见，力求在研究考核内容上精细，在研究评价指标上精准，在研究绩效评估上精深。研究报告提出了江苏高质量发展评价指标体系及权重，构建了“综合质效、创新发展、协调发展、绿色发展、开放发展、共享发展、安全发展、主观感受”“八个模块”、24个一级指标和41个二级指标，探索性提出“安全发展”指标模块。我们通过运用层次分析法（AHP）与数据科学分析平台（SPSSAU）方法科学设置权重，统筹了数据获取渠道和数据资料积累；通过12000多份的调查问卷，广泛了解广大干部群众对高质量发展主观感受状况；通过精选高质量发展绩效评价的方法和模型，对江苏2016—2021年度高质量发展水平指数测度，对江苏13个设区市2019—2021年高质量发展水平指数和发展指数进行综合评价测度，动态反映江苏高质量发展综合情况；通过对全省和各设区市高质量发展贡献度分析，综合研判高质量发展影响因素；通过模型构建，采用GM（1，1）预测模型对未来几年江苏高质量发展进行预测，前瞻分析新的发展走势。

登高望远，行远自迩。高质量发展是动态变化的，高质量发展考核评价的研究和探索永远在路上。只有善于总结，才能更好地预测未来；只有持续研究，才能探寻规律赢得未来。本研究报告在系统总结江苏高质量发展考核评价做法的基础上，从多领域、大格局、新视野研究江苏高质量发展评价体系，围绕“更有质量、更有效益、更可持续、更为公平、更加安全”的发展和实现“六个发展高质量、文化事业高品牌、社会治理高水平、生态环境高标准、人民生活高品质”的“五更五高”的研究目标定位，立足于原创性、规律性、创新性、实用性和前瞻性，努力探索以考核评价导方向、增动力、传压力、强活力的有效路径，从历史和未来的逻辑关系中，探求绩效考核评价的内在机理；从理论与实践的结合上，探寻完善高质量发展考核评价体系的对策“良方”。本书系统研究提出优化江苏高质量发展路径，即构筑现代产业高地，实现经济发展高质量；强化产教才城融合，实现创新发展高质量；着力城乡一体建设，实现城乡发展高质量；塑造美丽山水特色，实现生态文明高质量；坚持共同富裕导向，实现人民生活高质量；守住风险防控底线，实现安全发展高质量。这些研究成果对于进一步改进和完善江苏高质量发展考核评价，优化高质量发展路径等，都具有新的启发和参考价值。

刘德海

2022年8月

目　录

第一章

江苏高质量发展评价的背景与研究思路

党的十九大报告指出："我国经济已由高速增长阶段转向高质量发展阶段。"2017 年 12 月，中央经济工作会议明确要求："必须加快形成推动高质量发展的指标体系、政策体系、标准体系、统计体系、绩效评价、政绩考核。"如何对高质量发展水平进行评价和监测，是值得探讨的重要问题。江苏省在高质量发展和考核评价工作方面走在全国前列，进行了许多有益的实践和探索。江苏省率先开展高质量发展综合考核，既是贯彻落实新发展理念的内在要求，也是江苏省委、省政府推进高质量发展的制度性安排。因此，从高质量发展与评价的时代背景出发，系统梳理国内外高质量发展考核评价的研究现状，明晰江苏考核评价的重点难点创新点、研究思路框架以及研究方法创新等，有助于进一步改进和完善江苏高质量发展评价体系，不断夯实高质量发展绩效评价考核基础。

第一节　研究背景与研究意义

高质量发展是对经济社会发展整体质量和效益状况的描述，是能够很好满足人民日益增长的美好生活需要的发展，是体现创新、协调、绿色、开放、共享发展理念的发展，是生产要素投入少、资源配置效率高、资源环境成本低、经济社会效益好的发展[①]。高质量发展评价是江苏贯彻新思想、新理念，把高质量发展落到实处的全局性、战略性制度安排，是系统谋划推进高质量发展的重要环节，是确保江苏高质量发展走在前列的激励手段，是力戒形式主义、减轻基层负担的有力举措。作为新时代适应江苏发展特点、着眼解决干部积极性问题、与时俱进作出的一项重要制度安排，高质量发展评价具有重要的理论和实践价值。

一、研究背景

江苏进入了高质量发展的新阶段，这标志着长期以来依靠高投入推动高增长的模式已经不可持续，必须向依靠提升质量和效益、优化结构、转换动力、增强可持续发展的模式转变。如何理解和把握这个发展转变的背景、要求和趋势，通过什么政策和路径推进高质量发展和评价高质量发展，需要从江苏发展的背景和现实状况深入研究。

（一）大变局叠加新冠肺炎疫情的深度影响，迫切需要于变局中开新局，加快高质量发展

谋发展必先观大势，开新局必先知变局。江苏处在国内国外两个大局相互激荡的前沿阵地，面临指挥新冠肺炎疫情防控和经济社会发展工作两个战场的重大考验，面对这些新变局，如何推进高质量发展和评价高质量发展，我们既要研判“什么在变”，还需要考虑“在怎么变”，更需要把江苏未来发展放在新变局中来思考，认清航向、厘清思路、明确定位，科学研究好江苏高质量发展谋大局、开新局的发力点和突破口。

一是国际经济环境变化对江苏经济发展方式的挑战。2008 年国际金融危机之后，世界经济复苏进程缓慢，全球经济治理体系、国际经济秩序乃至世界经济格局正在重新调整，国际经济环境的新变化给江苏经济发展带来了冲击。外需低迷带来重要影响。这轮国际金融危机爆发后，各国均采取积极措施促进本国经济发展，但世界经济增速、国际贸易和投资增速一直没有恢复到危机前的水平。外需低迷增加了经济不确定性，使江苏利用世界经济较快增长机遇加快自身发展的条件发生了变化。经济全球化出现

① 林兆木：《关于我国经济高质量发展的几点认识》，2018 年 1 月 17 日《人民日报》。

新变化。世界经济增长放缓使国际市场竞争日益加剧，各国内部需求不足使贸易保护主义抬头，发达国家的再工业化政策使某些制造业回流，这些新因素、新现象形成了经济全球化的逆流，使江苏原有的依靠扩大出口带动经济增长的模式面临新的严峻挑战。全球产业分工体系加速重构。主要表现在发达国家推行再工业化战略，一些高端制造业出现了回流现象；部分资源型国家的资源衰竭，打破了原有的全球产业分工体系；中国的劳动力、原材料等成本上升，使得一些低端制造业转移至东南亚、非洲等地区①。

二是新冠肺炎疫情交织的长期性、复杂性和艰巨性为江苏高质量发展带来的冲击和不确定性。在世纪疫情冲击下，百年未有之大变局加速演进，国际形势更趋复杂严峻和不确定，充满各种可以预见和难以预见的风险。从江苏发展来看，既有实体经济尤其是制造业厚实的基础，有科教和人才资源丰富的优势，也面临着需求收缩、供给冲击、预期转弱的三重压力，外部影响的冲击、资源环境的制约也更为直接。因此，迫切需要不断做强经济基础，增强科技创新能力，以高水平开放促进深层次改革、推动高质量发展。变局潜藏危机，危机孕育新机。如何在疫情防控常态化过程中有效应对内外部冲击，保持经济持续健康发展；如何更好围绕产业链构建创新链、围绕创新链布局产业链；如何准确把握对外开放与对内开放的辩证关系，深化供给侧结构性改革，激发内需动力，构建国内大循环为主体，国内国际双循环相互促进的新发展格局；如何妥善应对当前新一轮经贸规则变革，主动对接国际市场，应对大变局和疫情对江苏高质量发展的影响和挑战，是江苏实现高质量发展所要面对的时代考验。

三是科技革命和产业变革加速演进对江苏发展提出更高要求。从全球看，世界经济进入深度衰退期、产业分工格局进入多维重塑期、科技革命处于重要窗口期，人才仍是战胜危机、赢得主动、构筑优势的关键资源。发达经济体为保障产业链、供应链的稳定性与可控性，引导中高端制造环节向本土回流，引发新一轮的国际产业分工格局重塑，不仅会对全球的制

① 郭克莎等著：《迈向高质量发展之路》，北京·科学技术出版社，2020年版，第3页。

造业布局造成深刻影响，而且必将引发国际人才布局的深度调整。同时，经济逆全球化和疫情防控常态化使国际交流面临多重阻隔，国际人才流动受到重重限制，从国际市场上引进优秀高层次人才的难度加大，必将对江苏省产业、科技等领域发展带来更为复杂、更加严峻的挑战。谁能在新一轮科技革命和产业变革中下好“先手棋”，谁就能赢得主动、赢得未来。以高水平自立自强支撑经济高质量发展，对于增强江苏省综合实力和抵御风险能力、筑牢经济安全防线具有不可估量的战略意义。

（二）服务“争当表率、争做示范、走在前列”的重大使命，迫切需要将高质量发展摆上重要战略位置

“争当表率、争做示范、走在前列”的要求，是对江苏高质量发展的精准把脉、科学定向。江苏省委书记吴政隆在省第十四次党代会报告中指出①，习近平总书记对江苏发展高度重视、亲切关怀。进入新时代，亲自为我们擘画了“经济强、百姓富、环境美、社会文明程度高”新江苏的宏伟蓝图；迈进新征程，又亲自赋予我们“在改革创新、推动高质量发展上争当表率，在服务全国构建新发展格局上争做示范，在率先实现社会主义现代化上走在前列”的光荣使命。我们必须始终牢记习近平总书记的殷殷嘱托，坚持一张蓝图绘到底，一茬接着一茬干，坚决扛起“争当表率、争做示范、走在前列”三大光荣使命，奋力谱写“强富美高”新江苏现代化建设新篇章。

在改革创新、推动高质量发展上争当表率，是对江苏高质量发展的更高要求。我们要完整准确全面贯彻新发展理念，坚持以深化供给侧结构性改革为主线，更加坚决彻底地转方式、调结构、增动能，加快实现江苏发展的凤凰涅槃。发展是党执政兴国的第一要务。新时代新阶段的发展，必须是高质量发展，高质量发展是体现新发展理念的发展。我们要完整准确全面贯彻新发展理念，坚定不移以新发展理念引领高质量发展。在现代化建设新征程上，我们既要持续深化产业结构调整、促进绿色低碳转型、培育经济发展新动能，又要针对社会主要矛盾的变化，更好地解决发展不平

① 吴政隆：《争当表率、争做示范、走在前列，奋力谱写“强富美高”新江苏现代化建设新篇章——在中国共产党江苏省第十四次代表大会上的报告》，2021 年 11 月 29 日《新华时报》。

衡不充分问题，实现更高质量、更有效率、更加公平、更可持续、更为安全的发展。改革开放是决定当代中国命运的关键一招，也是推动社会主义现代化的关键一招；创新是发展的第一动力，也是高质量发展的核心竞争力。在激烈的国际国内竞争中，唯改革者进，唯创新者强，唯改革创新者胜。我们必须把改革创新作为推动高质量发展的根本动力，坚持“双轮”驱动，更加突出创新核心地位，更大力度用改革破除发展制约束缚，为高质量发展提供源源不断的强劲动能，加快建成具有全球影响力的产业科技创新中心、具有国际竞争力的先进制造业基地，勇当我国科技与产业创新的开路先锋，争当全国高质量发展的表率，当好全国发展的重要“压舱石”。

在服务全国构建新发展格局上争做示范，是对江苏高质量发展的拓展延伸。在“争当表率、争做示范、走在前列”新征程上，江苏有长江经济带发展、长三角一体化发展等重大战略和共建“一带一路”等重大机遇的交会叠加，有综合实力、实体经济、科教人才、营商环境等先发和领先优势的交融共促，有数万潜心钻研、勇攀高峰的科技人才，有众多蓬勃发展、充满活力的市场主体和广大爱国奉献、拼搏奋进的企业家，有爱岗敬业、勤劳智慧的全体劳动者和信念如磐、作风过硬的党员干部，这是我们履行光荣使命、谱写新的篇章的信心所在、底气所在。同时，我们也要清醒地认识到，作为经济大省、开放前沿，在新的征程必然会更早更多遇到变化变局的影响，必然会更多面对各种新的风险和挑战，必须增强忧患意识，树立底线思维，更好地统筹发展和安全，确保江苏这艘大船在现代化建设新征程中行稳致远。需要我们胸怀“两个大局”、牢记“国之大者”，敢于担当、善于作为，充分发挥考核评价“指挥棒”“风向标”作用，在应对挑战中抢抓机遇，在应对变局中开创高质量发展新局。

在率先实现社会主义现代化上走在前列，是对江苏高质量发展的目标定位。现代化建设是新时代、新思想、新理念的现代化建设，需要牢牢把握高质量发展这个根本要求，谋划和设计科学的考评体系，以高质量的考评顺应高质量发展，切实增强各级干部推动实现现代化建设的驱动力和自觉性。加快建设适应、反映、引领、推动高质量发展考评工作的考评标准体系，有助于充分发挥考核评价的“指挥棒”“风向标”“助推器”作用，努力实现更高质量、更有效率、更加公平、更可持续的发展，为现代化建设进程奠定坚实的基础。用新理念强化指标体系引领，用新方法推动科学精准评价，用新机制提升高效运行质量；把标准化理念和方法融入高质量发展考评全过程，不断提升标准化治理能力、激发创新活力、挖掘创造潜能，着力在考评体系建设、考评机制设计、考评功能发挥方面探索创新，全力打造标准化创新，可以提高现代化建设质量，打造高质量发展考评“江苏样板”。

（三）破解发展不平衡不充分诸多难点，迫切需要精准有效解决突出矛盾问题，实施高质量发展

江苏发展不平衡不充分的突出矛盾倒逼高质量发展。从江苏发展的“不平衡”看，主要是城乡区域不平衡，城乡居民收入差距较大，苏南与苏北城镇化水平相差近 15 年；实体经济与虚拟经济不平衡，资金“脱实向虚”现象比较突出，房地产大起大落尚未根本缓解，资源配置扭曲；经济与社会发展不平衡，收入分配不够合理，基尼系数仍在高位；看病难、上学难、养老难等问题比较突出；经济与生态不平衡，环境透支现象突出，大气、水、土壤污染面临严峻挑战。从江苏发展“不充分”看，主要是行政性垄断、所有制歧视时有发生，地方保护问题依然存在；资本投资效率逐年降低，全要素生产率水平不到美国的 50%；新产品和新服务供给能力跟不上居民个性化多样化需求；新动能尚未成为主导力量，创新驱动格局尚未形成；有利于落实新发展理念的制度环境还未全面形成①。这些不平衡不充分的矛盾是发展质量不高的集中体现。推动发展高质量，就是要有的放矢、有力有序有效地破解不平衡不充分的突出矛盾，切实扫清前进道路上的所有障碍。

江苏生态环境质量的改善压力倒逼高质量发展②。大气环境质量方面，2021 年，全省 PM2. 5 年均浓度实现 2013 年以来“八连降”，首次降至国家环境空气质量二级标准限值以下，环境空气 PM2. 5 年均浓度为 33 微克/

---

① 沈和：《经济发展高质量：核心要义与基本路径》，《群众・大众学堂》2018 年第 1 期。
② 陈娟：《高起点建设美丽江苏》，《唯实》2021 年第 2 期，第 69 页。

立方米，但是大气中氮氧化物浓度以及臭氧污染仍是治理的难题。水环境方面，太湖、淮河等部分重要水体水质总体有所改善，但主要以Ⅲ类甚至Ⅳ类水质为主，还需进一步提升；近岸海域尽管水质尚可，但26个入海河流国考断面年均水质达到或优于Ⅲ类标准的比例仅为46.2%，Ⅳ类、Ⅴ类、劣Ⅴ类断面比例分别为46.2%、3.8%、3.8%，这对进一步提升近岸海域的水质构成压力。在污染源构成方面，生活源污染占比逐步加大，尤其是生活污水排放和机动车导致的污染，具有一定刚性，短时间内大幅削减的难度较大。

江苏产业结构偏重、能源结构偏煤的矛盾倒逼高质量发展。目前，全省开发强度已达到20%左右，达到国际警戒线水平。产业结构“两高”特征突出，转型压力较大，全省工业总产值排名靠前的包括计算机、通信和其他电子设备制造业、化学原料和化学制品制造业、电气机械和器材制造业、通用设备制造业、黑色金属冶炼和压延加工业等。省统计局调查结果表明，全省水污染最严重的十大产业排放了80%以上的工业废水，创造了近50%的规模以上工业总产值，空气污染最严重的十大产业排放了90%以上的工业废气，创造了60%左右的规模以上工业总产值。江苏煤炭消耗总量巨大，单位国土面积耗煤量是全国平均水平的6.5倍左右，是浙江省的1.8倍、广东省的2.7倍。此外，江苏还面临战略性资源供需平衡难度较大的挑战，江苏石油、煤炭、铁矿等资源储量占全国比重均不足1%，与GDP占比形成巨大反差。因此，传统资源密集型产业发展将面临更大阻碍。

江苏空间布局不尽合理倒逼高质量发展。提升居住环境和设施、宜居宜业是人民群众最关切的建设方向。然而，现实中仍然存在生态空间碎片化、质量下降以及生态空间与生产生活空间不协调等问题，加之多项规划之间难以协调一致，为提升土地资源利用价值和管控水平设置了障碍。在现代化城市建设以及美丽乡村建设过程中，规划引领的作用尚未充分发挥，“多规合一”体系建设仍存在较多难点，相关公共服务水平有待进一步提升。尤其是美丽乡村建设中，生活垃圾集中处理以及污水处理等基本环境服务尚未实现全覆盖，需要持续提升农村人居环境质量，并加快改善苏北农民住房条件。

二、研究意义

“高质量发展”既是一个新命题，也是一个相对综合的概念。“高质量”涉及很多领域与众多目标的协同推进与发展。考核评价体系是一种综合性较强的工具，这种工具抽象的概念可以通过数值量化进行表达，这将为“高质量”这一广泛的概念提供量化的途径。通过高质量发展评价体系可以将江苏发展质量量化，通过具体数字来评价发展质量。就总体而言，高质量发展评价基本涵盖了关于高质量发展的方方面面要求，有利于牵引高质量发展更加全面、充分发展。从纵向上看，高质量评价的时间序列数据可以反映党的十八大以来江苏发展水平变化，从而评价政策效果，进而指导政策制定方向；从横向上看，将各地区各部门的高质量发展指数进行综合排序与比对，可以分析江苏不同地区和单位的发展质量差异，有助于省委、省政府规划政策倾斜方向，扭转目前不平衡、不充分的发展局面。因此，深入研究江苏高质量发展评价体系具有重要的理论意义、实践意义和社会意义。

（一）理论意义

目前，我国高质量发展评价理论体系尚未健全，高质量发展评价缺乏充足的学理支撑。存在的主要缺陷是原创性理论研究不足，实践应用的盲目性较为普遍。与西方国家相比，我国政府绩效评估的研究和实践起步较晚，不论在理论研究还是在实践应用方面都存在差距和不足。高质量发展考评是一个崭新的课题，亟待社科理论工作者对中西方政府绩效评估实践和理论研究的基础上，围绕社会主义现代化建设的更高要求，立足高质量发展新阶段，深入细致地研究符合新发展理念要求的考评理论体系。

一是深入研究有利于丰富新发展理念思想内涵。高质量发展深刻内涵是践行新发展理念的发展。高质量发展评价实际上是对发展绩效的测度和评估的方法和过程。通过深入研究新发展绩效观这个新课题，使高质量发展评价成为新发展理念落地生根的有效量化的价值标尺，树立新发展绩效观是完善高质量发展绩效考评理论的首要前提。新发展绩效观的内涵是以新发展理念为基本准则，围绕“综合质效、创新发展、协调发展、绿色发展、开放发展、共享发展、安全发展和主观感受”，即“1+6+1”指标框架，在评价上突出综合效果、质量效益、行政效能和参与效度，树立政府成本、政府产出、生产力促进和公众满意的新概念。

二是深入研究有利于丰富高质量发展评价的价值体系。有的地方考评之所以不够实、不够准，是因为还停留在事实判断上，而忽视了价值判断。事实判断是关于客体本身是什么的判断，它所揭示的是客体本身的性质和特点。价值判断揭示的是主体的需要与客体的性质、功能之间的关系。这两者之间的根本区别就是价值判断中多了一种决定其本质的因素，即人的需要。比如评价一个地区的高质量发展，如果用事实评价，只要用这个地区的主要经济社会发展指标统计数据进行测算就可以了，如果对这个地区的高质量发展进行价值评价，那就要看这个地区的发展质效、创新活力以及可持续发展的后劲。譬如 GDP 构成，这个地区的 GDP 构成是先进制造业、数字经济等新兴产业构成，还是一些农副产品、茶叶、苹果等一些产业构成，这里的重要性和价值不一样。高质量发展考核评价不仅要借助统计、测验等手段进行量的测定，而且要进行质的分析，也就是要把所有考查绩效的材料和分析综合起来，进一步研究在多大程度上能够达到预期的目的，由此作出价值性判断，做到知其然、知其所以然、知其所以必然。加快运用区块链技术解决考核中的数据造假问题；运用 SPSS 分析软件在对已有数据分析的基础上解决指标相关性问题。

三是深入研究有利于丰富和完善高质量发展评价的理论体系。由于高质量发展概念的提出时间较短，实践检验不足，虽然一些地方和部分学者尝试从经济高质量发展的目标和内涵角度构建经济高质量发展指标体系，但是总体而言，国内还没有形成一套社会认可的评价系统。本研究将在已有研究成果基础上，探索创建江苏高质量发展评价系统。评价在实践活动中日益凸显的重要意义与现阶段评价理论发展滞后的现实之间形成了突出矛盾，亟须建立健全评价学理体系以促进评价实践的健康发展。一方面，基于哲学、经济学、管理学等已有学科积累，结合评价学的自身特点，围绕评价的内涵、分类、原则、过程、方法、范式等基础性、普适性的元问题进行深入研究；另一方面，充分利用丰富的评价实践经验，在此基础上进行系统性概括，将其提炼并上升为科学评价理论，进一步充实评价学理体系，架构具有一般指导意义的、适用于多个领域的、较为全面系统的评价学体系，形成类似于管理科学中的《管理学》《管理学原理》《行政管理学概论》等评价学著作，从而使得评价实践在一般性的评价思维、评价模式等方面有理可依、有章可循。

四是深入研究有利于提高跨学科的高质量发展评价学术价值。高质量发展评价是一项跨学科、多专业的评估工程。要运用系统思维理论，探索创建高质量发展考核评价体系。突破单一学科的简单框架、单一地区的简单观察、单一系统的简单范式，探索多学科、多领域融合创新的学术研究，形成科学的“评价指标体系、绩效评价体系、统计保障体系、结果运用体系”闭环链条，使各体系相互递进、相辅相成、相得益彰。

（二）实践意义

一是为全国各地高质量发展考核评价探路。高质量发展绩效评价是一项复杂的系统工程，面临综合性、多维度、难度量等诸多挑战。通过以江苏高质量发展绩效考评为实证，全面总结高质量发展绩效考评的思路方法、指标体系构建、综合研判评价、反馈结果运用的经验，努力探索具有新时代特征、区域特色、地方特点的高质量发展评价体系。建立以江苏省统计局为主体，各政府部门和社会机构多方参与的高质量发展评价信息系统；注重定量定性分析相结合、内部评价与外部评价相结合，创新利用统计抽样分析法、对比分析法、同行评价、问卷调查、当面访谈等多种方式，提高评价的科学性、客观性和准确性，对江苏高质量发展水平进行动态实证分析。这不仅可以为全国层面的高质量发展绩效评价探新路，也可以为各地区的高质量发展建设战略统筹与宏观调控提供总体与局部的决策依据。

二是牵引高质量发展的内在要求。考核评价不能“上下一般粗、左右一个样”，不能求大求全，而要突出重点、强化牵引、提高效能。通过体现对标国家、体现地方的评价，既积极对标国家和省的各项指标要求，又结合本地发展特色和发展需求，抓住重点领域、重点项目和关键环节，进一步凸显关键性指标，充分体现“重点指标、重点权重”。通过对接江苏“十四五”发展规划、聚焦现代化，将考核评价与本地的

“十四五”发展和现代化建设结合起来，对接“十四五”时期的各项指标与现代化发展指标，充分利用考核的指标引领，更加有效地加快各地现代化建设的进程。通过精简指标、提高效能，按照引领扣准、指标定准、考评精准、结果用准的更高要求，坚持“锻长板、补短板、强弱项、培育江苏发展特色”的思路要求，使高质量发展评价指标避免指标设置“一刀切”，考核类别“一锅煮”“眉毛胡子一把抓”，克服评价不客观、不全面的问题，提高评价的精准度和社会公认度，调动各级领导班子和领导干部干事创业热情。

三是为测度江苏高质量发展水平提供新思路。目前高质量发展评价的实证研究所应用的综合评价方法，只是简单地基于熵权法对各项指标赋权，最后再简单地将各项指标汇总为高质量发展指数。这既不能满足指标权重赋值的客观性要求，也不能满足评判方法的科学性。通过在研究中充分考虑指标体系的科学性、合理性以及有效性，并结合江苏各地发展的相关数据试图对江苏的高质量发展水平，基于德尔菲法、层次分析法、投影寻踪法予以测度，无疑为研究分析江苏高质量发展水平提供了一种新的思路。

四是创建江苏高质量发展评价的评价模型。与以经济增速为绩效评价对象不同，高质量发展评价面临综合性、多维度、难度量等诸多挑战。沿用过去传统模型开展高质量发展评价，很难精准抓住高质量发展遇到的主要矛盾，也难以科学总结高质量发展取得的重要成就，既不能满足指标权重赋值的客观性要求，也不能满足评判方法的科学性。通过采用灰色预测模型，对江苏省高质量发展指数进行预测，模型原理复杂程度适中，计算机建模操作较为灵活；通过柯布-道格拉斯生产函数这一衡量投入与产出关系的模型，有效地减小或消除数据的异方差，分析代表性的二级指标对高质量发展的贡献度。

（三）社会意义与价值

落实以人为本价值取向的现实选择。高质量发展以人为本不是空洞的，而是贯穿于高质量发展的各个环节各个阶段，涵盖了高质量发展各个方面各个领域，所以，以人为本也是高质量发展考评的根本价值取向。通过高质量发展考评，从工作导向上坚持“以人为本”，无论是在考评指标设定、方法手段、具体实施上，还是在结果运用上，都把人民群众的利益放在最高位置，从而促使高质量发展“不迷航”“不偏向”。高质量发展考评又是一把利剑神器，通过查找检测高质量发展中存在的问题，发现工作薄弱环节和短板，板子打在人身上，使人民群众满意，才能促使高质量发展真正“不走样”“真的高”。高质量发展考评通过具体化的指标勾勒高质量发展的脉络纹理，不断激发广大干部群众干事创业热情，营造形成社会强大的凝聚力和向心力，使人民群众的聪明才智和积极性、创造性充分释放，真正实现高质量发展“靠人民”“为人民”。

满足人民群众生活需要的价值依归。经济社会发展是否实现了高质量，科学的价值评价标准只能是其是否与人民要求或利益相一致。坚持把人民拥护不拥护、赞成不赞成、高兴不高兴、答应不答应作为衡量高质量发展的根本标准，把增强人民群众获得感、幸福感、安全感的成效作为检验高质量发展的重要尺度，把满足人民群众美好生活需要的成效作为检验高质量发展的基本指标，把为人的自由全面发展创造条件的成效作为检验高质量发展的核心要素。高质量发展考评秉承“请群众评判、让群众满意”理念，以群众满意为刚性要求和评判标尺，激励领导干部担当作为，把推动高质量发展走在前列、满足人民群众对美好生活的向往作为综合考核的价值追求，不断提升高质量发展的质感和为人民群众带来的幸福感。

拓展了社会评估的现实路径。通过高质量发展评价体系的建构，引导社会主体改变以往的重规模速度变为重质量效率，用新发展理念立起推动高质量发展政绩考核“指挥棒”，真正回应社会、民众关切，把绿色发展、协调发展等新发展理念落到实处，让人民群众有实实在在的获得感；变笼统抽象为具体化可衡量，评价出干部推动高质量发展的政绩“含金量”，本着发展的根本目的是让人民群众有更高的获得感，解决突出的民生问题，走生态优先、绿色发展的路子，在经济发展、民生改善、服务群众等方面取得实实在在的成效；变简单化为多角度，精准描绘干部推动高质量发展政绩“立体像”，通过对各地高质量发展评价，立体化考察干部，运用效能体系评价，激励广大干部干事创业；通过系统评价，变考用“两张皮”为真考真用，激励各级干部撸起袖子加油干、越是艰险越向前。从而让高质量发展评判体系更加立体多元，助推发展更加有力。

第二节　研究现状与思路框架

通过系统梳理国外相关发展评价的研究和党的十九大以来国内对高质量发展评价的研究情况，在深化对高质量发展考核评价的思想内涵、基本原理、主要特征的基础上，提出研究江苏高质量发展考核评价体系的总体思路和研究框架。

一、研究现状

高质量发展应从哪些维度考核评价，国内外不少学者进行了较多的探索。我们通过在中国学术期刊数据库检索，对国内外有关发展评价的文献进行系统梳理和归纳；通过实证研究，对高质量发展考核评价研究的基本情况进行综合概述。

（一）国外相关发展评价的研究综述

尽管不同国家的社会制度和基本国情不同，但基于人类社会发展的基本规律和必然趋势，各国之间依然具有很多共同的发展理念。为此，梳理发达国家或经济体一些典型的同类评价指标体系，对于构建我国“具有国际视野”的高质量发展评价体系具有重要的借鉴意义。经过文献梳理和筛选，浙江财经大学李金昌教授、史龙梅博士等对欧盟、荷兰、德国、美国等相关发展评价的研究较为系统①，具有较高的学习参考价值。

一是欧盟可持续发展评价成为经济社会发展的重要导向。2001 年 5 月，欧盟委员会发布《可持续的欧洲使世界变得更美好：欧盟可持续发展战略》，首次提出了可持续发展的战略构想，阐明了构建经济繁荣发展、资源有效管理、环境充分保护、社会和谐发展的美好愿景。此后，经过 2006 年的修订和始于 2007 年的定期评估，欧盟可持续发展战略于 2010 年被纳入“欧洲 2020 战略”、于 2015 年被纳入联合国“2030 年可持续发展

① 李金昌、史龙梅、徐蔼婷：《高质量发展评价指标体系探讨》，《统计研究》2019 年第 36 卷第 1 期，第 4-14 页。

议程”，如今已然成为推动欧盟国家经济社会发展的重要指引。在2017年5月发布的监测报告中，欧盟统计局对沿用了10年的评价主题作出了较大幅度的调整，由社会经济发展、气候变化和能源、全球合作等10个主题拓展为没有贫穷、没有饥饿、健康幸福、优质教育、性别平等、干净的水和卫生设施、可支付的清洁能源、经济增长和工作体面、产业创新和基础设施、减少不平等、可持续发展的城市和社区、负责任的消费和生产、气候行动、水底生命、陆地生命、和平公正和强有力的机制、为达到目标而合作17个主题。

二是荷兰绿色增长评价指标体系为绿色发展评价提供参考。2011年5月，经济合作与发展组织（OECD）部长理事会通过了《经合组织绿色增长战略》，提出了一套涉及环境生产率、自然资产基础、生活环境质量、经济机遇和政策回应4个项目，碳和能源生产率等14个主题，能源生产率等25项指标的绿色发展评价指标框架。荷兰统计局基于上述4个项目调整了部分指标，确定了一个由20项指标构成的荷兰绿色增长评价指标体系，并发布了经济合作与发展组织成员国的第一份绿色增长报告。2012年，为使指标体系更为完善，荷兰统计局对绿色增长评价指标体系进行了细化。环境生产率项目被细化为环境生产率和资源生产率2个子项目；经济机遇和政策回应项目被细化为经济机遇和绿色发展政策工具2个子项目。

三是德国国家福利测度评价指标体系为共同富裕评价拓展了思路。德国联邦环境部于2008年启动了福利和可持续发展核算研究项目，推动了福利测度研究的进一步发展。2010年3月，德国联邦环境、自然保护与核安全部联合发布了国家福利指数（National Welfare Index，NWI）。NWI尤其关注社会公平、环境破坏、自然资源损耗等GDP度量的缺失面，选取了贫富差距、消费支出、福利增加、福利降低、环境损害、国家实力六大类指标。其中，贫富差距和消费支出分别通过收入分配指数和调整私人消费支出2项指标来反映；福利增加由家务劳动的价值、志愿工作的价值、用于医疗保健和教育的公共开支3项指标来反映；福利降低由耐用消费品的成本和收益差额、家和工作场所间的交通成本、交通意外、犯罪、酗酒和药物滥用、环境影响造成的补偿性社会开支6项指标来反映；环境损害由水污染的损害、土壤污染的损害、空气污染的损害、噪声的损害、湿地变迁造成的损害、丧失农业区的损害、掠夺非可再生资源的置换费用、二氧化碳排放的损害 8 项指标来反映；国家实力由固定资本的净变化和国际地位的变动 2 项指标来反映。随后，德国相继发布 2012 版 NWI 和 2016 版 NWI。为突出生态建设的重要性，2016 版 NWI 剔除了衡量国家经济实力的 2 项指标，增加了核能使用成本这 1 项指标。

四是美国新经济评价指标体系对新兴产业评价具有借鉴意义。1996 年 12 月 30 日，美国《商业周刊》刊载的一篇名为《新经济的胜利》的文章，首次提出了“新经济”一词，旨在描述信息技术革命及由此带动的以高新科技产业为发展龙头的经济现象。此后，美国发展政策研究所（Progressive Policy Institute，PPI）于 1999 年和 2002 年发布了两期《美国各州新经济指数报告》。第一期报告所基于的评价指标体系涉及知识型就业、全球化、活力与竞争、数字化转换和创新基础设施 5 项一级指标；第二期报告中的创新基础设施被更名为创新能力，数字化转换领域新增了农场主使用互联网和电脑情况、制造商使用互联网情况、居民和企业接入宽带电信情况 3 项二级指标。2007 年开始，《美国各州新经济指数报告》的发布机构由 PPI 调整为美国信息技术与创新基金会（Information Technology and Innovation Foundation，ITIF）。综观 ITIF 发布的 6 期报告（2007 年、2008 年、2010 年、2012 年、2014 年、2017 年），尽管评价指标体系始终围绕知识型就业、全球化、经济活力、数字经济和创新能力 5 项一级指标，但二级指标的选择不断调整。如 2007 年新增创办新公司企业家数、独立发明人获得的专利数、快速发展公司数 3 项指标以评估企业活力，新增制造业增加值以评估制造业竞争力，新增制造业服务出口等 8 项指标以强调服务经济的重要性；2017 年的知识型就业指标下设置非 IT 行业中的 IT 岗位就业等 7 项二级指标，全球化指标下设置国外直接投资等 3 项二级指标，经济活力指标下设置就业波动等 4 项二级指标，数字经济指标下设置农场主互联网和计算机使用情况等 4 项二级指标，创新能力指标下设置高科技就业人数等 7 项二级指标①。

① Robert D，Atkinson J，John W. The 2017 State New Economy Index［J］. Social Science Electronic Publishing，2017.

（二）国内高质量发展评价的研究情况

自党的十九大首次提出“高质量发展”这一表述以来，围绕高质量发展这一主题，众多学者已经开展了大量的研究。概括起来，这些研究主要分为三个方面：一是关于高质量发展基本内涵及特征的解读研究；二是关于评价高质量发展水平的指标体系的构建研究；三是关于评价我国高质量发展水平的实证研究①。

一是高质量发展的基本内涵与特征研究。不同学者从不同角度就高质量发展的基本内涵和特征给出了各自的观点：李伟（2018）指出高质量发展的内涵主要包括高质量的供给、需求、配置以及高质量的投入产出、收入分配和经济循环；任晓（2018）指出所谓“高质量”是能够满足人民日益增长的美好生活需要，是能够全面体现“创新、协调、绿色、开放、共享”的新发展理念，是水平更高、效率更高、更加公平、更可持续的发展，也是从规模“量”到结构的“质”的发展。颜延标（2018）认为，高质量发展具有综合性、复杂性、特色性、动态性、创新性以及普惠性的特征，并指出了影响高质量发展的因素涉及政治、经济、文化、生态等方方面面。段炳德（2018）认为，实现高质量发展要有可持续的增长动力、有更平衡的经济结构、有更可靠的产品质量、有更温馨的服务水平，要实现金融环境稳定性的提升、要实现自然环境的提升、要实现收入分配环境的提升以及要继续深化改革、扩大开放以充分发挥市场与政府的作用。全国政协副主席、国家发展改革委主任何立峰指出，高质量发展需要把握系统性、动态性和长期性三个维度，在高质量发展的推进中要将“质量第一、效益优先”作为衡量标准，把质量改革、效率变革和动力变革作为高质量发展的基本实现途径，把构建市场机制有效、微观主体有活力、宏观调控有度的经济体制作为高质量发展的制度保障，并且把跨越两大关口作为推进高质量发展的努力方向。王春新（2018）认为，高质量发展有四大内涵，即提质增效、创新驱动、绿色低碳和协调共享，并指出推动高质量发展要更加重视补短板和提高供给质量，要打造大众创业、万众创新升级版，要减少无效供给并抓出新成效，要更大力度减轻企业税负和非税负负

① 李晓楠：《高质量发展评价指标体系构建与实证研究》，杭州：浙江工商大学硕士学位论文，2020 年。

担。程虹（2018）认为，劳动生产率是否提高是衡量社会是否为高质量发展的第一个标准，经济发展的动能是以要素和投资驱动还是以创新驱动为第二个标准，经济与社会是否实现较好的均衡发展为第三个标准，第四个标准则是看是否追求更好的生态。程虹还同时指出，实现高质量发展要以微观产品服务质量、企业家能力、创新动能、高质量人才以及政府改革作支撑。李浩民（2019）从政治经济学视角对高质量发展的基本内涵进行了解读，认为高质量发展体现了商品使用价值与交换价值的二重属性，集中体现为内涵扩大式再生产，且高质量发展具有产业链协作的特征。该学者还同时指出，新时代下高质量发展的主要路径为以科技创新驱动产业发展从而推动产业结构高质量升级，要推进供给侧改革从而创造高质量发展稳定宏观环境，要打破市场分割以促进区域一体化合作与分工，此外还需构建全面开放型经济新战略以借助外力实现高质量发展。任保平和李禹墨（2018）认为，高质量发展的内涵主要体现在5个方面，即经济发展、改革开放、城乡发展、生态环境以及人民生活5个方面均实现高质量的发展，他们还同时指出高质量发展的特征主要体现为产业结构的合理化与高级化、创新成为推动经济发展的第一动力、供给体系有质量、人民对美好生活的需要将会得到不断满足。张怡康（2018）认为高质量发展的基本内涵与国务院政府工作报告中的一致。朱启贵（2018）也认为高质量发展的内涵包括创新为第一动力、协调为内生特点、绿色为普遍形态、开放为必由之路、共享为根本目的，此外该学者还认为坚持“质量第一、效益优先”，迈向现代化经济体系，以供给侧结构性改革为主线，供给体系和产业结构迈向中高端，实现总供给与总需求总量及结构动态平衡，国民经济创新力和竞争力显著增强，社会发展更有效率、更加公平、更可持续、能够很好满足人民日益增长的美好生活需要也是高质量发展的基本要义所在。

二是高质量发展的评价指标体系研究。殷醒民（2018）立足于现代经济体系的基本框架视角，认为高质量发展评价指标体系可以从全要素生产率、科技创新、人力资源、金融体系以及市场配置资源机制5个方面进行构建，同时指出其中的全要素生产率指标是测算经济发展效益的核心指标。马丁玲和颜颖颖（2018）以宁波的高质量发展评价为实例，分别从经济增长、经济发展效益、经济发展动力、经济发展可持续性以及经济发展成果的共享性5个维度出发构建了指标体系。吕薇（2018）认为，高质量发展评价指标体系的构建要将总量指标和人均指标结合，同时要考虑效率指标和可持续发展指标，也要将经济高质量发展指标与社会高质量发展指标予以结合，并指出高质量发展评价指标体系的建立可从3个维度出发，即反映要素生产率的指标、反映经济活力的指标、反映以人民为中心以及提高生活质量和幸福感的指标。李浩民（2019）认为，高质量发展评价的指标体系应包含政治、经济、文化、社会与环境5个维度，并指出经济指标的核心为全要素生产率水平以及GDP、产业结构、人均收入等总量指标或结构指标；社会指标主要反映的是公共服务的发展（包括教育、医疗、养老等公共服务的高质量保障和供给），以及收入差距等反映收入分配的指标；环境指标主要由生态环境保护、国家环境规划政策、生态补偿、环境治理投入等因素构成。任保平和李禹墨（2018）认为，高质量发展评价指标体系的构建需要增加能够反映产业、行业、地区等多个维度结构协调性、质量效益和新动能发展情况的指标，需要更加重视民生事业发展和资源环境改善情况的指标。张怡康（2018）基于新发展理念视角，从创新驱动、产业升级、经济活力、绿色发展与共享发展5个维度构建了高质量发展评价的指标体系。朱启贵（2018）则从动力变革、产业升级、结构优化、质量变革、效率变革与民生发展6个维度构建了高质量发展评价的指标体系。李馨（2018）从经济发展的动力、效率、高度、平衡性、外向性与可持续性6个维度构建了高质量评价的指标体系。刘惟蓝（2018）以江苏开发区的高质量发展为实例进行了分析，指出高质量发展评价指标体系的构建要从产出效益、结构优化、科技创新、开放合作以及绿色生态5个维度出发。邵逸超（2019）对高质量发展中的质量的评价指标进行了研究，从宏观质量、微观质量和质量发展基础3个维度构建了高质量发展的评价指标体系，其中宏观质量由经济增长质量、环境质量和宜居质量构成，微观质量由产品质量、服务质量和工程质量构成，质量发展基础则由质量技术基础设施和科创研发环境构成。师博和任保平（2018）从经济增长基本面和社会成果两大视角出发，构建了经济高质量发展的评价指标体系，并进行了实证分析。其经济增长指标由经济增长的强度、稳定性、合理化以及外向性等下属指标构成，社会成果指标则由人力资本和生态资本两大维度指标构成。安淑新（2018）基于已有的相关研究文献分别从社会矛盾变化和新发展理念、宏中微观、供求和投入产出以及问题4个视角对学者们所解读的高质量发展的基本内涵进行了归纳总结，指出现有的指标体系并不能满足我国当前推动高质量发展的基本要求，认为在构建高质量发展评价指标体系时要广泛借鉴国内外比较成熟且被认可度较高的经济发展观测指标体系，同时还总结出高质量发展评价指标体系的构建要具有多维性和动态性、淡化经济增速指标并强化长远发展指标。金碚（2018）认为，现有的评价指标不满足当前评价高质量发展水平之需的原因在于这些指标反映速度和总量的多，体现质量和效益的少；反映发展水平和经济建设的多，体现人民群众可观可感的以及其他领域建设的少；以考查传统发展模式的指标居多，而体现新发展模式的指标则较为缺乏。

三是高质量发展评价的实证研究。据不完全检索，目前关于高质量发展评价研究的文献大都止步于指标体系的构建思路研究以及具体的指标体系研究，其研究基本上都还处于理论层面，涉及具体的实证分析较少，只有少数学者在该方面开展了探索性的研究。师博和任保平（2018）应用联合国人类发展指数和经济脆弱度指数测算中的均等权重赋值法，从经济增长的基本面和社会成果两个维度构建评价指标体系，对我国地区的经济增长质量进行了实证分析，其通过评价分析发现我国的经济增长质量呈现出波动中上升的基本态势，地区间的经济增长质量水平分布也不均衡，其中东部地区的经济增长质量最高、中部地区次之、西部地区最低，他们还发现各地区的分布态势在1992—2016年发生了较大的变化，最后他们对我国的经济增长质量作了预期，认为从2015年起我国的经济增长质量开始进入新的上升周期，而且东部地区的经济增长质量会率先上升。李馨（2018）应用均等权重赋值法，分别从经济增长动力、经济发展效率、经济发展高度、经济发展的平衡性、经济发展的外向性以及经济发展的可持续性6个维度构建了指标体系，并对我国省际区域的经济高质量发展进行了实证研究，其实证结果表明北京、浙江、上海、天津和江苏的经济发展动力指数在全国各省份中名列前茅，而天津、上海、江苏、北京和福建的经济发展效率指数位居全国前五，上海、北京、广东、重庆和四川的经济发展高度指数位居全国前五，而湖北、河南、重庆、江苏和海南的经济发展平衡指数位居全国前五，这表明我国经济发展排名居前的地区对于经济发展平衡性问题的处理尚有欠缺。周吉等（2019）从经济发展、结构协调、创新驱动、开放升级、生态文明与成果共享 6 个维度构建了江西省的经济高质量发展评价指标体系，并应用主成分分析法进行了实际测算，其研究结果表明江西省经济高质量发展水平呈现平稳上升的趋势。刘干和郑思雨（2018）分别从居民生活水平、产业结构、对外贸易、科技教育与绿色环保 5 个方面构建了经济高质量发展的评价指标体系，并应用熵值法和模糊综合评价法进行了评价分析。刘丽霞和孙春花（2019）结合熵值法和层次分析法对西部省份的经济高质量发展水平进行了实证研究。母爱英和徐晶（2019）在评价县域经济高质量发展水平的研究中也应用了熵值法。李俊玲等（2019）应用熵值法、变异系数法和层次分析法三种方法对指标进行组合赋权，同时构建了地区的金融高质量发展水平评价指标体系，并进一步对 2013—2017 年我国内陆 31 个地区的金融高质量发展水平进行了评价与分析。张震和刘雪梦（2019）也应用主客观赋权法和聚类分析法，对 2016 年我国副省级城市的经济高质量发展水平进行了评价与分析。李梦欣和任保平（2018）以“创新、协调、绿色、开放、共享”5 个基本维度为切入点，构建了一套在经济新时代背景下我国高质量发展的评价指标体系，并以层次分析法（AHP）初步识别与多层前馈神经网络模拟优化的集成方法，对新时代背景下我国高质量发展的基本情况进行了评价与分析。

二、研究思路和研究框架

从江苏高质量发展评价体系的研究对象、研究思路、研究视角、研究框架的维度进行深入系统探讨。

一是研究对象。通过对江苏全省 2016—2021 年高质量发展的水平指数和发展指数的系统测算，对全省 6 年高质量发展的总体情况、发展趋势、影响因素分析以及未来发展预测进行测度和研判，提出江苏未来高质量发展的优化路径和对策措施。通过对江苏 13 个设区市 2019—2021 年高质量发展指数和水平指数的总体情况进行绩效评估，探讨江苏区域高质量发展的基本现状和发展走势。通过对江苏 2018 年以来考核评价的实践经验总结，提出江苏综合考核评价的新思路、新路径。在以江苏高质量发展评价体系建设为主线，以推动高质量发展（设区市）评价为研究对象的基础上，同时对比研究上海、浙江、广东深圳等地区的高质量发展评价情况，借鉴这些先进地区的评价实践经验，厘清新发展理念背景下的高质量发展评价理论脉络，探析高质量发展评价指标、绩效评价、统计保障和结果运用的内在联系与作用机理。

二是研究思路。按照“理论研究—实证与定量分析—实际应用”研究思路进行，从江苏高质量发展考核评价的实践探索、存在的问题分析入手，围绕“争当表率、争做示范、走在前列”的总要求，以先进地区高质量发展评价体系为参照，以价值评价为灵魂，以新发展理念为基准，以新发展绩效观评价为突破，坚持整体推进与协同攻关相结合，优化整合高质量发展评价研究院与江苏省委组织部考评中心和省统计局专职研究人才力量，组建学科交叉、专业互补、职能互助、优势叠加的课题攻关研究团队，从理论分析和实践应用两个维度构建江苏高质量发展评价体系分析框架。坚持把握“三个基点”，即把“刻画准”作为高质量发展评价的基点、“导向明”作为高质量发展评价的重点、“激励强”作为高质量发展评价的落点；着力“三个突出”，即导向性突出、精准性突出、实用性突出；彰显“四个效应”，即“定向导航”效应、“体检把脉”效应、“蓄势添能”效应、“质态提升”效应；构建评价指标“八大模块”，即高质量发展的综合质效、创新发展、协调发展、绿色发展、开放发展、共享发展、安全发展和主观感受。通过对区域高质量发展评价的基本概念、理论基础、实践探索、评价原则、标准把握、指标设计、指标管理、统计体系、统计保障、绩效评价、影响因素、结果应用和对策优化进行全面系统的考察和研究，力求寻找一条适切区域高质量发展评价的合理路径，以期更好地推动区域高质量发展。第一，对目前有关高质量发展的研究文献进行归纳总结，从而对高质量发展的基本内涵、特征以及近年来的实践探索案例进行全面且深入的理解，更科学合理地构建高质量发展评价体系的理论基础。第二，在明晰高质量发展的评价原则与标准把握基础上，基于高质量发展的基本内涵、特征以及可能的实现路径对如何构建一套能较全面且科学地反映高质量发展水平的指标体系进行探讨。第三，形成了包含6个子体系的高质量发展统计体系，并进行德尔菲法和层次分析法相结合的综合研判和水平测度。第四，再对实证结果予以分析，得出结论并根据结论给出相应的政策建议。研究思路是一个从理论到实践、从宏观到具体再到宏观的“认识—实践—认识”递进过程，是通过对理论研究宏观分析来把握研究的大体方向，然后把研究对象、研究问题从中剥离聚焦到区域高质量发展评价的节点之上，最终回归宏观的高质量发展战略路径优化，实现从具体到抽象的升华。

三是研究视角。根据高质量发展的提出背景和高质量发展评价的现实需求，研究视角主要从以下三个方面进行：从新发展理念视角看，创新、协调、绿色、开放、共享的新发展理念，科学回答了关于发展的目的、动力、方式、路径等一系列理论和实践问题，阐明了我们党关于发展的政治立场、价值导向、发展模式、发展道路等重大政治问题。从这一视角加以研究，能够进一步厘清高质量发展评价的时代背景、价值内涵、现实意义。从新发展阶段视角看，我国经济增长由高速增长阶段转向高质量发展阶段，这一阶段不仅面临着经济发展方式转变、经济结构调整优化、经济动力增长转换，还面临着大数据、5G技术、人工智能和移动终端的应用升级，高质量发展评价运用信息化技术，构建简便易行的人脑与数据结合的知事识人的综合评判系统，推进智慧考评进程具有重要的理论价值和实践价值。从系统构建视角看，高质量发展评价不仅仅只是用指标来衡量，而是涉及政策、标准、统计、绩效评价等多个方面，只有通过系统构建，建立起高质量评价综合指标体系、绩效评价体系、统计保障体系、结果运用体系等相互支撑、互相关联的评价系统，才能满足并保障高质量发展评价得以顺利开展并高效运行。

四是研究框架。如图1–1所示。

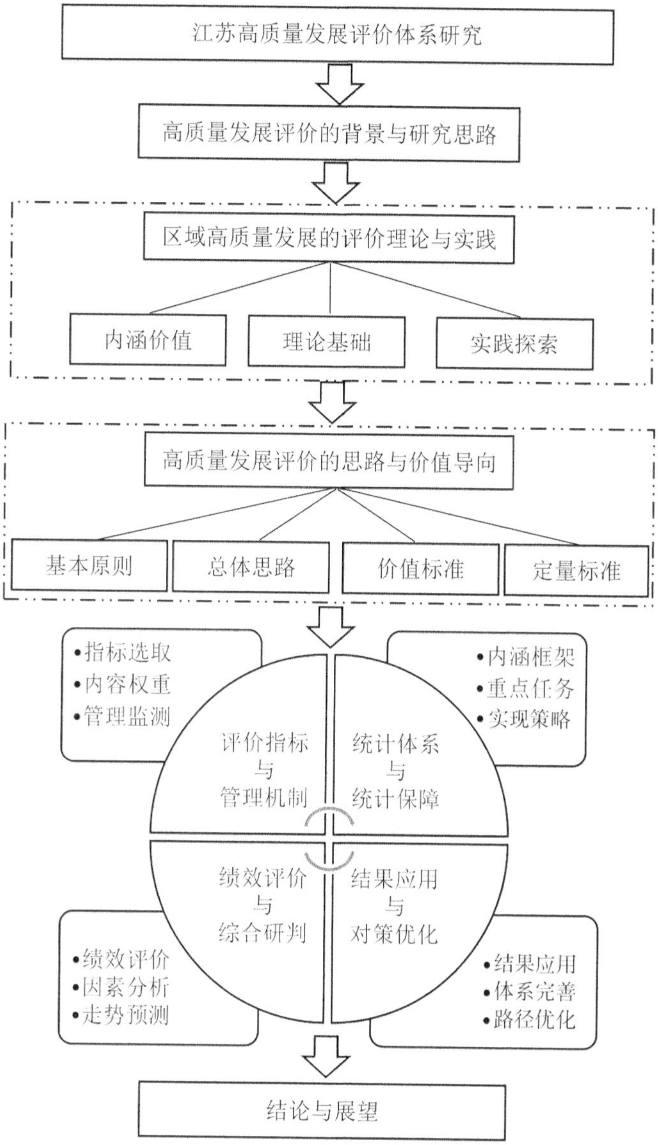
江苏高质量发展评价体系研究
高质量发展评价的背景与研究思路
区域高质量发展的评价理论与实践
内涵价值
理论基础
实践探索
高质量发展评价的思路与价值导向
基本原则
总体思路
价值标准
定量标准
•指标选取
•内容权重
•管理监测
•内涵框架
•重点任务
•实现策略
评价指标
与
管理机制
统计体系
与
统计保障
绩效评价
与
综合研判
结果应用
与
对策优化
•绩效评价
•因素分析
•走势预测
•结果应用
•体系完善
•路径优化
结论与展望

图 1-1　研究框架图

第三节　研究内容与研究方法

在立足时代背景、把握研究现状、明晰研究思路的基础上，进一步厘清各章节的研究内容、重点难点问题以及研究方法等。

一、研究的逻辑

（一）研究起点

江苏进入了高质量发展新阶段，推动高质量发展和评价成为新江苏建设的重要课题。构建高质量发展评价体系是贯彻落实新发展理念、推动高质量发展落地的制度性安排。树立正确的政绩观和新发展绩效观，厘清新发展理念下的高质量发展理论脉络，要以新思想作为指导高质量发展绩效评价理论的根本遵循，以新发展理念作为构建高质量发展的基本准则，以新发展绩效观作为拓展高质量发展评价的路径选择，以提升人民群众生活高质量为目标，是江苏高质量发展评价体系研究的逻辑起点。

（二）研究主线

围绕江苏高质量发展“为谁评价”“由谁评价”“评价什么”“怎样评价”这条主线，构建江苏高质量发展评价体系，从指标设计、统计保障、绩效评价和对策优化 4 个方面展开研究，形成以理论研究和实证研究为基础，以指标设计为引领，以统计保障和绩效评价为手段，以对策优化为目标，相互联系、相互作用的有机整体，重点研究江苏高质量发展考核评价中存在的难点、堵点、痛点和焦点问题，从原则把握、构成要件和体系架构等方面研究和解决考核评价中的诸多问题。

（三）研究范畴

从马克思主义政治经济学理论、政府绩效管理理论和新思想新理念的视角，在高质量发展评价的理念层面、制度层面和操作层面进行具体研究。在理念层面践行新发展理念、树立新发展绩效观，突出从单一到多元的评价理念研究、从量变到质变的评价要素研究、从注重单一静态评价指标向多元动态评价指标研究等；在制度层面，重点研究推动高质量发展、服务高质量发展、评价高质量发展的宏观、微观政策，完善高质量发展评价的制度体系；在操作层面，重点研究高质量发展评价的价值取向、原则把握、评价方法、运行机制、配套体系等问题，努力构建务实管用、简便易行的评价体系。

（四）研究边界

社会科学研究都是有边界的，本研究也不例外。从地域上看，研究的是江苏高质量发展评价体系构建问题，主要是江苏省 2016—2021 年全省高质量发展情况和 13 个设区市等高质量发展绩效评价情况；从内容上看，重点研究江苏全省以及 13 个设区市高质量发展情况、影响因素分析、发展贡献度和未来发展趋势预测等；从学科上看，是交叉学科研究，涉及经济学、管理学、统计学和社会学等学科门类。本研究将充分运用多学科理论指导高质量发展评价体系的构建和实践探索。

二、研究的重点难点

（一）研究的重点

一是探索解决评价机制不完善问题。高质量发展评价是一个内涵丰富、环环相扣、循环往复的整体系统，存在多个相互联系、互为支撑的子系统，但现有的评价实践仅仅简单地将打分、排序等传统考核方式等同于高质量发展评价，存在评价体系不健全、评价机制不完善、评价流程不完整等问题，无法满足新发展理念对于政府管理战略性变革改进的需求，无法承担新思想新理念的落地见效，也无法培育长期可持续高质量发展能力，亟须从评价价值、评价原则、评价流程、评价研判、结果运用的角度，厘清指标、统计、指数、应用等高质量发展评价子系统之间的内在联系和作用机理，从绩效管理的价值、原则和技术层面完善高质量发展评价机制。

二是探索解决评价指标偏多、数据模糊、评价失真失实问题。评价指标应是通过对高质量发展目标层层嵌套分解而产生的，但现有评价指标繁杂、面面俱到，重点不突出，使关注的重点指标淹没在繁多的考核指标中，削弱对重点发展导向的关注，造成“战略稀释”现象发生，无法有效评价贡献表现，无法真正发挥考核“风向标”“指挥棒”“助推器”作用，无法树立良好的发展导向、业绩导向；部分指标定义不够明确清晰、不易于理解，缺乏规范、可靠的数据收集渠道，指标设计的代表性、可行性不足，亟须通过研究指标设置机制、数据采集机制、综合研判机制，使评价指标科学合理、数据采集真实有效、评价研判接近实际。

三是探索解决评价结果运用牵引高质量发展不强问题。群众满意认可既是高质量发展的重要导向，也是高质量发展评价需要坚持的实践原则。由于评价体系设计、指标设置等还不够完善，现有考核评价存在重部门工作推动、轻质量效益，评价结果失真、社会认可度不够高，评价结果可用性不够强、政策指导性薄弱等问题，难以真正发挥牵引高质量发展、让人民群众满意的作用，难以形成完整的良性评价循环闭环，亟须强化考用结合、用足正向激励，研究补短板强弱项的内生动力发展机制。

四是如何构建精准有效、简便易行的评价体系。能够体现新发展理念和符合江苏实际的全面客观、精准有效、简便易行的高质量发展评价体系。突出研究如何对标国家、体现省情，系统思维、精准考量，科学合理、简明实用，综合评价、分类指导，强化指标全面性、系统性、协调性要求，体现前瞻性思考、战略性布局、整体性思路，探索性解决高质量发展评价的有效性问题。

五是如何创建有效测度发展质量和效能的评价模型。已有研究对高质量发展水平的分析方法大多是简单地合成高质量发展指数，对各项指标的权重赋值采取均权法赋值，科学性不足。本研究将运用灰色预测模型，预测未来短时间内江苏省高质量发展指数情况；依托探讨投入与产出关系的柯布-道格拉斯生产函数模型，分析 13 个设区市对全省高质量发展的贡献度情况；借助“问卷星”进行大范围的问卷调查，了解江苏各地、各层面人员对江苏高质量发展的主观感受情况。

六是如何探索解决高质量发展数据信息孤岛问题。围绕解决数据标准不一、来源渠道较多、业务模型复杂、数据治理难度大，以及信息安全要求高、系统网络隔离、数据多元接入困难等突出问题，研究如何定数据标准、促数据融合、建数据模型、强数据治理，为江苏高质量发展评价研究积累数据资源。

（二）研究的难点

一是考核评价的公认度问题。由于各地高质量发展水平差异很大，绩效考核的综合指标难以精选到各方满意。考核评价中既不能“一刀切”，也不能“切一刀”。由于落后地区评价排名总是靠后，难以实现考评激励追赶的真正目的。即便一些地方设计了个性指标和增长指标，但因为没有可比性失去了对比评价的意义。还有一些不切实际的高指标等问题，也给考核评价带来失真和不利影响。

二是指标设计的牵引度和精准度问题。在指标设计上如何做到符合全省和地方高质量发展的要求，提高指标设计的精准度仍然是一个大的难题。评价的目的是为了找出发展的短板和不足，增强牵引高质量发展的能力。目前的考核评价对如何牵引、怎样牵引高质量发展仍然存在不足。这些难点堵点亟待破解，使指标体系能够保持稳定、科学精准、数量适度，注重对高质量发展的牵引。

三是预警高质量发展水平的趋势变化难度大问题。如何有效测度并分析全省高质量发展情况以及各设区市高质量发展水平、特征，如何基于江苏各地高质量发展评价结果数据来进一步对全省和各设区市高质量发展的趋势变化进行预测，并对发展路径进行优化是研究的难点问题。

三、研究的方法

考虑到高质量发展水平及其影响因素的复杂性，在具体分析时选用的研究方法如下。

文献分析方法：通过对国内外有关经济发展质量和高质量发展相关文献的收集和整理，总结已有文献的优缺点，明确本研究思路，把握相关领域研究进展。

调研分析法：选择有代表性的设区市、县（市、区）以及高质量发展综合考核实施部门和被评价部门进行实地考察、走访调研、座谈讨论、问卷调查。特别是运用现代调查的手段，广泛收集和研究对评价的意见建议和实际操作情况，并通过后期整合、分析，为课题研究提供丰富的佐证材料。采用自填式问卷或结构式访问的方法，通过直接的询问，从一个取自总体的样本那里收集系统的、量化的资料，并通过对这些资料的统计分析来认识高质量发展评价现象及其特征。

比较分析法：借鉴国内外相关文献，对比分析欧盟、荷兰、德国、美国等相关发展评价的研究，以及江苏与浙江、广东高质量发展情况的比较，研究指标性质和相关的计算方法。根据各文献中对不同赋权法的使用对象及方法的具体介绍，综合考虑各赋权方法的适用情况，确定指标权重赋值方法。

功效系数法：该方法对指标数据的个数和分布状况要求较低，转化后的数据都在同一区间，转化后的数据相对数性质较为明显，同时可以避免负数的出现，便于作进一步的数据处理，因此本研究采用功效系数法对高质量发展指标进行无量纲化。

综合指数法：即先分别计算各指标的水平指数、发展指数，再合成综合指数。水平指数根据各指标当年实际完成情况计算，反映各地高质量发展现实水平；发展指数根据各指标比上年的增减情况计算，反映高质量发展进展情况；综合指数反映高质量发展总体情况。

系统建构法：厘清高质量发展绩效考评的理论体系、统计体系、指标体系、绩效评估体系、结果运用体系等的内在机理，系统构建高质量发展评价的理论分析框架。

灰色预测建模法：基于江苏过去 5 年和现在的高质量发展规律，建立数学模型对高质量发展情况作出预测，对未来的发展趋势和状况进行描述和分析，并形成科学的假设和判断。

四、研究的内容

本书各章节的研究内容如下。

第一章：江苏高质量发展评价的背景与研究思路。第一节，研究背景与研究意义。从大变局叠加新冠肺炎疫情的深度影响、服务“争当表率、争做示范、走在前列”的重大使命、破解发展不平衡不充分诸多难点等维度分析研究背景，把握研究的理论意义、实践意义、社会意义与价值。第二节，研究现状与思路框架。系统梳理国外相关发展评价的研究和党的十九大以来国内对高质量发展评价的研究情况。就国外而言，欧盟可持续发展评价成为经济社会发展的重要导向，荷兰绿色增长评价指标体系为绿色发展评价提供参考，德国国家福利测度评价指标体系为共同富裕评价拓展了思路，美国新经济评价指标体系对新兴产业评价具有借鉴意义。就国内而言，从高质量发展基本内涵及特征的解读研究，评价高质量发展水平的指标体系的构建研究，评价我国高质量发展水平的实证研究等方面进行概括。在此基础上，对江苏高质量发展评价体系的研究对象、研究思路、研究视角、研究框架的维度进行深入系统探讨。第三节，研究内容与研究方法。研究的重点是探索解决评价机制不完善问题，评价指标偏多、数据模糊、评价失真失实问题，高质量发展数据信息孤岛问题，以及如何构建精准有效、简便易行的评价体系和有效测度发展质量和效能的评价模型。研究的难点在于考核评价的公认度问题、指标设计的牵引度和精准度问题和预警高质量发展水平的趋势变化难度大问题。研究用到的方法包括文献分析方法、调研分析法、比较分析法、功效系数法、综合指数法、系统建构法、灰色预测建模法等。

第二章：高质量发展的评价理论与实践探索。第一节，高质量发展的内涵与评价特征。本节从高质量发展的内涵要义出发，研究考核评价的尺度、方法以及特征，并提出高质量发展需要抓住考核评价这个“牛鼻子”，以高质量评价“标尺”引领和驱动高质量发展落地见效。高质量发展评价的内在逻辑，主要体现在评价的价值依归、根本遵循、内在要求、必要前提四个方面，四者相互联系、相互递进、相得益彰，丰富了高质量发展的内涵和逻辑关系。第二节，高质量发展考核评价的理论基础。一是新发展理念与马克思主义发展观，二是高质量发展评价与新公共管理和政府绩效评价，三是新思想新理念与高质量发展考核评价导向。第三节，江苏高质量发展考核评价的实践探索。本节梳理江苏经济社会发展评价的基本历程，总结江苏高质量发展考核评价的主要做法，提炼江苏高质量发展考核评价的经验启示。江苏的实践表明，新思想是领航之塔，重点解决“为什么考、为谁考”的根本方向问题；新理念是行动指南，重点解决“怎样考、考什么”的目标定位问题；新方法是有效手段，重点解决形式、对象、途径等实践路径问题；新机制是活力之源，重点解决统分结合、运行顺畅、执行有力的动能问题；新担当是价值追求，重点解决领导干部“想干事、会干事、干成事、不出事”的问题。这“五个新”是一个相互协调、关联递进、互为支撑的有机整体，彰显了综合考核制度理论性与实践性、规律性与创新性的辩证统一。

第三章：江苏高质量发展的评价原则与标准分析。第一节，江苏高质量发展评价的新思路新要求。评价的总体思路是通过建立衡量“理想状态”的体系，通过“高质量发展走在前列”与实际现状对比来确定江苏与理想状态的差异，对江苏高质量发展评价结果的分析来发现问题，根据问题制订改进计划并找出经验和成就，如此往复循环，逐步改进江苏高质量发展的现状。在此基础上，提出了“导向性与牵引性相结合、科学性与系统性相结合、综合性与差异性相结合、通用性与简洁性相结合、可行性与可比性相结合”的“五结合”江苏高质量发展评价基本原则，并提炼了“速度与质量统一、效能与效益统一、效率与公平统一、发展与生态统一”的“四统一”江苏高质量发展评价价值标准。第二节，江苏高质量发展评价的量化标准。从实地调研、政策文件分析和历史数据3个渠道进行前期调研和信息收集，让一手和二手数据、质性和定量所得的数据能够形成“三角验证”，提出全要素生产率、劳动生产率、城乡居民收入比、研发投入强度、人均受教育年限和城镇化率6个标准，并分别对6个标准的测算方法进行探讨。第三节，江苏高质量发展量化标准的对比分析。通过选取社会公认度高、评价效果好、概念清晰的量化标准对江苏高质量发展情况进行分析，并进一步对比分析江苏与全国及先进省份在各项量化标准上的表现差异，勾画江苏发展质量概况，并为后续章节开展江苏高质量发展评价奠定基础。

第四章：江苏高质量发展的评价指标与管理机制。第一节，指标选取的依据与来源。明确指标选取的依据重在能够体现发展的质量与效益，重在体现新发展理念在江苏的实践，以及安全发展为高质量发展提供的保障方面。数据来源既有政府层面的统计数据，也有公共领域的共享数据和课题组调研数据。由于选取的指标中有正指标（指标值越大越好）和逆指标（指标值越小越好），所以对指标进行了归一化处理。第二节，指标设计的原则与构思。遵循“对标国家、体现省情；创新思维、精准考量；科学合理、简洁易行；分类施策、综合评价；以人为本、服务群众；安全持续、稳步推进”的原则，突出关键核心指标，选择最具代表性的综合性、典型性、约束性指标，做到少而精，重点突出，操作简便易行。第三节，指标体系的内容与权重。从综合质效、创新发展、协调发展、绿色发展、开放发展、共享发展、安全发展、主观感受八个方面出发构建高质量发展的评价指标体系框架，其中一级指标 24 个，二级指标 41 个。指标的权重确定方法有主观赋值法和客观赋值法，主观赋值法依据评价者主观意愿决定权重，如层次分析法、德尔菲法、模糊评价法等；客观赋值法则是依据客观数据信息来确定权重，如熵值法、主成分分析法、数据包络分析法等。第四节，指标管理的机制与监测。指标管理的机制主要有指标的形成机制、指标的运行机制和指标的退出机制 3 个方面，指标的监测机制由组织领导、工作制度、监测评价和成果运用等方面组成。

第五章：江苏高质量发展评价的统计体系与统计保障。第一节，推动高质量发展统计体系的多维内涵。从生产力维度看，形成推动高质量发展的统计体系是统计发展更加平衡更加充分的体系；从生产关系维度看，形成推动高质量发展的统计体系是更好满足人民日益增长统计需要的体系；从生产力和生产关系的辩证关系维度看，形成推动高质量发展的统计体系是具有现代化水准的体系。第二节，高质量发展统计体系的目标框架。本节提出“六个统计子体系”，分别是更广范围构建全面完整、反应灵敏的统计调查制度体系；更宽领域构建统一规范、接轨国际的统计标准体系；更加系统构建方法科学、获取直接的统计数据采集体系；更深层次构建科学严谨、统一规范的国民经济核算体系；更高水平构建务实精准、内容丰富的统计监测评价体系；更大力度构建灵活高效、支撑有力的统计支持保障体系。第三节，高质量发展统计体系的案例研究。紧紧围绕经济社会发展的重点领域和关键问题，进一步拓展统计监督新领域，全方位开展高质量发展监测评价，重点对数字经济统计监测评价、构建共同富裕指数、建立新发展格局指标体系等前沿问题开展研究。第四节，高质量发展统计保障的实现路径。必须依靠改革创新这个根本动力，聚焦数据质量这个核心要求，锚定有效供给这个主攻方向，用好统计监督这把尚方宝剑，夯实基层基础这个坚强基石，推进高质量统计体系建设不断实现新突破。

第六章：江苏高质量发展的绩效评价与综合研判。第一节，江苏高质量发展总体评价研析。主要采用德尔菲法和层次分析法相结合的方法开展测度评价，无量纲化处理采用功效系数法，设定基期对指标数据进行无量纲化处理，即设定基期各项指标值为 0.6。从综合评价结果来看，2016—2021 年江苏高质量发展持续推进，发展情况整体向好，高质量发展得分呈现稳步增长趋势，其中 2020 年是高质量发展最为高效的一年。第二节，江苏高质量发展的贡献度研析。选取扩展型柯布-道格拉斯生产函数来分析代表性的二级指标，从“生产效率、经济活力、环境保护和创新能力”等“四小板块”，进行全省高质量发展的贡献度分析。第三节，江苏设区市高质量发展综合评价研析。采用秩和比综合评价法评价各设区市高质量发展指数，并从水平指数和发展指数两个方面出发，将综合指数法与秩和比综合评价法结合，即最终 RSR 值是水平指数获得的 RSR 值与发展指数获得的 RSR 值的结合。第四节，江苏高质量发展预测研析。采用灰色预测模型，对江苏省 2022—2024 年高质量发展综合指数以及“八个模块”发展指数进行了预测，主要通过 GM（1，1）灰色预测模型使用 Matlab 软件计算。预测结果显示高质量发展综合指数将会持续推进，创新发展、协调发展、绿色发展、开放发展、共享发展、安全发展、主观感受也会进一步提高，但综合质效可能会出现略微下滑趋势。

第七章：江苏高质量发展评价的结果应用与对策优化。第一节，评价结果的应用。提出用好考评结果反馈，“信息反馈+人文关怀”强化反馈温度，“书面反馈+个别约谈”强化反馈精度，“全员反馈+通报表扬”强化反馈广度；用足考评正向激励，职务激励强化用人导向，物质激励强化生活保障，荣誉激励增强争先动力，情感激励重在温馨暖心；用活考评反向监测，加强反向约束，常态监督管理，发挥“标签效应”。第二节，评价体系的完善。建议深化优化绩效评价体系，向考核评价的广度、深度、精度和效度发力；深化优化考核评价方法体系，丰富和发展智慧评价，探索实施分级分类深化细化评价，畅通多元化评价渠道，尝试“三结合”的评价新范式；深化优化考核评价配套体系，进一步完善高质量发展数据标准体系、考核评价统计监测体系、考评事项负面清单制度和考评专业人才队伍建设与培养。第三节，发展路径的优化。在对江苏高质量发展综合质效测度、六大发展质量测度和主观感受测度的基础上，根据综合绩效评价分析和影响因素分析，结合江苏未来高质量发展预测展望，分别就构筑现代产业高地，实现经济发展高质量；强化产教才城融合，实现创新发展高质量；着力城乡一体建设，实现城乡发展高质量；塑造美丽山水特色，实现生态文明高质量；坚持共同富裕导向，实现人民生活高质量；守好风险防控底线，实现安全发展高质量6个维度提出对策建议。

第八章：研究结论与研究展望。第一节，研究结论与特点。研究结论是明晰了江苏高质量发展评价理路与价值，构建了江苏高质量发展评价指标与权重，配套了江苏高质量发展评价统计与保障体系，测度了江苏高质量发展绩效评价与预测，优化了江苏高质量发展评价路径与对策。研究特点主要是体现理论性与实践性的结合、时代性与创新性的结合、阶段性与前瞻性的结合；实践研究表明开展高质量发展评价需要高位推动与组织领导、系统谋划与基层探索、考人考事与知事识人、技术手段与智能评价、用好结果与激励作为“五个互动并进”。第二节，研究新探与不足。深化细化评价高质量发展指标评价体系，提高绩效评价的科学性；研究探析高质量发展评价的内在联系，提升绩效评价的逻辑性；精准把握高质量发展评价“四个度”，增强绩效评价的均衡性；聚焦高质量发展运行规律，研判绩效评价的推断性。研究不足是高质量发展评价理论体系亟待丰富完善，评价缺乏充足的学理支撑；绩效评价内容的丰富性、多维性，增加了量化评价难度；评价的广度与深度不足，评价的全貌和精准难以体现；考核评价工具不够多，立体评价亟待加强；评价数据来源与测度方法不够多，评价依据不够全面充分。第三节，研究愿景与展望。进一步聚焦高质量发展评价的理论性研究、异同性研究、功能性研究、政策性研究、规律性研究、新模式研究和高质量发展数据信息孤岛问题研究。

本章小结

高质量发展是一个包容性很强的概念，可以从不同的角度观察和认识。必须准确把握高质量发展的内涵，建立健全高质量发展评价体系，为推动我国经济实现高质量发展提供有效制度支撑。本章梳理了研究背景与研究意义，从大变局叠加新冠肺炎疫情、服务“争当表率、争做示范、走在前列”、破解不平衡不充分发展问题、开启现代化建设新征程等维度解析，从理论和实践的角度阐释研究意义，并对国内外发展评价研究现状进行梳理综述。在研究的逻辑上，明确研究起点、研究主线、研究范畴、研究边界；在研究的重点难点上，提出探索解决评价机制不完善问题等 6 个重点和聚焦考核评价的公认度问题等 3 个难点；在研究的方法上，综合运用文献分析法、调研分析法、比较分析法、功效系数法、综合指数法、系统构建法、灰色预测建模法七种方法；在研究的内容上，对各章节主要内容进行简要概述，为全书研究内容的全面展开打下基础。

第二章

高质量发展的评价理论与实践探索

我国高质量发展的基础是区域高质量发展。近年来，各地就如何推动区域高质量发展在理论和实践上进行了新的探索，积累了宝贵的经验。高质量发展的理论脉络如何梳理？实践探索如何提炼总结？发展成果如何评价？本研究以江苏高质量发展考评的探索为例，从理论和实践相结合的角度，追溯理论源头和基本含义，总结实践经验和成效启示，为构建江苏高质量发展评价体系奠定坚实的基础。

第一节 高质量发展的内涵与评价特征

研究高质量发展，首先要深入研究高质量发展的内涵要义；研究高质量发展的考核评价，要从高质量发展的内涵实质出发，研究考核评价的尺度、方法以及特征。

一、高质量发展的内涵与基本特征

高质量发展是党的十九大首次提出的新表述。习近平总书记指出：“高质量发展，就是能够很好满足人民日益增长的美好生活需要的发展，是体现新发展理念的发展，是创新成为第一动力、协调成为内生特点、绿色成为普遍形态、开放成为必由之路、共享成为根本目的的发展。”① 只有深刻理解高质量发展的内涵与基本特征，才能更加科学精准地构建高质量发展评价体系。

（一）高质量发展的内涵要义

高质量发展的指导思想是新发展理念，第一要务是解决发展的不平衡不充分问题，核心目标是满足人民日益增长的美好生活需要，基本路径是建设现代化经济体系，根本保障是国家治理体系和治理能力的现代化。

从高速增长阶段转向高质量发展阶段，意味着发展方式的转变、经济结构的优化、增长动力的转换。要以深化供给侧结构性改革为统领，推动质量、效率、动力三大变革。质量变革是核心，是全面建设社会主义现代化国家的内在要求；效率变革是主线，是经济发展的永恒主题；动力变革是根本，是建设现代化经济体系的战略支撑。这些论述包含两层含义②：一是我国经济已经进入一个新阶段。这个阶段的主要目标和任务是高质量发展，我们必须坚持这个方向。二是我国还处在“转向”高质量发展阶段的过程中。现在还不是真正的高质量发展阶段。这一过程充满荆棘甚至可能会出现局部反复，我们要从这个实际出发，加倍努力，攻坚克难。

实现高质量发展是我国经济社会发展历史、实践和理论的统一，是开启全面建设社会主义现代化国家新征程、实现第二个百年奋斗目标的根本路径。它不只是一个经济要求，而是对经济社会发展方方面面的总要求；不只是对经济发达地区的要求，而是对所有地区发展必须贯彻的要求；不是一时一事的要求，而是必须长期坚持的要求。高质量发展可以从不同维度不同方面进行度量，至少有长期与短期、宏观与微观、总量与结构、全局与局部。比如从长期看，能够适应发展阶段的转换，抓住科技革命和产业变革的机遇就是高质量发展；从宏观看，经济运行不存在重大结构性失衡，全要素生产率不断提高，整体风险可控，就是高质量发展；从总量看，经济增长保持持续健康稳定，没有明显偏离潜在增长率，就是高质量发展；从全局看，经济发展与民主、文明、和谐、美丽基本协调，就是高质量发展。我国经济发展进入高质量发展阶段，意味着我们从理念到战

① 《习近平谈治国理政（第三卷）》，北京·外文出版社，2020 年版，第 238 页。

② 苗成斌：《现代化与民族复兴研究》，北京·人民出版社，2018 年版，第 306 页。

略，从政策到行动、到评价体系等都将有很多新的不同于过去的一些标准。

（二）高质量发展的基本特征

高质量发展的基本特征主要表现在经济社会的转型上。这个转型突出呈现为两条主线，一条是从旧动能转向新动能，另一条是从高速增长转向高质量发展。高质量发展同时注重发展的“量”和“质”。从转型发展的特征看，主要体现为“五个转向”：从关注经济规模和增长过程，转向关注增长的结果和增长的效益；从关注经济增长一个维度，转向关注经济发展、社会公平、生态环境等多个维度；从片面重视高增长产业，转向关注产业协同发展、构建现代化产业体系；从关注经济增长的要素投入，转向关注要素生产率的提升和要素优化配置；从关注 GDP，转向关注以人民为中心的各项制度安排和城乡区域之间的协调发展。有学者认为①，从高质量发展的特质看，主要表现在如下 6 个方面。

一是体现高质量、高效率增长。高效率增长是指以较少的投入获得最大的收益，而低效率增长则是指以较大的投入却只获得了较少的收益。高质量发展是指高效率增长。决定高效率增长的一个重要因素是技术创新，必须有效推动技术创新，尤其是要获得颠覆性技术与原创性技术。决定高效率增长的另一个因素是制度创新，有效调动各种要素的积极性，使各种要素最大限度发挥作用，实现以较少的消耗获得更大的利益。

二是体现为中高端结构性增长。我国过去较长时期实际上是一种中低端增长，这主要由当时我国的生产力发展水平所决定的。中高端结构增长与中低端结构增长的最大区别在于支柱型产业的不同。中低端结构的支柱型产业包括传统制造业、建筑业及房地产产业等；中高端结构的支柱型产业则主要有战略性新兴产业、服务业、现代制造业。因此，我国在向中高端结构增长的转变中，要大力发展战略性新兴产业、服务业、高端制造业，这些产业也将逐渐成为我国的支柱型产业。

三是体现为有效供给性增长。无效供给性增长形成的一个重要原因，是供给方没有风险意识，盲目扩张、盲目负债，因而消除无效供给性增长

① 魏杰、汪浩：《高质量发展的六大特质》，2018 年 7 月 23 日《北京日报》。

必须去杠杆，降低整个社会的杠杆率。无效供给性形成的另一个重要原因，是制度的风险约束性不够，经营者对过剩产能及库存没有风险约束，因而会在短期利益驱使下盲目扩张。因此，必须有效推进制度改革，尤其是国有企业改革，实现有效的利益与风险约束。

四是体现为绿色低碳循环增长。经济增长有时是在高污染与高消耗条件下实现的，但这种高速增长绝不会长久。高质量发展与这种以高污染与高消耗资源为基础的所谓高速增长是相对立的，高质量发展强调节能环保，是一种绿色增长。要实现绿色增长，首先要维持好自然生态环境，增长不能以破坏自然生态环境为代价。要对工业化与城市化所带来的废水、废气、固体垃圾进行良好的处理，形成良好的节能环保型技术，走技术化的道路。

五是体现为全面协调可持续增长。可持续增长要求在经济增长战略上克服盲目扩张的倾向，盲目扩张有可能会促使个人、企业及政府盲目加杠杆，而过度加杠杆将导致金融风险的形成。可持续增长需要认真考虑各种经济资源及社会资源的承受能力，不能以为经济增长可以为所欲为，任意提高增长速度。必须遵守客观规律，坚守科学发展观，量力而行，保证经济平稳地可持续发展。

六是体现为社会和谐性增长。经济增长的最终目的是为了造福于人民，提高各个阶层的人民福祉，如果经济增长没有达到这个目的，甚至造成了各个社会阶层之间的对立，那么这种经济增长就是以社会动荡为基础的经济增长，我们需要的显然不是这种经济增长。高质量发展是社会和谐性增长。社会和谐性增长要求在经济增长中每个社会阶层的福祉都能随着经济的增长而提高，虽然各个社会阶层的福祉增长水平有所不同，但必须都能够有其应有的增长。

（三）高质量发展的内在要求

推动高质量发展是一场关系全局的深刻变革。要牢牢把握高质量发展这个根本要求和鲜明导向，扎实推动经济不断朝着更高质量、更有效率、更加公平、更可持续、更加安全的方向发展，努力走出一条符合新时代要求、具有中国特点的高质量发展之路。

高质量发展必须是科学发展。规律就是事物内在的、本质的联系，是实践经验的科学总结。高质量发展也必须遵循经济规律、自然规律和社会规律的指导作用，才能实现科学发展，从而达到高质量发展。实践证明，我们什么时候遵守发展规律，什么时候就会发展顺利；什么时候违背发展规律，什么时候就会走弯路或遭受各种挫折。因此，要遵循经济规律，使市场在资源配置中起决定性作用，更好发挥政府作用，着力转变发展方式，着力构建市场机制有效、微观主体有活力、宏观调控有度的经济体制。

高质量发展必须是创新驱动发展。高质量发展根本在于经济的活力、创新力和竞争力。坚持创新驱动"大方向"，实施科技引领；勇闯科技创新"无人区"，投入研发资源；点燃数字经济"新引擎"，强化创新协同，激活科技引领"源头水"。要激发全社会创造力和发展活力，深度参与和引领新一轮科技革命和产业变革，建设创新型国家，让一切劳动、知识、技术、管理、资本的活力竞相迸发，让一切创造社会财富的源泉充分涌流。

高质量发展必须是高质量效益型发展。高质量发展坚持质量第一、效率优先，兼顾公平，通过推动质量变革、效率变革和动力变革，来提高创新效率和要素配置效率，进而提升全要素生产率。高质量发展是生产、流通、分配、消费循环通畅，国民经济重大比例关系和空间布局比较合理的发展，是发展质量、结构、规模、速度、效益、安全的统一。要把高质量发展贯彻到经济、社会、文化、生态等各领域各方面，就应当以深化供给侧结构性改革为主线，切实转变发展方式，不断提升发展质量和效益。

高质量发展必须是以人民为中心的发展。为什么人的问题，是检验一个政党、一个政权性质的试金石，也是校正发展价值取向的导航仪。高质量发展的最终目的是满足人民对美好生活的向往，这是高质量发展的出发点和落脚点。人民享有高品质生活，就是最有说服力的高质量发展答卷。从"有没有"到"好不好"，从日子"将就过"到生活"讲究过"，开启高品质生活，离不开发展这把总钥匙。进一步推进更高质量、更有效率、更加公平、更可持续、更为安全的发展，才能为高品质生活打下坚实基础、提供有力保障，让老百姓的日子越过越红火。

高质量发展必须是人与自然和谐共生的发展。生态兴则文明兴，生态衰则文明衰，经济社会的高质量发展，始终离不开人与自然的和谐相处。坚持人与自然和谐共生，需统筹生态环境保护和经济发展的关系，同步推进物质文明和生态文明的建设，打好污染防治攻坚战，集中攻克难题，走生产发展、生活富裕、生态良好的文明发展道路，着力推动绿色发展，解决突出环境问题，加大生态系统保护力度，构建资源节约型与环境友好型社会，建成青山常在、绿水长流、空气常新的美丽中国。

高质量发展必须是安全的发展。安全是发展的前提，发展是安全的保障。安全发展是高质量发展的运筹维度和检验指标。如果一个地区政府债务居高不下，金融债务风险频发，企业债务资不抵债，这个地方不仅不叫高质量发展，而且要为发展付出代价。在宏观层面，我们需要用安全程度检验发展的稳定性；中观层面，需要用安全状态衡量产业体系，标定环境可持续和社会公平正义，等等；微观层面，同样离不开用安全生产注解企业的先进管理理念、一流竞争能力和可靠产品质量。

二、高质量发展评价的基本价值与主要特征

（一）考核评价的基本概念

关于考核评价的界定，无论是党政部门还是学术界至今都没有一个明确统一的定论。把握考核评价这一概念，不仅要从字面含义上来理解，还要从理论和实践角度认识考核与评价的差异及关系，更要把考核评价作为一个相对独立的工作系统进行专门研究。

“考核”“考评”“评估”“评价”等词语常见于国内有关干部管理的文献中，且多数情况下是混淆使用，没有对考核与评价两者的含义进行区分①。英文中，与考核、评价相关的词语大多被译为“评估”或“评价”。实际上，考核是对考核对象在既定时期内对组织的贡献作出衡量，从数量和质量两方面对其工作的优缺点进行客观的系统描述，从而为晋升、解雇、加薪等相关人事决策提供依据的活动。而评价是一个相对复杂的过程，是对人或事物价值作出判断的一种观念性活动，考核结果等相关资料信息的收集分析为价值判断提供依据。从侧重点来看，考核注重客观结

---

① 方振邦、罗海元：《党政领导干部考核评价》，北京 · 中国人民大学出版社，2019 年版，第 6 页。

果，侧重于过去表现的回顾，关注的是最后分值的大小和成绩的高低。而评价强调理念与价值观影响下的解释及反馈，具有综合性和前瞻性，是对过去、现在和将来的全面分析，注重分析结果与价值判断过程，落脚点在于促进学习与进步。

评价古已有之，过去主要是针对官吏。评价就字义来说，就是“评估价值”。具体讲，评价是一种围绕既定目标，运用特定的标准和指标，对个人的工作行为、工作业绩进行评估，并运用评估结果对工作行为和工作业绩产生正面引导的过程和方法。抓评价就是抓管理，抓评价就是抓落实，抓评价就是抓培养。评价是对前一时段工作的总结，也是新一时段工作的起点，发展的进程、问题、成效，都需要用有力有效的考核评价来跟踪、分析、反馈和问效。

高质量发展考核评价，与政府绩效评价、领导干部的考核评价相比，是一个更加系统、更加全面、更加科学、更加细化的考核评价体系。这个考核评价，以践行新发展理念为指针，以更有质量、更有效益、更可持续、更加公平、更加安全为基本准则，对经济、政治、文化、社会、生态以及党的建设方方面面进行全方面、立体式、多角度、新手段、全视角科学评估，突出表现为 5 个方面的评价特质：一是以“满足人民日益增长的美好生活需要”为根本目的；二是以“五大发展理念”为根本理念，创新、协调、绿色、开放、共享缺一不可；三是以“高质量”为根本要求，既涵盖微观层面的产品和服务，也涵盖宏观层面的结构和效率，既涵盖供给环节，也涵盖分配环节、流通环节和需求环节，既涵盖经济领域，也涵盖其他各个领域；四是以“创新”为根本动力，不断提升综合效率；五是以“持续”为根本路径，不断优化各种关系。这些都为高质量发展考核评价提供了基本指向和有益的参考。

（二）考核评价的基本价值

价值是指一事物对主体的积极意义，即一事物所具有的能够满足主体需要的属性和功能。高质量发展考评价值是高质量发展进入新阶段后，随着高质量发展考评主体的变化，带来的理论新发展和现实新需要，在价值依据、价值主体、价值依归等方面形成的新认知。

从高质量发展的价值依据上看，是贯彻落实新思想新理念的时代需求。高质量发展考核评价是贯彻新思想新理念、把高质量发展落到实处的全局性战略性制度安排。随着高质量发展进入新阶段，出现了很多新情况新问题，高质量发展的内涵和外延也在不断调整、丰富和发展。作为掌握高质量发展状况的重要工具，高质量发展考评只有随着时代发展而不断调整，把握高质量发展中的变与不变，才能真正地做到落实新思想新理念；只有对高质量发展给予准确的评价，才能真正地把握高质量发展的阶段性特征；只有把高质量发展情况搞清楚，才能找到发展中的短板，才能找到可行的路径，才能把新思想新理念真正地贯彻落实到位。

从高质量发展的价值主体看，是落实以人为本价值取向的现实选择。高质量发展是以人民为中心的发展，是为满足人民需求的发展。“治国有常，而利民为本。”增进民生福祉是发展的根本目的，是对微观个体人的基本关怀。从本质上看，我国的一切发展都应当是为了人。高质量发展以人为本不是空洞的，而是贯穿高质量发展的各个环节各个阶段，涵盖了高质量发展各个方面各个领域。所以，以人为本是高质量发展考核评价的根本价值取向。通过高质量发展考核评价，从工作导向上，坚持“以人为本”，无论是在考核评价指标设定、方法手段、具体实施上，还是在结果运用上，都要把人民群众的利益放在最高位置，从而促使高质量发展“不迷航”“不偏向”。高质量发展考核评价又是一把利剑神器，通过查找检测高质量发展中存在的问题，发现工作薄弱环节和短板，明确整改的方向，使人民群众满意，才能促使高质量发展真正“不走样”“突出高”。高质量发展考核评价通过具体化的指标勾勒高质量发展的脉络纹理，不断激发广大干部群众干事创业热情，营造形成社会强大的凝聚力和向心力，使人民群众的聪明才智和积极性、创造性充分释放，真正实现高质量发展“靠人民”“为人民”。

从高质量发展的价值依归看，最终落脚点是实现高质量发展，最根本是满足人民群众生活需要。高质量发展考评，最直接的作用是衡量高质量发展的水平，为高质量发展聚力蓄能。但从本质上看，还是为高质量发展服务，通过发挥考核评价“指挥棒”导向作用，具象化高质量发展内涵，纠正发展中的偏差，补齐发展中的短板，并通过对考核评价理念、标准、手段、方式方法、结果运用等方面不断修正、调整和更新，对干部群众施以积极的影响。"高质量发展"之"高"暂时没有放之四海而皆准的评判标准，国家经济社会发展程度要从人民生活水平、人民生存状况、人民享有发展成果公正程度等多个维度进行考察，党将高质量发展与人民群众切实结合在一起，以人民对美好生活的需要成为高质量发展的主轴，以引领人民群众创造美好生活作为中国共产党的奋斗目标，切实体现了"人民利益是我们党一切工作的根本出发点和落脚点"。通过实践到理论再到实践这样一个循环往复、螺旋上升的过程，最终实现高质量发展。从实践来看，高质量发展考评秉承"请群众评判、让群众满意"理念，以群众满意为刚性要求和评判标尺，激励领导干部担当作为，把推动高质量发展走在前列、满足人民群众对美好生活的向往作为综合考核的价值追求，不断提升高质量发展的质感，为人民群众带来幸福感。

（三）考核评价的基本特征

高质量发展评价是进入新时代后，适应新时代发展特点，着眼于解决干部积极性问题，与时俱进作出的一项重要制度安排，是推进治理体系和治理能力现代化的探索。高质量发展考核评价是一项复杂的系统工程，也是一项改革创新。它不仅需要克服慵懒作风和惰性思维，还需要摆脱"唯GDP"的旧观念，在质量效益、创新能力、就业创业、民生福祉、生态环保等体现新发展理念的发展目标上聚焦用力，加快从"有没有"转向"好不好"。高质量发展考核评价纳入过去多个系统条线的考核，重构评价体系、再造评价流程、创新评价方法、统筹实施推进，实现了由常规性考核到高质量发展考核评价的新跨越，突出表现出"五个转变"的鲜明特征。

特征之一：考核评价理念从粗放到精细的转变。从过去单一考核经济指标、以 GDP 论英雄，到注重反映发展的质量效益、结构优化；再到注重反映经济、政治、文化、社会、生态发展"五位一体"的综合情况考核；再到注重投资优化、风险防控的安全发展；再到注重反映人的全面发展、全体人民的共同富裕，不断满足人民群众对多样化美好生活的需求。

特征之二：考核评价要素从常规到集成的转变。主要表现在 5 个方面：数据质量标准化，实现数据状态可感知、数据使用可追溯、安全责任可落实；流程管理一体化，实现考事与考人相结合、结果控制与过程管理相统一；资源成本节约化，最大限度地降低考核行政成本、精简工作量和减少人力物力投入，提高考核评价的质量和效益；考核评价分析多样化，实现考核评价的检查、评估和预知，前瞻未来高质量发展的趋势和不足；精准考核智能化，形成考核大数据，实现对考核信息的综合查询分析和对考核结果的综合运用，推进智慧化考核。

特征之三：考核评价手段从单一到多元的转变。采用多维评价模式法，将组织权一维视角下的高质量发展评价模式与多元评价权相结合，运用民意调查型评价、考核型评价、治理型评价（独立或委托第三方）、参与型评价、决策型评价、监督型评价，从多角度、多层面进行综合比较评价并相互验证。采用平时监测、半年评估、年终考核、综合考核等形式，跟踪了解、一线考察、动态纪实、谈心谈话、民主测评等方法。采用智能评价法，运用 SPSS、STATA 等软件技术，推进智能化考核，实现更加精准、更加科学、更加高效的综合考核。

特征之四：考核评价机制从分散到协同的转变。坚持整体设计和系统安排，改变原来由一个部门考核的状况，变“多考”为“一考”，把多个系统条线的考核事项纳入其中，将分散在各部门的多项考评制度予以整合，由孤立考核评价向融合考核评价转变。强化关键部门核心作用，分领域具体实施考核工作，加强工作衔接和信息共享，推动“专业人”考“专业事”，构建一盘棋的大考核格局。

特征之五：考核评价结果应用从落地到落细的转变。以结果的反馈推动查短板、补弱项，以适当的物质奖励、表彰激励推动干部主动担当作为，以综合分析研判，切实加强新时代干部队伍建设。用好结果反馈，将考核结果反馈作为重要内容和关键环节予以强化；用足正向激励，进一步丰富激励手段，探索差别化激励措施；用活反向鞭策，将考核结果与函询提醒、诫勉谈话、通报批评等惩戒措施挂钩，实行“提拔重用+组织调整”双轨并重，真正让“优者上、平者让、庸者下、劣者汰”贯穿考核结果运用的全过程。

三、高质量发展评价的内在逻辑分析

高质量发展需要抓住考核评价这个“牛鼻子”，以高质量评价“标尺”

引领和驱动高质量发展落地见效。高质量发展评价的内在逻辑，主要体现在评价的价值依归、根本遵循、内在要求、必要前提4个方面，四者相互联系、相互递进、相得益彰，丰富了高质量发展的内涵和逻辑关系。

第一，以人民为中心的发展思想是高质量发展评价的价值依归。以人民为中心的发展思想来源于马克思主义唯物史观的基本价值追求，将人民群众的幸福和解放作为终极诉求。马克思认为，“生产将以所有人的富裕为目的”。在以社会关系总和作为一般意义上社会的形成，是以人的劳动行为为外化结果，而社会各阶层的和谐调整以及良性互动，是依赖于长期经济发展规律演进中社会共享成果的发生。在新时代高质量发展的语境中，当代实践行为以及当代马克思主义政治经济学理论创新是基于对人与人之间、人与社会乃至人与自然之间行为关系的深刻剖析，将这一组关系建构放置于经济发展起点、经济发展过程以及经济发展结果的起承转合视角下，以效验判断高质量发展的实际价值成果①。以人民为中心的发展思想是习近平新时代中国特色社会主义思想人民性的重要体现。“党的一切工作必须以最广大人民根本利益为最高标准。我们要坚持把人民群众的小事当作自己的大事，从人民群众关心的事情做起，从让人民群众满意的事情做起，带领人民不断创造美好生活！”② 这说明，以习近平同志为核心的党中央真正将以人民为中心的发展思想落到实处，高质量发展为了人民、依靠人民、成果由人民共享，在人民中寻找发展动力、依靠人民推动发展、使发展造福于人民。践行以人民为中心的发展思想，应贯穿于高质量发展全过程，强化对于发展动能、发展过程、发展方式、发展制度和发展行为的共享，以实现人民对美好生活的向往和全体人民共同富裕作为根本的价值标准，为丰富和发展高质量发展考评理论体系提供价值遵循。

第二，新发展理念是高质量发展考核评价的根本遵循。创新、协调、绿色、开放、共享发展理念是当前和今后一个时期发展思路、发展方向、发展着力点的集中体现。构建高质量发展考核评价体系要把五大发展理念贯彻始终，紧紧围绕五大发展理念设计评价体系，以体现产业产品的创新

---

① 李梦欣、任保平：《新时代中国高质量发展的综合评价及其路径选择》，《财经科学》2018年第5期，第29页。

② 《习近平谈治国理政（第三卷）》，北京·外文出版社，2020年版，第39页。

性、城乡地区以及经济与其他领域的协调性、环境资源利用的可持续性、经济发展的对外开放性、发展成果的共享性，加快提高发展的“含金量”“含新量”“含绿量”。要优化考核评价体系，设置科学合理的考核程序、考核制度、考核指标、考核功能，从思想观念、治理方式、内生动力上下功夫，把高质量发展与绩效评价、政绩考核有机结合起来，真正让党员干部按照“指挥棒”跑、根据“红绿灯”走，把考人与考事相结合，把定性与定量相结合，把软考核变硬约束，真正把新发展理念变成可执行、可分解、可操作的行动。评价指标的设计既要源于新发展理念的要求，又为贯彻新发展理念找到了考核的评价尺度，全面覆盖高质量发展的重点领域。要形成贯彻新发展理念的政绩考核体系、健全分类考核机制、创新考核方法。根据不同地区的资源禀赋、阶段特征、发展定位，合理确定考核评价的重点内容、核心指标，建立各有侧重、各具特色的考核评价指标体系。既看显绩、又看潜绩；既看经济建设情况、又看反映民生状况和生态指标；既看经济总量的增长情况，还看创新发展、协调发展、绿色发展、开放发展、共享发展、安全发展的整体推进情况。考核是“指挥棒”“风向标”“红绿灯”，通过高质量发展考核引导干部树立正确的政绩观，让践行新发展理念成为思想自觉和行动自觉，为推动经济高质量发展引领方向、提供保障。

第三，价值评价施政行为是丰富高质量发展评价的内在要求。在绩效考核评价的实践中，既可以是定量评价，也可以是定性评价，也就是说既关注效率又关注价值。但是在具体实际工作中，由于定性评估不够准确，价值评判的标准又难以统一，因而在绩效测评中更多地倾向于定量评价，而忽视了对价值的关注。这种情况导致的结果是严重的。一方面，对定量评估的偏爱致使一些重要却难以量化的行政行为和结果，譬如社会稳定、民生获得感等被忽视和忽略。另一方面，对政府行为价值的忽视，使某些地方政府迷失了方向，丧失了基本的判断力。譬如，有的地方搞“献礼工程”而劳民伤财，甚至可以为发展某地经济而庇护造假企业、掠夺性地开采自然资源，等等。高质量发展考核评价，必须全面、公正地测评施政行为及其对社会的影响，不仅评价行为的有效性，更要评价行为的正当性；不仅评价行为的经济成果，还要评价行为对于政治、文化、社会、生态以及人民群众生活的影响。这就要求高质量发展绩效评价必须重视和强化对施政行为的价值衡量，使政府不仅能有效地行动，而且正确地行动。现在，有的地方考评之所以不够实、不够准、不能为大家所公认，是因为还停留在事实判断上，而忽视了价值判断。这就是为什么要重视考评的价值判断缘由。高质量发展考核评价不仅要借助统计、测验等手段进行量的测定，而且要进行质的分析，把所有考查绩效的材料和分析综合起来，进一步研究在多大程度上能够达到预期的目的，由此作出价值性判断。价值评价制度既要与国际接轨，又能体现中国特色。在选择考评方案的实践中，要秉持“以价值为中心”的思维方式，把价值考虑放在第一位。价值是人所追求的能满足其某种需要的客观属性，以价值为中心的思维导向可以帮助绩效评价创建更好的决策环境，提供更好的选择方案，也能产生更好的评价效果。

第四，树立新发展绩效观是高质量发展评价的必要前提。新发展绩效观是新时代新阶段高质量发展的新生事物，是践行新发展理念、全面系统、务实有效评价发展高质量的认识论和方法论。新发展绩效观的内涵是以新发展理念为根本遵循，以“综合质效、创新发展、协调发展、绿色发展、开放发展、共享发展、安全发展和主观感受”为指标体系，以“综合效果、质量效益、行政效能和参与效度”为目标要求，树立政府成本、政府产出、生产力促进和公众满意的新理念和新要求。①综合绩效效果：站在政府功能和水平以及社会全局的高度，从经济、政治、文化、社会、生态，特别是人的发展的高度去衡量测量，从社会全局来测评政府活动的投入、产出和效果。既评显绩，又评潜绩；既评经济，又评社会、民生状况和生态指标；既评总量增长，又评创新、协调、绿色、开放、共享、安全发展的推进情况。②规模质量效益：树立新的政府成本理念和政府产出理念。政府成本通常指被用于生产过程的所有生产要素的总价格。政府为提供公共产品必然耗费一定的成本，这些成本通过税收由纳税人提供。成本要作为绩效测评的重要因素，与产出、效果一起决定绩效高低，目的是改变过重测量政府自身运行中的投入而忽视政府功能的所有社会投入的现状。政府产出通常测量产出和效果两个方面，不仅测量政府活动的政绩，而且测量成果实际功用及政府活动对经济产出的影响和对政治、文化、社会、生态以及人的发展中所提供的服务和所作出的贡献。③政府施政效能：政府效能是政府组织实现预期目的的适应性能力，是对政府组织功能的评价。效能政府是高效的政府、促进竞争的政府、监管力度强的政府、服务型的政府、创新型政府、可持续发展的政府。政府治理能力如何、行政效率的高低、行政执行效果的优劣、获得经济效益和社会效益的大小是衡量行政效能的重要指标。④公众参与效度：公众参与和群众满意度是高质量发展绩效评价的组成部分。人民满意是政府施政的重要导向，也是高质量发展绩效评估的终极标准。如何让公众在绩效评价中有更多的话语权、将人民满意变成可以量化测度的标准，是推行高质量发展绩效评价、建立科学的考评体系的重要环节。在实际工作中，各地探索了“下评上”、政务公开、“评估团”、满意度调查、“万人评议政府”、第三方评议政府等方式方法，收到了良好效果。公众和管理服务对象参与对政府绩效的考核评估，是高质量发展绩效评估的基本方向。树立正确的政绩观和新发展绩效观，要强化人民满意的绩效导向，既要改变“以 GDP 高低论政绩好坏”的倾向，也要改变“干好干坏由领导说了算”的主观主义倾向，真正将各级政府的施政目标和政绩标准转到人民满意上来。

第二节　高质量发展考核评价的理论基础

高质量发展考核评价是高质量发展到新阶段的理论新发展，植根于高质量发展考核评价实践沃土，有着深刻的时代烙印和中国特色。我国原有的考评发展的方法相对滞后，而新的考核评价尚不能满足推动高质量发展的基本要求，迫切需要新的考核评价理论指导实践。虽然还没有在理论层面形成成熟的阐述，但依旧能从习近平新时代中国特色社会主义思想、马克思主义基本理论、政府绩效考核理论等理论中找到依据。从理论上深入研究高质量发展考核评价的来龙去脉，有助于丰富和完善我国高质量发展考核评价体系，对更好地指导高质量发展实践，加快全面建设社会主义现代化进程，具有重要的时代价值。

一、新发展理念与马克思主义发展观

发展观是一定时期经济社会发展的需求在人们思想观念层面的反映，是一个国家在发展进程中对为何发展、发展什么、怎么发展的系统认识。坚持什么的发展观是世界各国面临的共同课题。马克思主义发展观是马克思主义理论的一大核心，强调了社会发展的整体性、社会发展与自然发展的协调性、人的发展在社会发展中的核心性，这是高质量发展的重要理论基础和思想源泉。

（一）创新发展理念发展了马克思主义社会发展动力理论

马克思主义认为，发展动力具有不同内涵，社会基本矛盾、社会革命、社会改革、科学技术等都是社会发展的动力。在不同时代条件下，发展动力具有不同的寓意。当今时代，创新寓于所有发展动力之中，是发展动力的集中体现和重要标志。创新发展的内容主要包括：创新是引领发展的第一动力，创新为发展动力提供目标方向以及全面发展是创新动力的必然选择，这些观点丰富了马克思主义社会发展动力理论。

首先，创新是发展的实质内涵，而发展是创新的必然结果。创新与发展具有必然联系。恩格斯指出："在发展进程中，以前一切现实的东西都会成为不现实的，都会丧失自己的必然性、自己存在的权利、自己的合理性；一种新的、富有生命力的现实的东西就会代替正在衰亡的现实的东西。"① 从根本上说，发展是旧事物灭亡和新事物产生的过程；从人与世界的交互作用看，发展又是人们能动的创造性的实践过程。创新是实践的重要特征，人们通过实践活动改造客观世界，创造价值世界，推动社会进步和历史发展。

其次，创新是发展的第一动力，而发展是创新的价值追求。创新在国家发展全局中的"核心位置"是由其"第一动力"的特殊功能决定的。一般说来，发展的动力是由不同层次、不同方面构成的系统，如本体动力与派生动力、内部动力与外部动力、核心动力和一般动力等②。新发展理念

---

① 《马克思恩格斯文集（第4卷）》，北京·人民出版社，2009年版，第269页。

② 肖潇、肖新发：《新发展理念赋予马克思主义发展观新内涵》，《中共宁波市委党校学报》2020年第4期，第29页。

之所以突出创新在发展动力系统中的特殊重要地位，强调必须把创新作为引领发展的“第一动力”，就在于它是本体的、内部的、核心的动力。

最后，创新发展是当今世界的共同呼唤，更是当代中国的迫切需要。当今世界，新一轮科技和产业革命蓄势待发，重大颠覆性技术不断涌现，科技成果转化速度加快，产业组织形式和产业链更具垄断性。理论创新可以解放人民思想，科技创新是社会发展的根本推动力量，制度创新为社会发展提供制度保障，文化创新提高国家的文化软实力，提高国家的竞争力，进一步丰富马克思主义社会发展动力理论的内涵，不断丰富完善创新驱动发展的理论体系，更好地指导创新发展实践。

（二）协调发展理念发展了马克思主义社会有机体理论

协调发展理念既是对过去发展教训的总结，又是对新时代发展特点的回应，是对马克思主义发展观的丰富。马克思的社会有机体理论认为，人类社会是相互联系、相互制约和相互作用的有机整体，这就要求社会必须协调发展。协调发展就是要处理好整个发展格局中各个要素之间的关系。

协调发展体现了统筹兼顾的根本要求。马克思的协调思想是按比例协调发展，在此理论基础上，协调发展理念要求全面发展，形成平衡的发展结构，形成全方位、多领域、多要素的协调发展格局，体现了统筹兼顾的根本要求。在协调发展理念的指导下，推进区域协调、城乡一体化发展，推动经济和社会建设同步发展、加强经济和国防建设的深度融合发展，促进物质文明与精神文明协调发展、国家硬实力和软实力同时提升，坚持新型工业化、信息化、城镇化、农业现代化同步发展。大力实施乡村振兴战略，补齐乡村发展的短板，实现农村与城市协调发展。

协调发展体现了持续健康发展的内在要求。协调发展不仅仅是我国的发展目标，更是一种发展手段。我们要将协调作为评价发展是否合理的尺度和标准，发展不仅仅是经济发展，而且是政治、经济、文化、社会和生态的平衡发展，现阶段我们要激发发展潜力，补齐发展短板。发展不仅仅是城市的快速发展，更是城乡、区域的平衡发展，发展不是孤立的发展，协调发展理念指导我们要用辩证统一的方法正确处理各种关系，改革开放和现代化建设都离不开协调发展理念，协调发展要贯穿各个领域的各个方面，其内在要求就是实现持续健康发展。

总之，协调发展理念在继承马克思主义社会有机体理论的基础上，增添了新的内容，丰富了发展的内容，更加重视生态的发展，对社会的全面发展有了更加深刻的认识。协调发展理念在分析了我国发展的基础上，强调统筹兼顾的根本要求，重视发展的全面性和整体性，具有重要的历史意义，是马克思主义发展理论与时俱进的表现。

（三）绿色发展理念发展了马克思主义人与自然关系理论

人与自然的关系是马克思主义生态观的核心内容，马克思主义生态观生动阐释了人类认识、改造和利用自然的一系列问题。绿色发展要解决好“人与自然和谐共生问题”，推进绿色发展必须尊重和适应自然规律。绿色发展体现出了马克思主义理论与中国生态文明建设实践的科学结合，打开了中国特色社会主义理论体系对人类生存与发展命题研究的理论视野，使马克思主义生态观在新时代的绿色发展实践中彰显出了强大的理论力量。

从马克思的生态观出发，习近平总书记强调，要“牢固树立保护生态环境就是保护生产力、改善生态环境就是发展生产力的理念”①，促进我国经济的长期发展。这个论断包含着开发和挖掘自然资源是社会生产力，保护和改善自然环境也是生产力的重要内容。同时指明了人类从自然中获得生存和发展的生活资料和生产资料。既继承和丰富了马克思的“自然生产力也是生产力”的思想，明确了大自然中蕴含着人类继续生存和发展下去的必要的各种物质，与马克思生态观的本质相同，又从当今经济全球化的面临的生态环境的现状出发，进行了新的思考，提出了新的内容，对生态环境有了新的认识，具有良好的现实和实践意义。

绿色发展理念继承了马克思主义发展中的生态保护的基础思想成分，将生态文明建设贯穿到经济发展的整个过程。绿色发展理念，完善和扩大了马克思“生产力”的内涵，强调了生态环境与经济发展是紧密联系的，又丰富了可持续发展的理念的内容，是对马克思主义人与自然关系理论增加了新的内容。既从理论方面增加了新的内容，又为贯彻绿色发展提供了重要指引，为绿色发展理念的落实提供了便利，促进人与自然和谐相处。

（四）开放发展理念发展了马克思主义全球化理论

开放解决的是内外联动的问题，通过开放促进发展，最终实现互利共

---

① 《习近平谈治国理政（第一卷）》，北京·外文出版社，2018 年版，第 209 页。

赢。开放发展拓展了发展的长度和宽度，提升了发展的层次，为马克思主义全球化理论注入了新的内容[①]。

坚定了全球化立场，强化了对外开放的战略地位。在错综复杂的国际环境中，开放发展理念申明了中国开放的坚定立场，中国不会为了一时的利益，关闭合作的大门。我国希望通过对外开放，学习外国的先进技术，实现更高层次、更高质量的开放型经济。而且开放是一国经济发展的必要条件，世界各国的经济“相通则共进、相闭则各退”，只有相互交流合作，才能实现共赢，否则就会倒退。

揭示了共赢逻辑，发展了全球化的理论形态。中国的开放发展并不是为了自身的利益，而是为世界各国共同获利，是为了实现合作共赢，开放发展理念蕴含着共赢逻辑。中国与世界各国是紧密相连的，各国应该积极发挥各自的优势，突出自身的价值，在合作中优势互补，造福世界人民。在现阶段我国要通过深化改革，扩大开放的范围，提高开放的水平，同时，要用更高层次的开放为改革提供动力，为改革提供资金、技术、人才等资源。

顺应了全球化规律，深化了对人类命运共同体的认识。人类命运共同体超越了长期以来主导世界的“霸权主义”和“强权政治”，是人类未来的发展方向，体现着中国智慧。在经济全球化的背景下世界的政治局面也不稳定，人类必须求同存异，协商包容，由此可见人类命运共同体超越了地域的限制，为世界的发展提供了正确的方向。

（五）共享发展理念发展了马克思主义公平正义理论

共享发展是社会主义的本质要求。马克思认为，在社会主义制度下，社会生产力的发展“将以所有的人富裕为目的”[②]。列宁充分肯定社会主义社会的价值创造，认为只有社会主义才能实现“所有劳动者过最美好的、最幸福的生活”[③]。满足人民群众日益增长的美好生活需要，逐渐实现共同富裕，是社会主义发展的根本目的，集中体现了马克思主义发展价值观。

---

① 李红平：《新发展理念对马克思主义发展观的发展研究》，大连理工大学（硕士学位论文），2021 年，第 45 页。

② 《马克思恩格斯全集（第 46 卷下）》，北京・人民出版社，1980 年版，第 222 页。

③ 《列宁选集（第 3 卷）》，北京・人民出版社，1995 年版，第 546 页。

共享具有丰富的内涵，而对其具有制衡作用的是社会公平正义。这就决定了实现共享发展必须合理把握公平与效率之间的张力，既要摒弃那些不切实际的平均主义主张，又要防止出现贫富两极分化现象；既要大力维护权利公平、机会公平、规则公平，又要尊重合理的收入差别。

共享发展又是中国共产党性质和宗旨的体现。中国共产党的性质决定了其价值取向的人民性。与“过去的一切运动都是少数人的，或者为少数人谋利益的运动”所根本不同的是，“无产阶级的运动是绝大多数人的，为绝大多数人谋利益的独立的运动”①。共产党人不仅要代表广大人民根本利益去摧毁剥削制度，而且要在社会主义制度下带领广大人民过上幸福美好生活。习近平指出：“为什么人、靠什么人的问题，是检验一个政党、一个政权性质的试金石。”② 我们要始终把人民立场作为根本政治立场，把人民利益摆在至高无上的地位，不断把为人民造福事业推向前进。这是中国共产党性质和宗旨的郑重表达，也是新时代中国共产党人的庄严承诺和历史担当。

共享发展理念追求的是公平正义的实现，通过机会、过程和结果的公平，实现社会的公平正义，共享从人民的利益出发，增进人民的幸福感和获得感，实现社会的公平正义，赋予了马克思主义公平正义理论新的内涵。时代要求我国不断发展进步，我国的发展不是为少数人谋利益，而是为全国人民谋幸福，让全国人民共享改革发展的成果，实现发展的最终目标。

二、高质量发展评价与新公共管理和政府绩效评价

高质量发展考核评价是随着新时代新阶段发展孕育的新概念，是践行新思想新理念的新生事物。西方新公共管理理论、政府绩效评价理论、全面质量管理理论等的产生和发展是西方近现代民主政治的产物与结果。这两者虽然没有必然的联系，但从中西方传统行政模式及现代绩效评估的实践和理论的发展比较看，我们不能崇洋媚外、照抄照搬西方的理论，要结合我国实际学习借鉴、洋为中用，从理论与实践的结合上完善中国高质量

① 《马克思恩格斯文集（第 2 卷）》，北京 · 人民出版社，2009 年版，第 42 页。
② 《习近平谈治国理政（第三卷）》，北京 · 外文出版社，2020 年版，第 520 页。

发展考核评价的理论体系和评价体系。

（一）政府绩效评价理论助推高质量发展评价理念转变

政府绩效评估是政府借鉴企业管理的成功管理形式的产物。20世纪70年代末以后，以英、美为代表的西方国家，在政府改革中广泛运用绩效评估的方式，收到了显著的改革成效，即在很短的时间里就大大降低了政府运作成本，同时提高了公众的满意度。20世纪90年代以后，我国一些地方政府的职能部门或地方政府的一些工作领域中，也尝试着借鉴西方的经验进行绩效改革，这些改革取得了“立竿见影”的效果。

特点之一：公共责任和顾客至上。政府绩效评价作为改善政府公共部门与公众的关系、加强公众对政府信任的重要措施，蕴含新公共管理理论中的公共责任、注重效益和顾客至上的基本理念，体现了时代变革与经济发展的需求特征。随着现代科学技术的迅猛发展和国际竞争的日趋加剧，如何使政府部门更有回应性、更有责任心和更富有效率，如何衡量评价政府管理及其所产生的结果成为时代所关注的焦点问题。为此，西方国家尝试把私营部门的一些管理方法与经验运用到政府公共部门，普遍采取了以公共责任和顾客至上的新思路，以谋求提高效率与服务质量，进一步改善公众对政府公共部门的信任。这一基本理念的确立，为西方国家政府绩效评估明确了目标。

特点之二：评价目标的多元化和多重性。企业的盈利性质决定了其绩效评估目标总是围绕经济效益设定。现在为了实现可持续发展，企业也会兼顾社会效益的目标，但总体上还是比较简单的。政府组织的特性决定了管理目标的多元性和多重性。政府作为整个社会的管理者，社会的多样性和复杂性，决定了政府管理目标的多元性。比如在特定条件下，政府需要把追求政治效率，即权力的绝对有效性放在首位。有时又需要同时追求政治的、经济的、社会的等多重目标。同时，现代社会又是高度分化的社会，社会的分化性、层次性决定了社会事务的复杂性和多层次性，也决定了政府管理目标的多重性。各个政府部门和各级地方政府，又要根据自身特点确定针对不同社会群体的多重管理目标。而且政府的这些管理目标中，非量化目标会占相当的比重。这些都是企业管理中不会遇到的问题。

特点之三：以结果为导向。西方国家以结果导向、公民满意为理念，着重从公民参与、绩效预算和绩效审计的角度来构建有效的绩效管理监督机制①。在政府绩效管理实践中，注重将绩效评估结果与政府财政预算、国会审查相挂钩，同时，将公民参与渗透到绩效管理的整个过程，加强政府与公民之间的沟通。如美国《政府绩效与结果法》要求所有联邦部门都必须对结果承担责任，以提高政府信任度，把工作重心从投入和过程转向结果，并向国会、总统和公众报告年度绩效信息。英国的"公民宪章"运动，要求政府就明确的服务标准、透明度与完备的监督机制、顾客选择、礼貌服务、资金的价值等具体内容向公众承诺。通过政府的公开承诺，以及将激励机制引入绩效管理体制并付诸实践，大大提高了公共服务质量和公众满意度。

（二）新公共管理理论助推高质量发展评价机制创新

新公共管理是20世纪80年代以来兴盛于英、美等西方国家的一种新的公共行政理论和管理模式②，是分析地方政府绩效的另一个重要理论基础。在新公共管理理论中，形成了以"理性经济人"为表征的个人主义的理性思维方式，以市场经济为取向的竞争式管理方法，以效率为取向的战略管理方法，以结果为取向的绩效目标管理方法，以顾客为取向的回应性管理方法的新的方法论体系。这些管理方法的运用，对高质量发展评价实践有一定的借鉴意义。

提供了政府管理和评价的新视角③。新公共管理方法的理论基础突破了传统公共行政学的学科界限，把当代西方经济学以及工商管理学作为自己的理论基础，使得公共组织对于市场价值的重视取代了传统官僚组织对于效率的重视，因此也往往被称作"以经济学为基础的新政府管理理论"，或被称为"市场导向的公共行政学"，有利于提高公共行政管理的效率，激发公共部门的内在活力，缓解政府的财政困难，更新政府行政运行方法，提高公共服务的质量。这为考核评价提供了重要的研究视角和思考空

① 唐检云、龚婷：《西方国家政府绩效管理及对我国的启示》，《江西社会科学》2014年第11期，第219页。

② 张国安：《对新公共管理及相关问题的思考》，《江淮法治》2008年第3期，第56页。

③ 何颖、李思然：《新公共管理理论方法论评析》，《中国行政管理》2014年第11期，第70页。

间，在理论上具有开创性的价值意义。

拓展了政府绩效评价方法的选择。新公共管理在以经济学、工商管理学为理论基础的前提下，融合了政策学、政治学、社会学、管理学等学科的相关知识和方法，以公共物品及服务的有效供给或“良好的治理”作为核心主题，使新公共管理方法更具有广泛性与综合性。如融合运用公共选择、交易成本、绩效目标、成本核算、合同雇佣制、业绩工资制、顾客至上、人力资源开发、信息管理、制度安排、组织发展等，突出了政府公共行政的人性化管理，突出了公共行政的竞争性与绩效评估，从而提高了政府的管理质量与效率。

创新了以激励为导向的管理方法。人性假设是组织结构设计和行为分析的逻辑起点。新公共管理方法论以“理性经济人”的人性假设为逻辑起点，把政治市场和经济市场中的人都看作是追求个人利益最大化的理性经济人，通过引入市场竞争机制，建立一套激励导向的管理方法，使政府公共管理方法的侧重点由规制转变为激励，创新了以激励为导向的公共管理方法。对竞争产生结果的不同进行绩效管理，按绩效付酬，以此来激励人的积极性。这种“理性经济人”假设的激励导向的管理方法，创新了政府管理的方法论体系。

构建了以结果为导向的管理模式。传统的公共行政管理是一种过程导向的管理模式，强调管理过程中人对规则、制度、政策的服从性，缺少对事物定量的量化管理方法。新公共管理在尊重定性管理方法的同时，引入了结果取向的定量（量化）管理方法，实行绩效管理，通过具体的绩效目标、绩效标准、成本核算、业绩工资、绩效评估等具体管理方法构成量化管理的方法体系，使公共管理由过程取向的质化管理方法转向结果取向的量化管理方法，并将定性与定量方法有机结合，纠正了传统公共行政管理中的目标不清楚、责任不明确、领导者主观随意性大等局限。

（三）全面质量管理理论助推高质量发展评价标准深化

标准，就是标尺、准则。质量提升、标准先行，标准体系是支撑高质量发展的重要组成部分，标准化能力更是竞争力。全面质量管理是组织以质量为中心，全体员工积极参与，把技术、管理和思想教育结合起来，建立起产品的设计、研发、生产、服务等产品质量形成全过程的质量体系，从而有效地利用人力、物力、财力、信息等资源，以最经济的手段生产出顾客满意的产品，使企业及其全体成员以及社会均能受益，从而使企业获得成功和发展。这一理论对构建高质量发展评价标准体系的深化、细化、具体化提供了参考。

全面质量管理的质量螺旋为微观研究发展质量评价拓展了思路。质量螺旋把质量生产看成一个螺旋上升的过程，从市场研究开始，经过产品开发、产品设计、制定生产工艺、采购原料和设备、安装设备进行生产、对生产过程进行工序控制、对生产的产品进行检验、测试已确定是否符合实际要求，一直到合格品的销售和售后服务，然后循环又重新开始[①]。同样，对高质量发展与评价的研究要从一个地区的发展战略和目标制定、政策和任务落实、效益和质量评价，包括对研发创新能力、产业产品孵化能力以及管理服务能力进行全面系统的分类细化评价，这些考核和评价，都是一个阶段性的、可持续的、循环往复的过程。在这个循环往复的过程中，要运用平时监测、半年评估、年终考核、综合评估等形式，和跟踪了解、一线考察、动态纪实、谈心谈话、民主测评等结合起来，发挥平时考核提醒纠偏、推动工作、定期评估的作用，更让季度监测、半年评估、年终考核和综合评价形成相互印证、互为支撑的闭环，通过平时考核在年终考核中占有一定的分值权重，避免年终考核“一锤子买卖”。

全面质量管理的标准支撑为微观研究发展质量奠定了基础。目前，高质量发展评价多以宏观区域层面评价较多，如对省域、市县等区域的评价，而针对中观产业、微观企业以及其他细分领域的高质量发展评价相对较少。高质量发展对于不同行业或者企业有着不同的实际内涵，由于这些领域对高质量发展内涵挖掘与测度评价缺乏，导致高质量发展无法对行业或企业等实际运行产生明确有效的引领。微观企业、中观产业以及宏观区域是相互联系的有机整体，任何一个环节的缺失都会导致无法评价高质量发展的全貌与真实状况。全面质量管理的标准体系，为产业、企业、产品的标准制定提供了借鉴和参考。高质量发展评价要多层次、多角度、多维度、多渠道地构建考评标准体系。既制定反映整体发展水平的通用标准，

---

① 刘娜、关玲永：《全面质量管理的理论分析》，《北京建筑工程学院学报》2008 年第 2 期，第 71 页。

又制定能够体现差异定位和精准反映地区、行业“个性”的标准；既注重评价一时，科学合理设置年度考评标准体系，又注重评价平时，创新探索设置通过群众评价、实地考察、日常监督等获得数据在综合研判时的采纳标准；既衡量日常工作任务和阶段性工作目标完成情况，又衡量临时性、突发性工作任务，以及应对重大考验时的担当表现，防止“上下一个样、左右一般粗”。

综上所述，西方的政府绩效评价理论提出通过战略目标的承接与分解，将目标逐层落实到部门和个人，并在此基础上设计相应的考评和反馈系统。这一理论对我们从目标分解、工作推进、评价反馈形成闭环，建立综合考核制度提供了框架性理念。新公共管理理论对政府的职能进行了新的定位，主张政府职能应向以市场为导向转变，对我们推进政务服务创新、加速政府职能转变不无裨益，同时对改进高质量发展评价方式方法，实现手段和形式创新提供了启发。全面质量管理强调控制影响产品质量的全过程和各因素，对我们更好理解“高质量发展不只是一个经济要求，而是对经济社会发展方方面面的总要求”给予启发，并对如何激励广大党员干部凝心聚力推动高质量发展提供了方法借鉴。虽然这些理论在西方的实践中早已比较成熟，但由于国情不一样、发展阶段不一样，在学习借鉴中不能用拿来主义，简单机械地生搬硬套，必须实事求是地消化吸收，取长补短、洋为中用。

三、新思想新理念与高质量发展考核评价导向

新思想新理念是丰富发展高质量发展考评理论的基石。习近平新时代中国特色社会主义思想是中国特色社会主义理论体系的最新成果，高质量发展成为新时代中国特色社会主义建设的根本目标和核心要求。新发展理念回答了关于发展的目的、动力、方式、路径等一系列重大理论和实践问题。新发展理念成为推进高质量发展的指导思想，是当前和今后一个时期确定发展思路、制定经济政策、实施宏观调控的根本要求，是新思想的重要组成部分。依据高质量发展的理论内涵和基本价值判断，才能更好地寻找中国高质量发展的基本构成。高质量发展是基于新发展理念充分实现的发展，高质量发展与新发展理念具有一致性和同步性。中国高质量发展，

要在坚持新时代中国特色社会主义思想的基础上，建设现代化的经济体系、社会体系以及生态体系，成为未来发展模式中选择行为和政策调整决策判断的基本依据。新时代中国高质量发展的理论内涵及其内在逻辑成为指标体系构建的基本理性共识①。探索高质量“发展什么、怎么发展”，迫切需要抓住考核评价这个“牛鼻子”，以高质量评价“标尺”牵引高质量发展。新思想为高质量发展考评理论体系的构建指明了目标方向；新发展理念为理论体系构建明晰了实现路径，成为理论体系构建的根本遵循和行动指南。牢记人民对美好生活的向往就是我们的奋斗目标，坚持以人民为中心的发展思想，为考核执政为民的实际成效和建立以人民满意为指向的评价体系提供了根本标准。习近平总书记坚持以人民为中心，不忘初心、牢记使命，人民对美好生活的向往就是我们的奋斗目标等重要论述，为我们考核执政为民的实际成效和建立以人民满意度为指向的评价体系提供了根本标准。

习近平总书记关于考核评价的重要论述，为高质量发展考核评价理论体系科学化、系统化和规范化提供了理论指导。习近平总书记多次强调，“新的发展理念就是指挥棒，要坚决贯彻”②；“要发挥考核指挥棒作用，严格考核奖惩，运用考核结果解决突出问题，把求真务实的导向立起来，把真抓实干的规矩严起来，让真干假干不一样、干多干少不一样、干好干坏不一样”③；“形成上下贯通、层层负责的主体责任链条，健全能定责、可追责的考核机制”④；“坚持严管和厚爱结合、激励和约束并重，完善干部考核评价机制，建立激励机制和容错纠错机制，旗帜鲜明为那些敢于担当、踏实做事、不谋私利的干部撑腰鼓劲”⑤；“多到基层干部群众中、多在乡语口碑中了解干部，既要在‘大事’上看德，又要在‘小节’中察德。用人得当，就要坚持全面、历史、辩证看干部，注重一贯表现和全部工作”⑥；

---

① 李梦欣、任保平：《新时代中国高质量发展的综合评价及其路径选择》，《财经科学》2018年第5期，第27页。

② 《习近平关于社会主义经济建设论述摘编》，北京·中央文献出版社，2017年版，第32页。

③ 张世良：《怎样炼成新时代好干部》，北京·人民出版社，2018年版，第61页。

④ 慎海雄：《习近平改革开放思想研究》，北京·人民出版社，2018年版，第357页。

⑤ 《习近平谈治国理政（第三卷）》，北京·外文出版社，2020年版，第50页。

⑥ 《习近平谈治国理政（第一卷）》，北京·外文出版社，2018年版，第489页。

"要近距离接触干部，观察干部对重大问题的思考，看其见识见解；观察干部对群众的感情，看其品质情怀；观察干部对待名利的态度，看其境界格局；观察干部处理复杂问题的过程和结果，看其能力水平"①；"要改进考核方法手段，既看发展又看基础，既看显绩又看潜绩，把民生改善、社会进步、生态效益等指标和实绩作为重要考核内容，再也不能简单以国内生产总值增长率来论英雄了"②；"要建立日常考核、分类考核、近距离考核的知事识人体系……要建立崇尚实干、带动担当、加油鼓劲的正向激励体系"③；"建立符合新时代新阶段要求的干部考核评价体系"④；"完善干部考核评价体系，引导干部树立和践行正确政绩观"⑤，这些重要论述，为创新制定集高质量发展、党的建设高质量、领导班子和领导干部、群众满意度评价等于一体的综合考核评价体系，奠定了科学而又厚实的理论基础和明晰了构建的现实路径。

第三节　江苏高质量发展考核评价的实践探索

江苏高质量发展综合考核源于新时代新要求，起步于习近平新时代中国特色社会主义思想的践行落地，破题于保障高质量发展的迫切需要，坚持在探索中先行先试，在先行先试中创新发展，最大限度发挥综合考核的导向性、引领性、保障性作用，以科学完善的综合考核体系推动高质量发展再上新台阶。

一、江苏经济社会发展评价的基本历程

从纵向发展的角度看，新时期江苏经济社会发展考核评价大体经历了四个阶段。

---

① 《习近平谈治国理政（第一卷）》，北京·外文出版社，2018年版，第489页。

② 《习近平谈治国理政（第一卷）》，北京·外文出版社，2018年版，第419页。

③ 《习近平在全国组织工作会议上的讲话》，北京·人民出版社，2018年版，第17页。

④ 中共中央政治局第四十次集体学习，光明网2022年6月24日。

⑤ 习近平：《高举中国特色社会主义伟大旗帜，为全面建设社会主义现代化国家而团结奋斗——在中国共产党第二十次全国代表大会上的报告》，新华社2022年10月25日。

（一）2002—2010 年：小康社会发展考核评价阶段

小康社会的评价孕育了高质量发展评价。2002 年 11 月，党的十六大进一步明确提出全面建设小康社会的奋斗目标。之后，江苏省根据中央的要求和江苏的实际，提出了在全国率先全面建成小康社会、率先基本实现现代化的发展目标。江苏在 2003 年制定出台了《江苏省全面建设小康社会主要指标》，包括 4 大类 18 大项 25 个子项指标体系。既有人均 GDP、产业结构、城市化水平等经济发展指标，又有城乡居民人均收入、就业、社会保障、住房、恩格尔系数等民生指标，有科技、教育、文化、卫生等社会发展指标，还有森林覆盖率、环境质量等生态环境指标和社会治安满意率、村民依法自治率等政治文明指标。把农民人均纯收入达 1000 美元、城镇居民人均可支配收入达 2000 美元和人均 GDP 超 3000 美元作为衡量全面小康的核心指标。

这套主要指标最大的特色是“处处以人为本，关注人的全面发展”。遵循了两个指导思想，一是邓小平小康社会思想，二是党的十六大提出的“六个更加”，其中“人民生活更加殷实”这一项有关指标最多。失业率是指标体系中唯一的“负指标”。世界上一般认为这个指标值应该在 10%以下，江苏提出要小于 5%。“居民住房”这一指标中定的目标是城镇人均 30 平方米，符合世界上通行的“一人一间、一屋一套”的“文明标准”。“社会保障”指标更是与老百姓切身利益紧密相关，其中提出养老、失业、医疗三大保险覆盖面要大于 95%。

（二）2008—2011 年：科学发展考核评价阶段

这一阶段，以 2008 年发布的《中共江苏省委、江苏省人民政府关于建立科学发展评价考核体系的意见》为标志，江苏发展考核评价进入一个新阶段。考核重点评价发展过程是否科学，着力解决“怎样发展”的问题，注重导向性、前瞻性、操作性和公认性的有机结合。考核对象为江苏省和设区市，考核内容主要是经济社会发展。指标体系分为经济发展、科技创新、社会进步、生态文明和民生改善 5 大类 28 项指标。评价考核体系采用指数化的综合评价方法，对单项指标进行无量纲化处理，得出单项指标指数，汇总得出大类指标指数和科学发展综合指数。每年 4 月底前对上一年度全省和各设区市科学发展情况进行监测评价，同时利用计算机辅助电话调查（CATI）系统进行民意调查，形成监测评价报告，经省委、省政府审定后发至各市委、市政府及省级各部门，根据需要向社会公布。

（三）2012—2017年：全面小康建设考核评价阶段

这一阶段，以全面贯彻落实党的十八大提出的实现全面建成小康社会目标为标志，小康建设考核评价体系得到了更加丰富全面的完善。江苏省在深入研究论证并广泛征求了省内外专家及各地各部门意见的基础上，对2003年制定的全面建设小康社会指标体系进行修订，由原来的4大类18项25个指标扩展到5大类22项36个指标①。一是新增了部分指标，主要包括现代农业发展水平、文化产业增加值占GDP比重、单位GDP能耗城乡居民收入达标人口比例等。二是强化了部分指标，主要包括研发经费支出占GDP比重、城镇化率、居民收入水平等。三是替换了部分指标，主要是信息化发展水平、居民住房成套比例、现代教育发展水平等。新修订的全面小康指标体系的22项36个指标，具体为经济发展6项、权重26分，人民生活5项、权重22分，社会发展5项、权重22分，民主法治3项、权重12分，生态环境3项、权重18分。另设1项评判指标，即人民群众对全面建成小康社会成果的满意度，作为综合评判的必达指标。这个指标体系中的22项36个指标，江苏有许多项指标都已超过、达到或接近，从全国看这是一个较高水准的指标体系。

同时，这一时期，江苏还对构建基本现代化指标体系进行了探索。2011年，由江苏省委、省政府与国家发展改革委、国家统计局、中国科学院和中国社会科学院联合开展“江苏基本实现现代化指标体系”课题研究，并形成重要成果。这套指标体系，由经济发展、人民生活、社会发展、生态环境4大类30项指标组成，其中经济发展指标9项，人民生活指标7项，社会发展指标8项，生态环境指标6项。评价指标都设置了相应的目标值和权重，可测算出一个地区经济社会发展和现代化程度的综合评分。在目标值的确定上，体现以人均GDP处于世界21~45位的中等发达国家和地区为主要参照系，以其当时主要发展指标的平均水平作为江苏2020年应该达到的临界值。2013年，江苏省委、省政府就基本现代化指标

① 苗成斌：《现代化与民族复兴研究》，北京·人民出版社，2018年版，第238、239页。

体系进行了重大修改和完善，原指标体系由原来的 4 大类 30 项 44 个指标扩展到 5 大类 30 项 53 个指标。同样在这一时期，江苏对发展的评价不断拓展，研究确定了“八项工程”监测统计的 100 项具体指标。

（四）2018 年以来：高质量发展综合考核评价阶段

江苏推行高质量发展年度综合考核是一项创新性探索。2018 年以来，江苏率先在全国推行高质量发展年度综合考核，先后经历了起步、深化、巩固、提升、完善等 5 年的实践探索，在理论、实践和制度层面取得了明显成效，以考核激励增强了发展动力，以指标牵引创新增强了发展活力，以“三张考卷”考出了发展向心力，凝聚了高质量发展的强大合力。2018 年突出“架梁立柱”，重点考核 13 个设区市，对县（市、区）进行监测评价；2019 年突出“持续深化”，考核对象实现所有市县、省级机关和省属高校全覆盖；2020 年突出“巩固规范”，开始探索“大数据+现场考+第三方”的考核评价方式；2021 年突出“优化提升”，把省属企业纳入考核范围，实现了省管领导班子和领导干部全覆盖；2022 年，聚焦“国之大者”，全面落实“国评”指标，深化分类考核、精细考核，初步形成了设区市推动高质量发展的考核评价、省级机关服务高质量发展的考核评价、省属高校和省属企业高质量发展考核评价四个板块。

二、江苏高质量发展考核评价的主要做法

探索孕育着希望，奋斗结出了硕果。江苏推动高质量发展综合考核的实践探索，紧扣“高质量发展走在前列”的目标定位，突出以党建高质量保障和推动发展高质量，在全国率先建立综合考核制度，谱写了“强富美高”新江苏建设的新篇章。

（一）以新思想定向领航考核评价

江苏怎样践行新思想、推动高质量发展，以什么样的发展模式和怎样的发展手段实现高质量发展走在前列，是新时代江苏发展面临的重大课题。江苏肩负“争当表率、争做示范、走在前列”的光荣使命，以“考核”为“标尺”“考卷”，考出“强富美高”新江苏的满意答卷。以新思想破解新难题。针对“身体进入新时代，思想停在过去时”，对新思想“理解不深入、行动跟不上、落实缺乏创造性”等问题，找到了高质量发

展与绩效评价、政绩考核的交会点、联动点，力求探索建立一个能够统筹各项任务、推动工作落实的有效抓手，变“不想作为、不愿作为、不能作为”为“敢作为、会作为、能作为”，从制度和机制的深层次解决干部群众的积极性和创造性问题。以新思想激发新活力。江苏将综合考核作为践行新思想、推动新作为、实现高质量发展的制度性安排，补短板、强弱项，更加突出发展高质量，更加突出党建这一最大政绩要求，更加突出人民满意发展理念，既给地方对标找差又问诊把脉，既让基层担责又为基层减负，既给党员干部传递压力又增强动力，让综合考核聪明起来、执行起来，奏响推动高质量发展的最强音。以新思想引领新担当。以提升人民生活高质量、推进人民共同富裕为根本，以提高指标的牵引性、导向性、激励性为标准，发挥“风向标”“指挥棒”作用，激发各地担当作为。譬如，重点考核南京、苏州、连云港推进自贸区建设，无锡推进新一轮太湖治理，常州深化产教融合，南通打造江海开放门户，盐城加强中韩产业合作，扬州打造“三都”品牌，镇江推进生态环境治理体系建设试点，泰州加快生物医药产业发展，宿迁推进“四化”同步改革等，推动各地各展所长、特色发展。

（二）以新理念强化指标体系引领

江苏把贯彻新理念作为推动高质量发展综合考核制度建设的行动指南，正确处理定方向与定目标的关系、创新性与规律性的关系、科学性与可行性的关系，进一步完善制度设计，优化指标体系，注重发挥好整个考核体系对全局工作的引领作用，发挥好关键指标对其他指标的牵引作用。把党建考核摆到突出位置，开展全省党建工作历史上的第一次“统考”“大考”，采用了“党建乘数”，取得了高质量党建与高质量发展的“叠加效应”。在考核党建高质量的同时，围绕“六个高质量”对设区市和县（市、区）、城区，设置3套架构基本相同、指标有所区别、数量有所不等的高质量发展综合考核评价指标体系，因势利导，既有规定动作，更有自选动作。以综合考核为牵引，把高质量发展这个“风向标”立起来，把新发展理念这个“方法论”贯下去，把全省上下的注意力、各方面的资源要素，集中到贯彻习近平总书记重要指示批示精神、落实到党中央决策部署上来，用科学的指标体系来衡量“有没有落实”，用鲜明的结果导向来衡量“落实到什么程度”，用综合的分析研判来衡量“落实的效果如何”，营造想干事、能干事、干成事的浓厚氛围，让干部在正确的赛道上奔跑、成长。比如，围绕创新发展，设置了研发投入占地区生产总值比重、技术合同成交额与地区生产总值之比、每万家企业法人中高新技术企业数、工业战略性新兴产业产值占工业总产值比重等6个指标，分值权重达13%。对相关设区市设置建设紫金山实验室、姑苏实验室、太湖实验室等个性指标，大力推进创新驱动发展。这些实践探索，践行了新发展理念的价值追求，彰显新发展理念的本质要求，体现了“不以速度论高下，而以质量论英雄”的考核导向，真正让各地严格按照“指挥棒”跑、根据“红绿灯”走。

（三）以新方法推动科学精准评价

综合考核贵在精准、要在精细。江苏不断创新考核方法，围绕发展规律、管理规律、干部培养使用规律，把精准贯穿于考核的全过程和各方面，精细操作、精准施策。坚持绩以事考、人以绩论，真正实现考人与考事的有机结合，做到对设区市和省级机关的考核实行“三个挂钩”，即领导班子的考核等次和单位的考核等次挂钩，领导干部的考核等次和领导班子的考核等次挂钩，机关干部优秀等次和单位等次挂钩，改变了过去就事论事、政出同门、考不出差距、考核缺乏针对性和个性化的弊端，实现了由单纯依靠传统手段向“传统手段+信息化手段”的转变，由“年底一次考核”向“平时监测+半年评估+年底考核+专项考核”的转变。淮安市依托干部选任大数据系统开展一人一档、一事一记的实绩考核工作法；常州市运用信息化技术，采取定期对账评鉴、年度综合运用的手段，实现了平时考核工作全覆盖；省发改委、省人社厅通过把集体任务分解到个人、把处室实绩与分管领导考核挂钩，强化压力传递、加强过程管控。发展好不好，群众说了算。既重官评，更重民议，推动各级领导班子把对上负责与对下负责更好地结合起来，自觉接受人民群众评判和监督，让“群众满意”成为检验领导班子执政能力的重要标准。实践说明，综合考核的精准化，精在日常、准在结论、重在研判、好在民意。

（四）以新机制提升高效运行质量

机制创新、运行顺畅、形成闭环、提高效能，是江苏综合考核制度实践的鲜明特征之一。创新政策体系、强化制度效应。制定出台一个管宏观的工作规定、一个管操作的年度考核实施办法，以及推进或服务高质量发展、党的建设、满意度评价、领导班子和领导干部考核等5个实施方案，形成上下贯通、层层递进、功能互补、务实管用的年度综合考核“1+1+5”文件体系。苏州市还制定了科学合理、务实管用的“1+9”政策体系。创新组织体系、强化核心功能。结合机构改革，从省到县都建立综合考核专门机构，明确了具体职能。省级层面成立考核委、考核办，把统计、发改、编办和党建办作为考核的牵头部门，明确职责分工，在赋权和担责相结合中强化“关键部门”核心作用，指导各地各部门各单位整合优化考核工作机构，形成金字塔形的管理架构，实现了从“九龙治水”到“攥指成拳”的转变。创新运行体系、强化提质增效。以考核委会议、考核办会议、成员单位联席例会“三个会议”和制定考核办年度工作要点、季度工作安排、月度工作重点“三张清单”，推动构建“省考核委领导、省考核办统筹、省各牵头部门推进、省各责任部门落实”的一体化综合考核工作运行机制，改变了过去行而不通、运而不畅的不足，实现了职责到人、进度到月、以月保季、以季保年、寸功寸进抓落实的常态化运行新格局。创新保障体系、强化基础建设。围绕人力保障、智力保障、技术保障下功夫。提高人力素质，推动综合考核工作人员队伍高素质专业化建设，开展省级层面考核工作人员专业培训8批次、2000多人，编印系列综合考核文件汇编和操作指南10多套，助推了政策水平和基层实操水平的双提升。提高技术水平，建立全省综合考核信息系统，推动全省上下共享共用“一张网”。提高智力水平，统筹开展综合考核专题研究21项，开展8批次调查研究活动，筹建综合研判“数据池”，利用大数据、云计算综合分析研判考评结果，为科学决策提高智能化水平。

（五）以新担当推动高质量发展

用好用活考核结果，加强正向激励与反向鞭策是江苏综合考核机制建设的一大亮点。年度考核结果确定后，通过向被考核单位党委（党组）主要负责同志点对点反馈“体检单”，既反馈各个指标的得分，也反馈同一类别的最高分、最低分、平均分，对考核结果波动较大的单位一对一指导，推动上年考核排名末位、领导班子被确定为“一般”等次及以下的13

家单位实打实整改，变举措为考题，变考题为责任，让各地各单位纵向比较知进退、横向比较知不足，比学赶超加压奋进。突出正向激励主旋律。衔接“三项机制”，2021 年评出 20 个推进高质量发展先进县（市、区）、20 名优秀县（市、区）党政正职和 10 个推进或服务高质量发展争先进位奖，对实绩突出、群众公认的领导班子和领导干部，在政策规定范围内加大物质奖励和荣誉表彰力度，真正奖出活力、奖出动力、奖出生命力，奖出千帆竞发、百舸争流、进位争先的浓厚氛围。对综合排名进步大的，关键领域发展走在前列的，承担省委、省政府交办重大任务取得突破的，以单项奖等方式进行表彰，并在教育培训、培养使用、提拔晋升等方面优先考虑，树立“有为才有位、无为就让位”的导向，真正让综合考核成为检验干部的“试金石”。弹好反向鞭策协奏曲。在坚持落实末位整改、提醒谈话、组织调整等约束手段的基础上，将考核数据、等次结果“点对点”反馈至党政主要领导，传递至班子全体成员，帮助各地各单位靶向整改、纠偏改进、总结提升。对考核结果排名处于所在类别末位的单位和被评定为“较差”等次的领导班子，督促其向省委、省政府书面报告原因、提出整改措施，真正考出短板、考出压力、考出责任、考出努力的方向。镇江市对在处理重大事项、突发事件中“懒政”“庸政”型 6 名干部进行岗位调整，对动态考察中发现的 15 名各类型优秀领导干部进行提拔重用；张家港市记功奖励、提拔重用“担当作为好单位、好干部”，把综合考核作为践行“张家港精神”的“扫描仪”；泰州市在考核中设立“骏马奖”和“蜗牛奖”；扬州市邗江区设计“担当作为干部”和“慵懒不作为干部”的测评选项；省交通厅制定实施鼓励激励干部担当作为 17 条规定。实践证明，正向激励与反向鞭策综合运用的力度越大，干部担当作为的劲头就越足，考核的威力就越强，“指挥棒”作用就越明显，演奏的高质量发展走在前列的交响乐章就越生动感人。

三、江苏高质量发展考核评价的经验启示

江苏用好“五个新”的生动实践表明，新思想是领航之塔，重点解决“为什么考、为谁考”的根本方向问题；新理念是行动指南，重点解决“怎样考、考什么”的目标定位问题；新方法是有效手段，重点解决形式、

对象、途径等实践路径问题；新机制是活力之源，重点解决统分结合、运行顺畅、执行有力的动能问题；新担当是价值追求，重点解决领导干部“想干事、会干事、干成事、不出事”的问题。这“五个新”是一个相互协调、关联递进、互为支撑的有机整体，彰显了综合考核制度理论性与实践性、规律性与创新性的辩证统一。

（一）基本成效

江苏综合考核的生动实践，体现了新时代高质量的发展逻辑，彰显了践行新思想的时代魅力，展示了新江苏建设的政治定力。

1. 思想共识持续凝聚

改进政绩考核5年来，江苏各级干部以习近平新时代中国特色社会主义思想定向领航、向新发展理念寻策问道的认识更深刻、态度更鲜明、行动更坚定。决不会回到简单以GDP增长率论英雄的老路上去，决不会回到以破坏环境、牺牲安全为代价搞发展的做法上去，决不会回到粗放式发展的模式上去，已成为干部认同、发展遵循、群众可感的生动实践。通过综合考核“指挥棒”，进一步把全省党员干部思想凝聚到推动习近平总书记对新江苏建设指示精神的落实，践行新思想、落实新理念，奋力走在高质量发展前列，已经成为全省上下的广泛共识和自觉行动。综合考核考出了差距、短板和弱项，各地对标找差、比学赶超，思想认识更深、努力方向更明、追赶措施更实，让过去对新发展理念“理解不深入”的深化认识，让“行动跟不上”的加快步伐，让“落实缺乏创造性”的打开思路、创新突破，干部群众高度统一的思想共识转化为高质量发展的精神力量。

2. 发展态势持续增强

通过综合考核“助推器”，在宏观环境趋紧的情况下实现了经济社会发展“稳中有进”，主要经济指标保持平稳增长、处在合理区间、好于全国水平。2021年，江苏地区生产总值突破11万亿元、达到11.6万亿元，增长8.6%，总量再上一个万亿元台阶，人均达13.7万元；一般公共预算收入增长10.6%，总量迈上万亿元台阶，达到10015亿元，税收占比为81.6%。实体经济根基更加稳固，制造业增加值占地区生产总值比重达35.8%，占比全国最高；自主创新能力进一步增强，全社会研发投入占比达2.95%，接近创新型国家和地区中等水平，万人发明专利拥有量达41.2

件，约为全国平均水平的 2 倍；生态环境质量创 21 世纪以来最高水平，PM2.5 平均浓度下降到 33 微克/立方米，空气优良天数比率达 82.4%，水环境国考断面优Ⅲ类比例达 87.1%、劣Ⅴ类水全面消除，均超额完成国家考核任务；人民生活品质进一步提升，全体居民人均可支配收入 47498 元，同比增长 9.5%，城乡收入比缩小至 2.16∶1，城镇新增就业 140.2 万人，占全国近 1/9。

3. 担当作为持续激励

“敢于亮剑，敢争一流”，“跑出加速度，干出首位度”，在干部队伍中形成对标先进、比学赶超的浓厚氛围，“低调务实不张扬，撸起袖子加油干”的工作作风更加彰显。坚持把考核结果作为实施鼓励激励、容错纠错、能上能下“三项机制”的重要依据，让有为者有位、能干者能上、优秀者优先。2019 年以来，19 名考核优秀的省管干部得到提拔，132 名考核优秀者被提拔为省管干部。无锡市 2019 年提拔使用的干部，70.9%在上年度考核中获得优秀。问卷调查显示，91%的干部认为，实施年度综合考核后“压力更大了，担当作为、干事创业的动力也更强了”。通过综合考核“体检表”，提振了干事创业的精气神、激发了担当作为的正能量、造浓了奖优奖勤的好氛围，各级干部竞争意识、超前意识、创新意识和求实意识显著增强，推动高质量发展走在前列的自信与自觉空前高涨，保证了省委、省政府各项工作目标、各个承诺事项的全面完成。2021 年领导班子测评“好和较好”的比例较往年有大幅提升，反映出政治生态明显改善。

4. 群众满意持续提升

制订实施方案，由省社情民意调查中心采用计算机辅助电话调查方式，开展民意调查。对设区市，主要围绕经济发展、民生改善、服务群众等内容设计问卷，按本市常住人口占全省比例，从居住在本地区的公民中抽取样本。对省级机关单位，主要围绕效能提升、作风改进、廉政勤政等内容设计问卷，从全省范围内抽取样本。通过综合考核“试金石”，各级干部运用群众观点、群众立场和群众路线解决问题、推动工作的自觉性、主动性明显改进。增加群众收入、发展社会事业、实施民生工程、加强生态环境保护等事关群众切身利益的重点工作持续提升。基层群众对省级机关单位工作实绩的综合满意率从2016年的84.81%提高到2019年的91.4%①。力戒形式主义为基层减负得到有力贯彻，督查检查考核数量从237项压缩到84项，清理规范考核、“一票否决”和责任状，使基层干部从名目繁多的考核中解脱出来。

（二）经验启示

1. 必须高位推动与组织领导相结合

如果把综合考核比作一条推动高质量发展的船，那么领导重视就是“舵”，能够保持船体行进的节奏和平衡；整体推动就是“桨”，为不断前行提供不竭的动力。同干部考察相比，综合考核的重要特点是对象全覆盖、人员全覆盖、指标全覆盖，工作面广量大。一方面必须加强领导，由主要领导担任省考核委主任，定期听取有关情况汇报并作出指示要求，定期召开会议研究谋划、协调推进综合考核工作，明确各牵头单位、负责部门的权责；另一方面必须整体推动，稳步推进，凝聚合力，创新和完善政策体系、组织体系、运行体系、保障体系，让考核工作的各个“关节”都能灵活起来，让各个环节都能顺畅起来，做到既强筋又健体，实现综合考核体系的有序健康运行。只有让综合考核成为名副其实的“一把手”工程，对综合考核工作的方方面面“一盘棋”谋划、“一体化”布局，才能实现“一竿子”到底、“一条龙”推进，让高质量发展这条大船行稳致远。

2. 必须系统谋划与基层探索相结合

江苏综合考核制度体系是顶层设计与基层探索相结合的智慧结晶。在顶层设计上讲求全局，是自上而下而又自下而上的系统谋划，注重把基层探索的实践经验转化成顶层设计的规划、制度和政策。江苏综合考核的顶层设计不仅来源于新思想新理念的指导，而且来源于基层践行新思想新理念的实践探索，既用顶层设计指导基层实践，又用基层实践丰富完善顶层设计，实现从感性到理性，再从理性指导实践的转换。譬如，总结提炼南通“四个全面”考核的乘法规则，创新运用到全省党建“乘数计分法”中，推动形成发展高质量和党建高质量的叠加效应，初步实现了地方“乘

① 中共中央组织部公务员三局：《以干部考核之变 聚推动发展之力》，2020年12月3日《中国组织人事报》。

数计分法”的全覆盖，赋予了以党建保证高质量发展的新内涵。实践让我们体会到，没有顶层设计就不能科学指导基层实践，没有基层实践探索就无法实现顶层设计目标，两者是相互联系、相互促进的辩证关系。

3. 必须考人考事与知事识人相结合

江苏坚持考人考事与知事识人相结合，综合运用多种考核方式，知事见人考实绩，把年度综合考核结果作为领导班子和领导干部年度考核评价的主要依据，从实事看政绩，从政绩看干部，考核过程扎实，考核结果真实，初步实现绩由事考、人以绩论的良性循环。通过把考察识别干部功夫下在平时，建立日常考核、分类考核、近距离考核的知事识人体系，贯彻落实省委鼓励激励、容错纠错、能上能下“三项机制”，加大公务员平时考核工作力度，推动公务员平时考核全覆盖，促进公务员考核与年度综合考核有机衔接，用考核“指挥棒”凝聚推进和服务高质量发展的强大合力。实践表明，做好新时代政绩考核工作，必须坚持实践第一的观点，在推动高质量发展、构建新发展格局工作一线看干部，从实事、实情、实绩中看能力，从要事、急事、险事、难事中看担当，强化日常考察、实绩考评、跟踪考察，以对事的研究和由事及人的研判，推动知人善任、知事善为。

4. 必须技术手段与智能评价相结合

考核表面看是一门技术，但往深里看更是一门艺术，特别是对干部的政绩考核，如何把综合表现评判准确，更多的是艺术问题。江苏把握好定量和定性的关系，既用定量的指标来观察干部，又用定性的指标来评价干部。一方面，用好大数据、信息技术等手段，注重干部全方面各时段信息的综合分析研判，以综合考核的数据积累辅助分析推动高质量发展情况，让干部的工作展现得更形象、更直观，让对各地各部门发展的考核更简便、科学、有效和管用；另一方面，强化综合分析研判，总结吸收中国特色干部考核工作的经验成果，历史地、全面地、立体地评价干部。譬如，淮安“数据成库”让数字记实情、“数据预警”让数字辨真伪、“数据分析”让数字晒实绩，激活了智慧考核“新引擎”。实践证明，只有让技术与艺术如影随形、水乳交融地“跳探戈”，把大脑与数据的研判、历史与现实的研判、静态与动态的研判、考事与察人的研判有机结合起来，才能实现多维立体精准落实知事识人的要求，真正实现综合考核的最大效应和最高价值。

5. 必须用好结果与激励作为相结合

“水不激不跃，人不激不奋。”考核的生命力、持久性在于用好用活结果，在推进干部担当作为上实现最大公约数，不断放大综合效应。江苏探索建立正向激励主基调、能上也能下的结果运用机制，兑现考核奖惩，通过对激励鞭策的有效运用，进一步发挥了考核传导压力、激发动力、释放活力的作用，达到了激励先进、鞭策后进、推动中间的目的，营造出崇尚实干、担当作为的良好氛围。实践表明，考核结果运用也是一个系统工程，需要各种激励措施的辩证博弈，绝不能简单“为考而考”“一考了之”。只有充分发挥考核的“评判器”“识别仪”作用，将综合考核结果与评先评优挂钩、与跟踪问责挂钩、与选拔任用挂钩，下大力气解决干与不干、干多干少、干好干坏一个样的问题，打通综合考核结果运用的“最后一公里”，才能真正以综合考核推动发展、激励担当。

本章小结

本章首先从高质量发展的内涵要义出发，研究考核评价的尺度、方法以及特征，并提出高质量发展需要抓住考核评价这个“牛鼻子”，以高质量评价“标尺”引领和驱动高质量发展落地见效。其次，从新发展理念与马克思主义发展观，高质量发展评价与新公共管理和政府绩效评价，新思想新理念与高质量发展考核评价导向等方面梳理高质量发展评价的理论基础。最后，总结提炼江苏高质量发展考评的实践探索。新思想是领航之塔，重点解决“为什么考、为谁考”的根本方向问题；新理念是行动指南，重点解决“怎样考、考什么”的目标定位问题；新方法是有效手段，重点解决形式、对象、途径等实践路径问题；新机制是活力之源，重点解决统分结合、运行顺畅、执行有力的动能问题；新担当是价值追求，重点解决领导干部“想干事、会干事、干成事、不出事”的问题。这“五个新”是一个相互协调、关联递进、互为支撑的有机整体，彰显了综合考核制度理论性与实践性、规律性与创新性的辩证统一。

第三章

江苏高质量发展的评价原则与标准分析

高质量发展评价的总体思路和价值导向是制定实施评价体系的基本前提，思路不清晰、导向不明确就会使评价体系的构建成为无源之水、无本之木。在细化完善研究思路、研究框架和理论实践探索的基础上，围绕“争当表率、争做示范、走在前列”的使命要求，按照以评价促进高质量发展的新要求，细化深化考核评价的新思路，深入研究考核评价的价值取向和评价标准，突出考核评价的系统性、牵引性、精准性，更好地发挥考核评价的引导、激励和约束作用，为更加有效地推动新思想新理念全面贯彻和省委、省政府重大决策部署落实，提升高质量发展评价体系质量打下坚实的基础。

第一节　江苏高质量发展评价的新思路新要求

通过评价反复不断改进被评价事物，使其逐步达到理想状态，是评价工作的总体思路。江苏高质量发展评价紧扣“高质量发展走在前列”的目标定位，坚持目标导向、问题导向、结果导向，通过评价促使江苏不断进步，切实发挥高质量发展评价“指挥棒”“风向标”“推进器”的作用，坚定不移、持之以恒地以高质量评价推动高质量发展。

一、评价的总体思路

评价的含义是“认识现状、将实际与理想状态进行对比找出差异和不足、改进现状”，通过将事物“现状”与“理想状态”进行对比来明确价值，从而得出评价结论。“理想状态”是指所评价事物虽然目前尚未达到但最佳状态是什么样的或是应该是什么样的，而“现状”是指所评价事物目前的状态是什么样的。江苏高质量发展评价的“理想状态”是“高质量发展走在前列”的目标定位，“现状”则是江苏发展的现实情况。推动高质量发展，既是江苏作为东部发达省份必须扛起的重大责任，也是贯彻落实习近平总书记视察江苏重要指示精神的更高要求。通过将江苏发展的“现状”与“高质量发展走在前列”的“理想状态”进行对照得出两者的符合程度，通过比较二者符合程度来评价江苏的现状，针对存在的差异分析原因，并通过制订和实施改进计划促使江苏获得进步，在探索中先行先试，在先行先试中创新发展，为全国及其他兄弟省份的发展探索新路子，以科学完善的评价体系推动高质量发展再上新台阶。

评价的总体思路是通过建立衡量“理想状态”的体系，通过“高质量发展走在前列”与实际现状对比来确定江苏与“理想状态”的差异，其实就是“对照”得出评价结果的过程，通过对江苏高质量发展评价结果的分析来发现问题，根据问题制订改进计划并找出经验和成就，如此往复循环，逐步改进江苏高质量发展的现状。

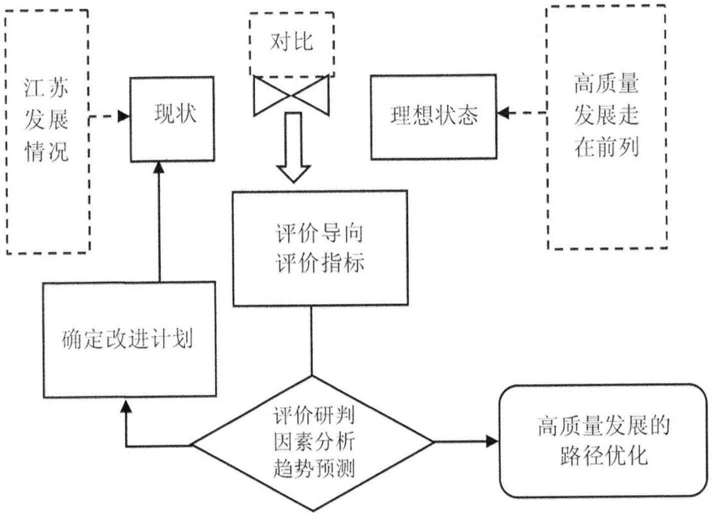

图 3-1　江苏高质量发展评价的总体思路

（一）明确高质量发展目标定位

在开展评价过程中，最关键的问题就是“理想状态”的衡量，这就需要开发一套衡量“理想状态”的评价定量标准体系，这也是评价对象价值的依据，并通过定量标准评价的方法确定目前现状所达到的水平，找出差异。

在评价过程中“理想状态”如何衡量占有重要地位，是被评价事物价值的判断依据。江苏怎样践行新思想、推动高质量发展，以什么样的发展模式和怎样的发展手段实现高质量发展走在前列，是新时代江苏发展面临的重大课题。要对江苏高质量发展情况进行评价，需要首先明确什么是江苏高质量发展的目标，即建立江苏高质量发展的“理想状态”，这种“理想状态”可以是预先确定的标准或者目标，也可能是高质量发展的标杆地区。

从江苏发展大逻辑看，当前和今后一段时间，江苏肩负着“争当表率、争做示范、走在前列”的重大使命，继续推动高质量发展，加快建设“强富美高”新江苏，重点在于立足新发展阶段、贯彻新发展理念、构建新发展格局。因此，江苏高质量发展评价应以新思路为引领，明确高质量发展的“理想状态”，紧扣“强富美高”总目标，这是高质量发展评价的基础起点。

（二）考量高质量发展现实差距

确定高质量发展目标定位后，还需要明确从哪些维度来精准考量高质量发展，以便将“现状”与“理想状态”进行“对照”，即建立相应的评价指标体系，需要设计评价方法，即采取哪些手段和措施进行评价。江苏高质量发展评价把新思想新理念的全面贯彻作为评价的核心内容，将新思想新理念细化为若干可量化、区分度较高的评价标准，这些标准成为全省明确的奋进方向。

“没有科学的评价，就难以实施有效的管理。”评价是螺旋式上升的过程，也是分阶段的。不同阶段对应不同的评价结构、评价方式、技术体系和关联方式，要求评价的方法方式与时俱进。当前经济进入新发展阶段，对于高质量发展有了更多的要求，如何在稳定 GDP 增速的基础上不断壮大新的发展动能是这一阶段的重要命题，而要实现新动能的培育，产业转型、创新驱动都是江苏高质量发展的重要手段。江苏已进入创新引领加速、质量全面提升的经济社会发展阶段，要素供应、发展模式及产业发展发生重大调整，必须形成与之相适应的评价体系、评价能力和评价标准。高质量发展评价也需要围绕时代要求，制定评价原则、评价指标、评价研判，精准考量高质量发展现实差距。

全省范围的高质量发展评价是综合性强、复杂程度高的庞大系统工程，加之在政府等公共组织中实施评价管理有着更大的难度，因此江苏高质量发展评价在今后一个时期内存在着持续优化和完善的空间。

（三）推动高质量发展改进完善

评价工作是“指挥棒”“试金石”，更是“助推器”。高质量发展评价的目的之一是运用评价结果来发现短板和问题，促进地区间和政府部门间的相互学习、良性竞争，激励地区间和政府部门间有针对性地采取措施取长补短，实现区域经济社会协调发展。在衡量高质量发展现实差距的基础上，需要对评价结果进行分析，并提出高质量发展评价结果的应用方法，即高质量发展能力的建设方法，利用该方法来改善高质量发展现状，从而完成高质量发展评价的闭环。

高质量发展评价在促进地区间相互借鉴、相互学习的同时，也在更大社会范围内发挥了激励作用，激励全社会奋发有为，积极进取，为建设“强富美高”新江苏贡献智慧和力量。

二、评价的基本原则

贯彻创新、协调、绿色、开放、共享的发展理念，落实国家关于推动高质量发展、创造高品质生活、实现高效能治理有关要求，突出系统性、牵引性、精准性，重点关注提升经济发展质量和效益，加快推进美丽江苏建设，更高起点推进改革开放，适应新形势新要求保障和改善民生，推进治理体系和治理能力现代化等方面取得的成效。

（一）导向性与牵引性相结合原则

通过导向鲜明、问题牵引的高质量发展评价指标设定及结果运用，向被评价者传达出肯定什么、鼓励什么、制止什么、否定什么的信号，确立一个标准，指引被评价者不断调整思路理念、完善政策措施，修正纠偏，推动高质量发展更加精准科学。高质量发展评价是推动政府治理体系治理能力现代化的重要环节，把高质量发展的目标具体化、定量化，强化了中国特色社会主义新时代的鲜明导向。

通过对高质量发展的评价，根据科学评价的结果，可以积极探索江苏经济社会高质量发展的若干客观规律，及时总结经验并逐渐将成功经验推向全国。同时，揭示江苏发展过程中在某些领域、某些指标上的差距和制约因素，可以更有针对性地加以推进高质量发展，更加有效地牵引全省上下达成共识，不断提高全省发展的均衡度，逐步缩小区域、城乡和人民收入差距等问题，进一步解决发展中不够全面、不够协调、不可持续、质量不高等问题。高质量发展评价注重定期考核与日常考核相结合，以评价为牵引明确工作重点和发展方向，以评价为标尺衡量发展质量和水平，以评价结果运用为抓手调整干部培养使用，不断推动治理水平和治理能力的提高。

把贯彻新发展理念、推动高质量发展的实际表现和工作实绩作为确立高质量发展评价体系的基本依据，作为衡量评价研制、管理、实施、反馈水平的重要标尺。遴选能够更好反映高质量发展新任务、新要求、新动力的评价内容，引导各地提升发展的“含金量”“含新量”“含绿量”，促进制造业转型升级；选择让人民群众对高质量发展看得见、摸得着的评价内容，反映生活环境、就业收入、健康养老等民生类评价内容；设置体现补短板强弱项要求的评价内容，如安全生产水平、乡村振兴实绩水平等，以鲜明标准确立推动高质量发展的评价导向。

（二）科学性与系统性相结合原则

遵循科学手段和系统理念，运用综合信息研判、先进信息技术、立体式全方位评价方式查找发展中的问题短板，查找不足和薄弱环节，力求实现对高质量发展态势的全面把握，干部能力水平的深度勘察，“全天候”为地方高质量发展“巡诊把脉”。

着眼系统思维。高质量发展评价体系是一个多维、立体、庞大、复杂的系统，涉及经济、社会、文化、生态等多个层面和领域，需要强化全面性、系统性、协调性要求，体现前瞻性思考、战略性布局、整体性思路，努力做到全局与局部相配套、当前与未来相协调、整体推进与重点突破相统一。坚持统筹兼顾：既要立足江苏高质量发展评价需要，又要兼顾为体系构建“探路”的任务担当；既要科学设置内容、方法程序等标准，确保考准考实考细，又要兼顾牵引性，有效激励党员干部担当作为。注重协同耦合：目标定位要与江苏高质量发展走在前列的目标相契合，内容设置充分体现目标定位的有关要求，方法程序适应评价实施的需要，结果反馈较好地回应评价衡量的工作成效。

科学性是规范高质量发展评价行为的重要手段，也是国民经济和社会发展的重要技术支撑。科学系统的高质量发展评价是高质量发展、高质量发展评价以及现代化建设中必不可少的基本原则。高质量发展是新时代、新思想、新理念的高质量发展，需要牢牢把握科学性和系统性相结合的基本原则，谋划和设计科学的评价体系，以高质量的评价顺应高质量发展，切实增强推动实现高质量发展建设的驱动力和自觉性。立足于江苏高质量发展评价实践的现实需求，着眼于高质量发展评价面临的新问题和目标要求，构建科学性和系统性相结合的高质量发展评价体系是贯彻落实新发展理念、推动高质量发展落地的制度性安排，既是中央要求，也是省委部署，更是一项紧迫任务。要达到这一点，必须实行标准化的考核与评价，并贯穿于整个高质量发展考评工作中，将诸如目标定位、考评指标、考评周期、考评程序等逐步实行标准化，通过标准化提高高质量发展评价的科学性与导向性，从而推动高质量发展。注重网络、大数据、物联网和人工智能等新信息技术手段的运用，更大范围采集运用覆盖更广数据，更多依靠技术手段进行综合分析和研判，减少人为干预和影响，得出更为精准科学的结果。

（三）综合性与差异性相结合原则

高质量发展考核既要注重对区域经济社会发展的综合研判，还要考虑区域差异发展。江苏全省不同地区处于不同的发展阶段，决定了高质量发展的进程必然有先有后。各地经济社会发展不平衡，各部门的工作职能和特点不同，发展评价工作自然应有所差异。构建综合性与差异性相结合的高质量发展评价体系体现了高质量发展评价工作分层分类的管理导向，尽可能让相同类别的考核对象在同一赛场上“赛跑”，推动各地各部门把长板拉长、短板补齐。

多层次、多角度、多维度、多渠道地构建高质量发展评价体系。既有反映整体发展水平的综合性评价，又有能够体现差异定位和精准反映地区、行业“个性”的差异性评价；既注重评价一时，科学合理设置年度评价体系，又注重评价平时，创新探索设置通过群众评价、实地考察、日常监督等获得数据在综合研判时的采纳标准；既衡量日常工作任务和阶段性工作目标完成情况，又衡量临时性、突发性工作任务、应对重大考验时的担当表现，防止“上下一个样、左右一般粗”。

经济社会发展质量高的地区要先行先试、提供示范，既为巩固全省高质量发展成果、促进其他地区加快发展增强动力，更为破解“中等收入阶段”发展难题、引领全省高质量发展探索路子。考核是“指挥棒”，高质量发展评价的目的与意义在于以考促进、以评促优、以评价促发展，此目的的实现主要依靠评价指标的设置和拉动。在实际实行过程中，评价指标设计需要综合考虑综合性与差异性，督促有条件地区当好“在改革创新、推动高质量发展上争当表率，在服务全国构建新发展格局上争做示范，在率先实现社会主义现代化上走在前列”的先行军，并且促进“极化效应”向“扩散效应”转化，确保以综合性与差异性相结合、可操作、可衡量、可检验的高质量发展评价体系进行评价，有助于明晰评价的目的与意义，让“干什么”“怎么干”更清晰，引导各地各部门精准制导、集中发力。

（四）通用性与简洁性相结合原则

选取、构建合适的评价指标与测算方法对于评价区域的高质量发展情况至关重要。如果指标筛选过少可能会使指标体系缺乏代表性，不能全面反映所表达的内容；但是过多的指标又可能会因为指标间的相互重复而对结果产生干扰，选取通用合理而又简洁明了的指标，构建能够反映区域高质量发展基本状况和主要特征的指标体系才能客观、真实地进行评价。

要按照有效对接国标、体现江苏特点、让人民群众满意的要求构思通用性的江苏高质量发展评价体系。在政策评价方面，要借鉴国内外先进经验，吃透上情要求，回应下情需求，符合高质量发展内在逻辑，体现政治担当。在价值评价方面，要坚持以人民为中心的价值导向，秉承“请群众评判、让群众满意”的理念，把推动高质量发展走在前列、满足人民群众对美好生活的向往作为评价的价值追求，不断提升高质量发展的质感和为人民群众带来的幸福感。在实施评价方面，要统筹评价的全流程、各环节，实现无死角全覆盖，构建流程清晰、责任明确、科学细致、简便易行的实施标准体系。

高质量发展评价工作内容丰富、维度复杂，容易由于缺乏考评标准体系，导致考评指标与考评标准的边界混淆。考评指标强调的是从哪些方面对高质量发展进行考评，而考评标准注重的是在各项指标上分别应该达到什么样的水平；指标解决的是考评什么的问题，而标准解决的是要求被考评者做到什么水准、完成多少以及达到什么程度的问题；考评标准是对考评指标的进一步明确，可有不同的程度要求。合理的考评标准是实现厘清考评体系内部边界的关键，建立科学权威、运行高效的高质量发展考评标准体系，完善标准制定、实施、评估、监管工作体系，强化标准全生命周期管理。

（五）可行性与可比性相结合原则

高质量发展情况是一个动态演化过程，因此在对其进行评价时应按照可行性原则选取动态变化的指标。此外，评价指标的选择尽可能与国际国内通用的统计标准规范保持一致，以便于数据的统计和比较分析。区域高质量发展情况的影响因子之间存在明显的关联性和层次性，因此，在构建指标体系时不仅需要了解指标间的相互关系，还要明确其各层次的相互关系及其特征，合理确定其在指标体系中的层次与位置，保证整个评价指标体系结构的合理性。

高质量发展评价的目的与意义在于以考促进、以评促优、以评价促发展，此目的的实现主要依靠评价指标的设置和拉动。在实际实行过程中，由于评价标准不够科学和全面、不够多元和精细，影响了高质量发展评价目的与意义的实现。为了提升高质量发展评价效率和效果，更快捷高效地进行数据转化处理与指标评价，需要注重评价的可行性与可比性，确保高质量发展评价工作能够按照统一标准开展，以可操作、可衡量、可检验的高质量发展评价体系，明晰评价的目的与意义，让“干什么”“怎么干”更清晰，引导各地各部门精准制导、集中发力。

把握工作成绩“虚”与“实”、“隐”与“显”、主观努力与客观条件、已有基础与当下成果、现实成效与长远发展之间的动态关系，在评价内容上，既对能摆出来的“显绩”设置标准，也对仍在沉淀期的“潜绩”设置标准，从细则、权重等关键层面入手，让评价体系里不仅有经济增长、生态保护等方面的硬指标，而且有文化传承、政治生态等软指标，推动整个评价体系更加全面、科学、合理。综合运用历史纵向对比、区域横向比较、内外环境同期分析等方法，最大限度甄别工作中的“潜绩”，增强高质量发展评价的可比性与可行性。

三、评价的价值标准

（一）速度与质量的统一

高质量发展，要实现速度和质量相统一。“速度”和“质量”，如车之双轮、鸟之两翼。加快推动经济发展，既要看速度，更要重质量。二者互为依托、互相促进，唯有形成合力、同向发力，方能强基固本、行稳致远。因此，在进行高质量发展评价时，必须正确处理好速度和质量的关系，速度与质量是辩证统一的，没有一定的发展速度，很难谈到发展的质量。只有保持稳定增长、形成规模优势，才能助推发展的质量、增大发展的效益，让发展成果更多、更公平、更好地惠及人民。

（二）效能与效益的统一

高质量发展评价是衡量地区运行效能、管理效益的重要依据，是推进社会治理体系和治理能力现代化的重要手段。注重效率提升，优化资源配置，提升效率是做好评价工作的重要目标；效益是体现机构效能量化的重要指标，重点围绕地区发展主责主业开展和运行情况进行评价，并作出科学研判，切实提高工作效能。通过科学制定指标，客观、权威、公正评价地区成效，实现效能、效益“双提升”。

（三）效率与公平的统一

把公平与效率统一起来，是社会主义核心价值的内在要求，因此，在进行高质量发展评价时也需要处理好公平与效率的关系。非平衡经济发展战略理论表明，在发展的不同阶段，公平与效率的关系要随着形势的发展变化不断调整。世界各国的发展实践证明，过分注重效率会损害公平，平均主义会降低效率，不公平也不利于提高效率，过分不公平还会引起社会动荡。在进行高质量发展评价时，必须坚持以人为本的核心价值标准，把公平与效率统一于实现广大人民群众的根本利益。

（四）发展与生态的统一

中国经济的发展已经到了高质量发展阶段，随着城镇化的快速发展，在经济发展、社会进步的同时出现了不和谐的因素，导致了环境污染、生态破坏等问题，这些问题严重危及了人类自身，面对转型升级的关键时刻，生态、资源、环境、社会已经不能再承受快速无序发展之痛，经济发展需要和生态同步，因此在进行高质量发展评价时，需要保持发展与生态的统一。统筹考虑城镇建设与人口、环境、资源、产业等的关系，坚持从实际出发，以城市、村镇总体生态环境的高质量为出发点和归宿。

第二节　江苏高质量发展评价的量化标准

标准，就是标尺、准则。从古代的“车同轨、书同文”，到现代工业规模化生产，都是标准化的生动实践。质量提升，标准先行，通过可定义的、可衡量的、可对比的高质量发展评价定量标准研究，可以较为清晰地勾画江苏发展质量概况。

一、前期调研与信息收集

为了科学合理地选取江苏高质量发展评价的量化标准，从三个渠道进行了前期调研和信息收集——实地调研、政策文件分析和历史数据收集。一手和二手数据、质性和定量所得的数据能够形成“三角验证”，确保江苏高质量发展评价量化标准的有效性和可操作性。

第一是实地调研。调研了江苏省省级机关涉及综合考核的部门，开了座谈会，在全省 13 个设区市中选择了南京市等 5 个设区市政府实地调研，对其他设区市政府进行了书面调研，通过多轮深度访谈，倾听地方政府最真实的声音。

第二是政策文件分析。收集了省综合考核历年考核实施办法、部分设区市年度综合考核实施办法等各类相关政策文件。

第三是统计年鉴数据搜集。通过对历年《中国统计年鉴》《江苏统计年鉴》《浙江统计年鉴》《广东统计年鉴》，以及历年《全国科技经费投入统计公报》《中华人民共和国国民经济和社会发展统计公报》《江苏省国民经济和社会发展统计公报》《浙江省国民经济和社会发展统计公报》《广东省国民经济和社会发展统计公报》等公开数据的收集和整理，形成指标评价的原始面板数据。

二、量化标准选取

通过对实地调研、政策文件分析和历史数据收集、国内外评价量化标准研究成果和实践启示进行分析对比，本章选取定义清晰、公认度高、评价效果好的6个标准，用于对江苏高质量发展情况进行标准衡量。这6个标准分别是全要素生产率、劳动生产率、城乡居民收入比、研发投入强度、人均受教育年限和城镇化率。

（一）全要素生产率

经济学家们普遍认同，全要素生产率的差异是当今世界国与国之间人均产出悬殊差异的重要原因。经济增长的来源分为两种，一是生产要素投入量的增长，二是生产率的提高。其中，生产率指生产过程中投入品转化为产出的效率，按衡量投入要素的范围大小可以分为“单要素生产率”（Single Factor Productivity，SFP）和“全要素生产率”（Total Factor Productivity，TFP）。经济合作与发展组织在《生产率测算手册》中将全要素生产率定义为测算所有投入要素对产出增长贡献的一种能力。

Paul Krugman 在著名的《亚洲奇迹的神话》（*The Myth of Asia's Miracle*）一文中采用增长核算对东亚国家和地区的经济增长原因进行了分析，认为亚洲数倍于发达国家的经济速度增长是有限且不可持续的，未来将面临增速下滑甚至增长停滞的局面，原因在于大部分东亚国家和地区的经济增长很大程度上是建立在生产要素投入增加的基础之上，技术进步、生产效率等生产率组成因素并没有发挥显著作用，因此不具备长期性。这一观点引起了学术界的热烈讨论。国内众多学者都认为中国经济需要调整增长路径，通过提高全要素生产率来推动经济增长。蔡昉（2013）认为，在“人口红利”逐渐消退和劳动力工资逐渐提高的“刘易斯拐点”来临的当下，纯粹的生产要素投入已无法支撑中国经济持续增长，必须调整经济增长模式，从要素投入驱动的资源消耗型经济转向全要素生产率提升驱动的创新型经济。全要素生产率的理论分析框架由 Solow（1956）首次提出，并逐渐成为经济学研究的重要内容。Solow（1956）认为，全要素生产率指的是除了劳动力、资本、土地等生产要素投入之外，其他因如技术进步、技术效率增长等导致经济增长的因素所产出的经济增长。随后的学者在 Solow 的分析框架上进行进一步的深化和扩展，但基本仍遵循了全要素生产率的定义和研究范式，因此，本研究依然沿用这一经典定义，将全要素生产率定义为生产要素投入产出效率的指标，用于衡量某一经济体（如国家、产业或企业等）在生产过程中所体现的生产效率，全要素生产率的提升代表单位生产效率提升、福利水平的提高。目前学者们对于造成全要素生产率差异因素的解释仍未统一，早期的经济学家认为全要素生产率主要是由技术进步所带来的，而随着研究的深入，越来越多的研究将全要素生产率的提升归功为技术进步和技术效率提升的共同推动。涂正革和肖耿（2005）认为，技术进步主要来源于先进技术与工艺的使用，从而在生产投入要素保持不变的条件下可以实现产出的增长，而技术效率则主要来源于管理水平的提升和生产经验的积累，从而在技术水平不变的条件下最大产出能力的增强。本研究沿用这一研究结论，认为技术进步和技术效率提升是全要素生产率增长的重要动力来源。

（二）劳动生产率

劳动生产率（Labor Productivity）的概念通常表述为劳动力在一定时期内创造的劳动成果总量与相应的劳动消耗总量的比值。此外，还有两种常用的表述方式，一是单位时间内劳动要素生产的产品和服务价值总和，二是单位时间内劳动力将自然资本转化为人力资本的数量。劳动生产率与全要素生产率和资本生产率一样，是衡量一个国家、地区、产业竞争力和发展潜力的重要指标，不同的是，劳动生产率的侧重点在于反映生产者或劳动要素的效率。

劳动生产率水平可以用同一劳动在单位时间内生产某种产品的数量来表示，单位时间内生产的产品数量越多，劳动生产率就越高；也可以用生产单位产品所耗费的劳动时间来表示，生产单位产品所需要的劳动时间越少，劳动生产率就越高。

（三）城乡居民收入比

城乡居民收入比是城乡收入差距的具体衡量指标，城乡收入差距反映的是收入的离散程度，有助于了解一个群体的收入分布状况。收入差距是指个人之间在收入水平上的差距，受教育水平、天赋、能力、性别、家庭情况、政府的再分配政策等因素都是导致居民收入差距的原因。收入不平等是收入分配的结果。只要居民或家庭之间存在收入差距，社会中就会出现收入不平等现象。与收入差距和收入不平等不同，收入分配公正与否是指收入来源的过程是否公正。收入分配公正与否依赖价值判断，主观性很强，而收入分配不公常常会导致收入差距和收入不平等。社会公众更容易接受与个人努力程度相关的公平因素带来的收入差距，而不公平因素导致的机会不平等是引发社会矛盾的根源之一。

国内学者结合我国的实际情况就促进农民收入增长的对策措施进行了很多的探索。特别是 2004 年中央一号文件《中共中央、国务院关于促进农民增加收入若干政策的意见》的发布引起了国内学者对促进农民收入增长政策研究的热潮。中国城乡二元分割导致城乡收入差距比较典型，也是世界上城乡收入差距相对较高的国家。中国的城乡收入差距有市场的因素，也有政府等因素的影响，应正确认识这些因素，避免不利因素的影响。目前城乡收入差距是中国收入差距的主要因素。由于中国城乡二元分割比较典型，城乡之间发展不平衡问题比较突出，中国的城乡收入差距不会自动缩小，只有通过改革才有可能缩小中国城乡发展不平衡问题，实现城乡的协调发展。城乡收入差距反映的是收入差距的离散程度，对研究和认识收入差距有很大启发，也有助于了解一个群体的收入分布状况。

（四）研发投入强度

随着技术变革速度的加快和大多数工业环境中知识的分散，研发已经成为生存和繁荣的关键投入。研究与开发实际上包含不同的含义，研究的模糊效应能够促进基础科学和技术的发展，而发展的目的是实现和完善某些技术的商业应用。《国际会计准则》认为，研发是为了获得新科技而有计划的创造研究。早期的概念比较单一，大多着眼于结果而忽略过程，例如将研发简单理解为工艺或技术首次应用于产品的行为，或通过改良产品实现绩效的提升。我国在《国家中长期科学和技术发展规划纲要（2006—

2020年）》中提出，到2020年，全社会研究开发投入占国内生产总值的比重已提高到2.5%以上。

研发资金投入指的是企业研发经费的投入，包含研发直接投入、委托外部开发或合作产生的费用投入或其他费用投入。从财务方面考虑，组织从事研发活动所发生的费用支出即为研发资金支出。《财政部关于企业加强研发费用财务管理的若干意见》指出，企业组织在从事研发活动时，其研发费用主要是研发活动直接消耗的材料、燃料和动力费用，企业在职研发人员的工资、资金、津贴、补贴、社会保险费、住房公积金等人工费用和外聘研发人员的劳务费用，以及购买材料、设备、专利以及相关的使用、维护费用等8个方面；委托外部开发或合作产生的费用包含与相关院校、研究所等机构合作产生的费用；研发资源投入还应该包含专利投入，研究与发展资金投入和专利投入能够帮助新产品开发，提升组织创新绩效。

（五）人均受教育年限

受教育年限是指不同的受教育水平的劳动力人数与这些劳动力人数所对应的受教育年限的乘积的加总。受教育年限反映的是现阶段所有的劳动力所接受的教育年限的总和，这个衡量指标反映了劳动力的数量上的变化。显而易见的是，就算是教育水平是个定值，受教育年限仍然会随着劳动力数量的变动而变动。当劳动力人数上升时，受教育年限会上升；当劳动力人数下降时，受教育年限也会下降。这就意味着，受教育年限这个衡量指标存在的缺陷是对劳动力数量过于重视，却可能受到其他因素的影响。

（六）城镇化率

在英语语系中，城市化（urbanization）是城市（urban）动词化的派生词汇，最早由西班牙规划师塞尔达于1867年在其著作《城市化概论》中首次提出，其经济学含义是指由于社会分工而引起的人口由农村向城市集聚的过程。城市的出现并不必然由“城市化”概念来描述，城市化内涵的彰显肇始于工业革命后“城市规模的扩大和城市数量激增”，主要是展现出一种较为激烈的社会分工和（产业和空间）人口转移过程。根据中国城镇化理论与政策研究发轫阶段的基本国情，政府政策文件将世界通用的

“城市化”概念表述为“城镇化”，理由是从政策指导上（在中国有大量建制镇的情况下）缓解当下及未来可能加剧的城市间结构性矛盾，规避世界发达国家城市化发展中遇到的各种问题，努力实现大中小城市及建制镇的均衡发展。“城镇化”凸显了小城镇在中国产业、人口转移中的重要作用，是一个涵盖更为广泛的“城市化”概念。

三、量化标准评价方法

（一）全要素生产率的测算方法研究

对全要素生产率的测算是经济学的一个重要话题，学者们从不同角度发展了多种方法。首先，可以根据是否具有边界（Frontier）对全要素生产率测算方法进行划分。Farrell（1957）① 考虑技术不变假设条件下的生产活动，提出了有边界法（Frontier Approach）对生产率进行测算，认为生产活动可能不是完全具有效率的，当其产出低于最优产出时，投入产出对应的组合点便无法达到生产可能性边界，即技术变动和技术效率变动两者同时构成了生产率的变动；与之相对的是无边界法（Non-frontier Approach），认为生产活动是完全具有效率的，投入产出对应的组合点将全部处于最优生产边界之中，因此无须考虑技术效率变动，技术的提升与否决定了生产率的增进。其次，可以根据是否具有参数（Parametric）对全要素生产率测算方法进行划分。Farrell（1957）同时还考虑了参数问题，认为经济活动中的所有厂商都面对着同样的生产可能性边界，此生产可能性边界由厂商的投入与产出数量所构建，可以通过数学规划计算距离函数而不需要采用生产函数进行度量，模型不存在参数，因此被称为非参数方法（Non-parametric Approach）；与之相对的是 Solow（1957）② 提出的参数方法（Parametric Approach），参数方法基于新古典经济增长理论，认为参与经济活动的所有厂商会面临不同的生产可能性边界，通过事先设定生产函数、误差项并采用计量方法对全要素生产率及相关参数进行测算。最后，可以根据是否具

---

① Farrell M J. The Measurement of Productive Efficiency [J]. Journal of the Royal Statistical Society, 1957, 120 (3): 253-290.

② Solow R M. Technical Change and Aggregate Production Function [J]. Review of Economics & Statistics, 1957, 39 (3): 312-320.

有确定性（Deterministic）对全要素生产率测算方法进行划分。随机性模型（Stochastic model）讨论了模型中的随机误差项（Stochastic Error Term），而确定性模型（Deterministic model）没有。

在以上三种假设的基础上，学者们发展了多种多样、各具特色的生产率指数（TFP Index）测算方法，如Fisher指数、Laspeyres指数、Malmquist指数等。由瑞典经济学家Malmquist S.（1953）[①] 提出的Malmquist指数方法是目前国内外学者最经常使用的生产率指数之一，最开始是应用于消费分析领域，讨论消费点如何无差异曲线上移动。Caves et al.（1982）[②] 将Malmquist S.（1953）的思想引入了生产分析中，通过计算距离函数之间的比值对Malmquist指数进行改进，通过Malmquist指数的计算可以直观地观察得到同一厂商不同时期或者同一时期不同厂商的全要素生产率变化。Malmquist指数属于有边界、非参数的确定性模型，将全要素生产率的变化定义为投入、产出距离函数的比值，由于其具有可以同时讨论技术进步和技术效率、不需要投入要素和产出商品的价格信息、不需要事先对函数形式作出假设等显著优点，从而得到了经济学家们的广泛认同，并将其推广应用到非常广泛的领域。

Fare & Zhang（1994）[③] 在综合前期生产率估算方法研究的基础上，将数据包络思想（Data Envelopment Analysis，DEA）引入Malmquist指数，将全要素生产率进行分解为技术进步、技术效率，后来的学者又进一步将技术效率分解为纯技术效率和规模效率。目前使用的Malmquist指数基本都是Fare & Zhang（1994）所改进的DEA-Malmquist指数测算方法，因为采用了DEA方法，其优点在于"靠数据本身说话"，不需要事先设定前沿面生产函数的具体形式，避免生产函数模型设定的偏差，也不需要人为给定各个指标的权重，在避免主观因素、减少误差等方面有着不可低估的优越性。DEA模型中最基本的模型为CCR（Charnes Cooper和Rhodes）模型和

---

① Malmquist S. Index Numbers and Indifference Surfaces［J］. Trabajos De Estadistica，1953，4（2）：209-242.

② Caves D W，Christensen L R，Diewert W E. Multilateral Comparisons of Output，Input，and Productivity Using Superlative Index Numbers［J］. Economic Journal，1982，92（365）：73-86.

③ Fare R，Zhang Z. Productivity Growth，Technical Progress，and Efficiency Change in Industrialized Countries［J］. American Economic Review，1994，84（1）：66-83.

BCC（Banker，Charnes 和 Cooper）模型，前者主要假设规模收益不变，后者则假定规模收益变动，CCR 模型和 BCC 模型两个都是对各个决策单元在某一个时间点上的情况进行横向对比分析，但是在面对多年数据的时候就会显示出不足，Malmquist 指数的测算思想弥补了这一不足。因此结合了 Malmquist 指数和 DEA 方法的 DEA-Malmquist 指数测算方法融合两者的优势，可以测算资源（如资本、劳动等）在社会经济活动中利用效率动态变化的大小和趋势，并动态分解为技术效率变动指数和技术变化指数，因此可以运用 DEA-Malmquist 指数模型（下文的 Malmquist 指数模型均指的是 DEA-Malmquist 指数模型）来测算各厂商在时期 t 的技术条件下，从时期 s 到时期 t 的生产率变动、技术进步变动和技术的变动，成为经济学家进行实证分析的重要工具。在固定规模报酬下，第 s 期到第 t 期的 Malmquist 生产率指数可以定义为：

$$M_0(y_s, x_s, y_t, x_t) = [M_0^s(y_s, x_s, y_t, x_t) \times M_0^t(y_s, x_s, y_t, x_t)]^{\frac{1}{2}}$$
$$= \left[\frac{D_0^s(y_t, x_t)}{D_0^s(y_s, x_s)} \times \frac{D_0^t(y_t, x_t)}{D_0^t(y_s, x_s)}\right]^{\frac{1}{2}} \quad (3-1)$$

采用 D_0（x，y）代表产出或者投入的距离函数，可以得到以下式子：

$$D_0^t(x, y) = min\left\{\delta > 0:(x, \frac{y}{\delta}) \in P\right\} \quad (3-2)$$

式中，P 代表 t 时期的生产可能性边界。

Malmquist 生产率指数代表意义如下：

$$M_0(y_s, x_s, y_t, x_t)\begin{cases} > \\ = 1 \\ < \end{cases} \text{表示} \begin{cases} \text{生产率提升} \\ \text{生产率不变} \\ \text{生产率下降} \end{cases} \quad (3-3)$$

Malmquist 指数值大于 1 表明时期 s 到 t 的全要素生产率是增长的，若小于 1 则说明全要素生产率在下降。依据 Farrell（1957）对于边界法的假设，全要素生产率可以分解为技术变化和技术效率变化，其中：技术变化衡量的是厂商所面临的生产可能性边界的移动情况，当生产可能性边界向下移动时，说明厂商出现了技术倒退，此时测算得到的技术进步指数应小于 1，而当生产可能性边界向上移动时，说明厂商出现了技术创新，从而获得了更高的可能产出，此时测算得到的技术进步指数应大于 1，因此技术进步指数主要反映了厂商的增长效应；技术效率变化衡量的是厂商与生产可能性边界靠近的情况，厂商与前沿面的距离决定了技术效率指数值的大小，当技术效率提升即技术效率指数大于1时，说明厂商与前沿面的距离变小了，当技术效率提升即技术效率指数小于1时，说明厂商与前沿面的距离变大了，因此技术效率指数主要反映了厂商的追赶效应。另外，还对技术效率指数进行继续分解，得到在考虑规模可变模型（VRS）情况下测度决策单元到生产前沿面距离的纯技术效率指数，以及反映规模变化的规模效率指数。

Malmquist生产率指数方法是研究全要素生产率的经典方法，目前大部分对中国经济的研究都采用了Malmquist生产率指数方法。

全要素生产率的投入指标：一般包括资本投入和劳动力投入两种。资本投入采用“全社会固定资产投资”进行表征。全社会固定资产投资，是以货币形式表现的在一定时期内全社会建造和购置固定资产的工作量以及与此有关费用的总称。该指标是反映固定资产投资规模、结构和发展速度的综合性指标。全社会固定资产投资按登记注册类型可分为国有、集体、联营、股份制、私营和个体、港澳台商、外商、其他等。劳动力投入采用“就业人员”进行表征。其中，就业人员，指年满十八周岁，为取得报酬或经营利润，在调查周内从事了1小时（含1小时）以上劳动的人员；或由于在职学习、休假等原因在调查周内暂时未工作的人员；或由于停工、单位不景气等原因临时未工作的人员。

全要素生产率的产出指标：采用“国内生产总值（GDP）”进行表征。国内生产总值（GDP），指一个国家所有常驻单位在一定时期内生产活动的最终成果。国内生产总值有三种表现形态，即价值形态、收入形态和产品形态。从价值形态看，它是所有常驻单位在一定时期内生产的全部货物和服务价值与同期投入的全部非固定资产货物和服务价值的差额，即所有常驻单位的增加值之和；从收入形态看，它是所有常驻单位在一定时期内创造的各项收入之和，包括劳动者报酬、生产税净额、固定资产折旧和营业盈余；从产品形态看，它是所有常驻单位在一定时期内最终使用的货物和服务价值与货物和服务净出口价值之和。在实际核算中，国内生产总值有三种计算方法，即生产法、收入法和支出法。三种方法分别从不同的方面反映国内生产总值及其构成。对于一个地区来说，称为地区生产总值或地区 GDP。

（二）劳动生产率的测算方法研究

根据指标构建方法不同，劳动生产率分为实物劳动生产率、价值劳动生产率、比较劳动生产率。实物劳动生产率以单位时间内单位劳动的产出度量劳动生产率，是使用最广泛的度量劳动生产率的方法。1926 年，美国劳工统计局（BLS）较早地使用劳均产出作为劳动生产率的度量指标，此后，该指标成为国际上比较分析劳动生产率的一个重要标准，并且在学术界得到广泛应用。Abel 等（2012）① 在其研究中用该指标度量劳动生产率，国内学者孙浦阳等（2013）②、李竞博（2019）③ 也均使用该指标度量劳动生产率。价值劳动生产率则是在实物劳动生产率的基础上考虑了劳动投入的成本，以单位时间内单位劳动力产出与劳动投入之比度量。张金昌（2002）④ 计算了中国及世界部分国家价值劳动生产率，通过比较研究指出当在劳动生产率中计入劳动投入成本时，中国劳动生产率在国际上处于领先水平，而以往只是以劳均产出作为劳动生产率度量指标的研究则低估了中国的劳动生产率。比较劳动生产率以某个部门或产业产值占总产值比重与该部门或产业就业人数占总就业人数比重度量，主要用于比较同一地区不同部门或不同产业之间劳动生产率差异。

劳动生产率按其计算的范围可分为：①个别劳动生产率，包括个人劳动生产率和企业劳动生产率。前者按个别劳动者的劳动耗费来计算；后者按个别企业的劳动耗费来计算。②社会劳动生产率，是以全社会为单位来计算单位产品所耗费的社会平均必要劳动量。社会劳动生产率是衡量全社会范围内生产先进和落后的根本尺度。个别劳动生产率高于社会劳动生产率，生产商品的个别劳动量就低于社会必要劳动量；反之，则高于社会必

---

① Abel J R, Dey I, Gabe T M. Productivity and the Density of Human Capital [J]. Journal of Regional Science, 2012, 52 (4): 562-586.

② 孙浦阳、韩帅、许启钦：《产业集聚对劳动生产率的动态影响》，《世界经济》2013 年第 36 卷第 3 期，第 33-53 页。

③ 李竞博：《人口老龄化对劳动生产率的影响》，《人口研究》，2019 年第 43 卷第 6 期，第 20-32 页。

④ 张金昌：《中国的劳动生产率：是高还是低？——兼论劳动生产率的计算方法》，《中国工业经济》2002 年第 4 期，第 34-40 页。

要劳动量。劳动生产率同单位时间内所生产的产品量成正比，即劳动生产率越高，单位时间生产的产品量越多；而同单位产品所包含的劳动量成反比，即劳动生产率越低，单位产品包含的劳动量越大。

本书采用社会劳动生产率进行高质量发展情况评价，指根据产品的价值量指标计算的平均每一个从业人员在单位时间内的产品生产量，是考核企业经济活动的重要指标，是企业生产技术水平、经营管理水平、职工技术熟练程度和劳动积极性的综合表现。劳动生产率的度量主要有劳均产出、平均工资、人均 GDP 等方法，其中劳均产出最为常用。借鉴以往研究，以劳均产出度量劳动生产率，其中产出以 GDP 度量，劳动力数量以就业人员度量，即全员劳动生产率为国内生产总值与全部就业人员的比值：

全员劳动生产率=国内生产总值（GDP）/就业人员

（三）城乡居民收入比的测算方法研究

常用的衡量社会收入差距和公平情况的指标有极差、极值比、方差、变异系数、基尼系数、泰尔熵指数和阿特金森指数等，这些指标在反映城乡居民收入差距问题上各有利弊。

极差和标准差指标能够大体上反映地区居民收入差距的绝对变化情况，但这两个指标也有不足之处：极差指标对收入极值非常敏感，而标准差指标对中间收入群体的分布比较敏感，而且由于计算方法的原因，这两个指标通常都会随着社会整体收入水平的增长而成倍增加，导致无法完全依其比较不同年份社会收入差距变动的真实情况。在经济分析上，也常从公平平等的角度研究收入分配差距问题，基尼系数、泰尔熵指数和阿特金森指数是常用的重要指标。

基尼系数、泰尔熵指数和阿特金森指数取值范围都在 0~1，指标值越大，表明收入分配越不平等；指标值越小，表明收入分配越公平。按照国际上通用的标准，基尼系数低于 0.2 表示收入分配非常平均，根据国内学者对基尼系数、泰尔熵指数和阿特金森指数的计算结果，三个指标值一直都很偏低，且各年份基本没有明显的变化，显示我国地区居民收入分配一直处于非常平均的状态，并不存在严重的地区收入分配差距问题，这似乎与居民的实际感受有偏差，但从统计数据计算的结果来看确是如此的，这是由于统计指标只是对各年地区居民收入状况的基本特征描述，反映的信息是有限的。基于数据的可得性，本研究中的城乡居民收入比（GAP）采用学者们普遍选用的城乡人均可支配收入比指标，计算公式为：

城乡居民收入比=城镇居民人均可支配收入/农村居民人均可支配收入

居民可支配收入指居民可用于最终消费支出和储蓄的总和，即居民可用于自由支配的收入。既包括现金收入，也包括实物收入。按照收入的来源，可支配收入包含四项，分别为：工资性收入、经营性净收入、财产性净收入和转移性净收入。

根据住户收支与生活状况调查，分城镇和农村的居民人均可支配收入等数据的覆盖人群主要变化：一是计算城镇居民人均可支配收入时分母包括在城镇地区常住的农民工，计算农村居民人均可支配收入时分母不包括在城镇地区常住的农民工；二是由本户供养的在外大学生视为常住人口。

（四）研发投入强度的测算方法研究

研发创新项目能够带来更多的主要的无形资产，例如专利技术、知识产权等，这些无形资产是提高竞争力以及价值的主要方式。参照资源理论，在进行项目的创新研发以及获取研发成果的过程中都需要投入相应的资源，因此测度地区研发投入强度也是地区对研发创新的重视程度以及实施的力度的反映。因为直接对研发强度进行测度是很难实现的，目前，在学术范围内大部分都选择使用三种指标完成表征：其一选择的相对指标就是投入研发的水平以上年GDP等产出指标作为代表，对收入转移受到研发支出的影响进行测算，借助于将研发支出和产出的总份额之间的比值的自然对数作为研发强度进行计算；其二就是地区在研发上投入的资金的绝对指标；其三则是在所有的从业人员中，研发技术人员所占的比例。地区投资于技术创新的资金主要是依靠企业自身资金、政府补贴以及借款或者贷款的投入，如果政府增加对企业的补贴程度，企业就会提高在研发方面的资金投入。

除了投入于研发方面的资金，研发强度还包括研发技术以及技术人员上的投入。选择研发人员作为创新能力以及技术水平的主要的资源，投入研发人员的程度不但对以后的创新能力和水平起到了决定性的作用，而且还能够推动创新主体获取更多的外部技能和知识，有助于从技术“输血”到“造血”上的转型。因为技术上不存在能够进行量化统一性的标准，所以一般情况下都是选择在研发活动中投入的技术人员以及资金作为对地区进行评价的标准，本研究中选择的对研发强度进行衡量的指标就是投入的研发人员，而且，对当前以与此相关的微观层面上的研究文献中广泛使用的方式为借鉴，同时因为相对指标的可比性以及针对性更强，因此在对研发投入的衡量上选择相对指标。本研究选择 GDP 中投入研发资金所占的比例，并且结合研究人员在所有从业人员中的占比分析研发强度指标；将研究人员以及资金投入的衡量指标进行划分，又可以分成相对数和绝对数指标。

1. 研发投入强度绝对指标

选择绝对指标主要是从整体上对研发的规模进行衡量，如下所示为计算公式：

研发资金投入=R&D 经费

研发人员投入=R&D 人员全时当量

研究与试验发展（R&D）经费，指报告期为实施研究与试验发展（R&D）活动而实际发生的全部经费支出。研究与试验发展（R&D）指为增加知识存量（也包括有关人类、文化和社会的知识）以及设计已有知识的新应用而进行的创造性、系统性工作，包括基础研究、应用研究和试验发展三种类型。国际上通常采用研究与试验发展（R&D）活动的规模和强度指标反映一国的科技实力和核心竞争力。统计范围为全社会有 R&D 活动的企事业单位，具体包括政府属研究机构、高等院校以及 R&D 活动相对密集行业（包括农、林、牧、渔业，采矿业，制造业，电力、热力、燃气及水生产和供应业，建筑业，交通运输、仓储和邮政业，信息传输、软件和信息技术服务业，金融业，租赁和商务服务业，科学研究和技术服务业，水利、环境和公共设施管理业，卫生和社会工作，文化、体育和娱乐业等）的企事业单位。调查方法是：规模以上工业企业，特、一级建筑业企业，规模以上服务业（包括交通运输、仓储和邮政业，信息传输、软件和信息技术服务业，租赁和商务服务业，科学研究和技术服务业，水利、环境和公共设施管理业，卫生和社会工作，文化、体育和娱乐业）企业，政府属研究机构，高等学校采用全面调查取得，规模以下工业企业和服务业企业采用抽样调查推算取得，其他行业的企事业单位采用重点调查以及使用第二次全国 R&D 资源清查资料推算等方法取得。

R&D 人员全时当量，指报告期 R&D 人员按实际从事 R&D 活动时间计算的工作量，以“人年”为计量单位，是为国际上比较科技人力投入而制定的可比指标。

2. 研发投入强度相对指标

选择该指标能够对地区对研发创新的重视程度进行直接性的反映，如下所示为计算公式：

研发投入强度 = R&D 经费/地区生产总值

技术人员比例 = R&D 人员/就业人员

R&D 人员，指参与研究与试验发展项目研究、管理和辅助工作的人员，包括项目（课题）组人员，企业科技行政管理人员和直接为项目（课题）活动提供服务的辅助人员。反映投入从事拥有自主知识产权的研究开发活动的人力规模。

（五）人均受教育年限的测算方法研究

本研究所用的衡量人力资本的指标为加权调整后的人均受教育年限，使用加权调整后的人均受教育年限来间接地衡量行业人力资本水平，具体的方法如下：

人均受教育年限 =（∑不同受教育水平人数×相应的分值）/6 岁及以上人口

为了可以进一步把人均受教育年限进行量化计算，对于不同文化水平的劳动力赋予其不同的分值：对没有接受过教育的，赋予该劳动力对应的分值为 0；对于仅接受过小学教育的，受教育年限为 6 年，赋予该劳动力对应的分值为 6；对于受教育程度为初中程度的，受教育年限为 9 年，赋予该劳动力对应的分值为 9；对于受教育程度为高中（中职）程度的，受教育年限为 12 年，赋予该劳动力对应的分值为 12；对于受教育程度为专科程度的，受教育年限为 15 年，赋予该劳动力对应的分值为 15；对于受教育程度为大学本科程度的，受教育年限为 16 年，赋予该劳动力对应的分值为 16；对于受教育程度为研究生及以上程度的，受教育年限为 19 年，赋予该劳动力对应的分值为 19。

（六）城镇化率的测算方法研究

城镇化是大量农村人口向城镇进行迁移的一个过程，技术、资源、资金等都往城镇进行聚集延伸，城镇化是推动中国经济持续增长的重要因素，是产业结构能顺利转型的有力支撑。

我国城镇化的核心是人的城镇化，加快推进基本公共服务均等化，实现基本公共服务供给效率提升与城镇人口数量的加速增长相匹配。因此，本书采用城镇人口占总人口的比重来表示，计算公式为：

城镇化率=城镇人口比重=城镇人口/总人口

人口数，指一定时点、一定地区范围内有生命的个人总和。年度统计的年末人口数指每年12月31日24时的人口数。年度统计的全国人口总数内未包括我国香港、澳门特别行政区和台湾地区以及海外华侨人数。

城镇人口和乡村人口，城镇人口是指居住在城镇范围内的全部常住人口，乡村人口是除上述人口以外的全部人口。

第三节　江苏高质量发展量化标准的对比分析

选取社会公认度高、评价效果好、概念清晰的量化标准对江苏高质量发展情况进行分析，并进一步对比分析江苏与全国及先进省份在各项量化标准上的表现差异，可以清晰地勾画江苏发展质量概况，并为后续章节开展江苏高质量发展评价奠定基础。本节将对江苏的全要素生产率、劳动生产率、城乡居民收入比、研发投入强度、人均受教育年限和城镇化率6个量化评价标准进行数值测算、现状讨论，并与全国发展水平、国内先进省份发展水平进行对比分析。

一、数据来源

就业人员：江苏省数据来源于《江苏统计年鉴2016—2021》表3-11就业基本情况“就业人员合计（万人）”；浙江省数据来源于《浙江统计年鉴2016—2021》表2-9按三次产业分的就业人员总数（年底数）“就业人员总数（万人）”；广东省数据来源于《广东统计年鉴2016—2021》表

4-1就业基本情况“就业人员人数（万人）”；全国数据来源于《中国统计年鉴2021》表4-1就业基本情况“就业人员（万人）”。

固定资产投资：江苏省2015—2017年数据来源于《江苏统计年鉴2021》表6-1固定资产投资主要指标“投资总额（亿元）”，2018—2020年数据由于统计年鉴不提供固定资产投资的绝对值数据，本研究根据《江苏统计年鉴2019—2021》表6-4按登记注册类型分固定资产投资比上年增长情况的增长率进行推算；浙江省2015—2017年数据来源于《浙江统计年鉴2021》表3-1固定资产投资（1978—2020年）“固定资产投资”，2018—2020年数据由于统计年鉴不提供固定资产投资的绝对值数据，本研究根据《浙江统计年鉴2021》表3-1固定资产投资（1978—2020年）“2018—2020比上年增长”的增长率进行推算；广东省2015—2017年数据来源于《广东统计年鉴2018》表5-1固定资产投资主要指标“投资完成额（亿元）”，2018—2020年数据由于统计年鉴不提供固定资产投资的绝对值数据，本书根据《广东统计年鉴2021》表5-1固定资产投资主要指标“2018—2020比上年增长”的增长率进行推算；全国数据来源于《中国统计年鉴2021》表10-1全社会固定资产投资“全社会固定资产投资绝对数（亿元）”。

国内生产总值GDP：全国数据来源于《中国统计年鉴2021》表3-1国内生产总值，按当年价格计算；各省份数据来源于《中国统计年鉴2016—2021》表3-9地区生产总值，按当年价格计算。

全员劳动生产率：江苏等省份数据来源于2016—2020年各省国民经济和社会发展统计公报，地区生产总值为现价，其中广东省没有发布2020年劳动生产率具体数值，本研究按全国增速进行估算；全国数据来源于中华人民共和国2016—2020年国民经济和社会发展统计公报，GDP按2015年价格计算。

城镇人均可支配收入：数据来源于《中国统计年鉴2017—2021》表6-24分地区城镇居民人均可支配收入。

农村居民人均可支配收入：数据来源于《中国统计年鉴2017—2021》表6-30分地区农村居民人均可支配收入。

R&D人员全时当量：数据来源于《中国统计年鉴2017—2021》表20-7分地区规模以上工业企业研究与试验发展（R&D）活动及专利情况

“R&D 人员全时当量（人年）”。

R&D 经费：数据来源于国家统计局 2016—2020 年全国科技经费投入统计公报。

R&D 经费投入强度：数据来源于国家统计局 2016—2020 年全国科技经费投入统计公报。

R&D 人员：数据来源于《中国科技统计年鉴 2017—2021》表 1-1 研究与试验发展（R&D）人员。

6 岁及以上人口：数据来源于《中国统计年鉴 2017—2021》，其中：2016—2019 年数据来源于表 2-14 分地区按性别、受教育程度分的 6 岁及以上人口（2016—2019 年），2020 年数据来源于表 2-24 分地区按性别、受教育程度分的 6 岁及以上人口（2020 年）。

不同受教育水平人数：数据来源于《中国统计年鉴 2017—2021》，其中：2016 年数据来源于表 2-14 分地区按性别、受教育程度分的 6 岁及以上人口（2016 年），是 2016 年全国人口变动情况抽样调查样本数据，抽样比为 0.837‰，受教育程度分类为未上过学、小学、初中、普通高中、中职、大学专科、大学本科、研究生；2017 年数据来源于表 2-14 分地区按性别、受教育程度分的 6 岁及以上人口（2017 年），是 2017 年全国人口变动情况抽样调查样本数据，抽样比为 0.824‰，受教育程度分类为未上过学、小学、初中、普通高中、中职、大学专科、大学本科、研究生；2018 年数据来源于表 2-14 分地区按性别、受教育程度分的 6 岁及以上人口（2018 年），是 2018 年全国人口变动情况抽样调查样本数据，抽样比为 0.820‰，受教育程度分类为未上过学、小学、初中、普通高中、中职、大学专科、大学本科、研究生；2019 年数据来源于表 2-14 分地区按性别、受教育程度分的 6 岁及以上人口（2019 年），是 2019 年全国人口变动情况抽样调查样本数据，抽样比为 0.780‰，受教育程度分类为未上过学、小学、初中、普通高中、中职、大学专科、大学本科、研究生；2020 年数据来源于表 2-24 分地区按性别、受教育程度分的 6 岁及以上人口（2020 年），受教育程度分类为未上过学、小学、初中、普通高中、大学专科、大学本科、研究生。

城镇人口比重：数据来源于《中国统计年鉴 2021》表 2-6 分地区年末

城镇人口比重。

总人口：数据来源于《中国统计年鉴2021》表2-5分地区年末人口数。

二、江苏高质量发展量化标准现状分析

（一）江苏全要素生产率情况

本研究使用Malmquist生产率指数测算的江苏全要素生产率结果见表3-1（由于生产率测算的是两年之间的变动情况，因此2016—2020年的全要素生产率测算结果使用是2015—2020年的样本数据），从中可以看出，江苏全要素生产率在观察期内呈现平稳向好的发展态势，全要素生产率指数年均增长6.8%。

从时间趋势上看，近5年江苏全要素生产率增长率最高的年份为2017年，2017年的全要素生产率比2016年增长了9.2%，增长率最低的年份为2020年，仅仅比2019年增长了2.1%。2020年江苏全要素生产率增长率较低的原因可能与新冠肺炎疫情相关，相对于2016—2019年每年6%以上的增长率，江苏2020年的全要素生产率下降幅度明显，这与2020年初开始的全球新冠肺炎疫情有关，新冠肺炎疫情对世界经济造成显著冲击，疫情在全球范围内加速扩散，不确定性急剧升高，投资者信心受挫，从而引发金融和资本市场动荡。各国为控制疫情传播严格限制人员流动和交通运输，对经济按下暂停键，从消费端和生产端两个方面同时对经济运行带来压力，江苏也难免受到影响。但是，这并不改变江苏全要素生产率整体增长趋势，以全要素生产率为代表的技术进步和效率提高已经成为驱动江苏经济增长的重要因素。

表3-1　2016—2020年江苏全要素生产率及均值

2016年	2017年	2018年	2019年	2020年	均值
1.088	1.092	1.073	1.067	1.021	1.068

中长期内，实际经济增长速度是由潜在经济增长率决定的，并在需求因素的影响下围绕潜在增长率波动。潜在经济水平取决于生产要素的数量、质量和生产要素的配置效率。在实际测算中，一般把由资本、劳动力

投入对经济增长贡献以外的部分统称为全要素生产率。因此，全要素生产率不仅反映生产要素的质量，也反映了生产要素配置的效率，是经济增长质量最主要的度量指标。

（二）江苏劳动生产率情况

本研究使用 GDP 与就业人员测算的江苏劳动生产率结果如图 3-2 所示，从图中可以看出，江苏劳动生产率在观察期内呈现平稳向好的发展态势，在 2016—2020 年的每一个年份中都实现了正向增长，2020 年江苏劳动生产率为 21.60 万元/人，比 2016 年的 15.99 万元/人增长了 5.61 万元/人，观察期内的增长率为 35.06%。

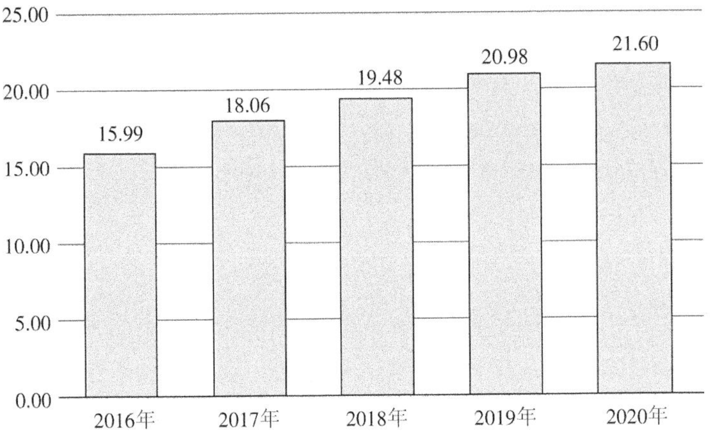

图 3-2　2016—2020 年江苏劳动生产率

表 3-2 计算了观察期内江苏劳动生产率的变动情况，从表中可以看出，从时间维度看，2017—2020 年的劳动生产率相对增长均值为 7.86%，绝对值平均每年增长 1.40 万元/人。江苏劳动生产率的增长情况稳中有降：增长率最高的年份为 2017 年，比 2016 年增长了 12.908%，绝对增长值为 2.0644；2018—2019 年劳动生产率增长平稳，增长率在 7.7%~7.8%徘徊，绝对增长值为 1.4~1.5；2020 年江苏劳动生产率增长情况下降幅度明显，增长率仅为 2.937%，绝对增长值低于 1，仅为 0.6163。2020 年劳动生产率增长情况较低，一方面与新冠肺炎疫情有关；另一方面也与区域经济特征有关。已经完成工业化进程的江苏，各项产业正在进行结构调整，整体

经济增长正处于从结构性加速向结构性减速增长路径转换的阶段性过程；江苏经济也由过去的高速增长或者是超高速增长，转向中高速的稳定增长。这种增速“换挡”的现象，符合发达国家经验事实和经济增长规律：一个经济体在经历了高速增长阶段之后，都会出现增长速度放缓的现象，经济发展到了相对高级阶段时只能保持一个相对低速的增长。因此，作为“中国速度”代表的江苏劳动生产率增速逐渐减慢并保持平稳，是由其所处的经济发展阶段所决定的，是符合经济客观发展规律的。

表 3-2　2017—2020 年江苏劳动生产率变动情况

年份	2017 年	2018 年	2019 年	2020 年	均值
增长率	12.908%	7.853%	7.742%	2.937%	7.860%
增长值	2.0644	1.4181	1.5078	0.6163	1.4017

（三）江苏城乡居民收入比情况

图 3-3 展示了江苏 2016—2020 年的城乡居民收入比，从图中可以看出，江苏城乡居民收入比在观察期内呈现逐步下降的发展态势，在 2016—2020 年的每一个年份中都实现了负向增长，即城乡居民收入差距逐渐缩小。2020 年江苏城乡居民收入比为 2.194，比 2016 年的 2.281 下降了 0.087，观察期内的下降率为 3.96%，年均下降 0.022。

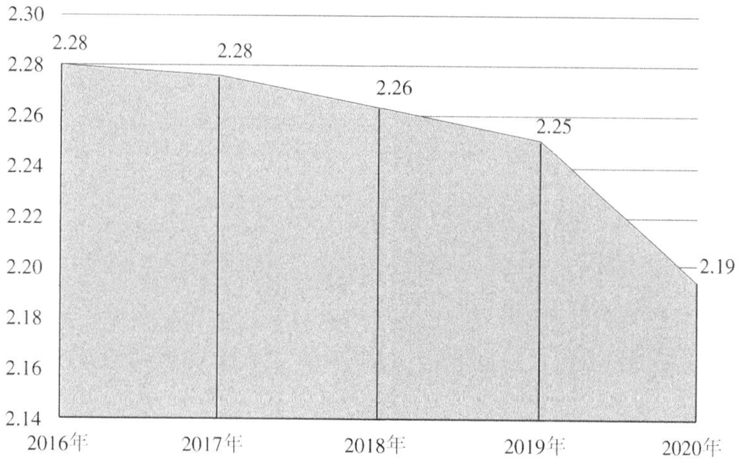

图 3-3　2016—2020 年江苏城乡居民收入比

表 3-3 计算了观察期内江苏城乡居民收入比的变动情况，从表中可以看出，从时间维度看，2017—2020 年的江苏城乡居民收入比相对增长均值为-2.54%，平均每年降低 0.057，说明江苏城乡居民收入差距持续下降。

表 3-3　2017—2020 年江苏城乡居民收入比变动

年份	2017 年	2018 年	2019 年	2020 年
增长率	-0.16%	-0.55%	-0.56%	-2.54%
增长值	-0.004	-0.013	-0.013	-0.057

从江苏情况来看，江苏的城乡收入差距持续缩小，这可能与江苏发达的县域经济有关。江苏是全国的经济大省、经济强省，也是全国县域经济实力最强的省。江苏县域经济发展特点集中表现在以下方面：一是区比县级市数量多 GDP 也多、县级市比县数量多 GDP 也多；二是江苏入围全国经济百强县数量全国最多、质量也最好；三是江苏经济发展水平最低的县放在全国也是中等偏上县，放在中西部省份均是“强县”。根据 2020 年“全国县域经济百强县”榜单，江苏入围的全国百强县共有 25 个，包括昆山、江阴、张家港、常熟、宜兴、太仓、海门、如皋、启东、海安、丹阳、泰兴、如东、溧阳、靖江、邳州、沭阳、东台、兴化、高邮、沛县、仪征、新沂、句容、射阳。其中，前 15 位为 GDP 超 1000 亿元县，14 个是县级市，仅有一个如东县。16~23 位为 GDP 超 800 亿元县；仅有新沂、句容、射阳 3 县 GDP 在 500 亿~800 亿元。这说明，江苏入围全国百强县的县不仅数量多，而且质量高，800 亿元以上的县占了 85%以上。高质量高数量的县域经济使得江苏城乡居民收入差距小，城乡劳动力市场扭曲较小，对经济持续发展有利。

（四）江苏研发投入强度情况

图 3-4 展示了江苏 2016—2020 年的研发投入强度，从图中可以看出，江苏研发投入强度在观察期内呈现波动上升的发展态势。在 2016—2020 年间，所有年份都实现了正向增长。2020 年江苏研发投入强度为 2.93，比 2016 年的 2.66 增长了 0.27，年均增长超过 0.05；观察期内的整体增长率为 10.15%，年均增长率为 2.03%。

表 3-4 计算了观察期内江苏研发投入强度的变动情况，从表中可以看

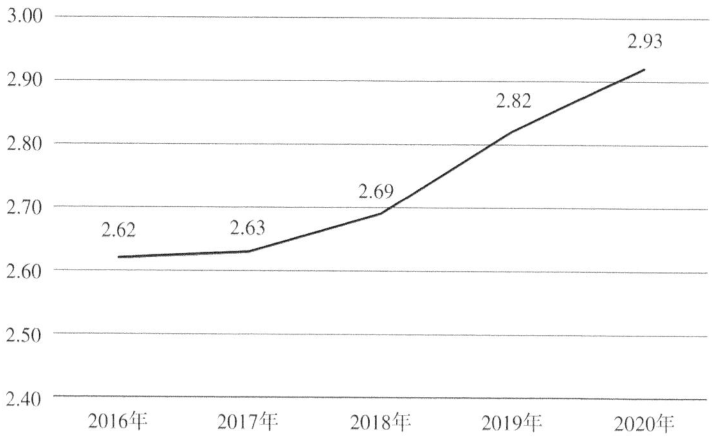

图 3-4　2016—2020 年江苏研发投入强度

出，2017—2020 年江苏研发投入强度则保持了稳定而快速的增长，增长率逐年上升，2017 年比 2016 年增长了 0.01，增长率为 0.38%；2018 年比 2017 年增长了 0.06，增长率为 2.28%；2019 年在 2018 年的基础上继续提升，绝对增长值为 0.13，增长率为 4.83%；2020 年增长值稍微回落到了 0.10，增长率为 3.55%，说明江苏在过去 5 年间，对研发投入的重视程度不断提升。

表 3-4　2017—2020 年江苏研发投入强度变动情况

年份	2017 年	2018 年	2019 年	2020 年
增长率	0.38%	2.28%	4.83%	3.55%
增长值	0.01	0.06	0.13	0.10

从另外两个绝对值指标来看（见表 3-5、3-6，图 3-5、3-6），无论是 R&D 人员全时当量还是 R&D 经费，江苏对创新发展的绝对投入也都在不断增长。其中，江苏的 R&D 人员全时当量从 2016 年的 451885 人·年，增长到了 2020 年的 538781 人·年；R&D 经费从 2016 年的 2026.9 亿元，增长到了 2020 年的 3005.9 亿元；从变动情况看，江苏的 R&D 人员全时当量和 R&D 经费每年都呈现增长态势。

研究（research）通常是针对某个主题的科学知识进行大量的、系统

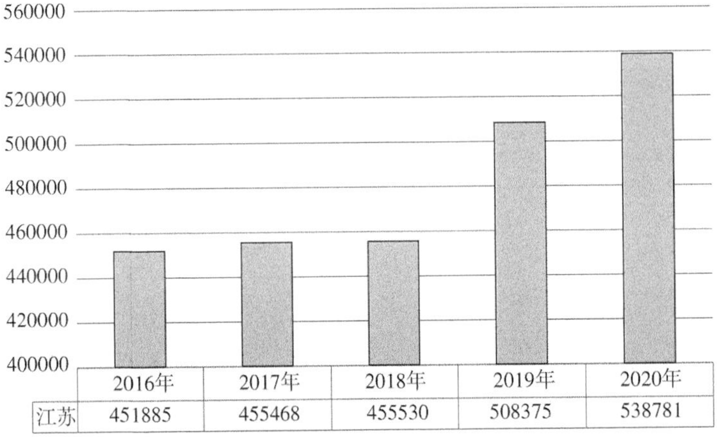

图 3-5　2016—2020 年江苏 R&D 人员全时当量（人·年）

的、反复的探索，通过对事物现象的周密调查和反复探索而揭示出事物的本质，它是一个重要的科学调查实验与分析的过程，一般不会开发出新产品；开发（development）是指运用科学知识对基本思想、基本原理作进一步的发展，以产生一种新的物质形态。研究与开发（R&D，Research and Development）通常简称为研发，它在广义上包括所有科学研究与技术发展工作，是指为了增加知识总量，包括人类文化和社会知识总量，并探索其新的应用而进行的系统的创造性工作。国际上对 R&D 的定义主要以联合国教科文组织给出的定义为主，即“为增加知识总量（包括人类，文化和社会方面的知识），以及运用这些知识去创造新的应用而进行的系统的、创造性的工作”。这个定义不仅表明科技活动所包含的诸多方面，还强调指出科技活动是一个过程，是一个“知识产生、发展、传播和应用密切相关的系统的活动”。内生经济增长理论认为，影响内生经济增长的因素除了技术进步、“干中学”（learning by doing）之外，还有借由 R&D 投入为产品和生产过程带来的创新与知识积累。新思想和新技术来源于 R&D 活动的投入及其知识存量的有效利用；换言之，自主研究与开发（自主 R&D）将创造和积累知识，而知识生产会促进产品升级和工艺创新（即技术进步）从而为产业和整体经济发展提供源源不断的支持和动力，成为产业和经济可持续发展的重要保证。持续增长的创新投入，将成为江苏经济社会发展的重要动力。

表 3-5　2017—2020 年江苏研发 R&D 人员全时当量变动情况

年份	2017 年	2018 年	2019 年	2020 年
增长率	0.79%	0.01%	11.60%	5.98%
增长值	3583.00	62.00	52845.00	30406.00

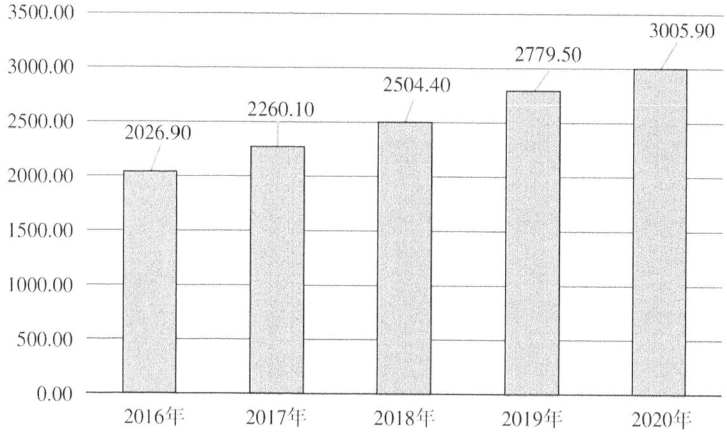

图 3-6　2016—2020 年江苏 R&D 经费（亿元）

表 3-6　2017—2020 年江苏 R&D 经费变动情况

年份	2017 年	2018 年	2019 年	2020 年
增长率	11.51%	10.81%	10.98%	8.15%
增长值	233.20	244.30	275.10	226.40

（五）江苏人均受教育年限情况

图 3-7 展示了江苏 2016—2020 年的人均受教育年限，从图中可以看出，江苏人均受教育年限在观察期内呈现平稳变动、总体向上的发展态势，2016—2020 年的人均受教育年限均值为 9.5 年。2020 年江苏人均受教育年限为 9.76 年，比 2016 年的 9.44 年上升了 0.32 年。

根据江苏省第七次全国人口普查结果，与 2010 年江苏第六次全国人口普查相比，全省常住人口中，15 岁及以上人口的平均受教育年限由 9.32

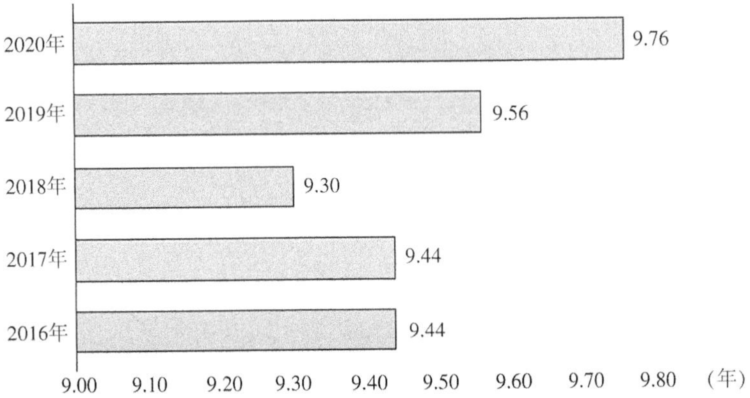

图 3-7　2016—2020 年江苏人均受教育年限

年上升至 10. 21 年。13 个设区市（含县市区，下同）中，平均受教育年限在 11 年以上的市有 1 个，在 10～11 年的市有 5 个，其余均在 9～10 年。平均受教育年限较高的 3 个设区市依次为：南京、无锡、苏州。近年来，江苏整体受教育程度持续改善，人口素质不断提高。

教育对个体人力资本积累的多个方面都具有重要影响，比如健康、出生率、死亡率、技能水平和劳动生产率、创新能力，甚至减少犯罪倾向等。许多研究表明，接受过良好教育的人更自信，具有良好的生活习惯，拥有丰富的社会人脉资源，在劳动力市场竞争中经常获得优待，其一生工作和生活都较顺利，身体健康状况普遍要好于受教育程度低的劳动力。持续提高人均受教育年限，通过提高劳动力人力资本水平，进而提高社会劳动生产率，最终实现对社会经济增长的拉动作用。教育作为人力资本投资的主要方式，在促进新技术的发明创造、技术扩散以及经济增长方面都有显著促进作用。通过教育投资，可以提升劳动者素质和能力，增强对实物资本的使用效率，从而促进劳动生产率提高和经济更快增长。

（六）江苏城镇化率情况

图 3-8 展示了江苏 2016—2020 年的城镇化率，从图中可以看出，江苏城镇化率在观察期内呈现持续增长的发展态势，2020 年江苏城镇化率为 73. 44%，比 2016 年的 68. 93%上升了 4. 51%。

表 3-7 计算了观察期内江苏城镇化率的变动情况，从表中可以看出，

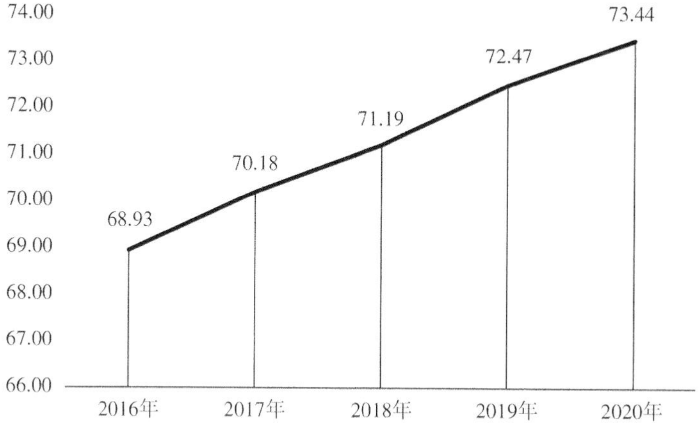

图 3-8　2016—2020 年江苏城镇化率（%）

2017 年、2019 年的江苏城镇化率出现了快速的增长，比上一年分别增长了 1.25 和 1.28 左右，增长率分别为 1.81%和 1.80%；2018 年、2020 年江苏城镇化率增长情况较为平稳，2018 年比 2017 年增长了 1.01，增长率为 1.44%；2020 年比 2019 年增长了 0.97，增长率为 1.34%。

表 3-7　2017—2020 年江苏城镇化率绝对变动情况

年份	2017 年	2018 年	2019 年	2020 年
增长率	1.81%	1.44%	1.80%	1.34%
增长值	1.25	1.01	1.28	0.97

城镇化不是只表征“城镇”发展的局部概念，而是一个涉及工业化、信息化和农业现代化的全局性概念。单从经济角度来说，城镇化是“伴随工业化发展，非农产业在城镇集聚、农村人口向城镇集中的自然历史过程”；其经济内涵是产业结构由农业向非农产业转变、劳动力（及其他生产要素）配置由农业向非农产业转移、经济活动空间形态由分散（农业产业形态）向集聚（非农产业形态）转变、消费需求由传统（匮乏与单一）向现代（丰富与多样）转型、经济社会治理由小范围自治向大范围公共治理转变。中国对城镇化内涵的认知在理论与实践的相互作用下也经历了一个由浅到深的过程，在概念上体现为由“城镇化”向“新型城镇化”的跃

升。早期对城镇化的理论研究多与经济增长相关，在实践中也过多强调城镇化对经济增长的作用，其经济效率维度被置于核心地位。

随着江苏城镇化进程进入新阶段，加之前期发展过程中出现与积累的颇多问题，以“以人为本”和“均衡发展”为核心要义的新型城镇化概念逐渐被重视：“以人为本”体现人的城镇化这一城镇化的本质要求，“均衡发展”旨在要求处理好城乡关系、城镇空间布局及城市内部结构等关乎发展均衡的经济社会问题。

三、江苏高质量发展定量标准对比分析

（一）江苏与全国的比较

表3-8列出了2016—2020年江苏与全国全要素生产率比较情况，可以发现在观察期内江苏的全要素生产率增长均值1.068高于全国均值1.056；分年份看，除了2019年以外，江苏的全要素生产率增长均高于全国均值。这可能是由于Malmquist指数计算原理造成的，Malmquist指数计算的是相对变动值，即本期生产率与上一期生产率的差值，对于总量和基数均已比较庞大的江苏而言，由于原生产率水平较高，从长期来看其增长速度是呈现逐渐放缓的态势。

表3-8　2016—2020年江苏与全国全要素生产率比较

年　份	江苏	全国
2016	1.088	1.043
2017	1.092	1.081
2018	1.073	1.065
2019	1.067	1.08
2020	1.021	1.015
均　值	1.068	1.056

表3-9列出了2016—2020年江苏与全国劳动生产率比较情况，可以发现在观察期内，每一年的江苏劳动生产率均值都高于全国均值，且差距越来越大，2016年江苏劳动生产率比全国水平高6.51万元/人，而到了2020年，江苏劳动生产率水平比全国高了9.83万元/人，接近全国水平的两倍。

这充分显示了江苏“争当表率、争做示范、走在前列”的使命担当。

表 3-9　2016—2020 年江苏与全国劳动生产率比较（万元/人）

	2016 年	2017 年	2018 年	2019 年	2020 年
江苏	15.99	18.06	19.48	20.98	21.60
全国	9.48	10.12	11.50	11.50	11.77

表 3-10 列出了 2016—2020 年江苏与全国城乡居民收入比比较情况，可以发现在观察期内，每一年的城乡居民收入比都低于全国均值，但差距在缩小，2016 年江苏城乡居民收入比比全国水平低了 0.438，而到了 2020 年，江苏城乡居民收入比则比全国低了 0.365，说明江苏城乡居民收入差距低于全国水平。城乡分割是中国二元经济结构的主要特征，城乡收入差距也是中国收入差距的主要组成部分。中国城乡收入差距是收入差距的主要影响因素。除去疫情导致的全球收入贫富差距拉大等外部因素，近年来中国收入差距虽没有出现明显的扩大，虽然存在贫富差距，但城乡、地区和不同群体居民收入差距总体上趋于缩小。从收入增长上看，2011—2020 年，农村居民人均可支配收入年均名义增长 10.6%，年均增速快于城镇居民 1.8 个百分点。从城乡居民收入比看，城乡居民人均可支配收入比逐年下降，从 2010 年的 2.99 下降到 2020 年的 2.56，累计下降 0.43。2020 年，城乡居民人均可支配收入比与 2019 年相比下降 0.08，是党的十八大以来下降最快的一年。缩小收入差距，是共同富裕的重要内容，也是人民群众的共同期盼。随着国家脱贫攻坚和农业农村改革发展的深入推进，农村居民收入增速明显快于城镇居民，城乡居民相对收入差距持续缩小。

表 3-10　2016—2020 年江苏与全国城乡居民收入比比较

	2016 年	2017 年	2018 年	2019 年	2020 年
江苏	2.281	2.277	2.264	2.252	2.194
全国	2.719	2.710	2.685	2.644	2.559

图 3-9 表示了 2016—2020 年江苏与全国研发投入强度比较情况，可以发现在观察期内，每一年的江苏研发投入强度均值都高于全国均值，差距平稳。2016—2020 年，江苏研发投入强度与全国水平的差距为 0.51、0.5、

0.5、0.59和0.52，始终领先全国研发投入强度0.5%以上。党的十八大以来，国家把创新摆在国家发展全局的核心位置，高度重视科技创新，围绕实施创新驱动发展战略、加快推进以科技创新为核心的全面创新。“2020年我国R&D经费超过千亿元的省份达8个，比上年增加2个。从重点区域看，京津冀、长三角地区R&D经费分别为3446.0亿元和7364.7亿元，分别比上年增长5.6%和9.5%；长江经济带R&D经费达11689.2亿元，比上年增长10.7%，增速快于全国平均水平。中西部地区研发投入增速连续4年超过东部地区，追赶态势明显。发展是第一要务，人才是第一资源，创新是第一动力。”习近平总书记在参加十三届全国人大一次会议广东代表团审议时，系统提出了三个“第一”的重要论断。当今世界正经历百年未有之大变局，我国发展面临的国内外环境发生深刻复杂变化，我国“十四五”时期以及更长时期的发展对加快科技创新提出了更为迫切的要求。持续提升研发投入强度，加快科技创新是推动高质量发展的需要，也是实现人民高品质生活的需要。

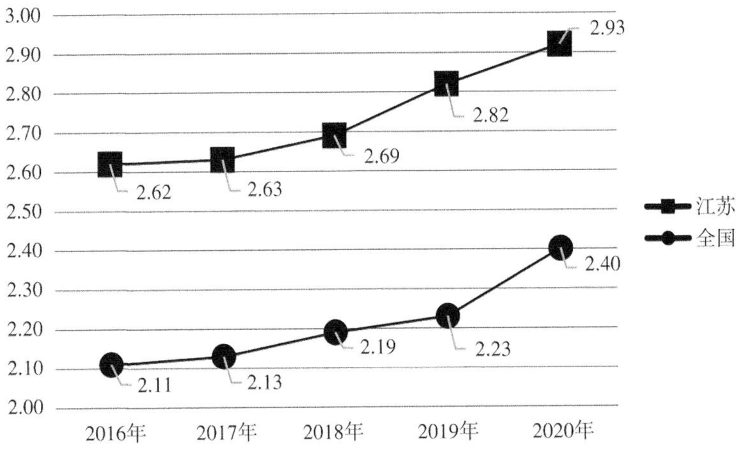

图3-9　2016—2020年江苏与全国研发投入强度比较

图3-10表示了2016—2020年江苏与全国受教育年限比较情况，可以发现在观察期内，每一年的江苏受教育年限均值都高于全国均值，且差距平稳。平均受教育年数是指用各级的受教育水平对相应的劳动力人口（或工作年龄人口）加权。在我国，现存的教育体制改革将绝大多数面向教育

的经费支出放权给地方政府，这种由地方政府决定该地区教育的投入就直接导致了该地区的教育投入水平与该地区的经济发展水平紧密联系起来，也就是说，不同地区的经济发展差距造成了地区之间的教育投入的差距，同时地区之间的教育投入的差距又进一步造成了地区之间的人均受教育年限的差距。从我国公开数据可知，在我国，东北地区、东部地区、中部地区、西部地区 4 个不同地区的经济发展水平也不同，地区之间的经济发展水平存在着较大的差距，从而促成了我国目前的东北地区、东部地区、中部地区、西部地区由教育投资差距而导致的人均受教育年限差距的格局的形成。处于东部地区的江苏，人均受教育年限高于全国水平，但是差距并不大。

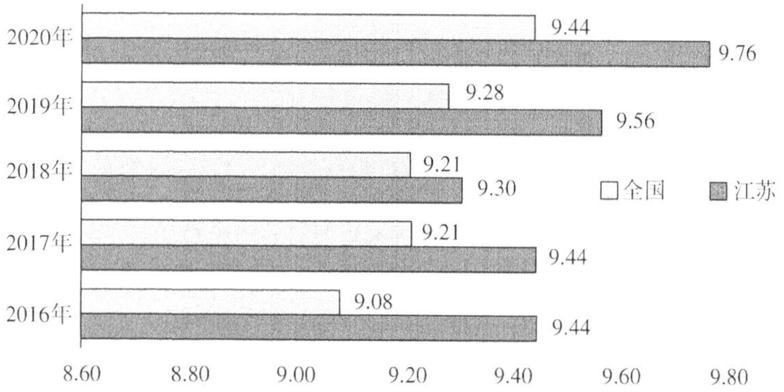

图 3-10　2016—2020 年江苏与全国受教育年限比较

图 3-11 表示了 2016—2020 年江苏与全国城镇化率比较情况，可以发现在观察期内，每一年的江苏城镇化率均值都高于全国均值，差距平稳。2016—2020 年，江苏城镇化率与全国水平的差距为 10.09%、9.94%、9.69%、9.76%、9.55%，始终高于全国水平 9.5%以上。城镇化时间路径大致呈现“S”形特征，而具体的城镇化时间路径特征（如时间跨度、变化速度与均衡状态）则受多方面因素影响。2020 年中国城镇化率已经到了 63.89%，党的十九届五中全会提出：“推动区域协调发展，推进以人为核心的新型城镇化。”未来新型城镇化应更加注重发展质量的提升和发展成果的公平共享。

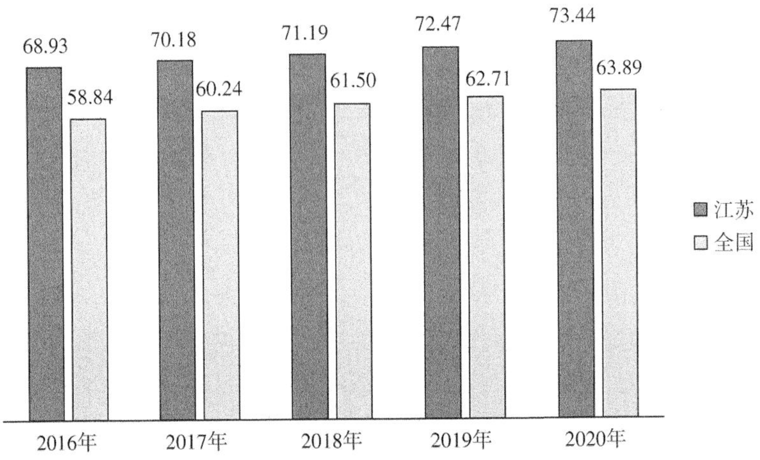

图 3-11　2016—2020 年江苏与全国城镇化率比较（%）

（二）江苏与浙江、广东的比较

表 3-11 列出了 2016—2020 年江苏与浙江、广东全要素生产率比较情况，可以发现在观察期内江苏的全要素生产率增长均值 1.068 高于浙江均值 1.046、高于广东均值 1.012；分年份看，江苏在 2016—2020 年观察期间全要素生产率均保持了正向增长，而浙江在 2020 年出现了倒退、广东在 2018 年和 2020 年出现了倒退，这说明了江苏全要素生产率健康稳定，具有较强的韧性。特别是在 2020 年，百年未有之大变局中，浙江和广东两省的全要素生产率都出现了不同程度的下降，而江苏仍保持了稳定增长的态势。

表 3-11　2016—2020 年江苏、浙江与广东全要素生产率比较

	江苏	浙江	广东
2016 年	1.088	1.092	1.06
2017 年	1.092	1.063	1.019
2018 年	1.073	1.039	0.982
2019 年	1.067	1.042	1.024
2020 年	1.021	0.995	0.976
均　值	1.068	1.046	1.012

表3-12列出了2016—2020年江苏与浙江、广东劳动生产率比较情况，可以发现在观察期内江苏的劳动生产率始终高于浙江，但却低于广东；江苏与浙江的劳动生产率差距在逐年扩大，差距从2016年的3.59万元/人扩大到了2020年的5万元/人，江苏的优势不断扩大；江苏与广东的劳动生产率差距逐步缩小，5年间从7.25万元/人下降到了5.77万元/人，江苏小步快跑逼近前沿面。这说明，一方面，江苏的劳动生产率在不断提升，与兄弟省份相比优势越加明显；另一方面，与广东的劳动生产率相比，江苏的绝对值水平还较低，有较大的提升空间。

表3-12 2016—2020年江苏、浙江与广东劳动生产率比较（万元/人）

	2016年	2017年	2018年	2019年	2020年
江苏	15.99	18.06	19.48	20.98	21.60
浙江	12.40	13.70	14.70	16.20	16.60
广东	23.24	24.20	25.19	26.70	27.37

表3-13列出了2016—2020年江苏与浙江、广东城乡居民收入比的比较情况，可以发现在观察期内江苏的城乡居民收入比始终高于浙江，但低于广东；江苏与浙江的城乡居民收入比差距在逐年扩大，差距从2016年的0.215扩大到了2020年的0.230，说明浙江在缩小城乡收入差距方面的工作成效优于江苏；江苏与广东的城乡居民收入比差距变化平稳，5年间从0.316变为0.301。从2003年开始，我国为解决“三农”问题陆续出台了一系列有助于提高农民收入的惠农政策，这些政策措施经过落实和完善，效果慢慢显现出来，带来了农民收入的较快增长。近10年来国家在收入分配中更加注重公平也是一重要因素。2004年以来中国连续发布了以“三农”为主体的一号文件，把解决“三农”问题当成工作的重中之重。具体如下：2004年，《中共中央 国务院关于促进农民增加收入若干政策的意见》；2005年，《中共中央 国务院关于进一步加强农村工作提高农业综合生产能力若干政策的意见》；2006年，《中共中央 国务院关于推进社会主义新农村建设的若干意见》。2007年，《中共中央 国务院关于积极发展现代农业扎实推进社会主义新农村建设的若干意见》。2008年，《中共中央 国务院关于切实加强农业基础设施建设进一步促进农业发展农民增收的若干意见》。2009年，《中共中央 国务

院关于2019年促进农业稳定发展农民持续增收的若干意见》。2010年，《中共中央 国务院关于加大统筹城乡发展力度进一步夯实农业农村发展基础的若干意见》。2011年，《中共中央 国务院关于加快水利改革发展的决定》。2012年，《中共中央 国务院关于加快推进农业科技创新持续增强农产品供给保障能力的若干意见》。2013年，《中共中央 国务院关于加快发展现代农业进一步增强农村发展活力的若干意见》。2014年，《中共中央 国务院关于全面深化农村改革加快推进农业现代化的若干意见》。2015年，《中共中央 国务院关于加大改革创新力度加快农业现代化建设的若干意见》。2016年，《中共中央 国务院关于落实发展新理念加快农业现代化实现全面小康目标的若干意见》。2017年，《中共中央 国务院关于深入推进农业供给侧结构性改革加快培育农业农村发展新动能的若干意见》。2018年，《中共中央 国务院关于实施乡村振兴战略的意见》。2019年，《中共中央 国务院关于坚持农业农村优先发展做好"三农"工作的若干意见》。这些政策对促进农村和农业发展，提高农民收入具有重要的推动作用，一定程度上避免了城乡收入差距的继续扩大。

表3-13 2016—2020年江苏、浙江与广东城乡居民收入比的比较

	2016年	2017年	2018年	2019年	2020年
江苏	2.281	2.277	2.264	2.252	2.194
浙江	2.066	2.054	2.036	2.014	1.964
广东	2.597	2.597	2.583	2.557	2.495

图3-12展示了2016—2020年江苏与浙江、广东研发投入强度的比较情况，可以发现在观察期内江苏的研发投入强度原本处于优势地位，排名在三省第一，但逐步被广东追上并赶超：2016年江苏的研发投入强度为2.62%，高于浙江的2.43%和广东的2.56%；2018年江苏2.69%的研发投入强度开始低于广东的2.78%且差距逐步拉大；2020年时江苏的研发投入强度为2.92%，明显低于广东的3.14%。研发投入强度的概念来源于经济学界，最早在熊彼特的《经济发展理论》中提出了"创新理论"，按照熊彼特的观点，研发的本质是构建新的生产函数的过程，技术进步对经济增长具有促进作用，在微观层面即研发投入有助于提高企业的财务绩效。古典

经济增长理论阶段认为经济增长的主要原因是资本积累、技术创新与储蓄，通过生产效率的提高以及将更多的收入用于生产劳动可以获得国家财富的增长。研发投入的规模和强度是评价创新绩效表现的重要指标，也是其自身技术创新的重要保障。研发投入强度不仅是当前技术表现的一部分，更是产生新想法和新模式的一部分，最终将服务于新产品和专利技术的诞生。研发投入增长是好事。面对百年未有之大变局，科技创新正日益成为国际战略博弈的主要战场，加快建设科技强国，迈向更高水平的科技自立自强，是发展的应有之义。激荡科技强国的源头活水，创造更好的科技发展环境，离不开科研投入的支持。江苏研发投入强度的高歌猛进，既展现了全省对科研事业的高度重视与大力支持，也是为国家科技强国战略作出江苏贡献。

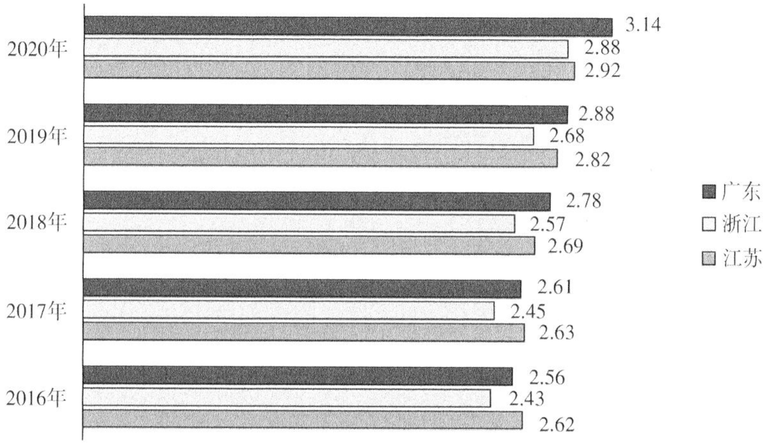

图 3-12　2016—2020 年江苏、浙江与广东研发投入强度比较（%）

从研发投入的绝对值看（见表 3-14、表 3-15），无论是 R&D 人员全时当量还是 R&D 经费，江苏始终高于浙江，但被广东所超越。自主创新能力会受到研发投入水平的直接影响，研发投入能够扩大企业知识基础，强化吸收能力。研发强度对绩效具有正相关关系，研发经费与研发人员的投入都积极地促进了技术创新，人员和经费是企业开展创新活动的基础和关键，拥有的人力、物力等资源对开展研发活动、提升创新绩效存在显著正向影响。根据国家统计局、科学技术部和财政部联合发布的《2020 年全国科技经费投入统计公报》数据显示，2020 年我国研究与试验发展

（R&D）经费投入总量突破2.4万亿元，达到24393.1亿元，R&D经费投入再创新高，投入强度继续提高；延续了“十三五”以来2位数以上增长态势，但受新冠肺炎疫情等因素影响，增速较上年回落2.3个百分点。由于R&D经费增速比现价GDP增速快7.2个百分点，R&D经费投入强度（与GDP之比）达到2.40%，比上年提高0.16个百分点，提升幅度创近11年来新高。2020年研发投入强度排名前6位且超过全国平均水平的省份分别为北京、上海、天津、广东、江苏和浙江。

表3-14　2016—2020年江苏、浙江与广东R&D人员全时当量比较（人·年）

	2016年	2017年	2018年	2019年	2020年
江苏	451885	455468	455530	508375	538781
浙江	321845	333646	394147	451752	480493
广东	423730	457342	621950	642490	700017

从江苏、浙江与广东的研发投入相对指标与绝对指标的对比情况看，江苏虽然持续保持研发创新投入，研发投入强度、R&D人员全时当量和R&D经费不断增长，且一直领先于浙江，但广东对研发投入的重视程度更高、投入更大，在与广东的比较中，江苏不占优势。

表3-15　2016—2020年江苏、浙江与广东R&D经费比较（亿元）

	2016年	2017年	2018年	2019年	2020年
江苏	2026.9	2260.1	2504.4	2779.5	3005.9
浙江	1130.6	1266.3	1445.7	1669.8	1859.9
广东	2035.1	2343.6	2704.7	3098.5	3479.9

图3-13展示了2016—2020年江苏与浙江、广东人均受教育年限的比较情况，可以发现在观察期内江苏的人均受教育年限一直处于三省第二的位置，高于浙江但低于广东。

图3-14展示了2016—2020年江苏与浙江、广东城镇化率的比较情况，可以发现在观察期内江苏的城镇化率一直处于三省第二的位置，高于浙江但低于广东，与广东的差距在逐步减小。城镇化进程在空间形态上呈现出

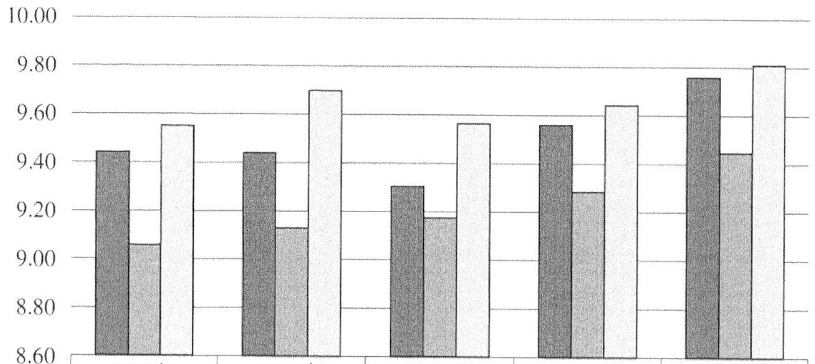

	2016年	2017年	2018年	2019年	2020年
江苏	9.44	9.44	9.30	9.56	9.76
浙江	9.06	9.13	9.17	9.28	9.45
广东	9.55	9.70	9.56	9.64	9.81

图 3-13　2016—2020 年江苏、浙江与广东人均受教育年限比较（年）

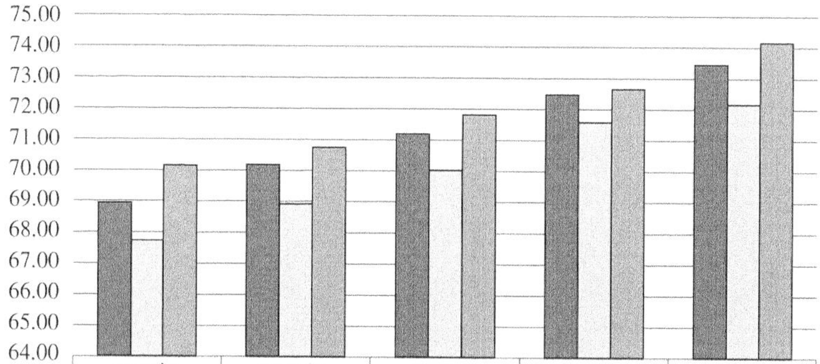

	2016年	2017年	2018年	2019年	2020年
江苏	68.93	70.18	71.19	72.47	73.44
浙江	67.72	68.91	70.02	71.58	72.17
广东	70.15	70.74	71.81	72.65	74.15

图 3-14　2016—2020 年江苏、浙江与广东城镇化率比较（%）

序贯增长与城市群发展特征，究其原因有以下几个方面。第一，早期经济集聚效应的持续释放会使得大城市优先发展的效率更高，而随着大城市最优规模临近，中小城市与大城市协同发展的空间效率会更高。第二，对于集聚经济而言，并非所有产业之间都会产生较大的集聚效益，即明显的协同效应只会在部分产业之间出现，非相关产业并不过分依赖既有产业存在；当集聚经济成本过高时，该类非相关产业会率先搬离核心集聚区。第三，经济集聚会加剧企业对劳动、土地等区域性资源的同质化需求竞争，导致该类生产要素成本的快速上升（如土地价格），并需支付过高的因空间垄断而产生的各种费用（如物业成本），这将不断吞噬经济集聚所带来的正收益。第四，适度集聚会有效降低公共物品分担成本，但过度集聚带来的“消费拥挤”会导致公共物品消费越过非竞争性边界，降低区域内消费者效用水平，并且公共物品供给成本也会因区域内生产要素的过度竞争而上升。第五，基本的多样化需求（如学校、医院、商场等）可以在某单一区域通过企业空间垄断竞争实现有效的供需循环，即基本需求的供需循环存在一个最小空间单元，这就使得搬离核心集聚区不会对效用水平造成较大影响。第六，交通、通信设施的完善松弛了运输成本约束，但各产业对核心市场的依附又使得其需尽可能靠近大城市；协同效应较强的产业不断向同一城市集中，最终形成以大城市与周边小城市协同发展的城市群经济。

本章小结

高质量发展评价必须遵循基本要求和基本准则，高质量发展评价原则是发展评价规律的反映。评价的含义是“认识现状、将实际与理想状态进行对比找出差异和不足、改进现状”，通过将事物“现状”与“理想状态”进行对比来明确价值从而得出评价结论。通过评价反复不断改进被评价事物，使其逐步达到理想状态，是评价工作的总体思路。在此基础上，提出了“导向性与牵引性相结合、科学性与系统性相结合、综合性与差异性相结合、通用性与简洁性相结合、可行性与可比性相结合”的“五结合”江苏高质量发展评价基本原则，并提炼了“速度与质量统一、效能与效益统一、效率与公平统一、发展与生态统一”的“四统一”江苏高质量发展评价价值标准。通过可定义的、可考核的、可对比的高质量发展评价量化标准研究，并进一步对比分析江苏与全国及先进省份在各项量化标准上的表现差异，从而清晰地勾画江苏发展质量概况，并为后续章节开展江苏高质量发展评价奠定基础。

第四章

江苏高质量发展的评价指标与管理机制

评价指标与管理机制研究是江苏高质量发展评价的重要组成部分，也是高质量发展评价的关键环节。站在江苏“十四五”时期发展的起点，立足新发展阶段高质量发展的实际情况，顺应大变局大变革大挑战新形势下高质量发展的新趋势，充分借鉴国内外先进地区评价指标的创新实践成果，围绕“争当表率、争做示范、走在前列”的总要求，以践行新发展理念为基本准则，以提高评价指标的科学性、牵引性为目的，以新发展绩效观为突破口，以守住风险防控安全发展为底线，对评价指标选取的依据与来源、指标设计的原则与构思、指标体系的内容与权重、指标管理的机制与监测等内容进行多维度、深层次、系统化研究。

第一节　指标选取的依据与来源

江苏高质量发展评价指标选取的依据重在能够体现发展的质量与效益，重在体现新发展理念在江苏的实践，以及安全发展为高质量发展提供的保障方面。数据来源既有政府层面的统计数据，也有公共领域的共享数据和课题组调研数据。

一、指标选取的依据

党的十九大作出我国经济已由高速增长阶段转向高质量发展阶段的科学论断，提出了“中国特色社会主义进入新时代，我国社会主要矛盾已经转化为人民日益增长的美好生活需要和不平衡不充分的发展之间的矛盾”①。我国经济已由高速增长阶段转向高质量发展阶段。高质量发展就是能够很好满足人民日益增长的美好生活需要的发展，是体现新发展理念的发展，是创新成为第一动力、协调成为内生特点、绿色成为普遍形态、开放成为必由之路、共享成为根本目的发展。其显著特征是：从关注经济规模和增长过程，转向关注增长结果和增长效益；从关注经济增长一个维度，转向关注经济发展、社会公平、生态环境等多个维度；从片面重视高增长产业，转向关注产业协同发展、构建现代化产业体系；从关注经济增长的要素投入，转向关注要素生产率的提升和要素优化配置；从关注GDP，转向关注以人民为中心的各项制度安排和城乡区域之间的协调发展。由此可见，高质量发展是更充分更均衡的发展，并需在更高水平上实现供给和需求的动态平衡。

新发展理念是一个整体，坚持创新发展、协调发展、绿色发展、开放发展、共享发展和安全发展，要求我们必须完整把握、准确理解、全面落实，把新发展理念贯彻到经济社会发展全过程和各领域。为人民谋幸福、为民族谋复兴，是新发展理念的“根”和“魂”。完整、准确、全面理解和贯彻新发展理念，首要的就是坚持以人民为中心，坚持发展为了人民、发展依靠人民、发展成果由人民共享。在高质量发展评价指标构建过程中，一定要以新发展理念为指引，统筹创新、协调、绿色、开放、共享和安全发展。

创新是引领发展的第一动力。从 2015 年党的十八届五中全会提出“让创新贯穿党和国家一切工作”到 2017 年党的十九大报告明确提出“加快建设创新型国家”，充分表明了近年来国家对创新驱动力的重视程度更上一层楼。一个国家的创新能力对国家发展和国际地位提升起着至关重要的作用。在建立指标体系时应当考虑创新的多个维度，理论创新是所有创新的先导，是指引各项创新的思想源泉，具备充分的创新意识就会有不竭的创新动力；科技创新是最直接、最有力的“武器”，只有科技创新能力得到提高才能从理论创新走向实践创新，才有可能将科学技术转化为实实在在的生产力，进而把先进的科学知识转化为高技术产品。文化创新也不容忽视，我们追求的是全面的、综合的创新。

---

① 《党的十九大报告辅导读本》，北京·人民出版社，2017 年版，第 11 页。

协调是持续健康发展的内在要求。高质量发展进程中，经济系统各部分应互相适应、齐头并进，不应当存在掣肘或明显短板的情况。不同产业和不同地区的多维度、全方位的协调发展有利于创造积极良好的发展环境。党的十八届五中全会对协调发展进行了系统全面的阐述："重点促进城乡区域协调发展，促进经济社会协调发展，促进新型工业化、信息化、城镇化、农业现代化同步发展，在增强国家硬实力的同时注重提升国家软实力，不断增强发展整体性。"

绿色发展是可持续发展的普遍形态。绿色是自然的本色，绝不能因为要促进经济的快速发展就去肆意地改变大自然的原有色彩。早在党的十二大就将环境保护理念贯穿于政治报告始终，党的十九大也指出要全面建成小康社会，"必须树立和践行绿水青山就是金山银山的理念""形成绿色发展方式和生活方式"。因此在指标体系中应重点对绿色发展的各方面加以囊括，以充分体现生态文明的重要性。

开放是国家繁荣发展的必由之路。当今中国作为世界第二大经济体有实力也有责任充分参与世界经济的大潮，通过充分的开放来发现我国在经济发展方面存在的不足之处，进而为改革提供动力；通过一系列改革把我们的短板补齐、缩小与世界先进水平之间的差距，这样一来经济自然得到了发展，所以说经济对外开放与经济发展这两者之间存在着互相推进、互相正向影响的关系。回顾过去，党的十五大明确把对外开放作为我们的基本国策，开辟对外开放的新征程；党的十六大提出"引进来走出去"的战略性部署，这一系列举措都为我国打开了一扇更宽阔的与世界对话的窗口。人员流通、资金融通、贸易畅通及技术互通都是我国实行对外开放的具体体现，这些方面在本节的指标体系中也将有所体现。

共享是经济高质量发展的根本目的。党的十八届五中全会说明了共享与人民之间密不可分的关系。首先是全民共享，即努力缩小城乡、区域、行业收入差距，让全体人民都能享受到经济高质量发展的成果；其次是全面共享，这是就发展成果可享受的内容而言的；再次是共建共享，这是就经济高质量发展的实现途径而言的，即市场主体和社会力量都应积极参与建设；最后是渐进共享，这是就如何实现共享而言的。

安全发展是高质量发展的运筹维度。当今世界正经历百年未有之大变局，我们面临的安全问题内涵和外延比历史上任何时候都要丰富，时空领域比历史上任何时候都要宽广，内外因素比历史上任何时候都要复杂。防范化解各类风险隐患，积极应对外部环境和内部条件变化带来的冲击挑战，关键在于办好自己的事。这就要求我们必须把发展质量问题摆在更为突出的位置，着力提升发展质量和效益。坚持高质量发展主题，必须统筹发展与安全，坚持用能否有效捍卫利益检验发展成果，坚持用能否有效维护安全标定发展路径，在提高发展质量、增强国家综合实力和抵御风险能力的同时，实现经济行稳致远、社会和谐安定。

二、指标数据的来源

本研究的原始数据主要来源于2016—2021年《江苏统计年鉴》、13个设区市统计年鉴、江苏省和各设区市发布的《国民经济和社会发展统计公报》以及相关的统计局官网，部分数据来源于《中国统计年鉴》《劳动统计年鉴》《科技年鉴》《农业年鉴》《教育年鉴》等，极少部分数据来源于CEIC数据库和EPS数据库，省直有关部门提供的数据以及由课题组开展的问卷调查数据。

三、指标数据的处理

（一）缺失值处理

部分指标存在的少量缺失值，采用插补法处理；奇异值采用前后比对取两数均值的办法处理。

（二）标准化处理

在综合评价中指标应该是正向的、标准化的。所以，本研究先对获取到的数据进行正向化处理。在选取的指标中有正指标（指标值越大越好）和逆指标（指标值越小越好），所以需要对指标进行归一化处理。本研究采用功效系数法，设定基期各项指标值为0.6，对指标数据进行无量纲化处理。

1. 计算水平指数

正指标：

$$Z_i = \frac{x_i - \min x_i}{\max x_i - \min x_i} \times 0.4 + 0.6$$

逆指标：

$$Z_i = \frac{\max x_i - x_i}{\max x_i - \min x_i} \times 0.4 + 0.6$$

其中，x_i 为报告期原始值；$\max x_i$ 为最大值；$\min x_i$ 为最小值；Z_i 为各项评价指标的标准化值。

通过以上获得的权重以及无量纲化处理后的指标，采用线性加权法对江苏省整体的高质量发展进行评价。

2. 计算发展指数

先计算各指标年度间变动度。一般来说，对计量单位为"%"的指标，变动度取其增减百分点，变动度=本年数-上年数；其他指标变动度取其增长速度，变动度=本年数/上年数×100-100。当变动度出现奇异值时，用近3年平均变动度进行调整。再根据变动度计算各指标的发展指数。

正指标：

$$Z_i = \frac{x_i - \min x_i}{\max x_i - \min x_i} \times 0.4 + 0.6$$

逆指标：

$$Z_i = \frac{\max x_i - x_i}{\max x_i - \min x_i} \times 0.4 + 0.6$$

其中，x_i 为报告期原始值；$\max x_i$ 为最大值；$\min x_i$ 为最小值；Z_i 为各项评价指标的标准化值。

3. 计算综合指数

综合指数=水平指数×60%+发展指数×40%

4. 计算指标分值

指标分值=该指标综合指数×分值权重

（1）共性指标综合得分=Σ指标分值

（2）个性指标分值计算。按照个性指标的计分细则，逐项计算个性指标的考核得分，再按相应权重进行折算。

（3）加减分项分值计算。按照加减分项计分细则，计算各镇、园区的加减分分值。

（4）年度考核综合得分计算。年度考核综合得分=共性指标综合指数得分×80%+个性指标得分×20%+加（减）分分值。

需要说明的是，本研究将只对所研究区域的共性指标进行评价，个性指标和加减分项将不在本研究的评价范围之列。

第二节　指标设计的原则与构思

高质量发展以新发展理念为指导，是依靠科技进步提高生产效率从总量扩张向结构优化转变，实现内涵式的、集约式的、效率提升式的发展，主要包括创新发展、协调发展、绿色发展、开放发展、共享发展，其出发点和落脚点是人民的美好生活。对于如何科学评价各地发展状况、衡量各地发展绩效，习近平总书记曾明确指出："要改进考核方法手段，既看发展又看基础，既看显绩又看潜绩，把民生改善、社会进步、生态效益等指标和实绩作为重要考核内容，再也不能简单以国内生产总值增长率来论英雄了。"① 因此，高质量发展评价指标体系的设置必须体现高质量发展内涵，遵循"坚持对标国家、体现省情；坚持人民中心、服务群众；坚持创新思维、精准考量；坚持科学合理、简洁易行；坚持分类施策、综合评价；坚持安全持续、稳步推进"的原则，内在地反映出创新、协调、绿色、开放、共享五大发展理念和安全发展及其内在相互影响的逻辑关系，才能把各地经济社会发展情况考准、考实、考出成效。

一、指标选取的原则

（一）坚持对标国家、体现省情

江苏高质量发展评价指标体系既要充分体现新发展理念和中央要求，也要反映江苏省情实际和实现"强富美高"新目标的生动实践，凸显省情特点、明确重点任务、清晰职责分工，统一思想认识、凝聚智慧力量、明确工作导向，确保中央和省委省政府高质量发展决策部署得到全面贯彻落实并取得实效。

① 《习近平谈治国理政（第一卷）》，北京·外文出版社，2018 年版，第 419 页。

（二）坚持创新思维、精准考量

高质量发展涉及经济、社会、文化、生态等多个层面和领域，指标体系着重体现高质量发展新任务、新要求、新动力，围绕建设现代产业体系、三大攻坚战、乡村振兴等新任务选取指标，强化全面性、系统性、协调性要求，落实“质量第一、效益优先”发展新要求，体现前瞻性思考、战略性布局、整体性思路，确保高质量发展各项工作协调有序、相得益彰。

（三）坚持科学合理、简洁易行

选取的指标应具有较强的公认性、可用性和针对性，具备较为成熟的统计制度保障，使数据获取具有较好的延续性、可操作性。坚持指标数量适度、简明直观，减少考核难度，减轻基层负担。绝大多数指标选取结构、比重、强度和人均指标，更加关注发展高质量。坚持科学性、可比性和简洁性原则，评价结果便于与全国和兄弟省份相比较。同时通过分别计算水平指数和发展指数，既考虑到发展水平较高的地区，也兼顾到发展速度较快的地区，做到考核既奖优又奖勤。

（四）坚持分类施策、综合评价

指标选择兼顾普遍性和个性化要求，对设区市、县（市、区）和城区高质量发展采用有差异的指标体系，对设区市采用有差异的指标体系，对设区市、县（市、区）、城区设置基本架构相同、指标有所区别、数量有所不等的指标体系，充分体现各地差异化特点和分类考核的要求，体现高质量发展的普遍性和特殊性，客观评价各地高质量发展情况。

（五）坚持以人为本、服务群众

设置的指标突出群众的获得感、幸福感、安全感，让百姓对江苏高质量发展看得见、摸得着。在各指标体系中，反映公用设施、生活环境、就业收入、教育文化、健康养老等公共服务和民生保障类指标均占总指标数的一半以上，如居民人均可支配收入、常住人口城镇化率、空气优良天数比率、地表水达到或好于Ⅲ类水体比例、万人拥有卫生机构床位数、困难群众服务保障覆盖率、城乡居民基本养老保险保障水平等，促使各地落实以人民为中心的发展思想，切实解决好群众最关心最关注的事情。

（六）坚持安全持续、稳步推进

把安全发展贯穿江苏高质量发展各领域和全过程，牢牢守住“发展决不能以牺牲人的生命为代价”这条不可逾越的红线，推动高质量发展和高水平安全良性互动，把安全作为发展的前提，以人民安全为宗旨，把保护人民生命安全摆在首位，筑牢公共安全屏障，加强经济安全风险预警、防控机制和能力建设。在指标设置上，分别设置区域发展差异系数、政府性债务化解率、规模以上工业企业资产负债率、亿元 GDP 生产安全事故死亡率等指标，着力补齐短板、堵塞漏洞、消除隐患，着力抓重点、抓关键、抓薄弱环节，不断提高安全发展水平。

二、指标设定的标准

（一）数据选取标准

全省的高质量发展评价主要时间节点以 2016—2021 年 6 年数据为基准，以指数的形式展现；设区市的高质量发展评价主要时间节点为 2019—2020 年两年数据，以 2019 年数据为基准，主要测度发展速度，以 2020 年数据来测度发展水平。在数据选取标准上必须要本着数据真实，质量可靠，容易获取。本研究的水平测度和发展测度采用综合指数法与秩和比综合评价法结合的方式开展，最终的 RSR 值是水平指数 RSR 值与发展指数 RSR 值的结合。

（二）指标论证标准

指标的论证标准主要体现在以下几个方面：一是导向鲜明。对推动和服务全省高质量发展、加强党的建设具有导向性、引领性、支撑性作用。二是合规合理。有文件明确规定及省委省政府主要领导明确批示同意的考核事项。三是明确具体。原则上实行量化评价，不能量化的，需要提出明确可操作的实绩评价标准、完成进度要求、考核方式方法，实现计分级差标准化。四是能够进行过程管理。指标可以开展平时考核，做到半年评估或计分，并通过综合考核信息化平台进行数据采集、评价预警、情况反馈。

（三）指标运行标准

省考核牵头单位根据相关要求，分领域研究提出年度指标体系初步方案；组织考评专家对指标设置的必要性、科学性、合理性进行评估论证，提出保留、优化、退出的意见建议，形成指标评估报告；省考核牵头单位提请分管省领导，分领域召开联席会议，研究提出各领域指标体系建议方案；省考核办汇总各领域年度指标体系建议方案，采取适当方式充分征求意见建议；对建议方案作进一步修改完善后，提交省考核办主任会议审议，并按程序提请省考核委、省委常委会会议审定。年度指标的考核评价工作应当在翌年 2 月底前完成，确保整个过程运行顺畅，协调高效。

（四）指标修正标准

每年度在全省综合考核结束后，要组织专门力量，对平时考核出现较大偏差的指标，及时分析查找原因，提出科学合理的纠偏建议和防控措施。考核牵头责任单位在半年评估、年终考核结束后，及时反馈指标的考核结果、排名位次、短板弱项等内容，提出改进提升的意见建议。年度综合考核文件印发实施后，未经省考核办同意，不得擅自改变考核规则和计分口径，不得以内部文件、电话通知、口头答复等方式另行向被考核对象下发考核细则、计分要点、评分办法。

（五）指标退出标准

省考核办会同考核牵头单位，结合半年评估，对江苏推动高质量发展的指标体系和服务高质量发展指标体系以及高校高质量发展指标体系进行综合评估，通过专家评估论证和广泛征求意见，进行精简压缩、提炼优化。凡是不能体现牵引和服务高质量发展的指标建议去掉，凡是推动部门本身正常工作的指标建议去掉，凡是与条条考核重复且不简便易行的指标建议去掉，确保考核指标体现科学性、牵引性、导向性和可操作性。针对指标“分散”多“统管”少的管理弊端，建议优化指标形成机制，指标形成不再由责任单位提出，而是直接由牵头单位根据牵引导向高质量发展的要求，会同相关专家提出指标设计方案，经综合评估等程序，形成年度指标体系。

三、指标框架的构思

（一）指标体系框架

本研究在深刻理解高质量发展内涵的基础上，遵循指标选取原则，确立了“八个模块”为主的高质量发展指标体系，其中一级指标 24 个，二级指标 41 个，如图 4-1 所示。

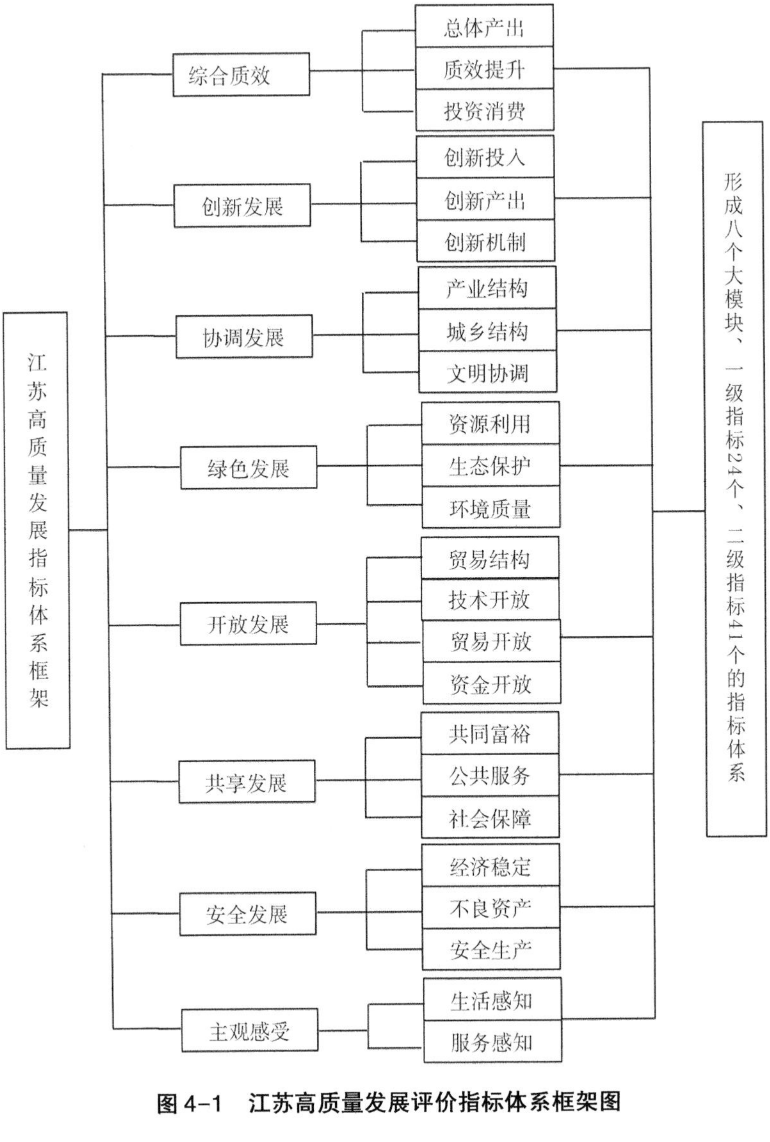

图 4-1　江苏高质量发展评价指标体系框架图

图 4-1 中的综合质效模块从总体产出、质效提升、投资消费三个方面进行考查；在创新发展模块，对创新投入、创新产出、创新机制三个方面进行考查，只有加大创新投入，优化创新机制，才能不断优化创新产出提

高成效；协调发展模块，主要从产业结构协调、城乡结构协调和文明协调三个方面进行考查；绿色发展模块，从资源利用、生态保护、环境质量三个方面进行考查，以开发利用保护为主导，既要合理利用自然资源并且注重生态环境保护，又要通过保护提升优化环境质量；在开放发展模块，主要从资金开放、贸易开放、贸易结构和技术开放四个方面进行考查，着力提高资金开放力度，推动贸易开放和共同繁荣发展，注重技术开放并积极引进国外先进技术，以开放谋发展；在共享发展模块，主要从共同富裕、公共服务、社会保障三个方面进行考查，坚持人民共享，提升公共服务水平，不断完善社会保障；在安全发展模块，主要从经济稳定、不良资产和安全生产三个方面进行考查，只有经济稳定，才能为高质量发展奠定基础，只有降低不良资产率，才能提升高质量发展的后劲，只有全社会的安全生产水平提高了，高质量发展的评价才能得到广大人民群众的认可；主观感受模块，主要从生活感知和服务感知两个方面进行考查，这一模块的数据来源为课题组通过发放问卷进行调研获取数据，主要从人民群众对教育的满意度、就业的满意度、收入的满意度、社会保障的满意度、医疗保险服务的满意度、生态环境的满意度、精神文化生活的满意度、社会安全的满意度和对当地推进经济社会高质量发展的满意度 9 个方面进行数据获取。

（二）指标体系构建思路

建设江苏高质量发展评价指标体系，要在不断总结过去几年实践经验的基础上，按照指标体系构建原则，探索研究一套具有江苏特点、地方特色的能够更加科学准确反映高质量发展的评价体系。

一是进一步增强指标体系的科学性。要深入贯彻新发展理念，推进国家治理体系和治理能力现代化，全面对接国家指标体系，有效落实国家对省级高质量发展绩效评价要求。研究设置更具高质量发展特征的指标，选取那些能够反映发展方式转变、经济结构优化、增长动力转换等方面的指标。

二是进一步增强考核指标的导向性。江苏的区域发展不均衡，苏南、苏中、苏北三大板块处于不同的发展阶段，发展目标和路径也不尽相同。对设区市考核，根据不同区域的基础条件、发展水平、特色优势、功能定位等，探索分类考核。对省级机关单位考核，根据职能职责和承担重点任务情况，差异化设置考核内容。对省属企业，针对行业分布跨度大、体量规模差距大、发展阶段差异大等实际情况，结合企业主责主业和功能定位，完善差异化指标设置。对省属高校考核，统筹考虑办学类型、发展层次、学科特色等因素，进一步细化高校分类、指标设置和权重分配。

三是进一步强化数据质量把控。要建立健全统计制度方法，细化指标的具体内涵、统计口径和计算方法，科学制定数据质量控制办法，规范数据采集、审核、认定程序，确保指标体系的权威性和公正性。例如，为促进稳外资工作，在现有“实际使用外资占全省 GDP 比重”的基础上，研究吸收“跨境电商交易额增长速度”的可行性。再如，在绿色发展模块，对“单位工业能耗产值、单位建设用地产值、空气质量优良天数比率、地表水达到或好于Ⅲ类水体比例”等指标进行优化调整。

（三）指标框架的说明

在考评指标的设置上，要突出关键核心指标，选择最具代表性的综合性、典型性、约束性指标，做到少而精、重点突出，操作简便易行。通过指标设置，既要提出高质量发展的目标要求，更要指明推动高质量发展的方法路径，绘出“路线图”“施工图”，让“干什么”“谁来干”“怎么干”更清晰、更精准，以可操作、可衡量、可检验的具体要求，引导各地、各部门精准制导、集中发力。2018 年以来，全省以及省外其他地区在建立高质量发展综合考核指标体系方面进行了有益探索，形成可借鉴的经验做法。本研究认为高质量发展考核评价体系应该包括以下五类指标。

一是注重经济结构优化，助推产业转型升级。高质量发展是习近平新时代中国特色社会主义经济思想的重要内容，主要体现在高质量的供给、高质量的需求、高质量的投入产出、高质量的收入分配和高质量的经济循环，其中一个重要判断标准是结构优化的程度，也就是能否实现从“有没有”向“好不好”的转变。这就要求把准高质量发展的主攻方向，紧紧围绕促进经济结构优化升级设置指标。为此，在指标设置过程中，制造业增加值占 GDP 比重、民间投资占固定资产投资比重、数字经济核心产值增加值占 GDP 比重、文化产业增加值占 GDP 比重，以及衡量城乡结构、区域结构指标的内容要作为重点指标进行设置。通过这些指标设置，着力引导各地推进经济结构战略性调整和经济转型升级，优化产业结构、城乡结构、区域结构、要素投入结构，引导企业全面提升劳动效率、资本效率、资源效率和环境效率，推动经济从规模扩张向质量提升转变，为经济高质量发展注入新动力。

二是注重创新驱动发展，增强发展质量效益。创新是引领发展的第一动力，抓创新就是抓发展，谋创新就是谋未来。在指标设置过程中，课题组紧紧围绕大力实施创新驱动战略设置指标，在创新投入方面，设置百万人口高层次人才占比、规上企业 R&D 经费占主营业务收入比重指标；在创新产出方面，设置每万常住人口拥有授权发明专利量、技术合同成交额占 GDP 比重两项指标；在创新机制方面，设置高新技术产业投资占比和科研人员占总就业人数比重等指标。通过这样的指标设置，进一步强化创新驱动发展的鲜明导向，将各方面注意力和关注点引导到依靠科技进步提高发展的质量效益上来，以科技创新引领全面创新，加快新产业、新模式和新业态的发展，最大限度释放全社会创新创业创造动能，激发各类市场主体创新活力，增强经济发展内生动力，从依靠要素驱动转向依靠创新驱动。

三是注重群众生活质量，提高群众幸福指数。进入新时代，我国社会主要矛盾已经转化为人民日益增长的美好生活需求和不平衡不充分的发展之间的矛盾。紧紧围绕坚持在发展中保障和改善民生、不断满足人民日益增长的美好生活需要设置指标。一方面，重点考核评价城乡居民人均可支配收入、城镇调查失业率、万人拥有卫生机构床位数、困难群众服务保障覆盖率、城乡居民基本养老保险保障水平等内容；另一方面，重点考核评价单位工业能耗产值、空气优良天数比率等指标，主要体现绿色发展和生态环境质量改善，能够反映经济与环境协调发展的内容。通过这样的指标设置，引导各地牢固树立以人民为中心的发展思想，在加快经济发展的同时，更加注重改善民生和发展社会事业，持续改善生态环境质量，切实解决人民群众关心关注的难点热点问题，有效保障人民群众日益增长的多样化多层次需求，让经济发展的成果更多更公平地惠及全体人民，真正实现民生改善和经济发展的良性循环。

四是注重关键任务落实，激励干部担当作为。聚焦党中央重大决策部署和省委、省政府重点任务，突出对打好重大任务攻坚战、约束性指标任务的评价。加强生态环境综合治理，打好污染防治攻坚战，抓好农业生产，促进乡村全面振兴；推进区域协调发展和新型城镇化等，是党中央作出的重大决策，是推动高质量发展的底线性、本质性要求，是全面建设社会主义现代化必须跨越的关口。本研究紧紧围绕中央和省委的部署要求，设置污染防治考核评价指标、城乡结构指标、共同富裕指标等，以硬指标落实硬任务，确保关键任务不折不扣完成，以严格的问责倒逼责任落实，切实增强各级领导班子和领导干部推动科学发展、转型发展、高质量发展的责任意识和担当意识。

五是注重安全稳定发展，提升安全治理水平。打好防范化解重大风险攻坚战，牢固树立生命安全高于一切，安全生产责重如山的安全发展观，引导广大党员干部充分认识当前防风险、保安全、护稳定的压力，从严从实抓好安全生产各项工作，坚决守住安全生产底线。课题组创新性设置安全发展模块，把经济稳定、不良资产、安全生产作为一级指标，分别设置区域发展差异系数、政府性债务化解率、规模以上工业企业资产负债率、亿元 GDP 生产安全事故死亡率等二级指标，坚持以评价防患于未然，织牢安全防控网，提升各地安全生产履职能力，提高安全生产治理水平。

第三节　指标体系的内容与权重

江苏高质量发展评价指标体系的内容主要由“八个模块”组成，每个模块下面设置一级指标和二级指标，指标权重根据 AHP 层次分析法求出。

一、指标体系内容

江苏高质量发展评价指标体系由 8 个领域构成，分别是综合质效、创新发展、协调发展、绿色发展、开放发展、共享发展、安全发展和主观感受等。

（一）综合质效评价指标

综合质效领域下设置总体产出、质效提升和投资消费 3 个一级指标来衡量全省高质量发展的综合状况。总体产出下设人均 GDP 和制造业增加值占 GDP 比重两个指标，人均 GDP 主要衡量全省常住人口的创造财富能力，要提高人均 GDP 就必须生产高附加值的产品，必须处于产业链高端，也就是必须注重高质量发展；制造业增加值占 GDP 比重主要衡量全省制造业的增加情况，从制造业的发展水平方面来衡量全省制造业的发展状况。质效提升下设税收收入占一般公共预算收入比重和全员劳动生产率两个指标。税收收入占一般公共预算收入比重是衡量地方财政收入质量高低的一项重要指标，可以清晰地折射出一个地区经济发展的走向与态势；全员劳动生产率主要是衡量一定时期内全省地区生产总值与同期全省平均就业人员的比例，是实现更高质量、更有效率、更加公平、更可持续、更为安全发展的必备条件。投资消费下设民间投资占固定资产投资比重和社会消费品零售总额与 GDP 比重。民间投资占固定资产投资比重主要用于衡量民间资本对促进就业、转变经济发展方式、调整经济结构、适应经济新常态等的贡献度和活跃度；社会消费品零售总额与 GDP 比重主要用于衡量全省零售市场变动情况，用于反映全省的经济景气程度。见表 4-1。

表 4-1　综合质效指标

一级指标	二级指标	单位	属性	数据来源
总体产出	人均 GDP	元	正向	统计局
	制造业增加值占 GDP 比重	%	正向	统计局
质效提升	税收收入占一般公共预算收入比重	%	正向	财政局
	全员劳动生产率	元	正向	统计局
投资消费	民间投资占固定资产投资比重	%	正向	统计局
	社会消费品零售总额与 GDP 的比值	%	正向	统计局

（二）六个发展评价指标

1. 创新发展评价指标

创新发展属于高质量发展的重点内容，在创新发展领域下设置创新投入、创新产出、创新机制三个一级指标。创新投入下设百万人口高层次人才占比、规上工业 R&D 经费占主营业务收入比重两个二级指标。百万人口高层次人才占比用于衡量人才在创新投入中的强度；规上企业 R&D 经费占主营业务收入比重用于衡量企业研发经费的投入强度。创新产出下设每万常住人口拥有授权发明专利量和技术合同成交额占 GDP 比重两个二级指标。每万常住人口拥有授权发明专利量用于衡量创新活力及创新潜力；技术合同成交额用于衡量创新效果。创新机制下设高新技术产业投资占比和科研人员占总就业人员比重两个指标。高新技术产业投资占比用于衡量全社会投资的质量；科研人员占总就业人员比重重在衡量就业人员的科技含量水平。见表 4-2。

表 4-2　创新发展指标

一级指标	二级指标	单位	属性	数据来源
创新投入	百万人口高层次人才占比	%	正向	组织部
	规上企业 R&D 经费占主营业务收入比重	%	正向	统计局
创新产出	每万常住人口拥有授权发明专利量	%	正向	统计局
	技术合同成交额占 GDP 比重	%	正向	科技厅
创新机制	高新技术产业投资占比	%	正向	科技厅
	科研人员占总就业人员比重	%	正向	统计局、科技厅

2. 协调发展评价指标

协调发展是高质量发展的中心环节，在协调发展领域下设置产业结构、城乡结构、文明协调三个一级指标。产业结构下设产业结构偏离度、数字经济核心产值增加值占 GDP 比重两个二级指标。产业结构偏离度用于衡量就业结构与产值结构偏离程度的结构协调情况；数字经济核心产值增加值占 GDP 比重用于衡量公平与效率更加统一的新经济形态在 GDP 中的占比。城乡结构下设常住人口城镇化率一个二级指标。常住人口城镇化率用以衡量城乡融合发展程度。文明协调下设文化产业增加值占 GDP 比重、社会文明程度指数两个二级指标。文化产业增加值占 GDP 比重用以衡量文明协调效果；社会文明程度指数用以衡量文明协调发展动力。见表 4-3。

表 4-3　协调发展指标

一级指标	二级指标	单位	属性	数据来源
产业结构	产业结构偏离度	—	逆向	统计局
	数字经济核心产值增加值占 GDP 比重	%	正向	统计局

续表

一级指标	二级指标	单位	属性	数据来源
城乡结构	常住人口城镇化率	%	正向	统计局
文明协调	文化产业增加值占 GDP 比重	%	正向	统计局
	社会文明程度指数	%	正向	省委宣传部

3. 绿色发展评价指标

绿色发展在高质量发展中起着重要的推动作用，在绿色发展领域下设置资源利用、生态保护、环境质量三个一级指标。资源利用下设单位工业能耗产值、单位建设用地产值两个二级指标。单位工业能耗产值用以衡量工业对于资源的消耗；单位建设用地产值用以衡量用地开发的效率。生态保护下设林木覆盖率、环境污染治理投入占 GDP 比重两个二级指标。林木覆盖率用以衡量森林资源丰富程度和绿化程度；环境污染治理投入占 GDP 比重用以衡量对环境污染的重视程度。环境质量下设空气优良天数比率、地表水达到或好于Ⅲ类水体比例两个二级指标。空气优良天数比率用以衡量绿色发展潜力；地表水达到或好于Ⅲ类水体比例用以衡量绿色发展效果。见表 4-4。

表 4-4　绿色发展指标

一级指标	二级指标	单位	属性	数据来源
资源利用	单位工业能耗产值	元/千瓦时	正向	统计局
	单位建设用地产值	万元/平方千米	正向	生态环境厅
生态保护	林木覆盖率	%	正向	林业局
	环境污染治理投入占 GDP 比重	%	正向	生态环境厅
环境质量	空气优良天数比率	%	正向	生态环境厅
	地表水达到或好于Ⅲ类水体比例	%	正向	生态环境厅

4. 开放发展评价指标

开放发展是高质量发展不可或缺的重要组成部分，在开放发展领域下设置资金开放、贸易开放、贸易结构、技术开放四个一级指标。资金开放下设实际使用外资占 GDP 比重一个二级指标。实际使用外资占 GDP 比重用以衡量开放发展动力。贸易开放下设人均进出口总额、跨境电商交易额增长速度两个二级指标。人均进出口总额用以衡量贸易开放发展效果；跨境电商交易额增长速度用以衡量开放发展的活力。贸易结构下设一般贸易进出口额占比，用以衡量进口和出口的结构情况。技术开放下设知识产权使用费用进出口金额指标，用以衡量中国的知识产权价值以及国际竞争力。见表 4-5。

表 4-5　开放发展指标

一级指标	二级指标	单位	属性	数据来源
资金开放	实际使用外资占 GDP 比重	%	正向	商务厅
贸易开放	人均进出口总额	美元	正向	商务厅
	跨境电商交易额增长速度	%	正向	商务厅
贸易结构	一般贸易进出口额占比	%	正向	商务厅
技术开放	知识产权使用费用进出口金额	万元	正向	市场局

5. 共享发展评价指标

共享发展是高质量发展的最终归宿，在共享发展领域下设置共同富裕、公共服务和社会保障三个一级指标。共同富裕下设居民人均可支配收入、城乡居民人均可支配收入之比和居民恩格尔系数三个二级指标。居民人均可支配收入用于衡量居民的可支配收入水平；城乡居民人均可支配收入之比主要用于衡量共同富裕程度；居民恩格尔系数则用于衡量居民的日常生活消费水平情况。公共服务下设万人拥有卫生机构床位数和困难群众服务保障覆盖率二个二级指标。万人拥有卫生机构床位数用于衡量地区对居民看病问题的医疗硬件的保障水平；困难群众服务保障覆盖率用于衡量保障困难群众的政策贯彻落实状况。社会保障下设城乡居民基本养老保险保障水平和城镇调查失业率二个二级指标。城乡居民基本养老保险保障水平用于衡量社会保障的效果；城镇调查失业率用于衡量劳动力市场情况。见表 4-6。

表 4-6　共享发展指标

一级指标	二级指标	单位	属性	数据来源
共同富裕	居民人均可支配收入	元	正向	统计局
	城乡居民人均可支配收入之比	—	逆向	统计局
	居民恩格尔系数	%	逆向	统计局
公共服务	万人拥有卫生机构床位数	张	正向	统计局
	困难群众服务保障覆盖率	%	正向	民政厅
社会保障	城乡居民基本养老保险保障水平	元	正向	统计局
	城镇调查失业率	%	逆向	统计局

6. 安全发展评价指标

安全发展是高质量发展的前提和保障，在安全发展领域下设置经济稳定、不良资产和安全生产三个一级指标。经济稳定下设区域发展差异系数一个二级指标，这一指标主要用于衡量各地区经济发展水平（人均国内生产总值）的差异情况。不良资产下设政府性债务化解率和规模以上工业企业资产负债率两个二级指标。政府性债务化解率主要衡量各地政府在化解债务方面的努力结果情况；规模以上工业企业资产负债率主要用来衡量规模以上工业企业利用债权人提供资金进行经营活动的能力，以及反映债权人发放贷款的安全程度。安全生产下设亿元 GDP 生产安全事故死亡率一个二级指标，主要用于衡量被考核年度地区亿元 GDP 生产安全事故死亡情况。见表 4-7。

表 4-7　安全发展指标

一级指标	二级指标	单位	属性	数据来源
经济稳定	区域发展差异系数	—	逆向	统计局
不良资产	政府性债务化解率	%	正向	财政厅
	规模以上工业企业资产负债率	%	逆向	统计局
安全生产	亿元 GDP 生产安全事故死亡率	%	逆向	应急管理厅

（三）主观感受评价指标

主观感受领域下设置生活感知和服务感知两个一级指标来衡量地区高

质量发展情况在当地居民心中的内在体验状况。生活感知下设群众生活环境满意度一个指标，群众生活环境满意度主要衡量地区居民对自己所生活的周边环境满意程度，群众对当地人居环境的感受是最直接的，也是生活感知的重要方面，能够反映当地高质量发展状况。服务感知下设基本公共服务满意度一个指标，主要用于衡量政府提供的各项服务民生项目实施情况。这些指标能够对各地高质量发展的成效起到一定的印证和促进作用，见表4-8。

表4-8 主观感受指标

一级指标	二级指标	单位	属性	数据来源
生活感知	群众生活环境满意度	分	正向	数据平台
服务感知	基本公共服务满意度	分	正向	数据平台

二、指标权重赋值

多指标综合评价是运用多个指标对多个参评单位进行评价的方法，主要是将多个指标按照一定的权重综合后转化为一个能够反映综合情况的指标，各个指标的权重确定方法有主观赋值法和客观赋值法，主观赋值法依据评价者主观意愿决定权重，如层次分析法、德尔菲法、模糊评价法等，客观赋值法则是依据客观数据信息来确定权重，如熵值法、主成分分析法、数据包络分析法等。其中，熵值法主要是通过对指标的原始数据测算来判断某一个现象（或者指标信息）的随机性、无序程度，并以此为基础确定该指标对于整体综合评价的影响程度。由于该方法是利用评价指标的固有信息来判别指标的效用价值，在一定程度上避免了主观因素带来的偏差。遵循客观性原则，本研究将采用层次分析法（AHP 法）确定各指标的权重。

（一）标度确定和构造判断矩阵（AHP 法）

AHP 法是一种有层次、全面系统的分析方法。该方法是一个把问题分解的过程，通过分析复杂问题的本质或要发生的总目标，找到影响目标发生的关键影响因素，并根据这些因素的相关或隶属关系，按照不同的层次进行归类组合，最终构建一个具有多层次的分析结构模型。将问题转化为低层级因素对高层级目标影响的重要程度的确定和排序，并通过两两比较判断将每一层因素的相对重要程度量化。依照“AHP 评价尺度”对江苏高质量发展下的八大模块以及八大模块对应下的一级指标、二级指标列出各指标间相对重要性的标定值矩阵。见表 4-9。

表 4-9　AHP 评价尺度

成对比较标准	含义	主要内容
1	同等重要	两个指标具有同等重要性
3	比较重要	其中一个指标比另一个指标重要
5	十分重要	强烈倾向于某一指标
7	绝对重要	一个指标具有强于另一个指标的最大可能
2、4、6、8		用于上述标准之间的折中值

根据图 4-1 的指标体系框架图，结合评价尺度，得出指标排列矩阵如下。其中，表 4-10 是针对江苏高质量发展目标层的变量层综合质效、创新发展、协调发展、绿色发展、开放发展、共享发展、安全发展和主观感受排列矩阵；同样可以列出针对上述八个变量层“综合质效”“创新发展”“协调发展”“绿色发展”“开放发展”“共享发展”“安全发展”“主观感受”的第三层变量层和第四层变量层的排列矩阵。

表 4-10　江苏高质量发展层目标的变量层（“八个模块”层）排列矩阵

模块（B）	综合质效	创新发展	协调发展	绿色发展	开放发展	共享发展	安全发展	主观感受
综合质效	1	1. 25	1. 82	1. 43	1. 82	1. 43	2. 22	3. 33
创新发展	0. 8	1	1. 37	1. 08	1. 37	1. 08	1. 67	2. 5
协调发展	0. 55	0. 73	1	0. 79	1	0. 79	1. 22	1. 82
绿色发展	0. 7	0. 93	1. 27	1	1. 27	1	1. 56	2. 33
开放发展	0. 55	0. 73	1	0. 79	1	0. 79	1. 22	1. 82
共享发展	0. 7	0. 93	1. 27	1	1. 27	1	1. 56	2. 33
安全发展	0. 45	0. 6	0. 82	0. 64	0. 82	0. 64	1	1. 49
主观感受	0. 3	0. 4	0. 55	0. 43	0. 55	0. 43	0. 67	1

（二）一致性检验分析

依据表 4-10 判断矩阵，运用 AHP 中的权重计算方法，求出各判断矩阵变量权重和 CR 值，根据图 4-2 的 AHP 方法给定的指标权重流程图进行各层一致性检验，如果 CR 一致性的值<0. 1，则通过一致性检验，否则重新构建判断矩阵。

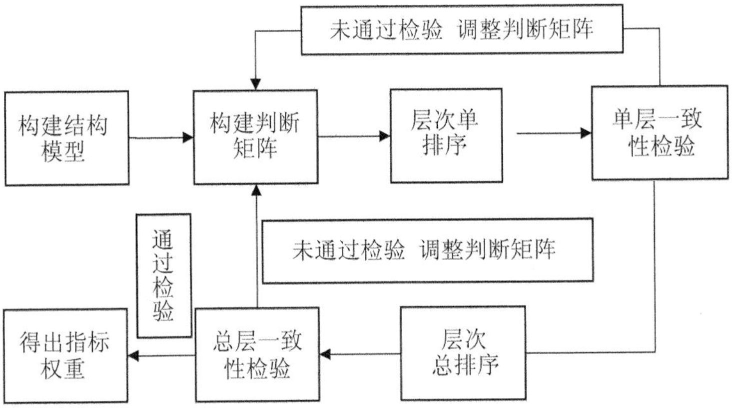

图 4-2　AHP 方法计算指标权重流程

表 4-11　AHP 层次分析结果

项	特征向量	权重值	最大特征根	CI 值
综合质效	1. 68	0. 20	8. 0004	0. 0001
创新发展	1. 288	0. 15		
协调发展	0. 93	0. 11		
绿色发展	1. 18	0. 14		
开放发展	0. 93	0. 11		
共享发展	1. 18	0. 14		
安全发展	0. 76	0. 09		
主观感受	0. 51	0. 06		

层次分析法（方根法）的权重计算结果显示，综合质效的权重得分为 0. 20，创新发展的权重得分为 0. 15，协调发展的权重得分为 0. 11，绿色发展的权重得分为 0. 14，开放发展的权重得分为 0. 11，共享发展的权重得分

为0.14，安全发展的权重得分为0.09，主观感受的权重得分为0.06。见表4-11。

层次分析法的计算结果显示，最大特征根为8.0004，根据RI表查到对应的RI值为1.404，因此CR=CI/RI=0.0<0.1，通过一次性检验。见表4-12。

用同样的方法计算出一级指标和二级指标的权重，并进行一致性检验，形成表4-13的江苏高质量发展评价指标体系及权重。

表4-12　一致性检验结果

一致性检验结果				
最大特征根	CI值	RI值	CR值	一致性检验结果
8.0004	0.0001	1.404	0	通过

表4-13　江苏高质量发展评价指标体系及权重

领域	一级指标	序号	二级指标	单位	权重	属性	数据来源
综合质效（20%）	总体产出	1	人均GDP	元	5	正向	统计局
		2	制造业增加值占GDP比重	%	4	正向	统计局
	质效提升	3	税收收入占一般公共预算收入比重	%	4	正向	财政局
		4	全员劳动生产率	元	3	正向	统计局
	投资消费	5	民间投资占固定资产投资比重	%	2	正向	统计局
		6	社会消费品零售总额与GDP的比值	%	2	正向	统计局
创新发展（15%）	创新投入	7	百万人口高层次人才占比	%	3	正向	组织部
		8	规上企业R&D经费占主营业务收入比重	%	2	正向	统计局
	创新产出	9	每万常住人口拥有授权发明专利量	%	2	正向	统计局
		10	技术合同成交额占GDP比重	%	2	正向	科技厅
	创新机制	11	高新技术产业投资占比	%	3	正向	科技厅
		12	科研人员占总就业人员比重	%	3	正向	统计局、科技厅

续表

领域	一级指标	序号	二级指标	单位	权重	属性	数据来源
协调发展（11%）	产业结构	13	产业结构偏离度	—	2	逆向	统计局
		14	数字经济核心产值增加值占 GDP 比重	%	2	正向	统计局
	城乡结构	15	常住人口城镇化率	%	2	正向	统计局
	文明协调	16	文化产业增加值占 GDP 比重	%	3	正向	统计局
		17	社会文明程度指数	%	2	正向	宣传部
绿色发展（14%）	资源利用	18	单位工业能耗产值	元/千瓦时	3	正向	统计局
		19	单位建设用地产值	万元/平方千米	3	正向	生态环境厅
	生态保护	20	林木覆盖率	%	1	正向	林业局
		21	环境污染治理投入占 GDP 比重	%	2	正向	生态环境厅
	环境质量	22	空气优良天数比率	%	2	正向	生态环境厅
		23	地表水达到或好于Ⅲ类水体比例	%	3	正向	生态环境厅
开放发展（11%）	资金开放	24	实际使用外资占 GDP 比重	%	3	正向	商务厅
	贸易开放	25	人均进出口总额	美元	3	正向	商务厅
		26	跨境电商交易额增长速度	%	2	正向	商务厅
	贸易结构	27	一般贸易进出口额占比	%	1	正向	商务厅
	技术开放	28	知识产权使用费用进出口金额	万元	2	正向	市场局

续表

领域	一级指标	序号	二级指标	单位	权重	属性	数据来源
共享发展（14%）	共同富裕	29	居民人均可支配收入	元	2	正向	统计局
		30	城乡居民人均可支配收入之比	%	2	逆向	统计局
		31	居民恩格尔系数	—	2	逆向	统计局
	公共服务	32	万人拥有卫生机构床位数	张	2	正向	统计局
		33	困难群众服务保障覆盖率	%	2	正向	民政厅
	社会保障	34	城乡居民基本养老保险保障水平	元	2	正向	统计局
		35	城镇调查失业率	%	2	逆向	统计局
安全发展（9%）	经济稳定	36	区域发展差异系数	—	3	逆向	统计局
	不良资产	37	政府性债务化解率	%	2	正向	财政厅
		38	规模以上工业企业资产负债率	%	2	逆向	统计局
	安全生产	39	亿元GDP生产安全事故死亡率	%	2	逆向	应急管理厅
主观感受（6%）	生活感知	40	群众生活环境满意度	分	3	正向	数据平台
	服务感知	41	基本公共服务满意度	分	3	正向	数据平台

三、指标解释说明

人均GDP：指一定时期内地区生产总值与同期平均常住人口的比值。计算公式：人均GDP=GDP÷年平均常住人口。数据来源：省统计局。

制造业增加值占GDP比重：是指制造业增加值与地区GDP的比值。计算公式：制造业增加值占GDP比重=制造业增加值÷地区GDP×100%。数据来源：省统计局。

税收收入占一般公共预算收入比重：指一般公共预算收入中税收收入所占的比重。计算公式：税收收入占一般公共预算收入比重=税收收入÷一般公共预算收入×100%。数据来源：省财政局。

全员劳动生产率：指一定时期内平均每一个从业人员创造的生产活动最终成果。计算公式：全员劳动生产率＝GDP÷年平均全社会从业人员×100%。数据来源：省统计局。

民间投资占固定资产投资比重：指民间固定资产投资占固定资产投资（不含农户）的比重。其中，民间固定资产投资指具有集体、私营、个人性质的内资企事业单位以及由其控股的企业单位在我国境内建造或购置固定资产的投资。计算公式：民间投资占固定资产投资比重＝民间投资÷固定资产投资×100%。数据来源：省统计局。

社会消费品零售总额与 GDP 的比值：是指统计年度社会消费品零售总额与地区 GDP 的比值。计算公式：社会消费品零售总额与 GDP 之比＝社会消费品零售总额÷地区 GDP×100%。数据来源：省统计局。

百万人口高层次人才占比：是指每百万常住人口中高层次人才的拥有量。数据来源：省委组织部。

规上企业 R&D 经费占主营业务收入比重：是指规上企业投入的 R&D 经费与主营业务收入的比值。计算公式：规上企业 R&D 经费占主营业务收入比重＝R&D 经费投入量÷主营业务收入×100%。数据来源：省统计局。

每万常住人口拥有授权发明专利量：地区在统计年度授权发明专利数与同期常住人口的比例。计算公式：每万常住人口拥有授权发明专利量＝授权发明专利数×10000÷（常住人口数）。数据来源：省统计局。

技术合同成交额占 GDP 比重：指经登记认定的技术合同中所约定的合同金额与地区 GDP 之比。计算公式：技术合同成交额占 GDP 比重＝合同金额÷地区 GDP×100%。资料来源：省科技厅。

高新技术产业投资占比：指一定时期内该地区高技术产业投资占同期固定资产投资的比重。计算公式：高新技术产业投资占比＝高技术产业投资÷固定资产投资×100%。数据来源：省科技厅。

科研人员占总就业人员比重：指一定时期内该地区从事科学研究活动的人员数占同期本地区就业人员数的比例。计算公式：科研人员占比＝科研人员数÷就业人员数×100%。数据来源：省统计局、科技厅。

产业结构偏离度：是指各产业增加值的比重与相应的劳动力比重的差

异程度。计算公式：产业结构偏离度=GDP 的产业构成百分比÷就业的产业构成百分比-1。数据来源：省统计局。

数字经济核心产值增加值占 GDP 比重：是指通过大数据、云计算、物联网、区块链、人工智能、5G 通信等新兴技术形成的经济产值与地区 GDP 的比值。计算公式：数字经济核心产值增加值占 GDP 比重=数字经济产值÷地区 GDP×100%。数据来源：省统计局。

常住人口城镇化率：指一个地区城镇常住人口占该地区常住总人口的比重。计算公式：常住人口城镇化率=年末城镇常住人口÷年末常住总人口×100%。资料来源：省统计局。

文化产业增加值占 GDP 比重：是指地区在考评期内文化产业增加值与地区 GDP 的比值。计算公式：文化产业增加值占 GDP 比重=文化产业增加值÷地区 GDP×100%。资料来源：省统计局。

社会文明程度指数：反映一个地区公民文明素质和道德风尚建设的状况和水平。测评内容主要包括公共环境、公共秩序、公共服务、道德建设、文明风尚、人文关怀、社会治理等。由省社会文明程度测评指数反馈数值和市文明办得出的社会文明程度指数加权形成。资料来源：省委宣传部。

单位工业能耗产值：是指工业上每消耗 1 千瓦电能所产生的工业值。计算公式：单位工业能耗产值=工业产值÷工业用电量×100%。资料来源：省统计局。

单位建设用地产值：是指单位建设用地的 GDP 产出。计算公式：单位建设用地产值=GDP÷单位建设用地量×100%。资料来源：省生态环境厅。

林木覆盖率：是指行政区域内林木面积与土地总面积的百分比。计算公式：林木覆盖率=林木面积÷土地总面积×100%。资料来源：省林业局。

环境污染治理投入占 GDP 比重：是指在地区环境污染治理中投入的资金总额与地区生产总值的比值。计算公式：环境污染治理投入占 GDP 比重=治理环境污染投入÷地区 GDP 总量×100%。数据来源：省生态环境厅。

空气优良天数比率：是指县区及以上城市空气质量指数为 0~100 的天数占全年有效监测天数的百分比。根据《环境空气质量指数（AQI）技术规定（试行）》（HJ633—2012）规定：空气质量指数（AQI）划分为 0~

50、51~100、101~150、151~200、201~300和大于300六档，对应空气质量的六个级别，从一级优，二级良，三级轻度污染，四级中度污染，直至五级重度污染，六级严重污染。数据来源：省生态环境厅。

地表水达到或好于Ⅲ类水体比例：指地表水质达到Ⅰ、Ⅱ、Ⅲ类的断面数占断面总数的比例。计算公式：地表水达到或好于Ⅲ类水体比例=地表水质达到Ⅰ、Ⅱ、Ⅲ类的断面数÷地表水质断面总数。资料来源：省生态环境厅。

实际使用外资占GDP比重：是指本地区实际使用外资额占地区生产总值的份额。计算公式：实际使用外资占GDP比重=实际使用外资÷地区GDP总量×100%。数据来源：省商务厅。

人均进出口总额：是指本地区货物进出口额占地区常住人口的比值。计算公式=货物进出口额÷地区常住人口数。数据来源：省商务厅。

跨境电商交易额增长速度：是指地区跨境电商在评价年度相较于上一年的增长率。计算公式=（本年度跨境电商交易额-上一年度跨境电商交易额）÷上一年度跨境电商交易额×100%。数据来源：省商务厅。

一般贸易进出口额占比：是指一般贸易总额占进出口总额的比重。计算公式：一般贸易进出口额占比=一般贸易总额÷进出口总额×100%。数据来源：省商务厅。

知识产权使用费用进出口金额：是指一个地区引进或出口由专利、技术、管理、产品、设备等知识产权所产生的贸易额。数据来源：省市场监督管理局。

城乡居民人均可支配收入：是指反映居民家庭全部现金收入能用于安排家庭日常生活的那部分收入。它是家庭总收入扣除缴纳的所得税、个人缴纳的社会保障费用后的收入。计算公式：人均可支配收入=（家庭总收入-缴纳的所得税-个人缴纳的社会保障支出）/家庭人口。数据来源：省统计局。

城乡居民人均可支配收入之比：是指城镇居民人均可支配收入与农村居民人均可支配收入的比值。计算公式：城乡居民人均可支配收入之比=城镇居民人均可支配收入÷农村居民人均可支配收入。数据来源：省统计局。

居民恩格尔系数：是指居民家庭中用于购买食物的支出占消费总支出的比重。用于衡量居民家庭的富裕程度，用于购买食物的支出占比越高，富裕程度越低；用于购买食物的支出占比越低，富裕程度越高。计算公式：居民恩格尔系数=家庭用于购买食物的支出÷家庭消费总支出×100%。数据来源：省统计局。

万人拥有卫生机构床位数：是指每万常住人口拥有的卫生机构床位数量。计算公式：万人拥有卫生机构床位数=卫生机构床位数量×10000÷同期常住人口数量。数据来源：省统计局。

困难群众服务保障覆盖率：是指一个地区民政部门依职责负责服务保障的低保对象、困境儿童、困难残疾人以及高龄、经济困难的失能老年人四类人群按照相关政策要求的保障标准达标率和精准救助率。计算公式：困难群众服务保障覆盖率=已达标保障的困难群众数量÷应纳入保障的困难群众总数×100%。数据来源：省民政厅。

城乡居民基本养老保险保障水平：是指地区城镇和乡村居民基本养老保险保障的平均水平。计算公式：城乡居民基本养老保险保障水平=（城镇居民基本养老保险保障水平+乡村居民基本养老保险保障水平）÷2。数据来源：省统计局。

城镇调查失业率：是指城镇调查失业人数占城镇调查从业人数与城镇调查失业人数之和的比。计算公式：城镇调查失业率=城镇调查失业人数÷（城镇调查从业人数+城镇调查失业人数）×100%。数据来源：省统计局。

区域发展差异系数：是指各地区经济发展水平（人均国内生产总值）的差异系数。地区发展差异系数反映的是各地区之间发展差异情况，值越大，各地区之间发展差异程度越大，反之亦然。数据来源：省统计局。

政府性债务化解率：是指年末政府性债务化解额与当年政府债务余额（全口径）的比率，是衡量政府性债务风险化解情况的指标。年末政府性债务余额（全口径）包括年末政府性债务余额、政府负有偿还及担保责任的平台类单位债务余额等。政府债务是指地方政府依法纳入预算管理的债务，包括：发行地方政府债券；经清理甄别认定的截至2014年末非政府债券形式政府债务。连续两年政府性债务率小于100%，水平指数按100计算，当年政府性债务率小于120%，发展指数按100计算。计算公式：政府性债务化解率=年末政府性债务化解额÷当年政府债务余额×100%。数据来源：省财政厅。

规模以上工业企业资产负债率：是指年度内地区规模以上工业企业负债总额与该地区规模以上工业企业资产总额的比值。计算公式：政府性债务率=规上企业负债总额÷规上企业资产总额×100%。数据来源：省统计局。

亿元 GDP 生产安全事故死亡率：是指生产安全事故死亡人数与 GDP 之比。计算公式：亿元 GDP 生产安全事故死亡率=生产安全事故死亡人数÷GDP。数据来源：省应急管理厅。

群众生活环境满意度：为主观调查指标，通过每年年末对全省 13 个设区市的城乡居民随机开展网络问卷调查，了解公众对本地区生活环境的满意程度。

计算过程：首先对各个选项赋值，“非常满意”=95 分，“满意”=80 分，“一般（说不清）”=65 分，“不满意”=50 分，“非常不满意”=35 分；其次计算满意分值，算出 13 个设区市的群众生活环境满意度分值；采用功效系数法处理数据，找出 13 个设区市群众生活环境满意度的最大值和最小值，算出极差=（最大值-最小值），运用公式“生活环境满意度指数=（实际值-最小值）÷极差×0.4+0.6”，进行无量纲化处理，算出群众生活环境满意度指数。数据来源：根据相关数据企业的公共数据和江苏省有关调查的数据。

基本公共服务满意度：为主观调查指标，通过对全省 13 个设区市的城乡居民开展网络问卷调查，了解公众对政府提供的各类公共服务满意程度。

计算过程：首先对各个选项赋值，“非常满意”=95 分，“满意”=80 分，“一般（说不清）”=65 分，“不满意”=50 分，“非常不满意”=35 分；其次计算满意分值，算出 13 个设区市的基本公共服务满意度分值；采用功效系数法处理数据，找出 13 个设区市基本公共服务满意度的最大值和最小值，算出极差=（最大值-最小值），运用公式“基本公共服务满意度指数=（实际值-最小值）÷极差×0.4+0.6”，进行无量纲化处理，算出基本公共服务满意度指数。数据来源：根据相关数据企业的公共数据和江苏省有关调查的数据。

第四节　指标管理的机制与监测

江苏高质量发展评价指标管理的机制主要有指标的形成机制、指标体系的运行机制和指标的退出机制三个方面，指标的监测机制则由组织领导、工作制度、监测评价和成果运用等方面组成。

一、指标的形成机制

（一）指标的形成过程

1. 明确考核评价对象

目前江苏的年度综合考核评价对象主要有13个设区市推进高质量发展绩效评价考核、99家省级机关单位服务高质量发展考核、13个设区市和99家省级机关单位党的建设考核以及综合考核满意度评价等；73所省属高校高质量发展考核、党的建设考核、办学治学满意度评价、领导班子和领导人员考核等；33家省属企业高质量发展考核、党的建设考核、治企兴企满意度评价等。本研究主要侧重于13个设区市推进高质量发展绩效评价指标体系的论证科学性研究。

2. 明确考核评价目的

紧扣经济强、百姓富、环境美、社会文明程度高的建设目标，把各级干部干事创业的重心聚焦到贯彻新发展理念、构建新发展格局、推动高质量发展上来，聚焦到实现“争当表率、争做示范、走在前列”的各项重点任务上来，切实增强党政干部鼓励激励、容错纠错和能上能下“三项机制”的引领力和穿透力，激励各地集中精力办好自己的事，进一步浓厚比学赶超的好氛围。

3. 收集考核评价指标

对接“国评指标”，把对江苏发展具有推动性和引领性的指标纳入考核评价指标体系；统筹衔接江苏“十四五”规划目标，梳理省委、省政府重点工作部署，形成考核评价指标；结合各地发展特色，在组织专家调查研究和各地自行申报的基础上，形成个性考核评价指标。通过由上而下和由下而上的指标收集，最终形成江苏高质量发展考核评价指标集。

4. 表述考核评价指标

对每一个进入指标集的指标，要根据指标的基本要求，对其内涵作出精准解释，对指标的资料来源要明确责任单位，如果需要对计分规则进行说明的，则必须有明确的公式表述和计量单位，同时在表述的过程中要尽量减少内容歧义和指标信息重叠，最大限度地增加指标的独立性。

5. 论证考核评价指标

针对形成的高质量发展考核评价指标集，负责考核的牵头责任单位要组织相关人员开展可行性论证，就指标的数据可采集、可获得、可比较等特性进行论证；指标专家评估委员会召集相关专业人员开展专业性论证，运用专业化工具，对指标进行分析，提出指标的保留、优化和退出建议；此番论证结束后，即可进入由考核的组织部门牵头组织的规范化论证，针对指标的来源、标准等展开论证，对指标进行规范；政府常务会议可以根据领导班子成员分工情况对指标进行平衡把握，最后提交党委常委会进行决策论证。

6. 确定考核评价指标体系结构

对已经确定的考核评价指标，依据综合质效、创新、协调、绿色、开放、共享的新发展理念进行归类处理，明确指标层级和指标数目，运用层次分析法（AHP）、模糊综合评判法、灰色系统理论等确定指标权重，同时进一步明确指标数据来源的提供单位，形成高质量发展考核指标体系。

7. 考核评价指标体系的运用

考核评价指标体系形成后，需要在一定范围内进行测试，按照综合评价标准对整个指标体系进行分析、论证、检验并不断修改，最终在实际中加以运用。在此基础上，通过数学建模将多个评价指标体系形成的值“合成”为一个整体性的综合评价值。

8. 考核评价数据库形成和指标体系优化

在指标体系运用的基础上，建设江苏综合考核评价数据库，从而实现数据统一采集、统一储存，为进一步分析评价各地高质量发展提供数据支撑。同时，通过对指标体系中各个指标数据的分析，探究指标之间内在的相关性，对那些信息重叠严重的指标进行处理，优化指标体系，为新一轮的高质量发展考核评价打好基础。

（二）指标的科学论证流程

1. 论证专家构成

指标论证专家由三类人员组成。第一类是技术专家，由高等院校、统计部门等产生，需要具有相关专业知识，如统计、算法等，主要任务是技术咨询、数学建模；第二类是管理专家，由党委政府相关管理部门产生，主要负责宏观把握、实操管理等；第三类是评价专家，由高等院校、评价机构等产生，主要负责价值判断、分析论证等。这三类人员并不严格区分，专业、职责等相互之间会有所交叉，但同时都具有给指标赋予权重的权力，最终形成指标体系的权重。综合指标体系指标论证专家组成，如图4-3所示。

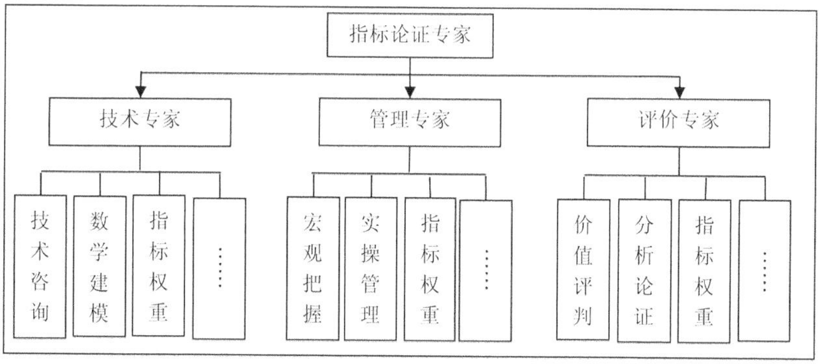

图4-3　指标体系指标论证专家组成

2. 论证方式

（1）可行性论证。省考核牵头单位会同考核责任单位分领域研究提出考核指标，形成指标体系，并对考核指标设置的必要性、数据易得性、可操作性和指标牵引性等方面进行第一轮可行性论证。这一阶段的流程主要是按照“谁申报、谁答辩”的原则进行，由提出指标申请的单位进行申报答辩；答辩人阐述指标设定的埋由、依据、具体内容及考核规则；由牵头责任单位组织专家进行问答，就考核指标的相关特性进行盲评和投票并形成评估结果，向省考核办提交牵头单位评估意见。

（2）专业性论证。由指标专家评估委员会对指标体系方案进行专业性论证，通过层次分析法（AHP）、病态指数循环分析法、Person 相关系数分析法等研究方法进行综合论证，并赋予权重作出实效性排序，提出指标的保留、优化、退出建议。

（3）规范性论证。由负责日常考核工作的综合考核办公室在前期可行性论证的基础上，对指标来源、指标提出的标准、指标产生的流程、指标产生的机制进行规范性论证。修正和剔除明显不符合年度重点目标任务的指标。对经过上述论证的指标体系提请分管省领导，召开各领域指标管理联席会议，形成指标建议方案。

（4）平衡性论证。由政府常务会议对指标体系方案进行平衡性论证，在前面三轮论证的基础上对指标体系进行平衡论证，分别就不同维度指标数量、不同指标权重、不同单位考核内容和各自的责任担当进行论证研究，形成建议方案。

（5）决策性论证。由考核办对前面四轮论证的建议方案进行归纳总结，并以此为依据统筹制订当年考核实施办法和若干配套实施方案，在充分征求各方面意见建议的基础上，提交党委常委会会议审议。主要论证指标涉及年度重点目标任务情况、指标牵引质量提升情况和指标激励与鞭策效应等内容。并在进一步修改完善的基础上，下发实施。综合指标体系的论证方式，如图 4-4 所示。

二、指标体系的运行机制

（一）指标体系运行的动力机制

良好的动力机制是确保一个指标评价体系运用的前提。在高质量发展评价指标体系的运用过程中，重点要从以下“三力”着手。

第一，高质量发展的原动力。只要在发展实践中牢固树立并贯彻落实新发展理念，江苏高质量发展就能在创新的引领下始终保持充沛动力，在协调的平衡机制作用下避免摇摆和波动，在绿色的发展约束下更可持续，在开放的推动下实现与世界的合作共赢，在共享的激励下不断朝着全体人民共同富裕目标前进，在安全的保障下更加健康稳定。

第二，国家高质量发展考核评价的推动力。充分发挥考核的评价、激

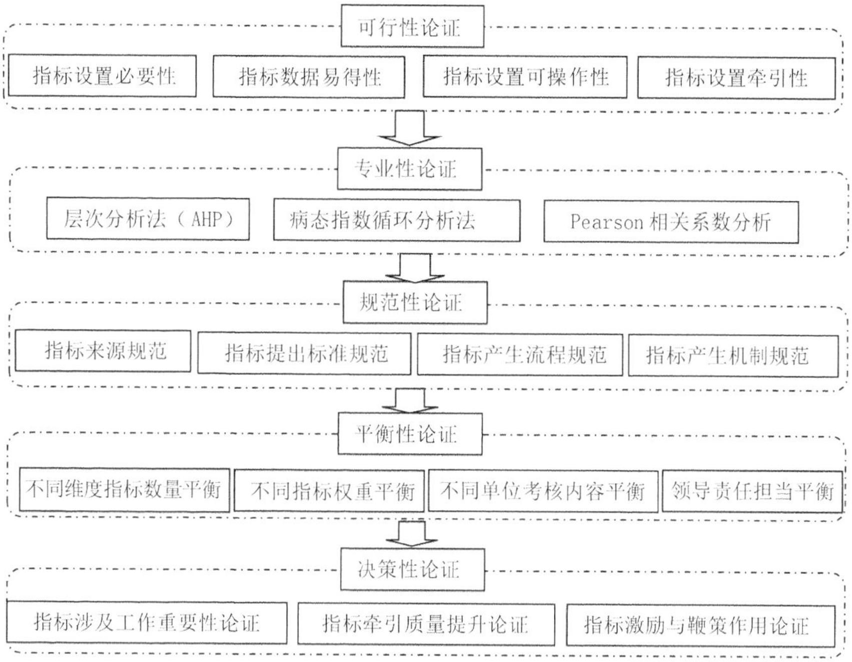

图 4-4　指标体系的论证方式

励、约束和导向作用，既要正确运用考核结果，落实好相应奖惩举措，又要结合其他考核全面、客观、动态掌握考核对象的实绩实效，把群众满意作为刚性要求和评判标尺，也要根据考核“体检”出的问题，有针对性地找原因、定措施、抓整改。如此，才能真正“考”出干事创业的精气神，“考”出勠力同心的正能量，“考”出高质量发展的加速度。

第三，人民群众对美好生活向往的牵引力。人民群众是社会的主体，在任何时候任何情况下，我们党都必须坚持群众路线，坚持全心全意为人民服务的宗旨，把实现人民群众的利益作为一切工作的出发点和归宿。人民对美好生活的向往，就是我们的奋斗目标。除此之外，我们党没有其他另外的目标。人民的要求和呼声，就是我们党执政为民的行动目标，也是高质量发展评价指标体系在实践运行中的最大牵引力。

（二）指标体系运行的联动机制

高质量发展评价是一项系统工程，需要多方协同开展。一是协同联动。要强化党委（党组）抓考核的主体责任，提升“省委考核委领导、考核办统筹、牵头单位推进、责任单位落实”的运行质效，充分发挥考核办“统”的职能和考核牵头、责任单位“分”的优势。健全考核工作调度制度，定期召开省委考核办联络员会议，及时交流工作进展、协调解决矛盾问题，确保考核重大任务、关键事项协同推进、落地见效。二是外部联动。要会同省内外相关科研院所、智库平台开展高质量发展指标评价体系专项课题研究，引导更多科研力量聚焦考核评价工作中遇到的难点堵点，协同开展研究。建立健全课题研究成果转化应用管理机制，形成研究成果转化清单。鼓励各地各单位围绕高质量发展的政绩考核，积极探索创新，努力形成一批精品成果。举办研究成果汇报交流会、理论研讨会，精选汇编优秀课题，推动调查研究工作常态化、制度化，从而提高高质量发展评价的针对性与实效性。三是上下联动。牵头责任单位要深入开展调查研究，对评价过程中发现的问题与不足要及时报请省考核办，提出具体的解决办法，为下一年度开展考核评价打好基础；被考核单位要根据考核评价情况实事求是反映指标体系运行过程中出现的问题，及时与牵头责任单位进行沟通，从而促进高质量发展考核评价健康稳定发展。

（三）指标体系运行约束机制

为保证高质量发展评价的效果，需要对整个评价过程进行约束。一是制度约束。要制定一系列的考核制度规定，除了每年出台“1+5”考核评价文件体系外，还要根据考核评价指标体系在实践中的运行情况，不断完善指标体系与实施办法，进而保障评价工作的顺利实施，保障评价结果的客观公正、真实有效。对于定量指标，主要采用依法依规采集整理的统计数据。省考核责任单位要建立健全科学完备的统计制度，确保纳入指标体系的数据及时、真实、可获得。定性指标，由省考核责任单位按照计分规则，结合日常督查、调研等了解掌握的情况，客观公正评分。二是压力约束。“驱使人们积极工作的力量来自三个方面：自身对目标追求产生的动力、外部激励产生的动力和约束产生的压力。”① 考核评价体系对干部起着重要的激励鞭策作用。紧紧围绕新时代新使命新要求建设考核评价体系，坚持党中央倡导什么、强调什么，我们就应当考核什么、评价什么，突出

① 侯光明、李存金：《现代管理激励与约束机制》，北京·高等教育出版社，2002 年版，第 57—58 页。

对党和国家的重大决策部署的落实情况和省委、省政府中心工作的考核，把考核评价的主要功能聚焦到推动各级领导班子和领导干部担当作为、促进发展上来。三是自我约束。省考核责任单位不得对下级单位要求层层配套开展考核任务，不得对下级单位考核指标分值设置提出硬性要求。省级机关单位不得在综合考核指标体系和年度督查检查考核计划外，自行设立以地方党委、政府为对象的考核事项。年度综合考核文件印发实施后，未经省考核办同意，不得擅自改变考核规则和计分口径，不得以内部文件、电话通知、口头答复等方式另行向被考核对象下发考核细则、计分要点、评分办法。

三、指标的退出机制

高质量发展评价指标体系中指标的退出需要经过指标评估、指标审核和建立退出指标库等程序，确保退出指标程序机制科学合理。

（一）退出指标评估

指标专家评估委员会对拟退出指标进行群体决策（AHP），提出评估意见建议。对于评估的指标分值排名在倒数50%的指标，要作为强制退出指标。对拟退出指标库里没有被强制退出的指标，如果没有退出的要提交到专家委员会评估意见，并反馈给责任单位对指标进行退出或进行优化改进。

（二）退出指标审核

按照年度指标体系研究制定程序，提请相关会议审议。按《考核指标体系形成标准化》相关要求执行。一般程序为：省考核牵头单位提出初步方案、指标专家评估委员会评估论证、指标管理联席会议审议、省考核办主任会议审议和省考核委、省委常委会会议审定。履行相关决策程序予以退出。

（三）建立退出指标库

省考核办会同考核牵头单位，结合半年评估，对指标体系分领域组织针对指标引领性、科学性的满意度实效评估。分领域统计所有指标满意度指数得分，统计出满意度排名相对靠后的指标。确定满意度排名倒数10%的指标，进入拟退出指标，并进入退出指标库。

四、指标的监测机制

（一）组织领导

监测评价工作由省政府领导牵头，省统计局、省发展改革委、省委研究室、省政府研究室共同组织实施，省有关部门和单位共同参与。省统计局负责监测评价工作的日常组织管理，协调指导省级部门、设区市和县（市、区）的监测评价工作。省发展改革委、省委研究室、省政府研究室参与监测评价工作和指标体系的动态修订。省级有关部门加强协调配合，负责制订本部门所承担监测评价指标的方案实施和数据报送工作。

（二）工作制度

建立高质量发展监测评价工作联席会议制度。联席会议由省统计局牵头，省级有关部门组成，共同监测分析全省各地高质量发展情况，定期部署推进相关工作，协调解决监测评价过程中的问题，议定有关事项，研究落实加大推进工作力度的措施，动态完善高质量发展监测评价指标体系，督促检查各地各部门监测评价实施办法的落实情况和监测数据质量，对全省各地数据进行分析研究。

（三）监测评价

省级部门对本部门提供的指标数据负总责，包括完善指标数据统计调查制度方法，强化监测评价的制度化、规范化，充分利用行政记录和行业统计资料，全力抓好统计资料的采集、审核、测算、评估、汇总和提供等工作，确保指标内涵一致、口径范围相同、数据来源可靠、计算方法准确、结果客观公正。严格按照部门综合一套表制度及省级部门制订的实施方案执行，不得随意调整指标内涵和计算方法，确保指标数据质量。

（四）成果运用

由省统计局牵头相关部门，汇总整理各地高质量发展监测评价数据，形成全省及各设区市高质量发展监测报告报送省委、省政府。将县（市、区）高质量发展监测评价结果，报送省考核办，并作为对县（市、区）推进高质量发展年度考核的重要依据。

本章小结

本章明确指标选取的依据重在能够体现发展的质量与效益，体现新发展理念在江苏的实践，以及安全发展为高质量发展提供的保障方面。指标设计遵循“坚持对标国家、体现省情；坚持以人为本、服务群众；坚持创新思维、精准考量；坚持科学合理、简洁易行；坚持分类施策、综合评价；坚持安全持续、稳步推进”的原则，突出关键核心指标，选择最具代表性的综合性、典型性、约束性指标，做到少而精、重点突出，操作简便易行。从综合质效、创新发展、协调发展、绿色发展、开放发展、共享发展、安全发展、主观感受 8 个方面出发构建指标体系框架，其中一级指标 24 个，二级指标 41 个。指标管理的机制主要是指标的形成机制、指标的运行机制和指标的退出机制，指标的监测机制则由组织领导、工作制度、监测评价和成果运用等方面组成。

第五章

江苏高质量发展评价的统计体系与统计保障

习近平总书记强调："必须加快形成推动高质量发展的指标体系、政策体系、标准体系、统计体系、绩效评价、政绩考核，创建和完善制度环境。"① 推动高质量发展的这"六大体系"既各有明确指向又互为耦合、相辅相成、相互支撑，共同为"十四五"乃至更长时期确定发展思路、制定经济政策、实施宏观调控提供制度保障。其中，统计体系居于先导性关键性地位，是推动高质量发展的基础性综合性工作。应紧紧围绕统筹推进"五位一体"总体布局和协调推进"四个全面"战略布局，准确把握新发展阶段，全面贯彻新发展理念，加快构建新发展格局，改革统计制度方法，变革统计生产方式，增强统计保障能力，加快建设推动高质量发展的现代化统计体系，为高质量发展评价提供坚实统计保障。

第一节　推动高质量发展统计体系的多维内涵

统计体系是统计工作运行体系及其保障机制的总称，核心内容是指开展统计数据采集、整理和分析活动的统计调查体系及其相应的支撑条件。推动高质量发展的统计体系，是能够充分体现新发展理念要求、适应社会主要矛盾变化、保障高质量发展有序运行的统计体系，既包括生产力方面的内容，又包括生产关系方面的内容，其内涵特征具有多维性、丰富性和动态性。

① 《习近平谈治国理政（第三卷）》，北京·外文出版社，2020 年版，第 239 页。

一、统计发展更加平衡更加充分

统计生产力是衡量统计发展的根本尺度。正如马克思所说："人们所达到的生产力的总和决定着社会状况。"改革开放 40 多年特别是党的十八大以来，我国统计改革发展取得历史性成就、发生历史性变革，统计生产力水平显著提升，统计生产方式实现从繁重的人工填报、层层汇总向企业联网直报、家庭电子记账等数据采集手段电子化网络化转变，国民经济核算实现从物质产品平衡表体系向国民经济核算体系转变，统计方法体系实现从全面调查为主体向普查作用更加发挥、抽样调查更加广泛运用、普查与常规调查有效衔接转变，统计制度覆盖范围从生产领域向基本涵盖国民经济全部行业和服务领域转变，统计内容从计划经济时代的以实物量指标为主逐步向实物量和价值量指标并重转变。但应清醒地看到，统计发展不平衡不充分问题依然突出。比如，高质量发展不只是一个经济要求，而是对经济社会发展方方面面的总要求，现代化建设各领域都要体现高质量发展的要求，但统计调查制度滞后于经济社会实践，对统筹推进"五位一体"总体布局进展反映不够全面，反映经济发展的统计一马当先，反映社会民生、文化教育、生态文明等方面的统计与经济统计的协同共进性有待加强。即使在经济统计领域，也存在重总量速度统计、轻质量效益统计的问题。再如，统计信息化建设的技术应用、基础设施相对滞后，现代信息技术和统计深度融合存在瓶颈，统计数字化转型需要加力，收集、整理和处理大数据能力有待提高。

构建推动高质量发展的统计体系，就是要在新发展理念指导下加大统计改革创新力度，加快实现统计转型发展。健全经济发展、民主法治、文化建设、人民生活和资源环境等领域统计，完善反映创新、协调、绿色、开放、共享发展和高质量发展的统计指标体系，准确揭示建设现代化经济体系、推进供给侧结构性改革、构建新发展格局等进程，使统计体系更加完备成熟，解决统计发展不平衡不充分问题，不断解放和发展统计生产力，增强统计创新力和竞争力。

二、更好满足人民日益增长统计需要

随着社会生产力水平的显著提高，人民对美好生活的需要日益广泛，不仅对物质文化生活提出了更高要求，而且在民主、法治、公平、正义、安全、环境等方面的要求日益增长。我国生产关系的这种变化反映在统计领域，“用数据说话、用数据决策、用数据管理、用数据创新”正日益成为国家治理的主要方式，企业单位越来越依赖数据进行管理、投资和生产，研究机构越来越运用数据进行实证分析，社会公众更加需要用数据来了解经济社会发展情况。一方面，各类市场主体对数据的需求与日俱增，对数据发布的及时性、内容的丰富性和形式的多样性要求越来越高；另一方面，统计供给明显不适应统计需求结构的变化，统计产品过剩和短缺并存，有效供给能力不足，特别是在反映新经济活动、发展质量和效率、可持续增长等领域的数据缺口较大，难以满足多样化、多层次、多元化统计需求。我国经济社会组织类型复杂、变动频繁，人口流动规模大、空间广，统计所要反映揭示的客体总量大、增量多、形态复杂，给统计工作带来重大影响。2020 年，全国共有法人单位 2938.9 万家，比 2015 年增长 86.8%；江苏有法人单位 254.0 万家，增长 61.5%[①]。新产业新业态新模式等新兴经济和新动能层出不穷，跨界、融合、混营等新的生产方式大量涌现，经济活动和经济结构呈现出高度的复杂性和多变性。同时，社会转型步伐加快，结构转换、利益调整和观念转变更加显现，人们的行为方式、生活方式、价值观念明显变化，调查对象的权利和隐私意识进一步增强，这给调查人员开展统计调查、获得真实数据带来很大难度。

构建推动高质量发展的统计体系，有助于重塑统计生产关系，补齐统计发展短板，更好满足人民多样化、多层次的统计需求。马克思强调，社会再生产不仅是物质资料的再生产，同时又是生产关系的再生产，需要破除旧的生产关系。变革统计生产关系，就是要把握好统计供给与统计需求的辩证关系，适应人民群众对统计的新需求，破除路径依赖，加强创新实践，推动统计工作制度变革、流程变革、质量变革，提高统计产品和服务供给的质量效率，加快形成优质高效多样化的统计供给体系，以统计需求升级引领统计供给体系和结构的变化，以统计供给变革不断催生新的统计需求，推动统计供求在更高水平上实现均衡。

---

① 《中国统计年鉴 2021》，北京·中国统计出版社，2021 年版，第 17 页。

三、具有现代化水准的统计体系

推动高质量发展的统计体系从本质上讲是统计生产力现代化和统计生产关系现代化良性互动的体系，是一个动态的现代化变革过程。从信息技术与统计工作的关系看，历史上每一次重大信息技术革命，必然催生新的统计技术，孕育新的统计方法，提供新的统计手段，对统计工作产生颠覆性影响、成为推动统计变革的重要力量。当前，新一轮科技革命和产业变革正在加速演进，大数据、云计算、物联网、人工智能、区块链等新技术新应用方兴未艾，数字经济、网络零售、移动支付等新技术新业态不断涌现，生成了实时海量的交互交易数据，为完善统计体系、拓展统计数据来源、改进统计方法提供了崭新渠道和有力支撑，为促进统计生产方式变革、加速推进统计现代化提供了新的机会“窗口”。例如，建立在数字通信技术和网络技术基础上的统计信息网络系统，打破了统计信息传输的时空界限，大大提高了统计信息的社会化和共享性。但目前统计调查方法和手段与现代信息技术迅猛发展的大势还不相适应，统计部门处理和分析数据的能力与“井喷”式增长的信息流、数据流还不相匹配，存在传统腿长、现代腿短问题。同时，现代信息技术的发展使传统政府统计面临极大冲击，越来越多的民间机构利用所掌握的电商大数据或依托行业资讯平台等加工生成了许多有价值的统计资料，对政府统计作为社会经济信息来源的主体地位构成了严峻挑战。

既然构建高质量发展统计体系包含生产力和生产关系两方面内容，那么，就必须依据生产关系一定要适应生产力发展的矛盾运动规律，科学认识统计的运动规律和经济发展规律，在推进统计现代化改革中自觉遵循客观规律。实现统计生产力现代化，必须适应现代信息技术迅猛发展的时代潮流，抓住用好现代信息网络技术变革的机遇，创新制度方法和技术手段，着力建设与时俱进的先进统计制度体系，优化统计要素配置，变革数据生产方式和业务流程，形成新的统计生产力，及时准确反映社会主义现代化建设的新实践。要适应推进国家治理体系和治理能力现代化的要求，不断调整不适合统计生产力发展要求的统计生产关系，进一步深化统计管理体制改革，完善统计法律法规，极大地激发统计活动主体、客体、宿体积极性，推动形成良好的统计生态，不断释放统计发展活力。

第二节　高质量发展统计体系的目标框架

形成推动高质量发展的统计体系，旨在通过科学的统计方法制度收集、整理和分析数据，对高质量发展状况进行全方位、立体化动态监测和精准预判。推动高质量发展的统计体系主要由 6 个子体系集合而成，各子体系相互联系、相互作用，共同构成了推动高质量发展统计体系的目标框架结构。

一、更广范围构建统计调查制度体系

（一）统计调查制度的基本含义与内容

统计调查制度是政府统计部门依法实施国家统计调查项目、部门统计调查项目和地方统计调查项目的业务工作方案和综合要求，是关于统计标准、统计指标、调查目的、调查内容、调查方法、统计对象、统计范围、调查组织方式、调查表式、调查频率、统计资料的报送和发布等要素的规范表述和统一规定，具有权威性和法规约束性①。

统计调查制度分为国家统计调查制度、部门统计调查制度和地方统计调查制度三大类别。国家统计调查制度由国家统计局制定，或者由国家统计局和国务院有关部门共同制定。现行国家统计调查制度包括周期性普查制度、常规统计调查制度和专项调查制度。周期性普查项目包括人口普查、农业普查和经济普查等。全国经济普查每 10 年进行两次，分别在逢 3、逢 8 的年份实施；人口普查每 10 年进行一次，在逢 0 的年份实施；全国农业普查每 10 年进行一次，在逢 6 的年份实施。常规统计调查制度包括国民经济核算、农业、工业统计调查制度等。部门统计调查制度是指有关部门为满足行政管理和行业管理需要，收集国民经济、社会和科技发展情况而实施的统计调查方案。地方统计调查制度是指省份及省份以下地方各

---

① 国家统计局编：《中国主要统计指标诠释》，北京·中国统计出版社，2013 年版，第 31—33 页。

级人民政府统计机构和其他具有行政管理职能的部门，为满足地方行政管理和行业管理需要而实施的各类统计调查方案。省份及省份以下各级人民政府统计机构为满足地方需要，对国家统计调查制度的调查表式、调查内容、调查范围和调查频率进行调整，形成新的统计调查方案，也属于地方统计调查制度。

表 5-1　2021 年国家实施的部分常规统计调查制度

采购经理调查统计报表制度	互联网经济统计报表制度
房地产价格统计报表制度	规模以上服务业统计报表制度
工业生产者价格统计报表制度	房地产开发统计报表制度
流通和消费价格统计报表制度	住宿和餐饮业统计报表制度
农村住户固定资产投资抽样调查方案	批发和零售业统计报表制度
住户收支与生活状况调查方案	运输邮电互联网软件业统计报表制度
县域社会经济基本情况统计报表制度	建筑业统计报表制度
城市基本情况统计报表制度	工业统计报表制度
企业创新活动统计报表制度	农业产值和价格综合统计报表制度
企业（单位）研发活动统计报表制度	农林牧渔业统计报表制度
劳动力调查制度	调查单位基本情况统计报表制度
劳动工资统计报表制度	基本单位统计报表制度
固定资产投资统计报表制度	地区生产总值核算制度
能源统计报表制度	

（二）统计调查制度实施的现状与存在问题

改革开放特别是党的十八大以来，我国统计调查制度逐步建立和完善。组织开展周期性普查，重大国情国力调查成效显著。2013 年我国进行了第三次全国经济普查，2018 年开展了第四次全国经济普查，全面摸清了我国第二产业和第三产业家底。2016 年开展第三次全国农业普查，查清了粮食、棉花、畜禽、水产品等主要农业生产底数，获取了农业规模化经营、农村基础设施及环境等常规统计调查没有覆盖的信息。2020 年开展第七次全国人口普查，全面查清了我国人口总量、结构、分布、迁移流动等情况，准确反映了人口规模变化、结构演变、居民生活质量等情况。以江苏为例，江苏省第七次全国人口普查结果显示，2020 年 11 月 1 日零时，全省常住人口总量为 8474.8 万，人口密度为 790 人/平方千米；常住人口城镇化率 73.4%，比全国平均水平高 9.6 个百分点；15 岁及以上人口的平均受教育年限为 10.21 年，文盲率 2.61%；人口平均预期寿命 79.3 岁，比 2010 年第六次人口普查时的 76.6 岁提高 2.7 岁。精心开展基本单位、投资消费、劳动就业、收入价格、人口社会、科技文化、能源资源等常规统计调查。加强工业战略性新兴产业统计，2015 年起实施《工业战略性新兴产业总产值》统计年报制度；完善服务业统计，建立服务业重点企业调查制度和规模以下服务业抽样调查制度；改革固定资产投资统计，投资项目从按形象进度进行填表转变到依据工程、会计等具体凭证进行填报；健全研究与试验发展统计调查；等等。

现行统计调查制度存在以下问题：一是部分统计调查制度滞后于经济社会实践，对推动高质量发展进程监测不够深入，没有全面反映经济社会发展新的深刻变化，一些领域仍存在“分不开、抓不住、统不准”的问题。二是统计调查项目没有充分考虑基层统计人员与统计调查对象的承受能力，调查任务与统计力量、经费保障之间的矛盾比较突出，调查成本较高。三是统计调查制度体系总体上大而不强、大而不精，部分统计调查制度设置的指标烦琐、陈旧。四是对统计调查制度的整体设计研究不够，专业制度内部、专业之间、综合统计与部门统计之间存在重复性调查，加大了基层工作量，也造成了数出多门和数据打架的现象。

（三）完善统计调查制度体系的目标与方向

完善统计调查制度体系的目标是，进一步拓展统计范围，丰富统计内容，充实统计指标，提高统计频度，系统反映贯彻新发展理念和“五位一体”总体布局统筹推进情况，全面反映构建新发展格局、推动高质量发展的新进展新成效。

建立健全反映经济发展质量变革、效率变革、动力变革的统计调查制度，充分反映创新能力提升和新动能培育成长情况的指标。围绕增强自主创新能力、加快科技自立自强、建设科技强省开展研究，健全科技创新统计调查制度，反映创新驱动发展战略实施情况和效果，反映科技创新面向世界科技前沿、面向经济主战场、面向国家重大需求、面向人民生命健康取得的积极进展，反映推进基础研究、关键核心技术攻关、企业研发活动、科技成果转化、人才培养开发、区域创新体系政策实施等情况。健全“三新”统计监测，不断拓展监测领域，扩大统计范围，丰富监测内容，充分反映新动能成长和新引擎带动作用。健全互联网经济统计制度，完善互联网出行、医疗、教育、视听、租赁等平台统计。

优化反映供给侧结构性改革、完善建设现代化经济体系的统计调查制度，同时丰富需求侧管理指标，充分反映经济循环畅通状况。健全深化供给侧结构性改革的统计指标，反映重点行业过剩产能退出、优质终端产品供给，以高质量供给引领和创造新需求、促进供需有效对接、带动内循环加快升级的进展情况。健全构建实体经济、科技创新、现代金融和人力资源协同发展现代产业体系的统计指标，反映江苏在全球产业链、供应链、价值链中的位势和能级情况。聚焦加快制造强省建设、提高产业链供应链现代化水平，不断完善战略性新兴产业统计，反映发展战略性新兴产业集群和打造先进制造业集群情况，探索先进制造业与现代服务业融合发展、推进产业基础高级化统计。健全规模（限额）以上服务业企业统计调查，完善生产性和生活性服务业统计。健全形成强大国内市场统计，改进商贸统计制度，加强网上零售统计，及时反映传统消费扩容提质、新型消费加快成长情况。加强服务消费市场统计，全面反映消费在经济发展中的基础性作用。加强固定资产投资统计，反映投资对优化供给结构的关键作用。完善社会物流统计制度，及时反映现代物流发展质量和社会物流成本水平。

完善反映创造高品质生活、实现高效能治理和建设生态文明、社会文明、开放型经济等方面的统计指标，为推进现代化建设提供数据支撑。围绕扎实有效推进共同富裕，构建社会民生发展统计调查和评价体系，健全城乡居民收支、收入分配、就业、社会保障等统计调查，建立健全旅游、体育、健康、养老、教育培训等产业统计监测，加强低收入群体、中等收入群体研究，探索建立共同富裕统计监测体系。围绕提高社会治理体系和治理能力现代化水平，健全法治江苏、平安江苏建设统计指标体系，及时反映社会信用体系建设、政府治理、基层治理和防范化解重大风险情况。

围绕生态文明建设任务，健全推进美丽江苏建设统计指标，加强碳达峰、碳中和基础统计，完善能源统计报表制度，强化新能源产品统计，建立生态保护补偿和生态环境统计监测体系。围绕提升社会文明程度，构建文化高质量发展指标体系，测算文化高质量发展指数。围绕建设开放强省，健全开放型经济指标体系，全面反映陆海联动、东西互济开放情况。

二、更宽领域构建统计标准体系

（一）完善统计分类标准的重要意义

统计标准是指根据经济社会发展和管理现代化的需要，对统计指标含义、计算方法、分类目录、调查表式和统计编码等方面所作的统一规范。统计标准是实现统计信息处理自动化、统计现代化的基本条件，是确保统计数据真实准确、可比可靠的重要保障，是统计工作的重要基础①。实现统计信息自动化的前提是只有实现统计分类标准化，才能利用现代信息技术对大量的复杂的统计信息进行高速、高效的处理和管理，达到真正的信息资源共享。确保统计数据的准确性、可比性和可用性，同样需要统一规范的统计分类标准。利用统一的统计标准，可以对不同时间、不同空间的统计数据进行比较分析。制订中国统计标准还是保持与国际统计标准全面接轨、不断提升统计标准国际化水平的需要。

（二）统计标准现状与存在问题

党的十八大以来，适应经济社会高质量发展新形势新情况要求，国家统计局进一步建立健全基础性统计分类标准体系，定期修订国民经济行业分类标准及其注释，及时出台战略性新兴产业、“三新”经济、知识产权（专利）密集型产业、高技术产业、科技服务业、生产性服务业、生活性服务业等统计分类标准，同时为满足国家宏观调控和行业管理需要，积极推出旅游、文化、体育、健康、养老等派生性产业统计分类标准。这些标准与国际分类标准相衔接，提供了国民经济行业、产品类别和代码的统一规范，为从整体上掌握国民经济的行业结构和运行状况，加强和改善宏观经济管理，实行科学决策，推动产业发展和促进国民经济持续稳定协调发

① 鲜祖德：《积极构建推动高质量发展的统计标准体系》，《中国统计》2020 年第 10 期。

展，发挥了强有力的支撑、保障和服务功能。

目前，国家统计局已经制定和发布了 30 余项国家统计标准，主要有《国民经济行业分类》（GB/T 4754—2017）、《高技术产业（制造业）分类》（2017）、《高技术产业（服务业）分类》（2018）、《战略性新兴产业分类》（2018）、《文化及相关产业分类》（2018）、《新产业新业态新商业模式统计分类》（2018）、《三次产业划分规定》（2012）等。其中，《国民经济行业分类》规定了全社会经济活动的分类与代码，采用经济活动的同质性原则划分，每一个行业类别按照同一种经济活动的性质划分，共包含门类 20 个、大类 97 个、中类 473 个和小类 1382 个。

表 5-2　《国民经济行业分类》代码举例

代码				类别名称
门类	大类	中类	小类	
A				农、林、牧、渔业
	1			农业
		11		谷物种植
			111	稻谷种植
			112	小麦种植
			113	玉米种植
			119	其他谷物种植
B				采矿业
C				制造业
D				电力、热力、燃气及水生产和供应业
E				建筑业
F				批发和零售业
G				交通运输、仓储和邮政业
H				住宿和餐饮业
I				信息传输、软件和信息技术服务业
J				金融业

续表

代　码				类别名称
K				房地产业
L				租赁和商务服务业
M				科学研究和技术服务业
N				水利、环境和公共设施管理业
O				居民服务、修理和其他服务业
P				教育
Q				卫生和社会工作
R				文化、体育和娱乐业
S				公共管理、社会保障和社会组织
T				国际组织

总体上看，我国统计标准紧跟社会发展的新情况，紧跟国家发展重点战略规划和产业政策实施，在探索中规范，在创新中发展，科学性、规范性、时效性逐步提高，较好满足了各项普查、常规统计调查、专项统计调查的需要，为准确反映我国经济社会发展、结构转型升级情况提供了坚实的统计标准支撑。但随着云计算、物联网、大数据、人工智能技术蓬勃兴起，互联网经济和现代服务业迅猛发展，新产业、新业态、新商业模式大量涌现，一些统计分类标准已满足不了对新经济活动的准确认定，给统计监测评价带来一定困扰。在国民经济行业分类上，由于新经济活动类型层出不穷，企业跨界经营、混业经营、产业链纵向一体化等现象增加，平台类、研究设计类、软件开发类等企业的主业都不再突出，行业边界模糊，统计上按照增加值/营业收入最大的部分来确定单位行业归属，已无法准确反映企业经营重心。统计单位划分方面，《统计单位划分及具体处理办法》对工业、建筑业、批零、住餐等行业按县级区域所在地统计有相对具体和明确的处理办法，而对于服务业领域调查单位的要求相对模糊、指导性不够强。

（三）完善统计标准体系的目标与重点

完善统计标准体系的目标是，探索构建推动高质量发展的统计标准体系，保障统计调查采用的指标含义、计算方法、分类目录、调查表式和统计编码等的标准化，实现统计信息处理自动化和数据共享，以标准规范统计活动。

健全以国家统计标准为主体、部门统计标准为补充、基础性统计分类和派生性统计分类互为支撑的中国特色统计标准体系。适应经济社会高质量发展需要和技术进步的需要，在保持与国际统计标准接轨、充分考虑统计调查数据可获得性的基础上，对现有统计标准及时修订或者废止，持续推进统计标准化、规范化工作，更好地服务现代化建设。特别是要根据联合国对《所有经济活动的国际行业标准分类》修订情况，适时开展《国民经济行业分类》修订工作。针对派生产业统计范围广、内容杂、变化快的特点，要围绕“十四五”规划重点产业，深入研究派生性产业分类标准，调整产业分类体系的内涵和外延，加强重点产业分类的顶层设计，逐步建立一个既相对稳定又层次丰富的开放型产业分类体系，推进派生产业分类方法的制度化，强化派生产业数据的可比性，充分反映重点产业的发展变化。在不违反国家统计标准统一性的前提下，对于国家尚无明确分类、行业归属困难、地方特色较强的产业，要鼓励各地积极探索，构建区域重点产业、产业链和行业统计分类标准，为地方经济社会发展提供标准依据。

健全反映推动高质量发展、构建新发展格局统计分类标准。研究制定国有经济、民营经济、节能环保、清洁能源等分类标准，完善反映人民美好生活需要的相关产业统计分类标准。适应建立市场机制有效、微观主体有活力、宏观调控有度经济体制的需要，加快建立国有经济和民营经济统计分类标准，更好地反映国有经济布局优化和结构调整以及民营经济的总量和结构性变化情况。落实党的十九大提出的推进绿色发展、建设美丽中国的战略部署，积极研制节能环保、清洁生产和清洁能源等产业的统计分类标准，助力构建绿色低碳循环生产方式和节能环保、资源循环利用、清洁能源、清洁生产等绿色产业发展，更好地服务于建设人与自然和谐共生的现代化。做好“幸福产业”统计分类标准的修订工作，在已完成文化、旅游、体育、健康、养老、教育培训及相关产业统计分类标准制修订的基础上，深入研究制定育幼、家政、物业、食品加工等产业统计分类标准。科学界定农业及相关产业的统计范围，全面准确反映农林牧渔业生产、加工、制造、流通、服务等全产业链价值，更好地服务于农村一二三产业融合发展。

三、更加系统构建统计数据采集体系

（一）统计数据采集方法及存在问题

目前，政府统计机构主要通过联网直报、入户调查、现场采集、电话调查、网络调查、电子记账、无人机遥感测量等方式采集原始数据；收集相关职能部门的行政记录、企事业单位的商业记录数据、有关行业协会的相关数据以及网络大数据；对数据完整性、逻辑性和奇异值等进行初审，对于有问题的基础数据，按规定及时退回，督促调查对象核实修正并重新上报；根据统计调查制度和各专业特点制订数据质量检查计划，采取有效方式和方法，选择一定数量、不同层次的地区和调查对象进行数据质量核查①。以联网直报为例，统计数据生产流程分为四部分：一是遵循“先进库再有数，不在库不出数”的要求，按照统一标准，把作为统计调查对象的各类单位整合在一起，建设真实完整、及时更新的基本单位名录库，为常规统计调查和国情国力普查提供科学完备的调查单位库和抽样框。二是对企业分散实施的各项调查整合统一到一起，统一布置报表，统一采集原生性指标数据，统一统计标准，建立统一规范、方便填报的企业一套表制度。三是以满足统计数据采集处理、实现不同专业数据共享为目标，建设能够满足各级统计机构在线采集、处理、汇总、共享、存储要求，并具有审核、修改、查询功能的企业一套表数据采集处理软件系统。四是建设安全畅通、便捷高效的联网直报系统，在经济普查、各类常规调查、专项调查等由调查对象填报的统计调查中，实现调查对象通过互联网直接向全国数据中心报送原始数据。

统计数据采集存在的主要问题：一是现代信息技术在统计工作中的应用还不够充分，统计数据采集分析的理念、方式、手段、技术及工具需要更新。二是统计调查方法还不够科学，与真实完整反映复杂多变经济社会现象的要求还不相适应。普查的作用发挥还不够充分，普查与常规统计调查还不能完全有效衔接。全面调查过多，抽样调查应用力度不够、缺乏整体设计，样本抽取科学性和可操作性有待提高。三是对包括大数据在内的

---

① 《领导干部统计知识问答》，北京·中国统计出版社，2021 年第 2 版，第 17、213—214 页。

国家数据资源的全面管理、引领力和影响力不够，数据资源整合利用、规范管理、开放共享的水平亟待提升。

（二）统计数据质量的评价标准

提高统计数据质量始终是统计数据采集工作的核心任务。统计质量保证问题一直是国内外统计机构和国际组织探索和关注的话题。联合国统计司根据国际社会经济形势变化和统计发展新阶段的特点，研制了新一版的“国家统计质量保证框架（2020 年版）”，定义了质量保证的准则和相关要求，这些准则和要求被划分为四个层面，每一层面都包含一套与之对应的简明的质量准则和配套的质量要求。

表 5-3　联合国统计司定义的质量保证准则和要求

层面 A：管理统计系统	层面 C：管理统计流程
1. 协调国家统计系统	10. 保证方法适当
2. 管理数据用户、数据提供者和利益相关者的关系	11. 保证成本效益性
3. 管理统计标准	12. 保证适当的统计程序
层面 B：管理制度环境	13. 管理调查者负担
4. 保证专业独立性	层面 D：管理统计产出
5. 保证公正性和客观性	14. 保证相关性
6. 保证透明性	15. 保证准确性和可靠性
7. 保证统计保密性和数据安全性	16. 保证及时性和准时性
8. 保证质量方面的承诺	17. 保证可获得性和清晰性
9. 保证资源充足性	18. 保证一致性和可比性
	19. 管理元数据

我国为加强和改进政府统计质量管理工作，借鉴《联合国官方统计国家质量保证框架手册》，基于统计数据生产全过程，制定了《国家统计质量保证框架（2021）》，提出 9 个方面的统计质量评价标准。一是真实性，统计源头数据必须符合统计调查对象的实际情况，确保统计数据有依据、可溯源。侧重于对基础数据质量的评价。二是准确性，统计数据的误差必须控制在允许范围内，能够为形势判断、政策制定、宏观调控等提供可靠

依据。侧重于对统计数据生产科学性的评价。三是完整性，统计数据应当全面完整，统计范围不重不漏，统计口径完备无缺。侧重于对统计数据全面系统反映客观实际程度的评价。四是及时性，统计数据生产应当在符合统计科学规律的前提下，尽可能缩短从调查到公布的时间间隔。侧重于对统计数据生产效率的评价。五是适用性，统计数据能够最大限度为用户所用，统计指标紧跟时代发展、切合统计需求。侧重于对统计用户满意度的评价。六是经济性，统计数据生产应当尽可能降低成本，促进统计调查、行政记录、大数据等数据资源得到充分利用。侧重于对统计数据成本效益的评价。七是可比性，统计数据应当连续、可比，不同时间、空间数据生产使用规范统一的统计标准和统计原则。侧重于对统计工作标准化、规范化程度的评价。八是协调性，统计数据结构严谨、逻辑合理，各总量数据、结构数据相互之间高度匹配。侧重于对统计数据间逻辑关系的评价。九是可获得性，多渠道、多方式公布统计数据，同时公布相应的统计制度方法，加强数据解读，满足社会需求①。

（三）优化统计数据采集体系的目标与重点

优化统计数据采集体系的目标是，综合运用普查、抽样调查、全面调查和大数据等现代信息技术，以高效的调查方法收集整理统计数据，保障统计资料的真实性、准确性、完整性和及时性，最大限度满足用户对统计数据的需求。

强化抽样调查的主体地位，优化全面调查全面报表，发挥普查基础性作用。以统计调查对象库和普查数据资料为基础建立健全抽样框。整体设计住户类、价格类、“四下”企业抽样调查，建立统一的、适用多目标管理、多层级需要的住户调查大抽样框，拓宽价格统计数据来源渠道，优化“四下”企业调查设计、数据采集、数据处理等统计调查流程。加强抽样调查在统计监测评价和数据质量控制等领域的应用，提高抽样调查的效率和质量。研究调整“四上”企业调查起点标准，加强“四上”单位调查名录管理。完善各类普查方案，科学设计普查表式和指标，运用抽样调查加强重点调查单位数据采集。强化常规统计调查制度方法与人口、经济、农

---

① 参见《国家统计质量保证框架（2021）》，国家统计局网站，2021 年 6 月 17 日。

业三大普查的衔接与协调，充分发挥普查的基础性作用。

推动大数据、人工智能、移动互联网、云计算、5G 等新信息技术和资源在统计领域的深度应用，推进统计数字化转型，提高统计科学性和时效性。针对当前大数据等现代信息技术在统计工作中的应用还处在起步阶段，存在着数据标准不统一、部分数据难以获得、数据挖掘分析能力不够、数据安全性和保密性有风险等突出问题，要深入推进大数据在统计调查中的应用，开发大数据统计应用方法技术。完善现代空间信息技术在农业统计调查中的应用技术规范，对重点投资项目进行智能监控。完善网络交易价格采集技术，积极推进电子扫描数据应用，发挥大型电商调查数据和行政记录数据在价格指数编制中的作用。完善住户调查电子记账制度方法和数据采集处理平台，探索推动税务、社保等行政记录和网购等电子支付数据在住户调查中的应用。巩固拓展联网直报平台，探索区块链、人工智能、物联网等新技术在统计工作中的应用场景，深度挖掘互联网数据，对已有的数据进行加工，对电子行政记录数据抓取整合。

健全统计全面质量控制体系，加强企业统计信息化建设，建立企业电子统计台账。统计台账是连接原始记录和统计报表之间的重要桥梁，是确保源头统计数据质量的关键环节。目前企业统计台账工作缺乏统一规范、统计台账设置不够科学实用、统计台账基础薄弱，对提升统计数据质量产生了较大影响。建立健全统计台账，是将统计基层基础的重心下沉到调查单位层级，建立健全包括企业内部生产活动、经营活动和综合管理在内的各类台账，实现统计基础资料的集中化、条理化、系统化管理，提高数据查询、审核效率，确保数出有据、计算科学。

四、更深层次构建国民经济核算体系

（一）国民经济核算体系框架概述

国民经济核算是按照一套基于经济学原理的严格核算规则，对国民经济总体所进行的系统定量测度。我国国民经济核算体系由基本核算和扩展核算组成[①]。

① 《中国国民经济核算知识读本》，北京·中国统计出版社，2020 年版，第 4—8、147 页。

基本核算是国民经济核算体系的主要内容，旨在系统描述国民经济运行全过程。基本核算包括国内生产总值核算、投入产出核算、资金流量核算、资产负债核算、国际收支核算。国内生产总值核算描述生产活动最终成果的形成和使用过程，反映国民经济各行业、产业增加值以及生产成果最终使用的总量和结构，是国民经济核算体系的核心内容。通过 GDP 核算，可以综合描述经济活动从产品生产到收入形成、最终使用的整体过程（见表 5-4）。投入产出核算是国内生产总值核算的整合和扩展，描述国民经济各部门在一定时期内生产活动的投入来源和产出使用去向，揭示国民经济各部门间相互联系、相互依存的数量关系。资金流量核算是国内生产总值核算的延伸，以收入分配和资金运动为核算对象，描述一定时期内各机构部门收入的分配和使用、资金的筹集和运用情况。资产负债核算描述特定时点资产负债的存量和结构情况，以及资产负债从期初到期末之间发生的变化。国际收支核算描述我国常驻单位与非常驻单位之间的经济往来关系，反映一定时期内发生的对外经济收支往来和对外资产负债及其变动状况。

表 5-4　国内生产总值总表

生产	金额	使用	金额
1. 生产法国内生产总值		1. 支出法国内生产总值	
总产出		最终消费支出	
中间投入（一）		居民消费支出	
2. 收入法国内生产总值		为住户服务的非营利机构消费支出	
劳动者报酬		政府消费支出	
生产税净额		资本形成总额	
生产税		固定资本形成总额	
生产补贴（一）		存货变动	
固定资产折旧		贵重物品获得减处置	
营业盈余		货物和服务净出口	
		货物和服务出口	
		货物和服务进口（一）	
		2. 统计误差	

扩展核算是对基本核算的补充与扩展，旨在对国民经济中某些特殊领域的活动进行描述。根据我国管理需要和统计基础状况，扩展核算分为两大类。一类是对原有基本核算内容的补充和扩展，主要包括资源环境核算、人口和劳动力核算；另一类是对原有核算分类进行重新组合，主要包括卫生核算、旅游核算等。

（二）我国三大核算改革的内涵和意义

党的十八届三中全会通过的《中共中央关于全面深化改革若干重大问题的决定》提出，加快建立国家统一的经济核算制度、编制全国和地方资产负债表、探索编制自然资源资产负债表。这三项改革任务简称三大核算改革。

地区生产总值统一核算改革。指各省（自治区、直辖市）生产总值核算由国家统计局统一领导和组织实施，各省（自治区、直辖市）统计局共同参与，按照统一的核算方法，遵循真实准确、规范统一和公开透明的原则，统一核算各地区生产总值，实现地区生产总值汇总数和国内生产总值在总量、速度和结构上的基本衔接。市级和县级生产总值统一核算参照省级生产总值统一核算方式组织实施。实施地区生产总值统一核算改革，将分级核算方式下的“各算各账”改革为统一核算方式下的“共同算账”，从根本上解决了地区生产总值分级核算方式下数据不衔接的问题。通过实施地区生产总值统一核算改革，按照统一的核算方法，使用统一的数据来源，对于提高生产总值核算数据质量，提高政府统计公信力，科学研判经济形势，制定宏观经济政策，都具有十分重要而深远的意义。

编制全国和地方资产负债表。指按照科学的核算方法，遵循真实准确与审慎核算相统一、整体推进与分步实施相结合、国际标准与我国实际相协调的原则，分别编制全国资产负债表和各省（自治区、直辖市）资产负债表，以全面客观地反映全国和各省（自治区、直辖市）的资产、负债和资产净值状况。编制全国和地方资产负债表，可以摸清存量“家底”，从宏观上把握全国和各地区的资产和负债状况，对于提高政府宏观经济决策的稳健性、科学性具有重大的现实意义。利用全国和地方资产负债表，通过分析全国和地方资产负债表中各机构部门的债务情况，可以识别潜在风险点，预判潜在风险，有利于防范和化解风险。

探索编制自然资源资产负债表。指以资产核算账户的形式，按照统一的统计规范和核算方法，对全国或地区主要自然资源资产的存量及增减变化、质量及其变化进行分类核算，以定期评估全国或地区的自然资源存量、质量及变动情况，揭示经济主体对自然资源资产的占有、使用、消耗、恢复和提质的活动情况。探索编制自然资源资产负债表，有利于推动建立健全科学规范的自然资源统计调查和监测制度，提高自然资源统计监测数据质量，对于推进生态文明建设具有重要作用，能够为开展领导干部自然资源资产离任审计等提供量化信息支撑。

（三）完善国民经济核算体系的目标和重点

完善国民经济核算体系的目标是，根据国民经济核算的基本概念、基本分类、核算原则、核算框架、基本指标和基本核算方法，对经济发展规模、速度和结构进行核算，系统反映从生产、分配到交换、使用的经济循环全过程，提高国民经济核算的统一性和科学性，全面准确地反映国民经济运行状况和重大比例关系。

加强和改进地区生产总值核算。巩固地区生产总值统一核算改革成果，完善生产法、支出法、收入法国内生产总值核算制度，加强法人单位和产业活动单位并重改革成果运用，推进分季度地区生产总值统一核算，准确反映国民经济各产业、行业增加值以及生产成果最终使用的总量和结构。完善国内生产总值核算方法，加强知识产权产品等支出项目核算，建立季度支出法的国内生产总值核算制度。

不断健全国民经济核算体系。完善地方资产负债表编制方法，稳步推进地方资产负债表编制；完善实物量自然资源资产负债表编制，探索地方编制价值量自然资源资产负债表，研究推进地方生态产品价值核算。建立反映生态产品保护和开发成本的核算方法，探索生态产品价值核算方法，研究建立覆盖各级行政区域的生态产品总值统计核算制度。

拓展相关产业和领域核算范围。探索开展数据资产核算研究，完善“三新”经济和文化、旅游、健康、体育、专利密集型等产业核算方法，完善相关产业和领域核算，扎实开展农业及相关产业、国有经济、民营经济、中小微企业等产业和领域增加值核算，更好地体现经济发展的新变化。

五、更高水平构建统计监测评价体系

（一）开展统计监测评价的重要意义

开展统计监测评价是助推新发展理念落地见效的重要手段。统计监测评价指标体系将新发展理念的要求具体化、指标化，有利于各级党委政府推动发展举措目标化、责任化，有助于各地各部门逐项落实发展任务，有益于引导各级领导干部转变发展观念、创新发展思路，把贯彻党中央精神体现到谋划重大战略、制定重大政策、部署重大任务、推进重大工作的实践中去，更加精准地贯彻新发展理念。开展统计监测评价，对“五位一体”总体布局和人民美好生活需要全息映射，以科学、客观和有效的评价方式反映各地落实新发展理念取得的新进展，反映科技创新、产业发展、共同富裕、国内市场、深化改革、乡村振兴、区域发展、文化建设、绿色发展等各个领域取得的新成果，能够为推进社会主义现代化建设提供领域更完整、内容更丰富、准确度更高、颗粒度更细的数据支撑。

开展统计监测评价是引导高质量发展的迫切需要。从江苏情况看，经过改革开放 40 多年的发展，“强富美高”新江苏建设取得重大阶段性成果，高水平全面建成小康社会，但发展中的一些深层次结构性矛盾也在逐步凸显，发展不平衡不充分的问题比较突出。因此，江苏加快转向高质量发展势在必行。开展统计监测评价，健全经济发展、人民生活、资源环境等领域统计，完善反映新发展理念和高质量发展的指标体系，要旨就在于为经济社会发展“体检把脉”，引导各地各部门既认清成绩又看清问题，既固底板补短板又树样板拉长板，经常对表对标、及时校准偏差，找准发挥优势的着力点、把握补短板的着重点、抓住实现路径的关键点，使各项政策根据评价结果反映出的问题更有针对性地调整优化，主动开展探索性、创新性、引领性实践，在扬长补短中提升高质量发展整体效能。

开展统计监测评价是激励干部担当作为的有力抓手。党的十九大报告强调，要完善干部考核评价机制，建立激励机制和容错纠错机制。江苏省委制定出台鼓励激励、容错纠错、能上能下“三项机制”文件，要求充分发挥考核评价的基础作用，完善考核评价机制，改进考核方式方法，结合高质量发展和党的建设绩效考核等进行综合评价。开展统计监测评价是充分调动和激发广大干部的积极性、主动性、创造性，激励广大干部担当新使命、展现新作为的重要举措。统计监测评价聚焦发展的新要求和群众的获得感，既是用具体的指标数据量化跟踪高质量发展进程，也是对落实高质量发展工作的引导和检查。通过开展监测评价工作，发挥好监测评价指标的“晴雨表”“指挥棒”作用，能够促进各地各部门牢固树立正确的政绩观，提振领导干部的精气神，创造更多更过硬的高质量发展成果。

（二）统计监测评价工作现状及存在问题

从国家层面看，国家统计局等部门一直在探索如何对各地发展水平进行科学合理的综合性评价，近年来紧紧围绕保持经济运行在合理区间、全面建成小康社会、深化供给侧结构性改革、经济发展新动能、生态文明建设等中心工作，紧紧围绕“一带一路”建设、京津冀协同发展、长江经济带发展等区域发展战略，认真开展统计监测评价。如对长三角一体化发展的统计监测，主要从区域整体综合实力、城乡区域协调发展、科创产业融合发展、基础设施互联互通、生态环境共保联治、公共服务便利共享、开放合作协同推进、区内市场统一开放、体制机制一体化 9 个方面开展监测。国家有关部门还组织开展全国高质量发展综合绩效评价工作，按年度系统梳理总结各省份贯彻落实新发展理念、推动高质量发展工作总体进展情况，引导各地明确工作目标、抓住工作重点、查找工作不足、改进提升工作成效，更好落实国家宏观调控要求。统计监测评价体系在科学反映发展成果、引导推动发展实践、提出决策咨询建议等方面发挥了积极作用。

从江苏情况看，党的十八大以来全省陆续开展了高水平全面建成小康社会、基本实现现代化、经济社会发展“八项工程”、生态文明建设、低收入农户统计监测、科技创新、特色小镇等统计监测。自 2018 年开始，江苏从高质量发展的多维性和动态性特征出发，立足省情实际和阶段性特征，率先在全国研究构建高质量发展绩效评价考核指标体系，并组织开展监测评价工作。① 根据需要，每年年初都对指标体系进行调整优化，力求形成以贯彻新发展理念为引领，符合国家新部署，具有时代特征、江苏特点的高质量发展绩效评价考核指标体系。例如，2021 年度高质量发展绩效

① 《鲜明确立推动高质量发展的考核导向》，2021 年 4 月 26 日《新华日报》。

评价考核指标体系经过调整完善，导向性、精准性、实用性更加突出。在导向性上，引导各地加快提升发展的“含金量”“含新量”“含绿量”，设置“工业战略性新兴产业总产值占工业总产值比重”“高技术产业投资占比”等指标。在精准性上，突出补短板强弱项要求，设置共性指标和个性指标及加减分项。在实用性上，指标数量更适度，指标来源更清晰，计算方法更科学，做到对上有衔接、基层可操作。在指标权重上，对重要指标和直观反映工作推动成效的指标加大权重。同时，将水平指数和发展指数权重分别设为40%和60%，既重“优”又突出“勤”，对基础较弱发展较快的地区更公平更客观。

构建统计监测评价体系仍然存在以下问题：一是体系的完备性有待加强。尤其是在重点监测评价国家重大发展战略实施情况、重大风险挑战应对成效、人民群众反映突出问题解决情况等方面存在一定的缺口，对数字经济、共同富裕等一些重点目标任务的监测尚未形成成熟的评价体系。二是监测评价的针对性有待提升。囿于相关统计制度方法缺失，数据发布频率偏低、数据发布滞后等因素，部分评价领域的指标选择、权重确定、评价办法和价值导向不够精准。三是差异化监测评价有待深化。各地资源禀赋、发展基础、自然条件等差异较大，客观上要求在指标的内涵上体现差异性，但实际操作时存在一定的难度，监测评价未能充分体现区域特色和发展定位。四是现行的指标体系中，部分指标子项内容相对较多，出现“套娃”现象，给基层造成较大的工作负担，需要进一步整合优化。

（三）优化统计监测评价体系的目标与任务

优化统计监测评价体系的目标是，运用统计数据和综合评价办法，对贯彻落实新发展理念和推动高质量发展进程开展量化监测评价，评价体系的覆盖领域更加全面、反映内容更加丰富、评价结果更加准确，充分发挥统计数据在真实反映发展成果、客观描述发展变化、精准引导发展实践中的重要作用。

深刻把握高质量发展的新内涵新标准，扎实开展高质量发展监测评价。健全生产、分配、流通、消费各环节统计报表制度，增加反映综合质量效益的统计指标，筑牢评价指标统计基础。紧扣“争当表率、争做示范、走在前列”的目标定位，围绕中央决策部署和省委、省政府重点工作，优化高质量发展评价指标设置、计算办法、评价方式等，设置常态化监测评价的核心指标和年度关键性指标，增设反映数字经济、共同富裕、人才发展、构建新发展格局等方面的指标。合理分配指标权重，更加精准推动高质量发展，全面反映各地发展情况。进一步聚焦核心指标，加强评价指标过程性跟踪研判，做好指标数据监测，及时掌握被评价对象的活情况和新变化。进一步健全部门沟通协调机制，夯实相关部门在数据生产、报送、分析等方面的主体责任，优化、规范指标数据收集工作流程。

监测评价重大发展战略实施情况，推动重大发展战略落地落实。围绕创新驱动发展核心战略、科教与人才强省战略、乡村振兴战略、积极应对人口老龄化国家战略、可持续发展战略等重大发展战略开展统计监测，全面反映重大发展战略的实施情况。通过对高质量推进共建“一带一路”的统计监测，反映在推动陆海内外联动、东西双向互济，以及加快开放强省方面的情况；通过对长江经济带高质量发展的统计监测，反映长江经济带发展变化，特别是绿色发展情况；通过对长三角区域一体化发展的统计监测，反映在加强协同创新产业体系、提升基础设施互联互通、强化生态环境共保联治、加快公共服务便利共享、推进更高水平协同开放等重点领域的进展情况，为服务全国发展大局出谋划策。加强新型城镇化建设、区域协调发展、城乡融合发展、农业转移人口市民化等方面的统计监测。

强化数据分析解读，推进统计公开透明。紧密结合监测评价指标体系，综合运用总量数据、结构数据和市场主体数据，持续做好数据分析解读，客观反映高质量发展和构建新发展格局的生动实践，提出具有针对性、指导性、可操作性的咨询意见，形成有新意有分量的统计监测分析精品。不断丰富统计数据发布内容，完善数据开放平台，促进统计数据科学传播，改善统计用户体验，推进更多数据向学术研究和政策研究领域开放，更好满足公众多样化统计信息需求。

六、更大力度构建统计支持保障体系

形成推动高质量发展的统计体系，必须全面增强统计保障能力，提升统计现代化水平。要秉持科学精神和法治理念，以现代统计科学和数据科学为内核，以先进统计制度方法为基础，以现代信息技术为支撑，以高质量统计数据为产品，从统计工作各领域各环节推进现代化改革，遵循规律、守正创新，既要完善不适应统计实践发展要求的法律法规，又要不断创新统计制度方法和技术手段，还要优化统计组织管理和条件保障，推动实现统计科学化、法治化、数字化。

优化统计支持保障体系的目标是，通过完善统计管理体制、推进依法统计依法治统、加强统计信息化建设、建立高素质人才队伍等，着力营造良好的统计生态环境，不断增强统计组织效能，提升统计治理能力和统计运作效率。

完善统计体制，积极探索适应国家治理体系和治理能力现代化的统计管理模式。统计体制决定着统计工作的组织形式和治理方式，是科学有效组织统计工作的制度基础。针对统计改革创新探索还不够深入，分工合作、统一高效的统计调查工作机制仍需完善的现状，要适应经济社会发展需求和人民美好生活需要，积极构建统计改革创新机制，深化统一领导、分级负责的统计管理体制改革，优化统计体制机制。独立性是统计工作的基本原则，“如果缺少由高度的独立性带来的可信性，用户可能会对该机构数据的准确性和客观性失去信任，数据提供者也可能不愿意对统计机构提出的要求予以合作”①。必须通过完善统计体制机制，确保统计机构和统计人员独立调查、独立报告、独立监督职权不受侵犯，确保各级统计机构按照统计规则办事。部门统计是重要的数据来源渠道，必须强化部门统计工作，根据统计任务的需要设立统计机构，或者在有关机构中设置统计人员，加强统计调查项目管理，建立健全部门统计调查方法制度，改进部门统计数据发布、共享方式，丰富发布内容，形成政府统计服务合力。

坚持依法统计依法治统，形成防惩统计造假、弄虚作假责任体系。“天下之事，不难于立法，而难于法之必行。”要从全面依法治国、全面从严治党的战略高度准确把握依法统计依法治统的重要意义和实践要求，以法治思维和法治方式提高数据治理能力，切实担负起防范和惩治统计造假、弄虚作假的政治责任。加快构建“党委统一领导、政府组织主导、统计统筹协调、部门分工负责、齐抓共建共管”的统计监督责任机制。坚持

① 《统计组织手册》（第三版），北京·中国统计出版社，2006 年版，第 5 页。

无禁区、全覆盖、零容忍，铁腕惩处各类统计违法行为，始终保持高压态势。扎牢不能假的笼子、完善统计监督体系。推进统计法治宣传教育各项工作，涵养风清气正的统计生态，实现统计权利受保护、统计权力被监督、统计违法必追责、统计秩序有保障，持续巩固防范和惩治统计造假、弄虚作假成果。完善地方统计法规制度，及时启动相关规范性文件的制定和修订工作，逐步形成相对完善的地方统计法规配套实施制度体系。加快推进统计信用体系建设，宣传统计诚信理念，引导广大市场主体依法诚信统计。

推进统计信息化建设，推动统计与新技术深度融合。当前，统计工作数字化转型滞后，利用新技术新手段提高数据采集、整理、分析的能力欠缺，统计业务与现代信息技术尚未实现真正融合。要加快构建统计信息化建设标准规范体系，提升统计工作网络化、数字化、智能化水平，打造创新引领、安全高效的智慧统计。完善统计业务应用体系，整合统计联网直报系统，以联网直报和移动采集为手段，实现统计数据采集处理全流程在线化。全面梳理整合各类普查、常规调查等传统数据资源，汇聚部门数据、互联网数据等外部大数据资源，加快推动统计数据采集方式向充分利用电子化行政记录、企业生产经营记录和大数据转变，打造统计数据分析应用系统，实现数据共享和深度开发运用，提高数据资源的利用效率。改革完善统计业务流程，构建统计基础设施云平台，为各类规模和类型的云应用提供统一的开发、运行和管理服务，改变传统统计方式方法，逐步实现统计设计、数据收集、整理、存储、分析、发布等统计生产流程再造。

建设高素质队伍，形成与高质量统计体系相匹配的统计人才支撑体系。深化人才发展体制机制改革，完善人才培养体系，建立人才管理制度，健全正向激励体系，促进专家学者型人才不断涌现。优化人才评价体系，深入推进统计专业人才职称制度改革。逐步提高统计学专业人员比例，提升基层统计人员素质。健全优化分层分类的教育培训体系，加强干部综合能力提升培训，提高教育培训的针对性实效性，进一步统筹盘活人力资源，挖掘统计干部队伍潜力。

第三节 高质量发展统计体系的案例研究

近年来，我国不断深化统计制度、统计模式、统计方法改革创新，建立健全统计指标体系和监测体系，力求客观、准确、全面评价落实重大决策部署、实施经济社会发展规划计划、民生保障等的推进情况。但统计监测评价体系对新经济新业态新动能的反映还不够及时全面，提供创新统计服务仍有待优化提升。必须在确保统计数据真实可靠的前提下，紧紧围绕经济社会发展的重点领域和关键问题，进一步拓展统计监督新领域，全方位开展高质量发展监测评价。

一、数字经济统计监测评价研究

党的十八大以来，中央制定出台网络强国、宽带中国、“互联网+”行动、促进平台经济、共享经济、大数据、人工智能发展等一系列战略举措，推动各种新技术日益融入经济社会发展各领域全过程，数字经济发展速度之快、辐射范围之广、影响程度之深前所未有。加强对数字经济的监测评价，客观反映数字产业化和产业数字化方面取得的积极成果，准确揭示数字经济发展中存在的问题，助力数字经济更好服务和融入新发展格局，已成为当前亟须研究的一个重大课题。

（一）开展数字经济监测评价的迫切性

数字经济是继农业经济、工业经济之后的一种新的经济社会发展形态，数字化转型正在驱动生产生活方式和治理方式发生深刻变革。从世界范围来看，许多国家都把推进经济数字化作为提升核心竞争力的重要力量，在前沿技术研发、数据开放共享、隐私安全保护、人才培养等方面作了前瞻性布局。日本制定了《科学技术创新综合战略2020》，美国通过了《2021美国创新与竞争法案》，韩国发布了人工智能半导体产业发展战略。美国、德国、英国数字经济在GDP中的占比均超过65%。联合国贸易和发展会议发布的《2021年数字经济报告》称，数据作为一种经济和战略资源正发挥着越来越重要的作用。数字经济因其所具有的普惠性、协调性、包容性特征，成为构建开放型世界经济、普惠型社会经济、绿色型世界经济，推动全球可持续发展、解决全球发展失衡问题的关键途径。

2017 年我国政府工作报告首次提出数字经济，指出要推动“互联网+”深入发展、促进数字经济加快成长。近年来，随着数字经济发展战略的深入实施，我国新一代数字技术创新活跃，与经济社会各行业各领域加速融合，有力支撑了现代化经济体系的构建和经济社会的高质量发展。中国信息通信院发布的《2021 中国数字经济发展白皮书》显示，2020 年我国数字经济规模已达 39. 2 万亿元，位居全球第二，占 GDP 比重由 2005 年的 14. 2%提升至 38. 6%。据专家预测，2025 年底我国数字经济占 GDP 比重有可能达到 50%。从江苏情况看，2021 年全省数字经济规模超 5. 1 万亿元，数字经济核心产业增加值占地区生产总值比重为 10. 6%左右。数字产业化基础扎实，物联网、人工智能、云计算等新兴产业规模和增速领跑全国。产业数字化转型加快，两化融合发展水平指数连续 6 年位居全国第一，社交电商、直播电商等新模式不断涌现①。

数字经济的蓬勃发展对开展数字经济统计监测和数字经济核算工作提出了迫切要求。2021 年 10 月 18 日，习近平总书记在主持中共中央政治局就推动我国数字经济健康发展进行第三十四次集体学习时强调：“充分发挥海量数据和丰富应用场景优势，促进数字技术和实体经济深度融合，赋能传统产业转型升级，催生新产业新业态新模式，不断做强做优做大我国数字经济。”② 习近平总书记重要讲话为推动数字经济发展顶层设计和体制机制建设指明了前进方向，也为开展数字经济统计监测和数字经济核算提供了根本遵循。近年来，政府统计部门虽然已建立起数字经济产业统计分类标准，但由于数字经济具有发展速度快、融合程度高、业务模式新等特点，与数字经济发展相适应的统计监测体系尚未完全构建，数字经济统计核算明显滞后于数字经济发展实践。建立数字经济统计指标、监测方法和评估评价机制，强化数字经济发展动态跟踪，全面反映数字经济发展情况，准确衡量数字经济的规模、速度、结构，对加强数字经济发展的预警与引导，形成与数字经济发展相适应的政策体系和制度环境意义重大。

---

① 参见《江苏省“十四五”数字经济发展规划》，2021 年。

② 《习近平谈治国理政（第四卷）》，北京・外文出版社，2022 年版，第 206 页。

（二）数字经济的概念及其统计分类标准

“数字经济”一词最早出现于20世纪90年代。美国学者Don Tapscott于1996年出版的《数字经济：智力互联时代的希望与风险》一书，描述了计算机和互联网革命对商业行为的影响。1998年，美国商务部发布《新兴的数字经济》研究报告，将数字经济的特征概括为“因特网是基础设施，信息技术是先导技术，信息产业是带头和支柱产业，电子商务是经济增长的发动机”。2016年，G20杭州峰会通过的《二十国集团数字经济发展与合作倡议》，将数字经济的概念界定为“以使用数字化的知识和信息作为关键生产要素、以现代信息网络作为重要载体、以信息通信技术的有效使用作为效率提升和经济结构优化的重要推动力的一系列经济活动”。由此可见，数字经济是一个内涵比较宽泛的概念，而且其内涵也在不断扩展延伸。国家统计局在《数字经济及其核心产业统计分类（2021）》中强调，数字经济概念要紧扣数据资源、现代信息网络和信息通信技术三个要素，三者缺一不可①。

2021年5月，国家统计局正式公布并实施《数字经济及其核心产业统计分类（2021）》（以下简称《数字经济分类》），为数字经济核算提供了统一可比的统计标准、口径和范围。《数字经济分类》从“数字产业化”和“产业数字化”两个方面，将数字经济分为数字产品制造业、数字产品服务业、数字技术应用业、数字要素驱动业、数字化效率提升业5大类。其中，前4大类为数字产业化部分，即数字经济核心产业，是指为产业数字化发展提供数字技术、产品、服务、基础设施和解决方案，以及完全依赖于数字技术、数据要素的各类经济活动，对应于《国民经济行业分类》中的26个大类、68个中类、126个小类，是数字经济发展的基础。第5大类产业数字化部分，是指应用数字技术和数据资源为传统产业带来的产出增加和效率提升，是数字技术与实体经济的融合，涵盖智慧农业、智能制造、智能交通、智慧物流、数字金融、数字商贸、数字社会、数字政府等数字化应用场景，对应于《国民经济行业分类》中的91个大类、431个中类、1256个小类，体现了数字技术已经并将进一步与国民经济各行业产生

---

① 参见国家统计局副局长鲜祖德解读《数字经济及其核心产业统计分类（2021）》，国家统计局网站。

深度渗透和广泛融合。在数字经济分类中，数字产业化和产业数字化形成了互补关系。

（三）数字经济统计监测的主要内容

基于《数字经济分类》，结合江苏数字产业特点和行业优势，开展数字经济统计监测的主要内容包括以下方面。

1. 监测数据要素的产业化、商业化和市场化情况，全面反映数字产业化取得的积极进展

数字产业化是指数字产品制造业、数字产品服务业、数字技术应用业、数字要素驱动业等数据产业。数字产品制造业包括计算机制造、通信及雷达设备制造、数字媒体设备制造、智能设备制造、电子元器件及设备制造和其他数字产品制造业。数字产品服务业包括数字产品批发、数字产品零售、数字产品租赁、数字产品维修和其他数字产品服务业。数字技术应用业包括软件开发、电信、广播电视和卫星传输服务、互联网相关服务、信息技术服务和其他数字技术应用业。数字要素驱动业包括互联网平台、互联网批发零售、互联网金融、数字内容与媒体、信息基础设施建设、数据资源与产权交易和其他数字要素驱动业。通过监测统计数字产业化情况，旨在摸清数字产业化在为产业数字化发展提供数字技术、产品、服务、基础设施、相应解决方案以及完全依赖数字技术、数据要素的各类数字产品和服务方面的规模和水平及存在的短板弱项。

2. 监测数字技术与实体经济的融合情况，全面反映产业数字化取得的积极进展

产业数字化指传统产业应用数字技术和利用数据资源带来的产值增加、效率提升，具体包括智慧农业、智能制造、智能交通、智慧物流、数字金融、数字商贸、数字社会、数字政府和其他数字化效率提升业实现的营业收入、利润总额、从业人员平均人数、从业人员工资总额等主要指标增长情况。通过监测产业数字化情况，旨在摸清利用现代数字信息技术、先进互联网和人工智能技术对传统产业进行全方位、全角度、全链条改造，使数字技术与实体经济深度融合发展的生产规模扩大和产出效率，从而准确评判传统产业数字化转型升级的成效。

3. 开展数字经济统计核算，研究数字经济对经济社会发展的贡献度

依据《数字经济分类》，统一确定纳入数字经济产业统计范围的调查单位，建立名录库，重点围绕数字经济核心产业建立统计监测制度，利用数字经济各产业领域生产经营及从业人员情况进行核算（见表5-5）。围绕数字效率提升业所涵盖的应用化场景，充分整合政府综合统计和部门统计资源，对电子行政记录数据抓取整合，挖掘大数据统计价值，发现大数据统计规律，发挥大数据统计作用，强化大数据应用创新，积极开展数字经济对经济社会发展的贡献度研究。

表5-5　数字经济核心产业增加值核算表式

指标名称	代码	绝对额（万元）	相当于GDP的比例（%）
数字经济核心产业增加值	01		
数字产品制造业	02		
数字产品服务业	03		
数字技术应用业	04		
数字要素驱动业	05		

二、构建共同富裕指数研究

共同富裕是社会主义的本质要求，是中国式现代化的重要特征。党的十九届五中全会对扎实推动共同富裕作出重大战略部署，提出到2035年全体人民共同富裕取得更为明显的实质性进展。习近平总书记强调："要抓紧制定促进共同富裕行动纲要，提出科学可行、符合国情的指标体系和考核评估办法。"① 共同富裕是高质量发展的根本目的，高质量发展则是实现共同富裕的重要途径，高质量发展与共同富裕两者间具有内在统一性。建立共同富裕评价指标体系，多维度、多主体、多视角评判共同富裕建设进展和短板，对推动各地在高质量发展中实现共同富裕具有指导意义。

① 《习近平谈治国理政（第四卷）》，北京·外文出版社，2022年版，第142页。

（一）共同富裕的基本内涵和时代特征

共同富裕无论是内涵还是外延都十分丰富。首先，共同富裕是社会主义先进生产力和社会主义先进生产关系的有机组合。“富裕”属于生产力范畴，是生产力发展水平达到一定高度的标志，通常用人均收入水平来表示。“共同”属于社会主义生产关系的范畴，要求通过完善收入分配关系，让改革发展成果更多更公平惠及全体人民。其次，共同富裕可以从不同角度不同层面来理解。从经济学的范畴看，共同富裕反映了百姓收入提升后拥有财富的程度及对财富的占有方式，房产、金融资产、耐用消费品都是家庭财富的重要组成部分，还包括生活质量、福利保障水平等方面的内容。从社会学的角度看，共同富裕反映初次分配、再分配、三次分配协调配套程度，社会成员间不同利益群体的关系得到有效调节，社会贫富差距不断缩小，基本公共服务均等化水平逐步提升。从生态学视角看，人们财富的积累不以掠夺自然资源为代价，并且在创造财富的方式上具有公平、协调的可持续性。由此可见，共同富裕的核心意蕴是指全体人民普遍达到生活富裕富足、精神自信自强、环境宜居宜业、社会和谐和睦、公共服务普及普惠，实现人的全面发展和社会全面进步，共享改革发展成果和幸福美好生活，人民群众的获得感、幸福感、安全感更加充实、更有保障、更可持续①。

共同富裕具有鲜明的时代特征和中国特色，具体包括：

一是从主体看，共同富裕是全民共富，是全社会所有人的整体富裕。习近平总书记强调：“我们说的共同富裕是全体人民共同富裕。”② 因此，共同富裕不是少数人的富裕，也不是整齐划一的平均主义，而是让全体人民都过上幸福美好的生活，不断促进人的全面发展，朝着实现全体人民共同富裕不断迈进，做到共同富裕道路上一个人也不能少。

二是从内容看，共同富裕是全面富裕，既包括物质上的富裕，也包括精神上的富裕。共同富裕涵盖物质、精神、文化、生态、社会、公共服务等领域的方方面面的富裕。如果仅重视物质财富增长，忽视物质文明、政

---

① 参见《中共中央 国务院关于支持浙江高质量发展建设共同富裕示范区的意见》，2021 年 5 月 20 日。

② 《习近平谈治国理政（第四卷）》，北京・外文出版社，2022 年版，第 142 页。

治文明、精神文明、社会文明、生态文明的全面提升，将导致人的物化倾向，人的幸福感更无从谈起。共同富裕追求物质生活和精神生活都富裕，体现了人的全面发展和社会全面进步的要求，是对西方资本主义国家物质中心主义发展逻辑的超越。

三是从路径看，共同富裕是共建共富，是全体人民共建美好家园、共享美好生活。共同富裕等不来、要不来、讨不来，要人人参与、人人尽力、人人享有，靠饱蘸汗水的勤劳奋斗和共同努力达到共同富裕、共同发展。要让更多社会主体参与实现共同富裕的进程，为人民提高受教育程度、增强发展能力创造更加普惠公平的条件，给更多人创造致富机会，形成人人参与的发展环境，通过共同奋斗把“蛋糕”做大做好，然后通过合理的制度安排把“蛋糕”切好分好。

四是从过程看，共同富裕是逐步共富，是一个长期的历史过程。促进共同富裕是一项长期艰巨的任务，不可能一蹴而就。生产力发展水平的提升、公共政策体系的完善、致富能力的增强等都是一个动态过程，推动共同富裕一定要从社会主义初级阶段这个最大实际出发，既遵循规律、积极作为，又脚踏实地、久久为功，推动共同富裕从低水平到高水平。要把保障和改善民生建立在经济发展和财力可持续的基础之上，重点加强基础性、普惠性、兜底性民生保障建设。

（二）构建共同富裕指数的基本思路

第一，构建目的。

一是监测评估共同富裕目标的实现程度，精准刻画共同富裕的现实状态。对照中央确定的共同富裕目标及要求，监测评估共同富裕的总体水平、进展进步与监测目标实现程度，综合判断共同富裕进程、成效与影响因素，科学评估共同富裕发展情况，推动各级党委政府对共同富裕建设进展及问题精准把脉。

二是监测评估共同富裕政策的落实情况，引领各地扎实推动共同富裕。利用共同富裕评价指标体系对共同富裕情况进行动态监测，有助于各级党委政府充分把握共同富裕建设过程中短期、静态与长期、动态的关系，认清政策实施效果及存在问题，抓好各项决策部署的推进落实，确保完成目标任务。

三是监测评估共同富裕的经验和典型，发挥指标体系的正向激励作用。共同富裕评价体系精准设置关键性、引领性指标，可以据此总结共同富裕推进过程中可复制、可借鉴、可推广的重要经验和典型案例，有助于引导各级干部树立正确的政绩观，提升创新创造活力、干事创业能力，促进共同富裕取得实效。

第二，构建原则。

一是坚持系统思维、全面衡量。推动共同富裕是一项综合性系统性工程，涉及经济、社会、文化、生态等多个层面多个领域，指标体系必须强化全面性、系统性、协调性、普遍性要求，全方位体现共同富裕的内涵特征，确保推动共同富裕各项工作协调有序、相互促进、相得益彰。

二是坚持科学合理、简明实用。选取的指标应具有较强的公认性、针对性和实用性，具有较为完备的统计制度保障，使数据获取具有较好的延续性、可操作性。同时，在确保体系完整的同时，尽可能简洁明了、通俗易懂、便于实施。

三是坚持对标国家、体现省情。指标体系既要充分体现新发展理念和中央的要求，也要反映江苏省情实际和实现“强富美高”新目标的要求，确保中央和省委、省政府对推进共同富裕决策部署在江苏得到全面贯彻落实。

四是坚持可比可测、守正创新。在指标设置上，选取国际通用指标和国内可比指标，同时运用联系的发展的眼光，既考虑客观条件和现实可能性，又体现发展潜力与主观能动性，使指标体系更具有鲜明的时代特征。

第三，主要依据。

习近平总书记关于共同富裕的重要论述精神。习近平总书记就扎实推动共同富裕作出一系列重要论述、重大部署，开创性地回答了为什么要共同富裕、什么是共同富裕、怎样扎实推动共同富裕等一系列重大理论和实践问题，为推动共同富裕提供了行动指南，也为构建共同富裕指数提供了根本遵循①。

党的十九届五中全会关于扎实推动共同富裕的目标任务。党的十九届

① 习近平：《扎实推动共同富裕》，《求是》2021 年第 20 期。

五中全会明确把“全体人民共同富裕取得更为明显的实质性进展”写入2035年中国基本实现社会主义现代化的远景目标中。国家“十四五”规划和2035年远景目标纲要，提出“民生福祉”的7项定量目标。这为构建共同富裕指数提供了重要依据。

江苏省委关于扎实推动共同富裕的部署要求。省第十四次党代会对江苏未来5年的现代化建设提出了包括“共同富裕水平显著提升”在内的“六个显著提升”的目标任务。江苏“十四五”规划和2035年远景目标纲要，在2025年的“百姓富”大类指标中设置了5个具体指标，要求人的全面发展和全省人民共同富裕走在全国前列。这些部署要求和有关指标是设计共同富裕指数的重要参考。

《中共中央 国务院关于支持浙江高质量发展建设共同富裕示范区的意见》等文件精神。中共中央、国务院公布的《关于支持浙江高质量发展建设共同富裕示范区的意见》指出，共同富裕是社会主义的本质要求，是人民群众的共同期盼。根据中央文件精神制定的《浙江高质量发展建设共同富裕示范区实施方案（2021—2025年）》，细化共同富裕发展目标。浙江高质量发展建设共同富裕示范区的主要指标，为构建江苏共同富裕指数提供了借鉴。

（三）构建共同富裕指数的基本框架

按照共同富裕特征内涵和指标体系设计原则，初步构建由共建共富、全民共富、全面富裕、逐步共富4个维度（一级指标）、12个二级指标、50个三级指标（具体指标）组成的共同富裕评价指标体系（见表5-6）。其中，共建共富维度设置10个具体指标，全民共富维度设置13个具体指标，全面富裕维度设置18个具体指标，逐步共富维度设置9个具体指标。

一是共建共富指标，从经济发展、就业创业等方面反映通过激发全社会创业创新创造活力，大力发展社会生产力，齐心协力做大“蛋糕”，创造更多财富的情况。二级指标“经济发展”中的5个指标反映经济综合实力、劳动效率、城市化发展程度、区域协调发展、产业竞争力，是衡量在高质量发展中促进共同富裕的重要指标。二级指标“就业创业”中的5个指标反映全社会及重点人群就业、自主创业情况，是衡量以更加充分更高质量就业推动共同富裕的重要指标。

二是全民共富指标，从收入水平、生活富裕、群体差异等方面反映全体人民共享发展成果，与时俱进地过上幸福美好生活的总体富裕情况。二级指标“收入水平”中的3个指标反映居民收入水平、经济增长的“含金量”、初次分配中劳动者分享程度，是衡量居民生活水平和购买力、收入增长与经济增长是否同步、国民收入初次分配状况的重要指标。二级指标“生活富裕”中的3个指标反映居民生活消费水平和结构变化，是衡量居民生活富裕程度的重要指标。二级指标“群体差异”中的7个指标反映居民内部收入分配差异的数量界限，是衡量居民之间贫富差异程度及其享受居民最低生活保障待遇的重要指标。

三是全面富裕指标，从教育状况、医疗卫生、居住条件、生态环境、精神文化生活等方面反映提升基本公共服务均等化程度和人的精神需求情况。二级指标“教育状况”中的2个指标反映居民文化程度构成，是衡量国民素质和文化水平、劳动力技能水平的重要指标。二级指标“医疗卫生”中的4个指标反映医疗、“一老一小”照护服务供给，是衡量国民健康状况和医疗卫生服务水平的重要指标。二级指标“居住条件”中的3个指标反映居民住房情况，是衡量居民居住条件改善情况的重要指标。二级指标“生态环境”中的5个指标反映能耗、空气、水、绿地等情况，是衡量人与自然和谐共生的重要指标。二级指标“精神文化生活”中的4个指标反映文化产业、居民阅读、文化设施等情况，是衡量物质文明和精神文明协调程度的重要指标。

四是逐步共富指标，从社会保障、可持续发展等方面反映人民共同富裕是一个逐步推进的过程。二级指标“社会保障”中的4个指标反映养老、医疗、失业、公众安全情况，是衡量社会保障程度的重要指标。二级指标“可持续发展”中的5个指标反映营商环境、科技创新能力、经济集约经营和安全生产状况，是衡量经济社会活跃度和可持续发展能力的重要指标。

表 5-6　共同富裕评价指标

一级指标	二级指标	三级指标
共建共富（X1）	经济发展	人均地区生产总值（万元、正指标），全员劳动生产率（万元、正指标），常住人口城镇化率（%、正指标），区域经济发展差异系数（%、逆指标），高新技术制造业增加值占规上工业比重（%、正指标）
共建共富（X1）	就业创业	城镇调查失业率（%、逆指标），高校毕业生年末就业率（%、正指标），农村劳动力转移率（%、正指标），城镇零就业家庭比重（%、逆指标），自主创业并带动就业人数（万人、正指标）
全民共富（X2）	收入水平	居民人均可支配收入（元、正指标），居民人均可支配收入与人均GDP之比（%、正指标），劳动者报酬占初次分配比重（%、正指标）
全民共富（X2）	生活富裕	恩格尔系数（%、逆指标），居民人均生活消费支出（元、正指标），居民消费率（%、正指标）
全民共富（X2）	群体差异	基尼系数（逆指标），城乡居民收入差异倍数（逆指标），人均可支配收入最高最低倍差（逆指标），中等收入群体比例（%、正指标），低收入群体收入增长（%、正指标），低收入群体财产性收入增长（%、正指标），居民最低生活保障水平（元、正指标）
全面富裕（X3）	教育状况	每万人拥有大专及以上文化程度人数（人、正指标），每万劳动力中高技能人才数（人、正指标）
全面富裕（X3）	医疗卫生	平均预期寿命（岁、正指标），每千人拥有医生数（人、正指标），每千人拥有3岁以下婴幼儿托位数（个、正指标），接受上门服务的居家老年人数占比（%、正指标）
全面富裕（X3）	居住条件	居民人均住房面积（平方米、正指标），城镇家庭住房成套比例（%、正指标），农村家庭住房成套比例（%、正指标）
全面富裕（X3）	生态环境	单位GDP能耗（吨标煤/万元、逆指标），空气质量达到二级标准天数比例（%、正指标），地表水好于Ⅲ类水质的比例（%、正指标），林木覆盖率（%、正指标），城镇绿化覆盖率（%、正指标）
全面富裕（X3）	精神文化生活	文化产业增加值占GDP比重（%、正指标），居民文化娱乐服务支出占家庭消费支出比重（%、正指标），居民综合阅读率（%、正指标），人均拥有公共文化体育设施面积（平方米、正指标）

续表

一级指标	二级指标	三级指标
逐步共富（X4）	社会保障	城乡基本养老保险参保缴费率（%、正指标），城乡基本医疗保险覆盖率（%、正指标），失业保险覆盖率（%、正指标），公众安全感（%、正指标）
	可持续发展	营商便利度（%、正指标），R&D 经费支出占 GDP 比重（%、正指标），数字经济核心产业增加值占 GDP 比重（%、正指标），单位 GDP 建设用地使用面积（公顷/亿元、逆指标），安全生产水平（分、正指标）

（四）共同富裕主要指标目标值设定

江苏共同富裕指标目标值的设定，以党的十九届五中全会提出的到 2035 年“全体人民共同富裕取得更为明显的实质性进展”为基本依据，以中等发达国家和地区偏上水平为参照系，同时考虑期望与可能，主要指标目标值设置如下。

人均地区生产总值：按照省委十三届九次全会提出到 2035 年“人均地区生产总值在 2020 年基础上实现翻一番，居民人均收入实现翻一番以上”要求设置，目标值按 2020 年人民币平均汇率折算约为 3.5 万美元。

常住人口城镇化率：城市化是推进共同富裕的重要内容，目前发达国家的常住人口城镇化率基本上在 80%以上。2019 年，美国城镇化率为 82.5%，日本为 91.7%，德国为 77.4%，英国为 83.7%，法国为 80.7%，韩国为 81.4%。2020 年，江苏为 73.4%，省“十四五”规划目标为 75%以上，确定目标值为 80%。

居民人均可支配收入：2020 年江苏居民人均可支配收入 4.34 万元，根据 2035 年远景目标翻一番的要求，设置目标值为 8.6 万元。

人均可支配收入最高最低倍差：2020 年江苏该指标值为 7.96，要通过有效的分配和再分配政策使收入差距维持在 0.5 以下的较低水平。

中等收入群体占比：发达国家中等收入群体占比一般在六成以上。2015 年，澳大利亚中等收入群体占 66%，比利时和新加坡占 60%以上，意大利、西班牙和英国达到 55%以上。参考发达国家平均水平，确定目标值为 65%以上。

城镇调查失业率：省“十四五”规划目标为 5%左右，设定目标值为 4.5%以下。

平均预期寿命：发达国家平均预期寿命一般在 80 岁以上。2018 年，美国为 78.5 岁，日本为 84.2 岁，德国为 81 岁，英国为 81.4 岁，法国为 82.9 岁，韩国为 82.7 岁。2020 年，江苏人口平均预期寿命为 79.32 岁，确定目标值为 80 岁以上。

研发投入占地区生产总值比重：2017 年，美国研发投入占比为 2.8%，日本为 3.2%，德国为 3.0%，英国为 1.7%，法国为 2.2%，韩国为 4.6%。2020 年，江苏为 2.93%，确定目标值为 3.5%。

数字经济核心产业增加值占地区生产总值比重：省“十四五”规划目标为 10%以上，设定目标值为 15%。

（五）共同富裕的评价方法

1. 权重确定

采用熵值法对共同富裕指标进行赋权。熵值法属于客观赋权法，其出发点是根据各评价指标值之间的差异程度来确定权重系数，能够有效避免人为因素干扰带来的偏差，较为客观地反映各评价指标的重要性。设有 m 个统计样本和 n 个评价指标，则形成原始数据矩阵如下：

$$X=\begin{bmatrix} x_{11} & x_{12} & \cdots & x_{1n} \\ x_{21} & x_{22} & \cdots & x_{2n} \\ \vdots & \vdots & \ddots & \vdots \\ x_{m1} & x_{m2} & \cdots & x_{mn} \end{bmatrix}$$

由于各项指标的计量单位不同，因此先要对各项指标值进行无量纲化处理，解决各项不同质指标值的同质化问题。

对取值越大越好的正向化指标：

$$z_{ij}=\frac{x_{ij}-\min(x_j)}{\max(x_j)-\min(x_j)}$$

对取值越小越好的逆向指标：

$$z_{ij}=\frac{\max(x_j)-x_{ij}}{\max(x_j)-\min(x_j)}$$

上式中，z_{ij}为标准化后第 i 个样本的第 j 个指标的数值，$i=1$，2，…，m，$j=1$，2，…，n。

计算第 j 个指标下第 i 个样本值占该指标的比重：

$$p_{ij}=\frac{z_{ij}}{\sum_{i-1}^{m} z_{ij}}$$

计算第 j 个指标的熵值：

$$e_j=-k\sum_{i-1}^{m} p_{ij}\ln(p_{ij})$$

其中，$k=1/\ln(n)>0$，满足 $e_j\geqslant 0$

计算信息熵冗余度：

$$d_j=1-e_j$$

计算各项指标的权重：

$$w_j=\frac{d_j}{\sum_{i-1}^{n} d_j}$$

2. 计算共同富裕综合指数

采用线性加权方法，对各个指标的实现程度进行评判，并依据权重计算共同富裕综合指数。具体计算公式为：

三级指标得分=单项指标的标准化值×单项指标对应的权数

二级指标得分=各单项指标得分之和

一级指标得分=各二级指标得分之和

共同富裕综合指数=各一级指标得分之和×100%

3. 共同富裕综合指数的应用

主要应用在以下方面：一是在纵向时间序列上进行比较和分析，及时客观准确地反映江苏共同富裕建设进展和成效。二是进行区域间的横向比较分析，研究揭示江苏在全国特别是东部沿海省份中所处的位置，明确全省和各地推进共同富裕的优势与短板。三是科学研判存在问题，为各级党委政府查漏补缺、统筹规划、精准施策提供数据支撑和咨询建议，推动共同富裕建设迈上新水平。

三、建立新发展格局指标体系研究

加快构建以国内大循环为主体、国内国际双循环相互促进的新发展格局，是党中央根据我国发展阶段、环境、条件变化作出的重大战略部署。党的十九届五中全会后，习近平总书记考察江苏，赋予江苏“在服务全国构建新发展格局上争做示范”的新使命。作为我国综合实力强、创新活力足、开放程度高的省份之一，江苏有条件有能力肩负起探索性、创新性、引领性的时代重任，当好探路者和先行者，在推动形成新发展格局中发挥有力支点和战略枢纽作用。

构建新发展格局的内涵十分丰富。构建新发展格局关键在于实现经济循环流转和产业关联的畅通，根本要求是提升供给体系的创新力和关联性，解决各类卡脖子和瓶颈问题，以此来畅通国民经济循环。要以实现国民经济体系高水平的完整性为目标，突出重点，抓住主要矛盾，着力打通堵点，贯通生产、分配、流通、消费等各个环节，实现供求的动态平衡。可以说，构建新发展格局，就是要打破市场和资源“两头在外”的旧模式，形成“以内为主、内外兼修”、具有发展主动权的新格局。深入理解构建新发展格局的内涵，需要把握好供给和需求的关系、国内大循环与国内国际双循环的关系、深化改革与推动发展的关系。

构建新发展格局指标体系，是推动江苏“在服务全国构建新发展格局上争做示范”的重要基础性工作。基于新发展格局的科学内涵和主要目标取向，运用统计学理论与方法，围绕“国内大循环”“国内国际双循环”“相关制度保障”三个层面选取指标，尝试建立新发展格局评价体系，对新发展格局开展动态监测。

（一）“国内大循环”层面

构建新发展格局要求“以国内大循环为主体”，原因在于当前及过去一段时间内需相对不足，国内大循环对经济发展支撑性不够。从国内大循环视角来看，重点任务和相关指标可分为以下三个方面：第一，坚持扩大内需战略基点，加快培育完整内需体系。相关指标既包括内部需求占比、内部需求对经济增长的贡献率等结构指标，也包括社会消费品零售总额、固定资产投资等总量指标增长速度等。第二，深化供给侧结构性改革，提高供给体系对国内需求的满足能力。相关指标既包括农业现代化发展水平、制造业增加值率等传统指标，也包括数字经济占 GDP 比重或“上云”企业数占规上企业比重等创新指标，反映以工业互联网为代表的智能制造发展进程。第三，突出创新引领，建成具有全球影响力的产业科技创新中心。相关指标主要为研发投入占 GDP 比重、有研发活动企业数等创新投入指标，以及 PCT 发明专利申请量、高维持年限发明专利拥有量等创新产出指标。

表 5-7 “国内大循环”层面相关评价指标

层次	序号	指标	单位
培育完整内需体系	1	内部需求占 GDP 比重（或内部需求对经济增长的贡献率）	%
	2	社会消费品零售总额增长速度	%
	3	固定资产投资增长速度	%
深化供给侧改革	4	农业现代化发展水平	—
	5	制造业增加值率	%
	6	工业战略性新兴产业总产值占比及增速	%
	7	数字经济占比（或“上云”企业数占规上企业比重）	%
	8	服务业增加值占 GDP 比重	%
建成产业科技创新中心	9	研发投入占 GDP 比重	%
	10	基础研发经费投入占研发投入比重	%
	11	规上工业中有研发活动企业数占比	%
	12	PCT 发明专利申请量	个
	13	高维持年限发明专利拥有量	个

（二）“国内国际双循环”层面

构建新发展格局，要求“国内国际双循环相互促进”。实践证明，国内发展不可能脱离世界经济大环境，依托超大规模市场优势能够在国际竞争合作中形成新局面、拓展新空间，并反哺国内大循环。从国内国际双循环视角，重点任务和相关指标可分为以下三个方面：第一，继续优化对外贸易结构，形成与国内大循环相适配的对外贸易新体系。相关指标包括贸易方式、产品和服务结构、贸易伙伴多样性等结构性指标。第二，着力破除资本流动障碍，促进引进外资和对外投资相协调的双向循环。相关指标包括跨国资本流动的总量及增速，对东盟及“一带一路”国家直接投资进展情况等。第三，构建人才和技术双向交流的各项机制，形成全球资源要素的引力场。相关指标包括在苏外籍常住人口、跨国技术合同成交额、参与国际规则制定次数等。

表 5-8　“国内国际双循环”层面相关评价指标

层次	序号	指标	单位
优化对外贸易结构	1	一般贸易进出口额占进出口总额比重	%
	2	高新技术产品出口额占出口总额比重	%
	3	知识密集型服务进出口额总量及增速	美元、%
	4	对东盟、“一带一路”国家进出口额占比	%
破除资本流动障碍	5	实际使用外资总量及增速	美元、%
	6	对外直接投资总量及增速	美元、%
	7	对东盟、“一带一路”国家直接投资额占比	%
形成全球要素引力场	8	在苏外籍常住人口	人
	9	外国高端人才和专业人才来华工作人数	人
	10	跨国技术合同成交额	亿元
	11	参与国际规则制定次数	次

（三）“相关制度保障”层面

全面深化改革在构建新发展格局中具有关键作用。必须围绕畅通经济循环深化改革，促进各项改革融会贯通、系统集成，以重点突破引领改革纵深推进，全面建立健全支撑新发展格局的制度保障。重点任务和相关指标可分为以下三个方面：第一，优化收入分配格局，畅通生产、消费、投资与储蓄循环。加快建立兼顾按劳分配、要素分配和城乡收入的分配制度，培育大规模中等收入群体，扎实推动共同富裕，相关指标包括劳动报酬在初次分配中的比重、中等收入群体占比等。第二，健全现代流通体系，建成具有世界聚合力的双向开放枢纽。根据江苏发展特点，重点关注区域一体化、海港和现代物流枢纽建设等方面，相关指标包括区域铁路通达率、海港吞吐量和高等级航道数量、现代物流业发展指数等指标。第三，深化要素市场化改革，形成有效支撑经济循环的标准化要素市场。相关指标包括营商便利度、高层次人才占比、单位 GDP 直接融资额、普惠性金融领域贷款占比等。此外，要加强社会信用体系和结算体系建设，降低制度性交易成本，目前此领域量化指标缺乏，需要进行补充完善。

表 5-9 “制度保障”层面相关评价指标

层次	序号	指标	单位
优化收入分配结构	1	劳动报酬在初次分配中的比重	%
	2	居民人均可支配收入	元
	3	中等收入群体占比	%
	4	城乡居民人均可支配收入差距	
	5	土地/资本等要素使用权/收益权收入	元
健全现代流通体系	6	区域铁路通达率	%
	7	海港吞吐量和高等级航道数量	吨、个
	8	国际航空枢纽数量（或邮政快递枢纽数量）	个
	9	现代物流业发展指数（或物流总成本占 GDP 比重）	%
提高要素市场化程度	10	营商便利度指数	
	11	高层次人才占就业人员比重	%
	12	单位 GDP 直接融资额	亿元
	13	上市公司总市值占全国的比重	%
	14	普惠性金融领域贷款占比	%

以上述指标体系为基础，拟先用功效系数法（Efficacy coefficient method）、模糊综合评价法（Fuzzy comprehensive evaluation method）、专家排序法（Expert ranking method）等方法相结合，确定指标权重，进行指标无量纲化处理，计算单个指标评价值，再对指标体系逐层计算得分，公式如下：综合评价值（Epw）= 国内大循环评价值（Ep1）×权重（W1）+国内

国际双循环评价值（Ep2）×权重（W2）+相关制度保障评价值（Ep3）×权重（W3），最后得到构建新发展格局推进情况综合评价值。

测算结果显示，近年来江苏服务全国构建新发展格局取得一定成效，2020年综合评价得分为81.3分（100分制），比2015年提高18.1分。“国内大循环”层面得分为79.2分，在三个分层中得分最低。受新冠肺炎疫情影响，全省社会消费品零售总额、固定资产投资增速恢复相对缓慢，两项指标得分低于2015年；基础研发投入占GDP比重，制造业增加值率年度之间有波动，两项指标得分也相对偏低；得分情况较好的指标为工业战略性新兴产业产值占比和服务业增加值占比。“国内国际双循环”层面得分为81.9分，略高于综合评价得分。外资外贸实现双增长，贸易结构持续优化、RCEP制定新的全球贸易规则是得分较高的主要原因，全省高技术产品出口额、知识密集型服务进出口额、对东盟及“一带一路”沿线国家出口额分别增长2.4%、6.8%、8.4%、1.5%，实际使用外资增长8.6%；得分较低的指标主要有外国高端人才和专业人才来华工作人数、跨国技术合同成交额等，与新冠肺炎疫情影响有一定关系。“制度保障”层面得分为82.7分，在三个分层中得分最高。2020年全省上下着力落实“六稳”“六保”，收入分配结构持续优化，重大基础设施项目有力推进，营商便利度大幅提升，多数指标得分较高，其中城乡居民人均可支配收入差距、普惠性金融领域贷款占比两项指标得分较为突出。

第四节　高质量发展统计保障的实现路径

构建推动高质量发展统计体系是一项系统工程，必须坚持系统化、立体化、全局化思维，紧扣建设高质量统计体系主要目标，找准切入点和着力点，抓住关键环节和重点任务，推进高质量统计体系不断实现新突破。

一、依靠改革创新根本动力

加快构建高质量的统计体系，既要进行统计技术创新，又要进行统计体制和统计管理创新。认真贯彻落实党的十九大提出的“完善统计体制”

重大部署，用改革的办法破除统计事业发展的体制机制障碍，加强改革系统集成协同高效，更加注重统计改革的系统性、整体性、协同性，更加注重统计改革举措的关联性和耦合性，集中力量破解主要矛盾，不断破除发展瓶颈、汇聚发展优势、增强发展动力，推动统计改革在防范和惩治统计中的弄虚作假，保障统计机构和统计人员行使独立调查、独立报告、独立监督职权，形成政府综合统计、部门统计、民间统计强大合力等方面取得新进展。突出创新在统计现代化全局中的核心地位，协调推进统计理论创新、制度创新、技术创新、实践创新，利用统计科学、数据科学与现代信息技术相互叠加、相互渗透、相互支撑的融合发展契机，进一步革新统计生产方式，丰富统计数据源，优化统计方法手段，为统计改革发展提供更多新动能。将统计顶层设计与实践活力有机结合，鼓励各地大胆探索、先行先试，在体制机制、制度方法等重点领域形成一批可复制可推广的创新成果。

二、聚焦数据质量核心要求

数据质量是统计工作的生命线。坚持质量第一，将提高数据质量的理念、规范、手段、要求融入统计工作全过程，层层负责，人人担当，引导领导干部树立正确的政绩观，推动各级统计机构统计数据质量主体责任和相关统计人员岗位责任落实落地，严格落实统计独立真实调查责任制，严格执行统计调查制度，建立统计数据质量追溯和问责制度，形成不敢造假、不能造假、不想造假的良好统计生态。加强统计数据全面质量管理，不仅注重数据生产端的质量管理，而且要强化数据服务端的质量管理；既追求数据的真实准确、完整及时目标，又重视数据的可比性、协调性、适用性、可获得性和经济性；采取全流程质量管理方式，对确定需求、调查设计、核准备案、任务部署、数据采集、数据处理、数据评估、数据公布与传播、统计分析、项目评估等各个环节的质量进行标准化管理和控制。对统计违法违纪行为实行零容忍，加大对弄虚作假等统计数据违纪违法行为的查处和追责问责力度，坚持有案必查、查案必实、实案必惩，积极推进统计执法“双随机”抽查，对于查实的弄虚作假等统计违法案件依法予以惩处，让统计法律法规成为“真老虎”，确保各项统计数据客观反映高质量发展实际。

三、锚定有效供给主攻方向

当前统计发展的主要矛盾在供给侧。要进一步深化统计供给侧改革，以满足各类不断升级的统计需求为目的，把扩大统计有效供给作为重点任务，以改革创新促进统计产品和服务质量提升，减少无效和低效供给，扩大有效和高效供给，形成更高水平的统计供求动态平衡。一是从领域、空域、时域多个维度推动统计供给跟上需求变化，形成优质多样化的统计供给体系，既做好“减法”，也做好“加法”，清理重复交叉、陈旧过时、利用率低的统计调查项目、报表和指标，持续优化统计存量资源配置，同时增加反映经济、社会、政治、文化、生态文明高质量发展的指标，积极扩大统计优质增量供给，显著提高统计体系的创新力。二是以需求为导向，从数据生产端发力，健全反映新旧动能转化、供需结构变化、微观经济运行效率等方面的统计指标，满足用户多样化、品质化统计产品需求。三是增加统计体系的有效技术供给，推动数据生产从单纯借助结构化数据信息开展统计，向更加注重收集挖掘非结构化、半结构化数据转变，发挥好技术创新对优化统计供给结构的引领作用，在更深层次上推动统计转型升级。

四、用好统计监督尚方宝剑

统计监督是党和国家监督体系的重要组成部分。党的十九届四中全会明确提出要“发挥统计监督职能作用”，进一步明确了统计监督的重要地位。应紧扣监督之要，增强监督之能，提升监督实效，综合运用统计法治监督、业务监督、纪律监督、社会监督，打造立体化统计监督体系，健全监督机制、增强监督合力，持续提升统计监督效能。完善统计执法监督机制，监督检查统计工作和查处统计违法行为，避免统计数据失真失实干扰决策判断。推动纪律监督、组织监督、巡视监督、审计监督、统计监督统筹衔接、有机贯通、相互协调，借助统计监督的宏观性、客观性、数量性优势，在信息共享、线索移送、协同配合等方面实现精准对接，健全统计违纪违法案件移送和责任追究机制，推动统计造假问题依纪依法处理到位。加强统计违纪违法案件警示教育，查处一案、警示一片、规范一方，防惩并重推动依法统计依法治统不断引向深入。完善全覆盖的统计制度执行监督机制，依法组织实施统计调查，依法完善统计调查项目及制度，依法组织实施统计调查，依法规范管理统计行为。从统计角度监督党和国家大政方针的贯彻落实，进一步强化贯彻落实新发展理念、推进社会主义现代化建设等的监测评价。

五、夯实基层基础坚强基石

构建高质量发展的统计体系，源头在基层基础，重心在基层基础。一是加强基层统计队伍建设，完善基层统计组织体系。依法独立设置县级统计机构，配齐配强乡镇（街道）和各类开发区统计力量，指导村居（社区）和统计调查单位根据统计任务需要设置统计机构或统计岗位，配备专（兼）职统计人员，积极稳妥发展第三方统计力量，确保基层统计人员稳定性和工作的连续性。积极探索通过设置公益性岗位、购买统计服务等方式增强基层统计力量。二是健全基层统计制度机制，规范基层统计调查行为。依法依规建立健全各项统计业务工作制度、管理工作制度和数据质量责任体系，通过制度建设提升基层统计管理工作规范化水平。健全原始记录和统计台账，制定分专业分企业规模的电子统计台账模板，推进企业建立电子统计台账，确保数出有据。推进部门统计数据应用和共享。健全完善部门综合统计报表制度，建立部门统计数据共享机制。三是制定有效的落实保障措施，营造良好的基层统计环境。健全抓落实的组织措施、考核措施、激励措施，形成科学合理、行之有效的工作责任制。对基层统计人员开展全方位业务培训和统计法律法规培训，进一步提升统计人员业务能力和服务水平。

本章小结

推动高质量发展的统计体系，是充分体现新发展理念要求、适应社会主要矛盾变化、保障高质量发展有序运行的统计体系，既包括生产力方面的内容，又包括生产关系方面的内容，其内涵特征具有多维性、丰富性和动态性。更广范围构建全面完整、反应灵敏的统计调查制度体系，更宽领域构建统一规范、接轨国际的统计标准体系，更加系统构建方法科学、获取直接的统计数据采集体系，更深层次构建科学严谨、统一规范的国民经济核算体系，更高水平构建务实精准、内容丰富的统计监测评价体系，更大力度构建灵活高效、支撑有力的统计支持保障体系，共同构成建设高质量发展统计体系的目标框架和主要内容。要围绕发展数字经济、推动共同富裕、构建新发展格局等重点问题开展深入研究，不断拓展高质量发展监测评价新领域。必须依靠改革创新这个根本动力，聚焦数据质量这个核心要求，锚定有效供给这个主攻方向，用好统计监督这把尚方宝剑，夯实基层基础这个坚强基石，推进高质量统计体系建设不断实现新突破。

第六章

江苏高质量发展的绩效评价与综合研判

高质量发展绩效评价是考核评价的核心环节、关键步骤，综合研判是高质量发展测度评价的深化细化和基本结论，这两者紧密相连、相得益彰，为考核评价结果运用打下坚实的基础和提供决策依据。为增强绩效评价和综合研判的针对性、实效性、精准性和前瞻性，本章从研究的角度，在构建江苏高质量发展评价指标体系和统计体系的基础上，从“综合质效、创新发展、协调发展、绿色发展、开放发展、共享发展、安全发展、主观感受”“八个模块”，分别对江苏全省高质量发展总体评价、全省高质量发展的贡献度分析和设区市高质量发展水平评价，采用灰色预测模型，对未来江苏省高质量发展指数进行预测，从测度评价的角度为江苏“十四五”时期高质量发展提供参考依据。课题从理论和实践结合的维度对全省高质量发展进行“八个模块”综合评价，是一项探索性有益的尝试，需要在尝试中完善、在完善中不断提高。

第一节　江苏高质量发展总体评价研析

根据本书第四章构建的“江苏高质量发展评价指标和权重”的评价要求，从“八个模块”的评价维度，细化为 24 个一级指标和 41 个二级指标，在精选优化评价方法和测度模型的基础上，对全省 2016—2021 年高质量发展综合发展指数测度，并分别测度出综合质效指数、创新发展指数、协调发展指数、绿色发展指数、开放发展指数、共享发展指数、安全发展指数、主观感受指数；通过构建模型和实证分析，分别对生产效率、经济活力、环境保护、创新能力贡献度分析；采用秩和比综合评价法对各设区市2019—2020年高质量发展水平综合评价，并分别对设区市的综合质效、创新发展、协调发展、绿色发展、开放发展、共享发展、安全发展、主观感受“八个模块”进行测度；采用灰色预测模型对江苏2022—2024年高质量发展综合指数进行预测，并分别对全省的综合质效、创新发展等“八个模块”指数进行预测，从发展的实际指数和预测指数分析江苏高质量发展的趋势。

一、江苏高质量发展综合评价

本研究采用德尔菲法（Delphi法）和层次分析法（AHP法）相结合的方法进行赋权，运用德尔菲法和层次分析法相结合，在集中专家的知识与经验的基础上进行定量判断，能够有效提高指标权重设置的科学性和准确性。而一些客观性较强的赋权方法包括主成分分析法、因子分析法、熵值赋权法等，并不适用本研究的研究目标。如主成分分析、因子分析要求样本数量要大于变量数量，而本研究的指标较多，设区市评价样本只有13个市；熵权法符合数学规律，具有严格的数学意义，但往往不能反映高质量发展指标的导向性。有关41个评价指标的数据，主要来源于江苏省统计局、江苏年鉴、各设区市年鉴、江苏省地方志网站、各设区市地方志网站等；主观感受部分的数据主要通过各项问卷调查获得。本研究在13个设区市组织完成了11036人的《江苏高质量发展公众满意度评价调查问卷》，去掉65周岁以上和18岁以下的填写人数，实际有效问卷9130人。

本研究采用功效系数法进行无量纲化处理，设定0.6为基础分，即起评标准，以避免评价结果中某一得分为零，并对指标数据进行无量纲化处理。因此，对于正指标、逆指标分别进行以下处理。

正指标：

$$Z_i = \frac{x_i - \min x_i}{\max x_i - \min x_i} \times 0.4 + 0.6$$

逆指标：

$$Z_i = \frac{\max x_i - x_i}{\max x_i - \min x_i} \times 0.4 + 0.6$$

其中，x_i 为报告期原始值；$\max x_i$ 为最大值；$\min x_i$ 为最小值；Z_i 为各项评价指标的标准化值。

通过以上获得的权重以及无量纲化处理后的指标，采用线性加权法对江苏省总体的高质量发展进行评价。类似地，对“八个模块”的测度也采取同样的步骤进行评价。

根据“江苏高质量发展评价指标及权重”，采用线性加权法计算2016—2021年江苏经济高质量发展水平的综合指数，以此作为研究当年江苏省经济高质量发展水平的评价依据。全省高质量发展综合评价结果见表6-1。

表6-1　综合评价结果

年份	高质量发展指数	较基期增减点数	较基期增长百分比	较上年增减点数	较上年增长百分比
2016	0.6731	—	—	—	—
2017	0.7253	0.0522	7.76%	0.0522	7.76%
2018	0.7944	0.1213	18.02%	0.0691	9.53%
2019	0.8307	0.1576	23.41%	0.0363	4.57%
2020	0.8545	0.1514	22.49%	0.0238	2.87%
2021	0.9213	0.2482	36.87%	0.0668	7.82%

从综合评价结果看，2016—2021年江苏省高质量发展持续推进，发展情况稳中向好，高质量发展得分呈现逐年稳步增长趋势，分别依次为0.6731、0.7253、0.7944、0.8307、0.8545、0.9213。

从年度增长数量看，2016年得分为0.6731，2021年增长至0.9213，2021年高质量发展指数较2016年增长了0.2482；但增幅有所波动，2017—2021年的增长速度呈现较大的波动，2020年受新冠肺炎疫情的影响较上年增减点数和较上年增长百分比均较小。

从“八个模块”综合评价看，截至2021年按综合指数绝对数值排名从高到低依次为绿色发展指数、开放发展指数、主观感受指数都为1，创新发展指数0.9200、协调发展指数0.9042、共享发展指数0.8857、安全发展指数0.8801、综合质效指数0.8529；从各模块综合指数看，按年平均指数排名从高到低依次为主观感受指数 0.8352、协调发展指数 0.8053、综合质效指数 0.8043、创新发展指数 0.8019、安全发展指数 0.8002、开放发展指数 0.7956、绿色发展指数 0.7951、共享发展指数 0.7800。基于此，得出模块综合评价结果，见表 6-2。

表 6-2　分模块综合评价结果

年份	综合质效指数	创新发展指数	协调发展指数	绿色发展指数	开放发展指数	共享发展指数	安全发展指数	主观感受指数
2016	0.7381	0.6880	0.7306	0.6079	0.6000	0.6626	0.6889	0.6000
2017	0.7866	0.6865	0.8081	0.6736	0.7238	0.6872	0.7377	0.6595
2018	0.8804	0.7569	0.8226	0.7530	0.7591	0.7716	0.7352	0.8538
2019	0.8268	0.8522	0.7957	0.8125	0.8095	0.8260	0.8433	0.9280
2020	0.7409	0.9079	0.7705	0.9234	0.8814	0.8467	0.9159	0.9702
2021	0.8529	0.9200	0.9042	1.0000	1.0000	0.8857	0.8801	1.0000
年平均值	0.8043	0.8019	0.8053	0.7951	0.7956	0.7800	0.8002	0.8352

近年来，江苏高质量发展综合指数呈现出逐年提高、稳步增长的好绩效、好势头。以 2016 年作为基期，2017 年高质量发展得分为 0.7253，较上年增长了 0.0522，增长幅度为 7.76%，2017 年江苏省实施“双轮驱动”开放引资战略、扩大服务业对外开放积极引进外资总部和功能性结构、加快公平竞争制度建设等都促使开放发展指数的提高，成为当年江苏高质量发展综合指数增长的主要动力；而创新发展指数却出现明显下滑，在一定程度上影响了当年江苏整体高质量发展。2018 年江苏省高质量发展指数为 0.7944，较上年增长了 0.0691，较 2017 年增长了 9.53%，其中对 2018 年高质量发展指数起最主要拉动作用的是主观感受模块，2018 年主观感受指数为 0.8538，成为 2018 年高质量发展的主要方面，主要是江苏省近年来聚焦群众“急难愁盼”，补齐民生短板，不断实施富民措施，不断探索创新，从而大大地提高人民群众的获得感和幸福感。2019 年深入实施创新驱动发展战略，制定了强化高新技术企业培育、提升高新技术创新能力等政策，全面落实推动高质量发展，高质量发展指数高达 0.8307，较上年增长

0.0363，增幅为4.57%，创新发展成为一大亮点，2019年创新发展指数为0.8522，创新产出和创新投入综合得分增加均是全省创新能力提升的重要方面。2020年综合评价指数为0.8545，较上年增长了2.87%，其中绿色发展模块是推动全省高质量发展的主要力量，2020年绿色发展指数为0.9234，是2016—2020年所有计算年份中绿色发展指数增长幅度最大的一年；而综合质效、协调发展出现了下滑的趋势，主要是由于新冠肺炎疫情对江苏国民经济的生产、流通和消费领域造成了全面的冲击，这种冲击尤其是对实体零售、餐饮等方面的负面影响较大，对作为经济支柱的制造业的冲击主要在短期。2021年的高质量发展指数持续上升，高达0.9213，较2020年增长7.82%，主要是其综合质效的显著提高推动，而安全发展却对综合发展没有起到正向推动作用，由于新冠肺炎疫情带来的冲击，可能在疫情结束、复工复产后仍需要持续一段时间，由此妨碍了2021年规模以上工业企业的发展，负债率上升。如图6-1所示，可以清晰直观地展示江苏高质量发展综合评价结果，各年份综合指数的平均值为0.7999，表明江苏高质量发展水平还有较大的提升空间。

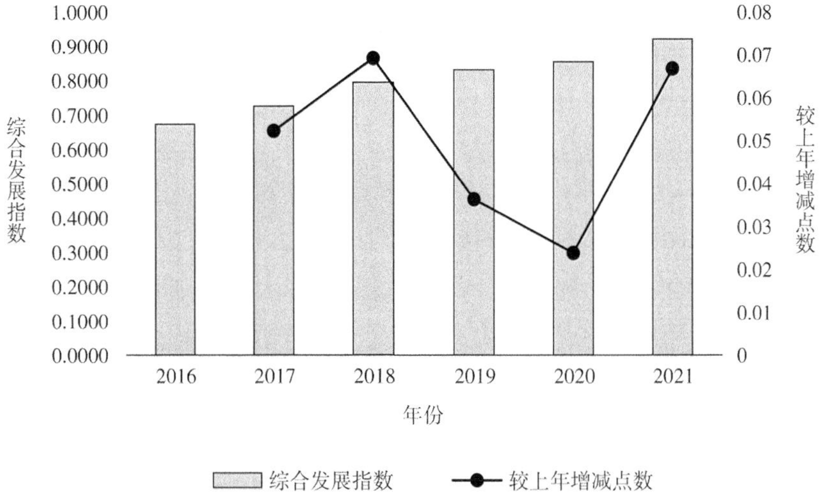

图6-1 2016—2021年江苏高质量发展综合评价指数、较上年增减点数

二、江苏综合质效测度

（一）综合质效指标

江苏高质量发展综合质效评价指标由“总体产出、质效提升、投资消费”三个一级指标构成，每个一级指标由两个二级指标构成。总体产出指标由“全省人均GDP和制造业增加值占GDP比重”进行测度，反映经济发展的速度与质量情况；质效提升指标由“税收收入占一般公共预算收入比重和全员劳动生产率”进行测度，反映经济高质量发展质量和效益情况；投资消费指标由“民间投资占固定资产投资比重和社会消费品零售总额增长速度”进行测度，反映国民投资和消费的增长变化情况。

（二）综合质效指标评价结果

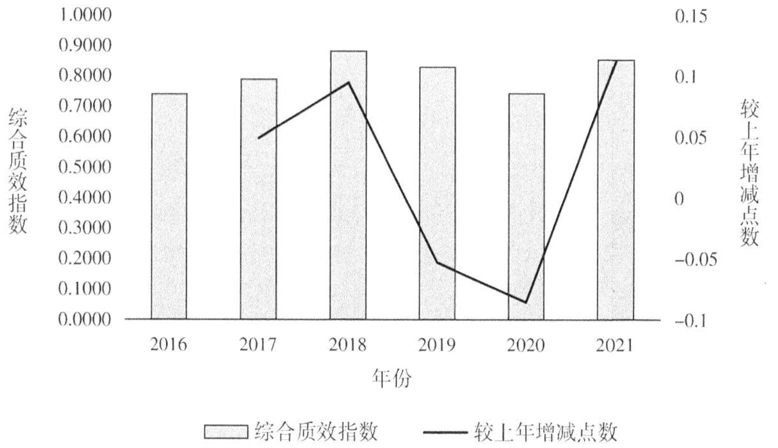

图6-2　2016—2021年江苏高质量发展综合质效指数、较上年增减点数

从全省高质量发展综合质效指数看，2016—2021年的得分情况呈现先上升后下降再上升的趋势，其中2018年的得分为0.8804，且居于第一位，而2016年得分为0.7381，且居第六位；平均值为0.8043，在“八个模块”中位居第三位，表明综合质效对江苏高质量发展的贡献度较大。如图6-2所示，可直观清晰地展现2016—2021年全省高质量发展综合质效发展变化情况，即2016—2018年逐年上升，2018—2020年有所下降，2020—2021年又开始上升。

2018—2020年有所下降与淘汰落后产能出现的制造业增加值占GDP比重波动和新冠肺炎疫情影响有关。具体而言，代表经济数量增长的人均GDP指标表现为稳定的变化，2016—2021年均在增长，而全省制造业增加值占GDP比重却呈现波动的趋势；在质效提升方面，税收收入占一般公共预算收入比重呈现波动的态势，2020年面对疫情的重大挑战，并且出现了大幅度减税翘尾的情况，导致税收大幅下降；而江苏省全员劳动生产率逐年递增，初步计算出2017—2020年其增长率表现为逐年下降的趋势，分别为：10.5%、8.14%、5.52%、4.05%，而2021年全员劳动生产率增长率高达15.34%，增长较为显著。这充分反映出了劳动者素质提高、管理和科技等水平的提升。在投资消费方面，呈现先上升—下降—上升的趋势，其中民间投资占固定资产投资比重在2016—2018年稳步增长，2019—2020年呈下降趋势。总之，受新冠肺炎疫情的影响，全省工业、投资、消费三个维度均有下滑，由此导致综合质效出现下滑，随着疫情的有效控制，2021年在投资消费方面出现好转，不过仍然劣于2016年。

总体而言，2016—2021年全省高质量发展综合质效情况在跌落中逐渐回升，各主要指标的发展程度不尽相同。其中，社会消费品零售总额增长速度下滑、制造业增加值占GDP比重较基期有所下降等问题应引起注意。

三、江苏创新发展测度

（一）创新发展指标

江苏创新发展评价指标由“创新投入、创新产出、创新机制”三个一级指标构成，每个一级指标由两个二级指标构成。创新投入指标由“江苏省百万人高层次人才占比、规上企业R&D经费占主营业务收入比重”进行测度，反映科技与人才方面的人员和经费投入情况；创新产出指标由“每万常住人口拥有授权发明专利量、技术合同成交额占GDP比重”进行测度，反映专利和技术合同的创新产出成果情况；创新机制由“高新技术产业投资占比、各类专业技术人员占总就业人员比重”进行测度，反映高新技术投资及科研人员的比重情况。

（二）创新发展指标评价结果

如图6-3所示，2021年创新发展指数为0.92，较上年提高0.0121。

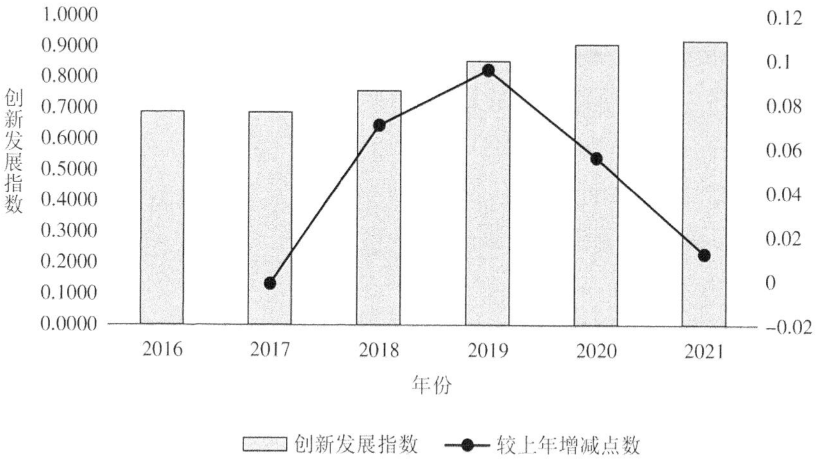

图 6-3 2016—2021 年江苏创新发展指数、较上年增减点数

2021 年创新发展指数在“八个模块”中位居第四，仅次于位于并列第一的绿色发展、开放发展、主观感受。从提升幅度看，2016—2021 年创新发展平均每年增长点数为 0.061，在“八个模块”中处于中上游位置，表明近年来江苏在创新发展方面仍需作出进一步的努力。

具体而言，创新投入程度表现较好，其中百万人口高层次人才占比在逐年提高，规上企业 R&D 经费占主营业务收入比重在 2016—2019 年提高较快，而受新冠肺炎疫情的影响在 2020 年增长较为缓慢，2021 年增长最为显著。创新产出方面表现渐入佳境，各类指标总体向好，每万常住人口拥有授权发明专利量保持稳步上升，增速保持平稳；技术合同成交额占 GDP 比重增长显著，已由 2016 年的 0.9%增长到 2.84%，这在一定程度上说明了江苏技术市场自主创新能力的增强。创新机制方面整体向好，其中高新技术产业投资占比呈现不稳定的表现，2020 年的高新技术产业投资占比受疫情影响下降，等同于 2016 年，随着疫情的有效控制，2021 年的高新技术产业投资显著提升；各类专业技术人员占总就业人员比重在 2016—2020 年逐年提升，增长较为平缓，初步计算出 2017—2020 年江苏省各类专业技术人员占总就业人员比重增长点数分别为：0.0001%、0、0.0004%、0.0007%，而 2021 年出现下降的趋势，需要引起注意，加大对各类专业技术人员的引进。

总体而言，2016—2021 年江苏省创新发展总体上逐步提高、稳步推进，各主要指标提升程度有所不同，创新产出和创新投入综合得分的增加，主要反映了全省创新能力的提升。创新机制得分整体向好，2017 年和 2021 年却出现下降的趋势，2017 年下降的主要原因是规上企业 R&D 经费占主营业务收入比重明显下降，2021 年下降的主要原因是各类专业技术人员占总就业人员比重出现下滑。

四、江苏协调发展测度

（一）协调发展指标

江苏协调发展评价指标由“产业结构、城乡结构、文明协调”三个一级指标构成，每个一级指标由两个或一个二级指标构成。产业结构指标由“产业结构偏离度、数字经济核心产值增加值占 GDP 比重”进行测度，反映产业结构和新兴产业的协调情况；城乡结构指标由“常住人口城镇化率”进行测度，从一个方面反映城市与乡村的协调发展情况；物质文明与精神文明协调指标由“文化产业增加值占 GDP 比重和社会文明程度指数”进行测度，反映文化产业和社会文明程度。

（二）协调发展指标评价结果

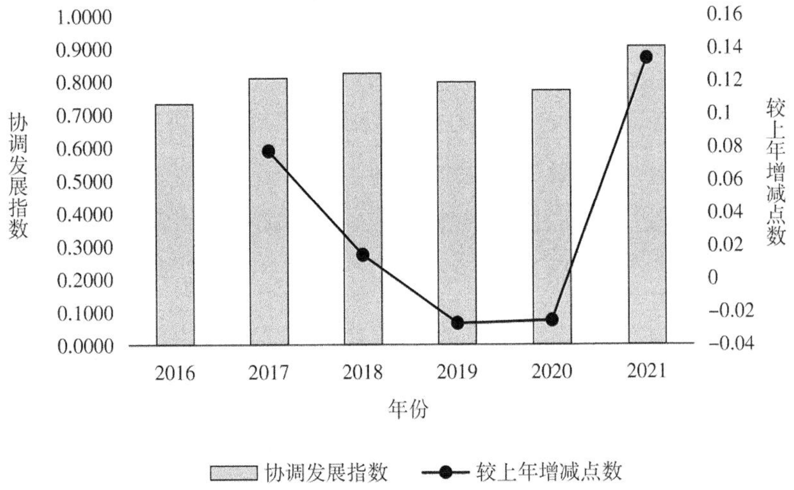

图 6-4　2016—2021 年江苏协调发展指数、较上年增减点数

如图 6-4 所示，2021 年协调发展指数为 0.9042，较上年提高 0.1337。协调发展得分在波动中提升，其中 2021 年居于第一位，2020 年综合得分为 0.7705，居于末位，2012—2021 年开始提高，且提升幅度增大。

具体而言，2016—2020 年产业结构发展程度呈现上升—下降的态势，2020 年严重下滑，主要是新冠肺炎疫情的严重打击对产业结构形成了阶段性的影响，造成了产业结构的不平衡问题，随着江苏省努力化危为机，推动产业结构转型升级，2021 年产业结构发展程度出现好转。其中产业结构偏离度评价得分分别为 0.01005、0.01017、0.01001、0.0106、0.0115、0.0113，其中 2018 年有所下降，从 2019 年起有较为明显的增长；数字经济核心产值增加值占 GDP 比重分别为 0.49、0.5、0.503、0.5、0.43、0.47，2017—2018 年连续两年上升，2020 年下降显著，主要是新冠肺炎疫情的出现，使得数字经济投资规模出现了萎缩的现象，在经济处于不确定性、市场处于恐慌情绪的情况下，投资规模在短期内大幅度缩减。城乡结构协调发展较为稳定，常住人口城镇化率稳步增长，2016 年城镇化率为 68.9%，到 2021 年城镇化率已高达 73.94%，彰显出江苏对人口有着强劲的吸引力，人口保持持续增长状态，在一定程度上也反映了江苏省的经济和社会较好发展以及完善的人才引进政策。文明协调发展呈现波动状态，主要受文化产业增加值占 GDP 比重变化的影响。

总体而言，2016—2021 年全省协调发展虽然出现波动，但总体是得到有效推进和提升，城乡协调程度不断提高，而产业结构与物质文明和精神文明在协调中出现反复波动，个别指标有待改善和加强。

五、江苏绿色发展测度

（一）绿色发展指标

江苏绿色发展评价指标由“资源利用、生态保护、环境质量”三个一级指标构成，每个一级指标由两个二级指标构成。资源利用指标由“单位工业能耗产值和单位建设用地产值”进行测度，反映全省资源消耗效率、能源消费结构情况；生态保护指标由“林木覆盖率、环境污染治理投入占 GDP 比重”进行测度，反映全省生态环境保护和治理情况；环境质量指标由“空气优良天数比率、地表水达到或好于Ⅲ类水体比例”等进行测度，反映全省空气、地表水质量情况。

（二）绿色发展指标评价结果

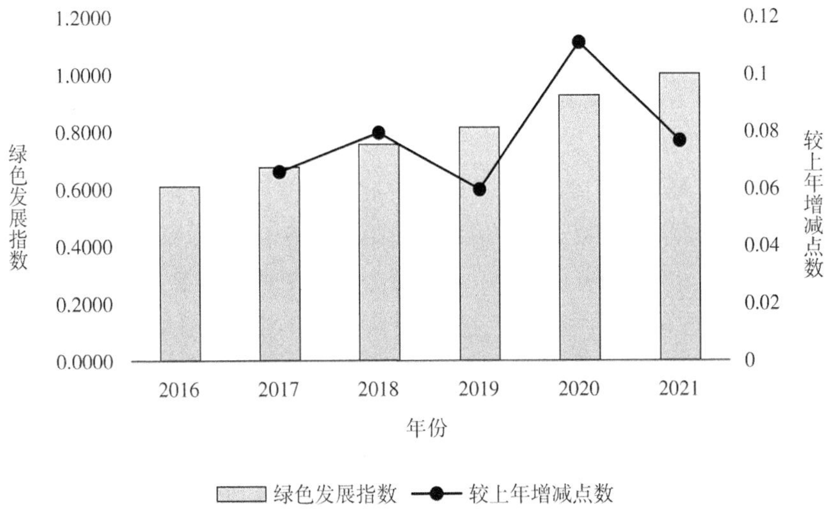

图 6-5　2016—2021 年江苏绿色发展指数、较上年增减点数

如图 6-5 所示，2021 年绿色发展指数为 1，位居“八个模块”第一位，并以较大的优势领先了位居第四的创新发展指数。2021 年绿色发展指数得分与创新发展得分之差为 0.08。从提升幅度来看，2017—2021 年绿色发展指数得分分别每年增加 10.81%、11.79%、7.9%、13.65%、8.30%，增幅相对稳定。这表明江苏在践行“绿水青山就金山银山”理念和贯彻落实《工业绿色发展规划（2016—2020 年）》《中国制造 2025 江苏行动纲要》的总体部署和行动计划取得了明显成效。其中，2020 年全省绿色发展得分增加较为明显，主要原因是资源利用、生态保护和环境质量都得到了较大的改进，这也是绿色发展指数得分遥遥领先的主要原因。

具体而言，资源利用效率有显著提高，2021 年单位产值工业能耗、单位产值建设用地分别降至 0.35 吨标准煤/万元、237.23 公顷/亿元，较上年分别下降 5.41%、1.43%。生态保护情况稳步发展，其中环境污染治理投入占 GDP 比重为两项标准中的领涨指标，2016—2021 年年平均增长幅度达 19.1%，充分说明江苏各级党委、政府对环境整治的力度加大，收到的成效显著。林木覆盖率逐年提升，2016 年为 22.8%，2021 年增长至 24.5%。环境质量指数也呈现上升的态势，空气优良天数比率和地表水达到或好于Ⅲ类水体比例较基期2016年相比都显著提升。这说明，近年来全省各地对生态保护、环境改善的高度重视，并付出了艰苦的努力。2021年江苏实施“源头治理年”，亮出生态环境保护“五大任务”“十项举措”，收到了明显效果。

总体而言，2016—2021年江苏省绿色发展逐年快速增长，资源利用效率和环境质量逐年明显提升，呈现出绿色发展规模和质量双提高的好势头。

六、江苏开放发展测度

（一）开放发展指标

江苏开放发展评价指标由“资金开放、贸易开放、贸易结构、技术开放”四个一级指标和五个二级指标构成。资金开放指标由江苏“实际使用外资占GDP比重”进行测度，反映全省每年实际利用外资的基本情况；贸易开放指标由“人均进出口总额、跨境电商交易额增长速度”进行测度，反映全省电商交易情况、进出口总额情况等；贸易结构指标由“一般贸易进出口额占比”进行测度，反映贸易结构质量情况；技术开放指标由“知识产权使用费用进出口金额”进行测度，反映知识产权使用费用的基本情况。

（二）开放发展指标评价结果

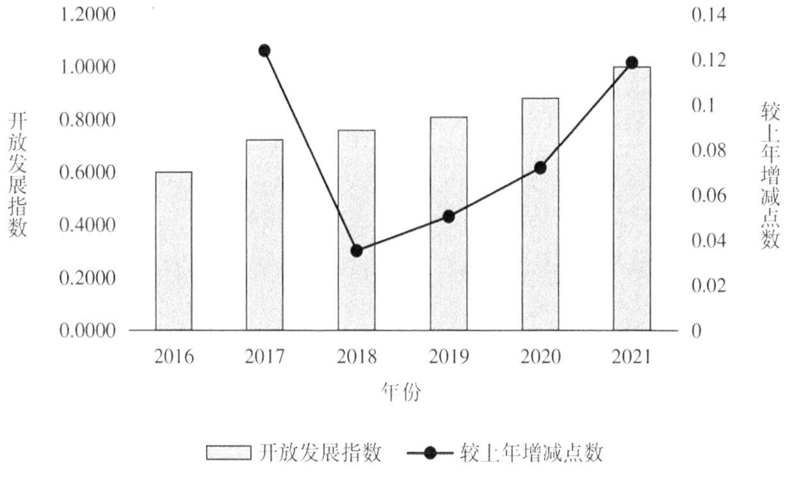

图6-6　2016—2021年江苏开放发展指数、较上年增减点数

如图 6-6 所示，2016—2021 年开放发展指数持续上升，2021 年开放发展指数为 1，且较 2016 年提高较为明显。开放发展指数在 2016—2021 年每年的平均得分为 0. 7956，年均增长速率位于“八个模块”中的第二位。这表明江苏开放发展水平已成为提高江苏高质量发展的关键因素。江苏作为开放大省，在扩大高水平对外开放、推动外贸外资高质量发展方面走在了全国前列，将以高水平开放促进深层次改革、加快从开放大省迈向开放强省。

从评价指标的测度看，全省资金开放水平逐渐提升，贸易开放程度在波动中进步，其中人均进出口总额 2020 年出现明显下滑，主要是受新冠肺炎疫情严重影响，使全省外贸进出口难度加大。技术开放水平稳定上升，2016—2021 年江苏省高技术企业自主创新能力逐渐提高，从而降低了对技术引进的依赖程度。因此，随着对外技术的依赖程度降低，知识产权使用费用进出口金额将逐年增加，创新成效显著提升。资金开放程度显著增强，实际使用外资占 GDP 比重呈现增长趋势，其中 2019 年增长速度达到了 13. 64%。

总之，2016—2021 年江苏的开放发展程度持续上升，技术开发与创新产出形成联动效应，资金开发程度大幅度上升。其中，2018 年全省跨境电商交易额增长速度下降，主要是由于中美贸易战削弱了全省的出口，制约了全省的进口。

七、江苏共享发展测度

（一）共享发展指标

江苏共享发展评价指标由“共同富裕、公共服务、社会保障”3 个一级指标和 7 个二级指标构成。共同富裕指标由江苏“居民人均可支配收入、城乡居民人均可支配收入之比、居民恩格尔系数”指标进行测度，反映全省的富裕程度以及共同富裕情况；公共服务指标由“万人拥有卫生机构床位数、困难群众服务保障覆盖率”指标进行测度，反映全省的医疗水平和困难户等公共服务水平情况；社会保障指标由“城乡居民基本养老保险保障水平、城镇调查失业率”指标进行测度，反映全省养老保险、城镇人员就业与失业等基本情况。

（二）共享发展指标评价结果

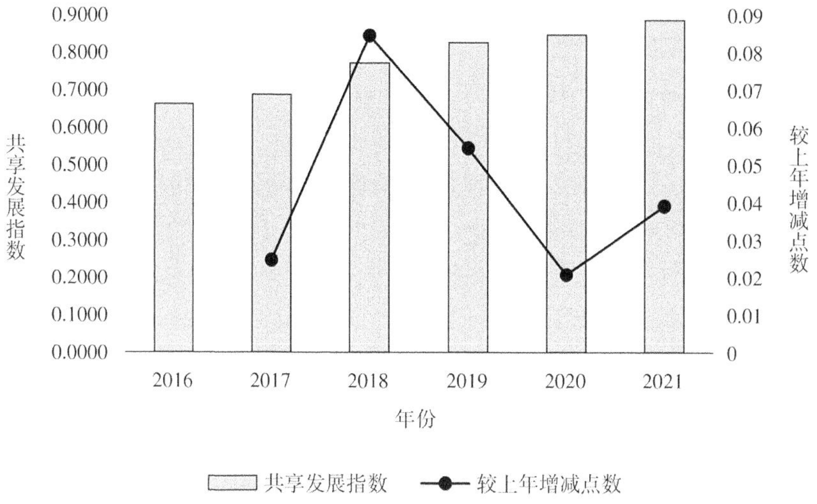

图 6-7　2016—2021 年江苏共享发展指数、较上年增减点数

如图 6-7 所示，2021 年江苏共享发展指数为 0.8857，在“八个模块”中位居第五位。从增长幅度看，共享发展指数呈现逐年上升的较好态势，2017—2020 年分别增加 0.0246、0.0844、0.0544、0.0207、0.0390。虽然增幅有所波动，但平均增长速率为 6.03%，在“八个模块”中位列第四。这说明共享发展在全省高质量发展中起到了重要的支撑作用。

从评价指标的测度看，江苏共同富裕程度稳步提升，城乡居民人均可支配收入之比逐年下降，这意味着城镇与农村的贫富差距逐渐缩小。居民人均可支配收入稳步提升，体现出全体居民的生活条件进一步提高。而居民恩格尔系数呈现先下降后上升的趋势，2016—2019 年得分下降，说明江苏居民生活水平不断提高、生活品质明显改善。而 2020 年得分出现上升的情况，这显然由于受新冠肺炎疫情的影响，对未来预期不确定性增加，消费趋于谨慎，衣着、交通、娱乐等改善型消费有所减少，而食品消费作为刚性支出有所增加，居民恩格尔系数提高。同样，公共服务共享程度也出现稳步上升的趋势，江苏从长三角一体化、省域协调、城乡融合、央地政企联动和开放发展等方面推进新型基础设施的共建共享共治，其中万人拥有卫生机构床位数从 2016 年的 443100 张增加到 2021 年的 561000 张，以年均 4.8%的稳步速度增长。困难群众服务保障覆盖率 2016 年已达到 94.7%，2017—2021 年仍然有所提高。这表明全省各级党委、政府对困难群众基本生活保障工作的高度重视和帮扶力度的加大。社会保障共享程度有所波动，主要受城镇调查失业率的影响，城镇调查失业率在 2016—2020 年内呈现波动上升的趋势，该指标值依次为 2.57%、2.98%、2.97%、3.03%、3.2%、3.23%，除 2018 年出现较上年略微下降的情况外，其余年份均在上升，其中 2020 年和 2021 年上升较快。这也说明新冠肺炎疫情对就业的影响较大，加大了就业市场的压力。2016—2021 年城乡居民基本养老保险保障水平以年均 9.21%的速度上升，至 2021 年城乡居民基本养老保险保障额度已增至 447.2 亿元。这说明全省在帮扶困难群众和弱势群体上付出了很大的努力，初步体现出全民共享、全面共享、共建共享、渐进共享的发展趋势，逐步提高全体人民富裕程度，提升人民生活品质，不断增强获得感、幸福感、安全感。

总体来看，江苏共享发展指数逐年稳步提高，共同富裕和公共服务进程积极稳步推进，而社会保障方面相对薄弱，应在积极应对疫情防控的基础上，加大全社会创新创业扶持力度，提高城镇就业率，加大保障和改善民生力度。

八、江苏安全发展测度

（一）安全发展指标

江苏安全发展评价指标由“经济稳定、不良资产、安全生产”3 个一级指标和 4 个二级指标构成。经济稳定指标由江苏“区域发展差异系数”进行测度，反映省内各地区经济发展差异情况。不良资产指标由“政府性债务化解、规模以上工业企业负债”指标进行测度，反映地方政府债务和工业企业资产负债情况。安全生产指标由“亿元 GDP 生产安全事故死亡率”指标进行测度，反映江苏每创造 1 亿元 GDP 与因事故死亡人数的比例。

（二）安全发展指标评价结果

如图 6-8 所示，2021 年江苏安全发展指数为 0.8801，较 2020 年有所下降。从增长幅度来看，可以看出安全发展的得分情况出现波动上升的态

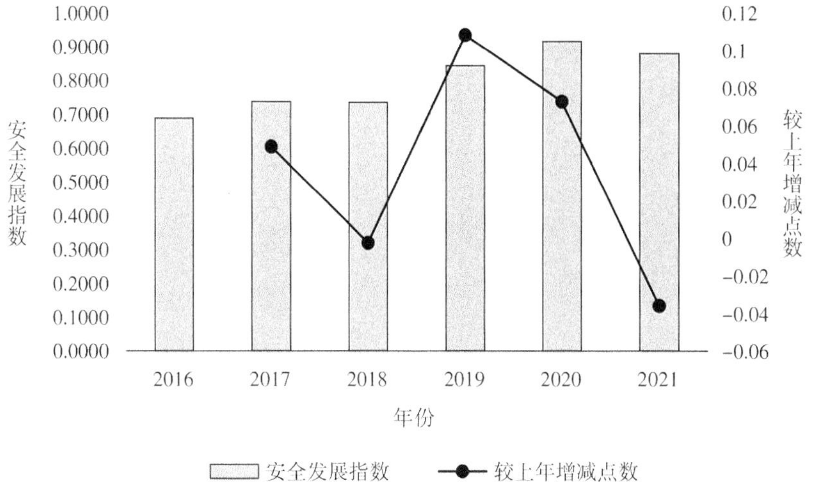

图 6-8　2016—2021 年江苏安全发展指数、较上年增减点数

势，2018 年较 2017 年出现略微下降，而 2021 年较 2020 年相比，安全发展指数下降较明显。

具体而言，经济稳定程度稳步上升，区域发展差异系数为逆向指标，指标在 2016—2021 年有待改善。相反不良资产的处置没有那么乐观，主要是规模以上工业企业资产负债率的增减情况出现波动。2016—2021 年江苏规模以上工业企业资产负债率分别为 51.9%、52.34%、53.03%、53%、53.09%、53.46%。安全发展指数 2020 年出现增长，主要原因是新冠肺炎疫情限制了工业企业的发展，导致政府性债务化解率的提高。在疫情影响的滞后效应下，2021 年规模以上工业企业资产负债率持续上升。而政府性债务化解率以年均 2.73%的速度上升，表明江苏在统筹疫情防控和经济社会发展中付出了很大的努力。在安全发展方面，亿元 GDP 生产安全事故死亡率在 2018 年略有上升，2016 年的亿元 GDP 生产安全事故死亡率为 6.3%，到 2020 年降至 2%。

总体来看，江苏的安全发展程度较基期呈现上升的趋势，经济越加稳定，安全生产在波动中提升，但各主要指标的发展程度不尽相同，其中 2021 年安全事故死亡率的显著上升需要得到重视。不良资产的处理还不够完善，尤其是规模以上工业企业资产负债率需要引起注意。

九、江苏主观感受测度

（一）主观感受指标体系

江苏主观感受指标由“生活感知、服务感知”两个一级指标和两个二级指标构成。生活感知指标由江苏“群众生活环境满意度”指标进行测度，反映群众对生活质量的感受情况；服务感知指标由“基本公共服务满意度”指标进行测度，反映基本公共服务标准和基本公共服务供给情况。

（二）主观感受指标评价结果

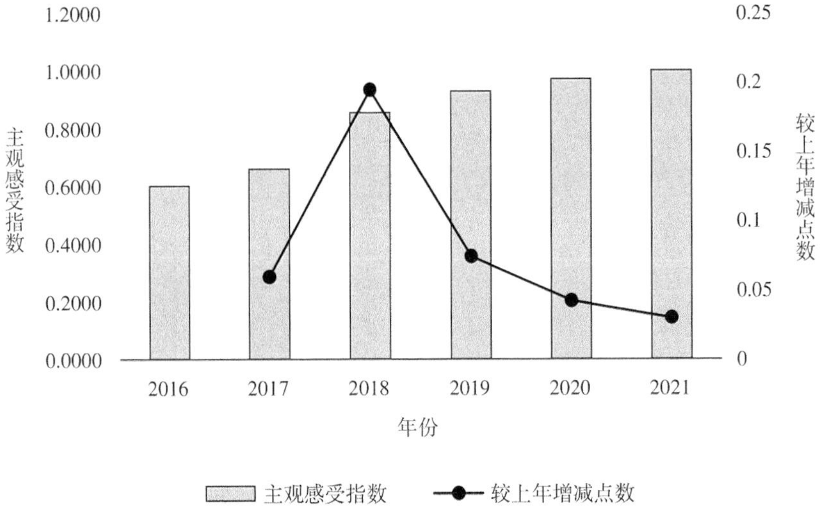

图 6-9　2016—2021 年全省主观感受指数、较上年增减点数

由于课题组没有江苏省 2016—2021 年有关高质量发展主观感受等指标数据，为了对主观感受与其他“七个模块”一样进行测度，课题组根据渺未科技数据公司调研结果数据和江苏省统计局每年开展的全省基本公共服务体系建设百姓满意度问卷调查数据进行综合测算。同时，2022 年 3—5 月，课题组在“问卷星”平台发布面向江苏省 13 个设区市开展《江苏高质量发展公众满意度调查问卷》，参与填写问卷的人数 11036 人，去掉 65 周岁以上和 18 周岁以下的填写人数，实际有效填写人数为 9130 人。调查问卷结果显示①，社会公众对全省推进高质量发展的总体评价较好，高质量发展深入人心、成效得到普遍认可，但高品质生活仍待改善，民生领域还存在一些值得关注的短板和问题，必须多措并举加以解决。

如图6-9所示，江苏省2016—2021年主观感受指数是逐年提高的，其中2021年指数得分为1，在“八个模块”中位居首位，且在2016—2021年的年增加得分平均值位居第一。从增长幅度来看，2018年的增幅明显，主要是由于生活和服务方面都有着较为明显的提高。群众生活环境满意度年均增长速度为2.61%。基本公共服务感知也逐渐提高，基本公共服务满意度2018年出现跳跃式增长，其余年份上升幅度较平稳。

总体来看，江苏“群众生活环境满意度”和“基本公共服务满意度”的主观感受效果是较好的，对高质量发展带来的获得感和满意度是逐年提高的，说明江苏群众对近年来省委、省政府制定实施的一系列促进高质量发展、提高改善人民群众生活水平、加快推进共同富裕等政策措施是普遍认可满意的。

第二节　江苏高质量发展的贡献度研析

“十三五”时期，在新发展理念的指引下，江苏在更高起点上推动高质量发展，努力实现更高质量、更有效率、更加公平、更可持续、更为安全的发展，为稳定宏观经济大盘提供有力支撑、发挥好“压舱石”作用。根据线性加权法对江苏高质量发展的综合评价和“八个模块”的评价分析，需要进一步研究江苏“十三五”时期哪些方面在全省高质量发展中起主要的提升作用，以及它对全省高质量发展的贡献度是多少，未来江苏高质量发展应当怎样锻长板、补短板、强弱项、扬优势，为更好地服务高质量发展探究新思路、新方法、新路径。

① 参见本书附录：《高质量发展深入人心 高品质生活仍待改善——江苏高质量发展公众满意度评价调查分析》。

一、模型介绍

柯布-道格拉斯生产函数①是探讨投入与产出关系的一种模型，为了在回归过程中有效地减小或消除数据的异方差具有明显的经济意义，选取扩展型柯布-道格拉斯生产函数来分析代表性的二级指标对高质量发展的贡献度。模型表示为：

$$Y = AL^{\alpha}K^{\beta} \tag{6-1}$$

其中，A 代表技术水平，L 代表劳动投入量，K 代表资本投入量，α 和 β 分别表示投入产出弹性，即可用来表示要素增加一单元时 Y 的增加量。

由于柯布-道格拉斯函数是非线性的，需要对模型（6-1）进行以下变形：

$$\ln Y = \ln A + \alpha \ln L + \beta \ln K \tag{6-2}$$

高质量发展受多因素制约，且不能全部以有形要素进行评价，本节从前文中选取多个代表性的二级指标，包含有形指标和无形指标，因此需要在传统模型中加入多个因素，改进模型为：

$$\ln Y = \ln A + \alpha \ln L + \beta \ln K + \gamma \ln m + \cdots + \eta \ln q \tag{6-3}$$

对获取的数据通过最小二乘法求出各指标的弹性系数 α，β，γ，…，η，即可获得各二级指标对高质量发展的贡献度。

二、实证分析

2016—2021 年是江苏经济社会发展从“注重质量”向“实现高质量”发展的 6 年，全省高质量发展实现了阶段性跨越。在样本选取方面，选用本章第一节中 2016—2021 年江苏省的部分指标，对 2016—2021 年区间江苏省各要素对高质量发展的贡献度进行分析，作为研究探索高质量发展影响因素的有效途径。

高质量发展是以人民为中心的发展，发展的目的是提高人民生活质量

① 柯布-道格拉斯函数最初是美国数学家柯布（C. W. Cobb）和经济学家保罗·道格拉斯（Paul H. Douglas）共同探讨投入和产出的关系时创造的生产函数，是在生产函数的一般形式上作出的改进，引入了技术资源这一因素。用来预测国家和地区的工业系统或大企业的生产和分析发展生产的一种数学经济模型。

和幸福感。为此，将居民人均可支配收入作为衡量江苏省高质量发展的重要指标之一。在自变量指标选取方面，学习借鉴国内有关学者的研究思路①，结合江苏高质量发展实际，从“生产效率、经济活力、环境保护、创新能力”“四小板块”进行精选变量，见表6-3。

表6-3 自变量汇总

一级指标	二级指标	单位
生产效率X1	全员劳动生产率x1	元/人
	单位能耗工业产值x2	万元/吨标准煤
	单位用地建设产值x3	亿元/公顷
经济活力X2	民间投资占固定资产投资比重x4	%
	数字经济核心产值增加值占GDP比重x5	%
	一般贸易占进出口总额x6	%
环境保护X3	林木覆盖率x7	%
	环境污染治理投入占GDP比重x8	%
	空气优良天数比率x9	%
创新能力X4	百万人口高层次人才占比x10	%
	技术合同成交额占GDP比重x11	%
	高新技术产业投资占比x12	%
	各类专业技术人员占总就业人员比重x13	%

在建模之前首先对各指标数据进行无量纲化处理，再对高质量发展进行贡献度分析，建模过程主要分为两步：第一步，通过线性加权和分别求得“生产效率、经济活力、环境保护和创新能力”的发展指数②，分析对江苏省高质量发展的贡献度；第二步，分别计算二级指标对各维度的贡献度，也即分析对高质量发展效率、高质量发展动力、高质量发展方式、高质量发展可持续性的影响。

---

① 郭克莎等：《迈向高质量发展之路》，北京·科学出版社，2020年版，第366页。

② 测度方法与第一节“八个模块”指数的算法相同。

（一）对全省高质量发展的贡献度分析

利用 Matlab 对变量进行回归分析出结果，其中 $R^2=0.999866$，说明模型的拟合很好。整体效果 F = 1832，检验值很大，即各变量的联合对高质量发展有显著影响。在显著性水平 $\alpha=0.05$ 的情况下，P 值为 0.0175，小于 0.05，回归模型成立，得出的回归模型为

$$\ln Y=1.1637+0.4327\ln X1+0.3986\ln X2+0.4994\ln X3+0.1725\ln X4 \tag{6-4}$$

从模型（6-4）回归方程中可以得出，a1 + a2 + a3 + a4 = 1.4942>1，表明高质量发展规模递增的状态，合理地扩大规模对高质量发展更加有利。四个模块对高质量发展的贡献度从大到小排序依次为：环境保护贡献度为 0.4994、生产效率贡献度为 0.4237、经济活力贡献度为 0.3986、创新能力贡献度为 0.1725。这意味着环境保护综合指数增长 1%，人均可支配收入就增长 0.4994%；生产效率综合指数增长 1%，人均可支配收入就增长 0.4237%；创新能力综合指数增长 1%，人均可支配收入就增长 0.1725%；经济活力综合指数增长 1%，人均可支配收入就增长 0.3986%；因此，生产效率、经济活力、环境保护和创新能力对高质量发展都有着很大的推动作用，江苏省只有在充分保护环境、大力提高创新能力、加快生产效率和经济活力的基础上才能使得高质量发展稳步前行。

（二）对“四小板块”的贡献度分析

通过 Matlab 对变量进行回归分析，得出“生产效率、经济活力、环境保护、创新能力”“四小板块”的结果，见表 6-4。

表 6-4 “四小板块”回归分析结果

回归分析	R^2	F	P
生产效率	0.999995	122950.302439	0.000008
经济活力	0.999999	411304.770812	0.001146
环境保护	0.999979	31321.214728	0.000032
创新能力	0.999864	1831.783265	0.017522

1. 对“生产效率”的贡献度分析

衡量生产效率的指标包括全员劳动生产率 x1、单位能耗工业产值 x2、单位用地建设产值 x3，得到的回归模型为：

$$\ln X1 = 0.9544 + 0.3243\ln x1 + 0.3285\ln x2 + 0.3475\ln x3 \quad (6-5)$$

其中 $R^2 = 0.999995$，说明模型的拟合很好。整体效果 F = 122950，检验值很大，即各变量的联合对高质量发展动力有显著影响。在显著性水平 $\alpha = 0.05$ 的情况下，P 值为 0.000008，小于 0.05，说明式（6-5）回归模型成立。

从式（6-5）回归方程中可以得出，a1+a2+a3=1.0003>1，表明生产效率呈现规模递增的状态，合理地扩大规模对提高生产效率更加有利。三个二级指标对生产效率的贡献度从大到小排序依次为：单位用地建设产值 x3 的贡献度为 0.3475、单位能耗工业产值 x2 的贡献度为 0.3285、全员劳动生产率 x1 的贡献度为 0.3243。这意味着全员劳动生产率比重增长 1%，生产效率就增长 0.3243%；单位能耗工业产值增长 1%，生产活力就增长 0.3285%；单位用地建设产值增长 1%，经济活力就增长 0.3475%。

2. 对“经济活力”的贡献度分析

衡量经济活力的指标包括民间投资占固定资产投资比重 x4、数字经济核心产值增加值占 GDP 比重 x5、一般贸易占进出口总额 x6，得到的回归模型为：

$$\ln X2 = 0.7004 + 0.4043\ln x4 + 0.3874\ln x5 + 0.1750\ln x6 \quad (6-6)$$

其中 $R^2 = 0.999999$，说明模型的拟合很好。整体效果 F = 411305，检验值很大，即各变量的联合对高质量发展效率有显著影响。在显著性水平 $\alpha = 0.05$ 的情况下，P 值为 0.001146，小于 0.05，说明式（6-6）回归模型成立。

从式（6-6）回归方程中可以得出，a1+a2+a3=0.9667<1，表明经济活力呈现规模递减的状态，不适合合理地扩大规模。三个二级指标对经济活力的贡献度从大到小排序依次为：民间投资占固定资产投资比重 x4 的贡献度为 0.4043、数字经济核心产值增加值占 GDP 比重 x5 的贡献度为 0.3874、一般贸易占进出口总额 x6 的贡献度为 0.175。这意味着民间投资

占固定资产投资比重增长 1%，经济活力就增长 0.4043%；数字经济核心产值增加值占 GDP 比重 x5 增长 1%，经济活力就增长 0.3874%；一般贸易占进出口总额 x6 增长 1%，经济活力就增长 0.175%。

3. 对“环境保护”的贡献度分析

衡量环境保护能力的指标包括林木覆盖率 x7、环境污染治理投入占 GDP 比重 x8、空气优良天数比率 x9，得到的回归模型为：

$$\ln X3 = 0.6988 + 0.1566\ln x7 + 0.4474\ln x8 + 0.3945\ln x9 \quad (6\text{-}7)$$

其中 $R^2=0.999979$，说明模型的拟合很好。整体效果 F=31321，检验值很大，即各变量的联合对高质量发展可持续性有显著影响。在显著性水平 $\alpha=0.05$ 的情况下，P 值为 0.000032，小于 0.05，说明式（6-7）回归模型成立。

从式（6-7）回归方程中可以得出，a1+a2+a3=0.9985<1，表明环境保护能力呈现规模递减的状态，不适合合理地扩大规模。三个二级指标对环境保护能力的贡献度从大到小排序依次为：环境污染治理投入占 GDP 比重 x8 的贡献度为 0.4474、空气优良天数比率 x9 的贡献度为 0.3945、林木覆盖率 x7 的贡献度为 0.1566。这意味着环境污染治理投入占 GDP 比重增长 1%，环境保护能力就增长 0.4474%；空气优良天数比率增长 1%，环境保护能力就增长 0.3945%；林木覆盖率增长 1%，环境保护能力就增长 0.1566%。

4. 对“创新能力”的贡献度分析

衡量创新能力的指标包括江苏百万人口高层次人才占比 x10、技术合同成交额占 GDP 比重 x11、高新技术产业投资占比 x12、各类专业技术人员占总就业人员比重 x13，得到的回归模型为：

$$\ln X4 = 1.0426 + 0.2522\ln x10 + 0.2055\ln x11 + 0.2695\ln x12 + 0.2317\ln x13 \quad (6\text{-}8)$$

其中 $R^2=0.999864$，说明模型的拟合很好。整体效果 F=1832，检验值很大，即各变量的联合对高质量发展可持续性有显著影响。在显著性水平 $\alpha=0.05$ 的情况下，P 值为 0.017522，小于 0.05，说明式（6-8）回归模型成立。

从式（6-8）回归方程中可以得出，a1+a2+a3+a4=0.9589<1，表明创

新能力呈现规模递减的状态，不适合合理地扩大规模。二级指标对环境保护能力的贡献度从大到小排序依次为：高新技术产业投资占比 x12 的贡献度为 0.2695、百万人口高层次人才占比 x10 的贡献度为 0.2522、各类专业技术人员占总就业人员比重 x13 的贡献度为 0.2317、技术合同成交额占 GDP 比重 x11 的贡献度为 0.2055。这意味着新技术产业投资占比增长 1%，创新能力就增长 0.2695%；百万人口高层次人才占比增长 1%，创新能力就增长 0.2522%；各类专业技术人员占总就业人员比重增长 1%，创新能力就增长 0.2317%；技术合同成交额占 GDP 比重增长 1%，创新能力就增长 0.2055%。

第三节　江苏设区市高质量发展综合评价研析

本节采用秩和比综合评价法[①]评价各设区市高质量发展水平。秩和比综合评价法基本原理是在一个 n 行 m 列矩阵中，通过秩转换，获得无量纲化统计量 RSR；在此基础上，运用参数统计分析的概念与方法，研究 RSR 的分布；以 RSR 值对评价对象的优劣直接排序或分档排序，档次越高，其结果越好，从而对评价对象作出综合评价。

此外，对于江苏省设区市的评价，不仅考虑设区市之间的比较，还涉及各指标在 2019—2020 年数值的变化。因此，本节从高质量发展水平指数[②]和发展指数[③]两个方面出发，将综合指数法与秩和比综合评价法结合，即最终 RSR 值是水平指数获得的 RSR 值与发展指数获得的 RSR 值的结合。

综合 RSR＝水平 RSR×60%+发展 RSR×40%

---

① 秩和比（Rank Sum Ration，RSR）统计方法是我国统计学家田凤调教授于 1988 年提出的一种新的综合评价方法，广泛地应用于多指标综合评价、统计预测预报、统计质量控制等方面。

② 水平指数一般是指一个地区高质量发展各指标的现有发展程度的标度。

③ 发展指数一般是指一个地区高质量发展各指标间年度变动度（增长速度或增减点），再根据变动度计算发展指数。

一、设区市高质量发展综合评价

依据秩和比综合评价法得出江苏省 13 个设区市的综合效果的分析结果。首先，根据每一个具体的评价指标按其指标值的大小进行排序，得到秩次 R，用秩次 R 来代替原来的评价指标值，计算得到 RSR 值和 RSR 值排名，江苏省 13 个设区市综合评价的 RSR 分布情况见表 6-5。

表 6-5　江苏省 13 个设区市高质量发展综合评价 RSR 分布表

设区市	RSR	频率 f	累计频数 Σf	评价秩数	评价秩数/n×100%	Probit
盐城	0.4578	1	1	1	7.6923	3.5739
连云港	0.4632	1	2	2	15.3846	3.9799
扬州	0.4645	1	3	3	23.0769	4.2637
淮安	0.4717	1	4	4	30.7692	4.4976
镇江	0.4885	1	5	5	38.4615	4.7066
徐州	0.5114	1	6	6	46.1538	4.9034
常州	0.5342	1	7	7	53.8462	5.0966
宿迁	0.5368	1	8	8	61.5385	5.2934
泰州	0.5529	1	9	9	69.2308	5.5024
南通	0.5623	1	10	10	76.9231	5.7363
无锡	0.5895	1	11	11	84.6154	6.0201
苏州	0.6300	1	12	12	92.3077	6.4261
南京	0.6431	1	13	13	98.0769	7.0699

利用表 6-5 中的 RSR 分布值作为自变量，Probit 值作为因变量，进行线性回归，得到的回归模型为 $Y=0.21205+0.061864\times Probit$，并且可以得到江苏 13 个设区市综合质效拟合效果图，如图 6-10 所示。

按照回归方程推算所对应的 RSR 估计值对评价对象进行分档排序，分档数根据实际情况决定；这一部分的目的是将数据按照秩的各种情况，映射到正态分布曲线上，结合正态分布的相关划分方法进行分档，得到分档排序临界值，见表 6-6。

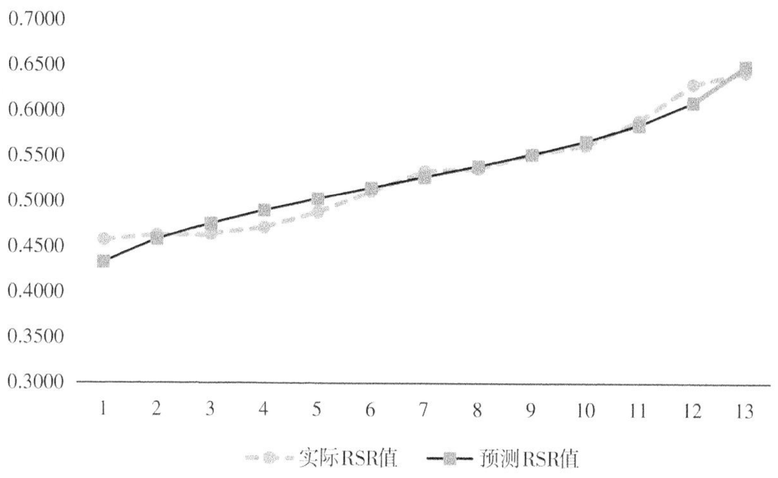

图 6-10　江苏省 13 个设区市高质量发展综合评价拟合效果图

表 6-6　江苏省 13 个设区市高质量发展综合评价分档排序临界值表

分档排序临界值表			
档次	百分位临界值	Probit	RSR 临界值（拟合值）
第 1 档	<15. 866	<4	<0. 4595
第 2 档	15. 866~	4~	0. 4595~
第 3 档	84. 134~	6~	0. 5832~

通过 RSR 拟合值，以及与表 6-6 中的 RSR 临界值进行区间比较，进而得到分档等级水平，得到 13 个设区市高质量发展综合评价的分档等级结果，如表 6-7 所示。

表 6-7　江苏省 13 个设区市高质量发展综合评价分档等级结果

地区	RSR 秩	Probit	RSR 回归	分档水平
苏州	2. 0000	6. 4261	0. 6096	3
南京	1. 0000	7. 0699	0. 6494	3
无锡	3. 0000	6. 0201	0. 5845	3
南通	4. 0000	5. 7363	0. 5669	2

续表

地区	RSR 秩	Probit	RSR 回归	分档水平
常州	7.0000	5.0966	0.5273	2
徐州	8.0000	4.9034	0.5154	2
扬州	11.0000	4.2637	0.4758	2
盐城	13.0000	3.5739	0.4331	1
泰州	5.0000	5.5024	0.5525	2
镇江	9.0000	4.7066	0.5032	2
淮安	10.0000	4.4976	0.4903	2
连云港	12.0000	3.9799	0.4583	1
宿迁	6.0000	5.2934	0.5395	2

由表6-7可知，苏州、南京、无锡高质量发展综合评价效果最优，位于第三档次，在计算发展RSR和水平RSR的过程中，可以看出苏州、南京、无锡在2020年的水平指数最高，排名前三，其中苏州、南京发展指数也在前五名，综合评价效果较为突出。这与苏州、南京、无锡市经济规模总量大、现有发展水平高，更加注重创新驱动发展，推进产业转型升级，突出“产才城融合”发展，高起点推动开放型经济发展等密切相关。南通、常州、徐州、扬州、泰州、镇江、淮安、宿迁市位于第二档次，其中宿迁市虽然在水平发展指数的排名并不靠前，但发展指数提升较快，2020年较2019年综合指数提升明显，开放发展水平大幅度提升，有效提高了整体水平，综合评价档次也相对较高；扬州市在水平指数方面排名较为靠后，而发展指数值相对靠前；相反地，镇江市在发展指数上表现不突出，而在水平指数方面相对靠前，拉动了综合评价的排名；南通、常州、徐州、泰州、淮安5市在水平指数和发展指数两个方面都表现良好，综合评价排名较为居中。盐城和连云港市综合评价为第一档次，综合评价回归分析RSR分别为0.4331和0.4583，得分相对较低。由于各地对高质量发展评价的指标不同、评价的方法不同、评价的年度区间不同和评价的权重分配比例不同等因素，因此评价的结果也不同，本研究的评价思路和评价方法都是探索性的，其研究的目的是探寻更加精准有效的评价高质量发展的路径。

二、设区市综合质效测度

江苏省 13 个设区市高质量发展综合质效的 RSR 分布情况，见表 6-8。

表 6-8　江苏省 13 个设区市高质量发展综合质效 RSR 分布表

设区市	RSR	频率 f	累计频数 ∑f	评价秩数	评价秩数/n×100%	Probit
连云港	0. 3477	1	1	1	7. 6923	3. 5739
盐城	0. 3662	1	2	2	15. 3846	3. 9799
镇江	0. 4192	1	3	3	23. 0769	4. 2637
扬州	0. 4600	1	4	4	30. 7692	4. 4976
淮安	0. 4785	1	5	5	38. 4615	4. 7066
徐州	0. 4846	1	6	6	46. 1538	4. 9034
泰州	0. 5031	1	7	7	53. 8462	5. 0966
宿迁	0. 5954	1	8	8	61. 5385	5. 2934
无锡	0. 6369	1	9	9	69. 2308	5. 5024
南通	0. 6569	1	10	10	76. 9231	5. 7363
苏州	0. 6646	1	11	11	84. 6154	6. 0201
常州	0. 6646	1	12	12	92. 3077	6. 4261
南京	0. 6785	1	13	13	98. 0769	7. 0699

利用表 6-8 中的 RSR 分布值作为自变量，Probit 值作为因变量，进行线性回归，得到的回归模型为 Y=-0. 052374+0. 11387×Probit，并且可以得到江苏 13 个设区市高质量发展综合质效拟合效果图，如图 6-11 所示。

按照回归方程推算所对应的 RSR 估计值对评价对象进行分档排序，得到分档排序临界值，见表 6-9。

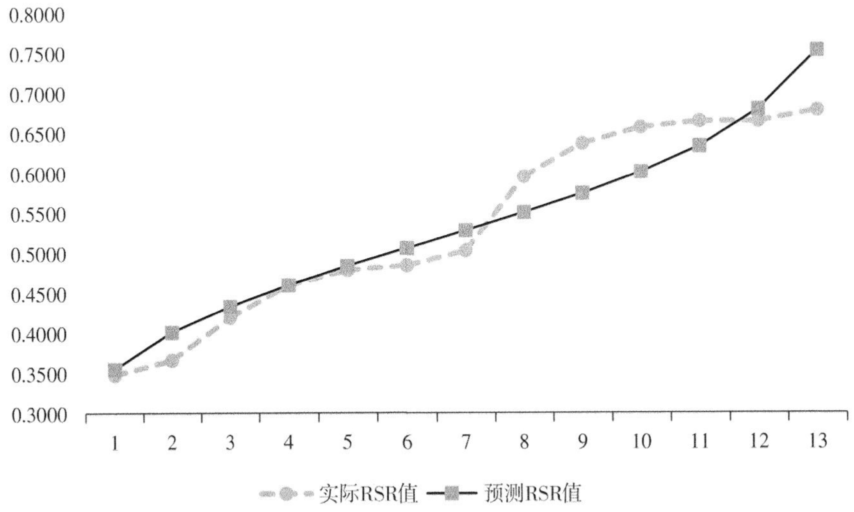

图 6-11　江苏省 13 个设区市高质量发展综合质效拟合效果图

表 6-9　江苏省 13 个设区市综合质效分档排序临界值表

分档排序临界值表			
档次	百分位临界值	Probit	RSR 临界值（拟合值）
第 1 档	<15.866	<4	<0.4301
第 2 档	15.866~	4~	0.4301~
第 3 档	84.134~	6~	0.6308~

通过 RSR 拟合值，以及与表 6-9 中的 RSR 临界值进行区间比较，进而得到分档等级水平，得到 13 个设区市高质量发展综合质效分档等级结果，见表 6-10。

表 6-10　江苏省 13 个设区市高质量发展综合质效分档等级结果

地区	RSR 秩	Probit	RSR 回归	分档水平
苏州	2.5000	6.0201	0.6331	3
南京	1.0000	7.0699	0.7527	3
无锡	5.0000	5.5024	0.5742	2

续表

地区	RSR 秩	Probit	RSR 回归	分档水平
南通	4. 0000	5. 7363	0. 6008	2
常州	2. 5000	6. 4261	0. 6793	3
徐州	8. 0000	4. 9034	0. 5060	2
扬州	10. 0000	4. 4976	0. 4598	2
盐城	12. 0000	3. 9799	0. 4008	1
泰州	7. 0000	5. 0966	0. 5280	2
镇江	11. 0000	4. 2637	0. 4331	2
淮安	9. 0000	4. 7066	0. 4836	2
连云港	13. 0000	3. 5739	0. 3546	1
宿迁	6. 0000	5. 2934	0. 5504	2

由表 6-10 可知，苏州、南京、常州市高质量发展综合质效评价最优，位于第三档次，南京和常州市的水平 RSR 值位于前五名，发展 RSR 值也排在前五名，其综合评价效果较突出；而苏州市由于经济规模基数较大，提升空间相对不够高，发展指数较为靠后，由于水平指数 2020 年表现突出，因此，综合 RSR 排名较为靠前。苏州市的综合实力强，其中科技创新综合实力连续 12 年全省第一。无锡、南通、徐州、扬州、泰州、淮安、宿迁、镇江市高质量发展综合质效位于第二档次。无锡、扬州、镇江市在水平指数方面得分都较为良好，就发展指数而言，其 RSR 值相对较低，使得质效综合评价等级不够高；镇江市发展 RSR 值排名最低导致综合质效评价档次较低，主要原因是人均 GDP 和税收收入占一般公共预算收入比重较上年增长较为缓慢。宿迁市虽然在水平指数方面的排名并不靠前，但在发展指数方面，2020 年较 2019 年综合指数提升明显，主要是由于税收收入占一般公共预算收入比重和社会消费品零售总额与 GDP 比重显著提高，使宿迁市质效综合评价档次相对较高。盐城和连云港市高质量发展综合质效综合评价为第一档次，综合评价回归分析 RSR 分别为 0. 4008 和 0. 3546，得分相对较低。连云港市 2020 年综合质效排名较低，主要是人均 GDP 和制造业增加值占 GDP 比重排名相对靠后。

三、设区市创新发展测度

江苏省13个设区市创新发展的RSR分布情况见表6-11。

表6-11 江苏省13个设区市创新发展RSR分布表

设区市	RSR	频率f	累计频数∑f	评价秩数	评价秩数/n×100%	Probit
扬州	0.3385	1	1	1	7.6923	3.5739
淮安	0.3385	1	2	2	15.3846	3.9799
宿迁	0.3692	1	3	3	23.0769	4.2637
镇江	0.4256	1	4	4	30.7692	4.4976
盐城	0.4318	1	5	5	38.4615	4.7066
常州	0.4810	1	6	6	46.1538	4.9034
泰州	0.5344	1	7	7	53.8462	5.0966
南通	0.5569	1	8	8	61.5385	5.2934
徐州	0.6215	1	9	9	69.2308	5.5024
南京	0.6441	1	10	10	76.9231	5.7363
苏州	0.6533	1	11	11	84.6154	6.0201
连云港	0.7015	1	12	12	92.3077	6.4261
无锡	0.7672	1	13	13	98.0769	7.0699

利用表6-11中的RSR分布值作为自变量，Probit值作为因变量，进行线性回归，得到的回归模型为 $Y=-0.19997+0.14109\times Probit$，并且可以得到江苏13个设区市创新发展拟合效果图，如图6-12所示。

按照回归方程推算所对应的RSR估计值对评价对象进行分档排序，得到分档排序临界值，见表6-12。

表6-12 江苏省13个设区市创新发展分档排序临界值表

分档排序临界值表			
档次	百分位临界值	Probit	RSR临界值（拟合值）
第1档	<15.866	<4	<0.3644
第2档	15.866~	4~	0.3644~
第3档	84.134~	6~	0.6466~

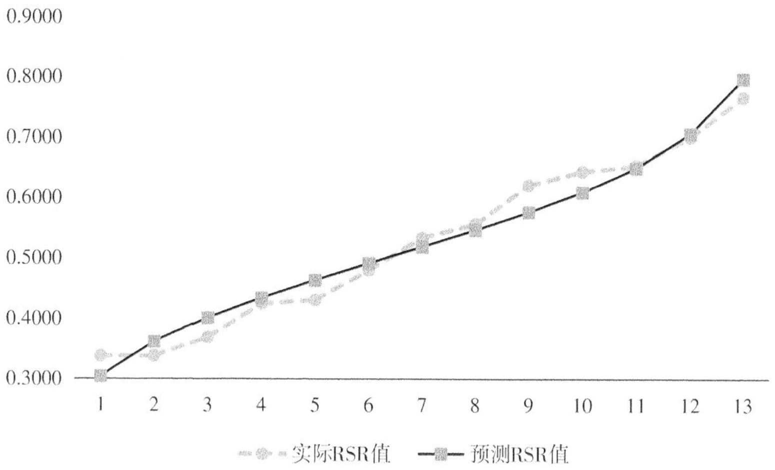

图 6-12 江苏 13 个设区市创新发展拟合效果图

通过 RSR 拟合值，以及与表 6-12 中的 RSR 临界值进行区间比较，进而得到分档等级水平，得到 13 个设区市创新发展分档等级结果，见表 6-13。

表 6-13 江苏省 13 个设区市创新发展分档等级结果

地区	RSR 秩	Probit	RSR 回归	分档水平
苏州	3.0000	6.0201	0.6494	3
南京	4.0000	5.7363	0.6094	2
无锡	1.0000	7.0699	0.7975	3
南通	6.0000	5.2934	0.5469	2
常州	8.0000	4.9034	0.4919	2
徐州	5.0000	5.5024	0.5764	2
扬州	13.0000	3.5739	0.3043	1
盐城	9.0000	4.7066	0.4641	2
泰州	7.0000	5.0966	0.5191	2
镇江	10.0000	4.4976	0.4346	2
淮安	12.0000	3.9799	0.3616	1
连云港	2.0000	6.4261	0.7067	3
宿迁	11.0000	4.2637	0.4016	2

由表6-13可知，苏州、无锡、连云港市创新发展综合评价最优，位于第三档次，苏州、无锡和连云港市在发展水平指数和发展指数的得分都较为突出，其水平RSR值和发展RSR值都位于前五名。苏州市加快建设世界一流的创新型城市，科技创新综合实力稳居全省第一、位列国家创新型城市第七位。无锡市实施“产业强市”和“创新驱动”两大战略，加快打造现代产业新高地，力争在世界级先进制造业集群方面建设取得重大成果，成为战略性新兴产业、新经济成为高质量发展的重要支撑。连云港市科技创新成果丰硕。2021年全社会研发投入占比2.24%，蝉联苏北第一；规上工业企业研发投入强度2.55%，全省第二，前进4位；规上高新技术企业实现利润占比76.3%，全省领先。南京、南通、常州、徐州、盐城、泰州、镇江、宿迁市位于第二档次，其中，南京市创新发展指数得分在第二档次中最高；镇江市相对靠后，主要是受百万人口高层次人才占比呈现下降趋势和技术合同成交额占GDP比重增长缓慢的影响。扬州和淮安市位于第一档次，主要是2020年较2019年创新发展成果有所下降，扬州、淮安市2020年的规上企业R&D经费占主营业务收入比重下降，两市的高新技术产业投资占比出现大幅度下滑。从创新发展水平指数看，淮安、盐城2020年的创新发展排名明显较低，应加强规上企业R&D经费的投入和高新技术产业投资，在增强企业科研实力和发展潜力上补短板。

四、设区市协调发展测度

江苏省13个设区市协调发展的RSR分布情况，见表6-14。

表6-14　江苏省13个设区市协调发展RSR分布表

设区市	RSR	频率f	累计频数∑f	评价秩数	评价秩数/n×100%	Probit
无锡	0.3566	1	1	1	7.6923	3.5739
淮安	0.3664	1	2	2	15.3846	3.9799
南通	0.3860	1	3	3	23.0769	4.2637
连云港	0.3986	1	4	4	30.7692	4.4976
盐城	0.4308	1	5	5	38.4615	4.7066
镇江	0.4853	1	6	6	46.1538	4.9034

续表

设区市	RSR	频率 f	累计频数∑f	评价秩数	评价秩数/n×100%	Probit
宿迁	0. 5678	1	7	7	53. 8462	5. 0966
泰州	0. 5846	1	8	8	61. 5385	5. 2934
扬州	0. 6140	1	9	9	69. 2308	5. 5024
常州	0. 6420	1	10	10	76. 9231	5. 7363
苏州	0. 6545	1	11	11	84. 6154	6. 0201
徐州	0. 6671	1	12	12	92. 3077	6. 4261
南京	0. 6867	1	13	13	98. 0769	7. 0699

利用表 6-14 中的 RSR 分布值作为自变量，Probit 值作为因变量，进行线性回归，得到的回归模型为 Y=-0. 089763+0. 11939×Probit，并且可以得到江苏 13 个设区市协调发展拟合效果图，如图 6-13 所示。

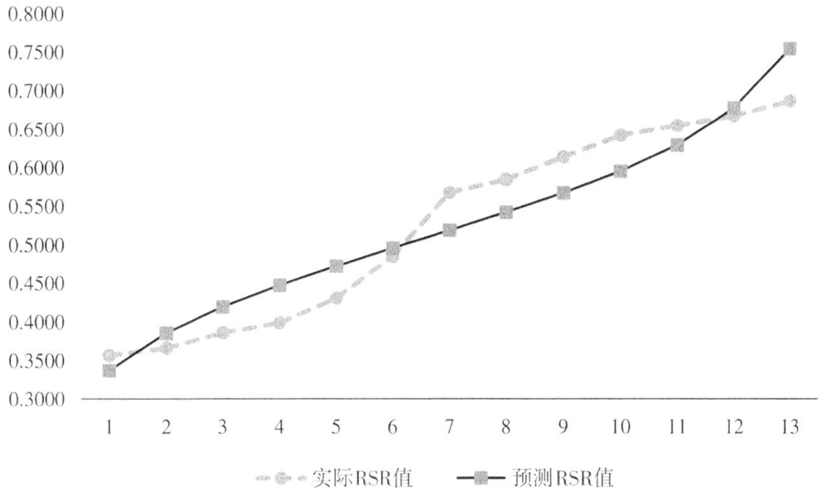

图 6-13　江苏省 13 个设区市协调发展拟合效果图

按照回归方程推算所对应的 RSR 估计值对评价对象进行分档排序，得到分档排序临界值，见表 6-15。

表 6-15　江苏省 13 个设区市协调发展分档排序临界值表

分档排序临界值表			
档次	百分位临界值	Probit	RSR 临界值（拟合值）
第 1 档	<15. 866	<4	<0. 3878
第 2 档	15. 866~	4~	0. 3878~
第 3 档	84. 134~	6~	0. 6266~

通过 RSR 拟合值，以及与表 6-15 中的 RSR 临界值进行区间比较，进而得到分档等级水平，得到 13 个设区市协调发展分档等级结果，见表 6-16。

表 6-16　江苏省 13 个设区市协调发展分档等级结果

地区	RSR 秩	Probit	RSR 回归	分档水平
苏州	3. 0000	6. 4261	0. 6290	3
南京	1. 0000	5. 7363	0. 7543	3
无锡	13. 0000	3. 5739	0. 3369	1
南通	11. 0000	4. 2637	0. 4193	2
常州	4. 0000	6. 0201	0. 5951	2
徐州	2. 0000	5. 2934	0. 6774	3
扬州	5. 0000	6. 4261	0. 5672	2
盐城	9. 0000	4. 4976	0. 4721	2
泰州	6. 0000	5. 0966	0. 5422	2
镇江	8. 0000	4. 9034	0. 4956	2
淮安	12. 0000	3. 9799	0. 3854	1
连云港	10. 0000	4. 7066	0. 4472	2
宿迁	7. 0000	5. 5024	0. 5187	2

由表 6-16 可知，苏州、南京、徐州市协调发展的综合评价最优，位于第三档次。徐州和南京虽然在发展方向上排名没有位于前列，但其发展 RSR 值并列第一，徐州市在产业结构方面表现突出，且文化产业增加值占 GDP 比重较高，而南京近年来常住人口城镇化率都较高，在一定程度上显现出近几

年来南京人才落户政策的效果。此外社会文明程度指数最高，自2005年开展文明城市创建以来，南京在6届文明城市评选中已荣获4次全国文明城市称号，特别是2008—2020年。南通、常州、扬州、盐城、泰州、镇江、连云港、宿迁市位于第二档次，其中扬州和宿迁市2020年较2019年协调发展水平提升较快；连云港市2020年协调发展RSR值较低，但在发展方向上相对良好，主要原因是产业结构偏离度的下降以及其他指标的显著上升。无锡和淮安市位于第一档次，其中无锡市主要是由于发展RSR值较低导致综合评价档次较低，此结果与各城市产业结构和城乡结构的调整具有一定的关系，主要原因是产业结构偏离一级指标下的产品结构偏离度的显著增加，产业结构偏离度的增加说明了产业结构与就业结构的协调性下降，产业的经济效益变差。此外，文化产业增加值占GDP比重出现了下降的情况。

五、设区市绿色发展测度

江苏省13个设区市绿色发展的RSR分布情况，见表6-17。

表6-17　江苏省13个设区市绿色发展RSR分布表

设区市	RSR	频率f	累计频数∑f	评价秩数	评价秩数/n×100%	Probit
徐州	0.3165	1	1	1	7.6923	3.5739
宿迁	0.3824	1	2	2	15.3846	3.9799
盐城	0.4451	1	3	3	23.0769	4.2637
常州	0.4538	1	4	4	30.7692	4.4976
扬州	0.5099	1	5	5	38.4615	4.7066
连云港	0.5330	1	6	6	46.1538	4.9034
淮安	0.5385	1	7	7	53.8462	5.0966
镇江	0.5604	1	8	8	61.5385	5.2934
无锡	0.5835	1	9	9	69.2308	5.5024
南通	0.5934	1	10	10	76.9231	5.7363
泰州	0.6176	1	11	11	84.6154	6.0201
苏州	0.6747	1	12	12	92.3077	6.4261
南京	0.6923	1	13	13	98.0769	7.0699

利用表 6-17 中的 RSR 分布值作为自变量，Probit 值作为因变量，进行线性回归，得到的回归模型为 Y=-0. 015173+0. 10584×Probit，并且可以得到江苏省 13 个设区市绿色发展拟合效果图，如图 6-14 所示。

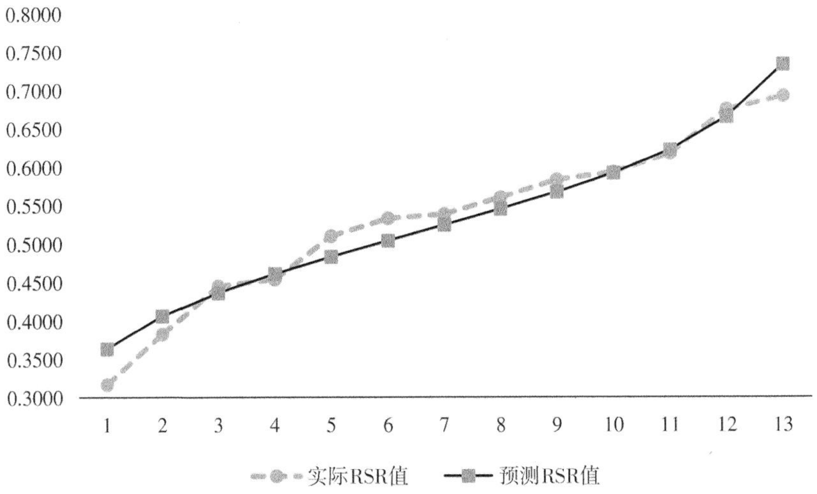

图 6-14　江苏省 13 个设区市绿色发展拟合效果图

按照回归方程推算所对应的 RSR 估计值对评价对象进行分档排序，得到分档排序临界值，见表 6-18。

表 6-18　江苏省 13 个设区市绿色发展分档排序临界值表

分档排序临界值表			
档次	百分位临界值	Probit	RSR 临界值（拟合值）
第 1 档	<15. 866	<4	<0. 4082
第 2 档	15. 866~	4~	0. 4082~
第 3 档	84. 134~	6~	0. 6199~

通过 RSR 拟合值，以及与表 6-18 中的 RSR 临界值进行区间比较，进而得到分档等级水平，得到 13 个设区市绿色发展分档等级结果，见表 6-19。

表6-19　江苏省13个设区市绿色发展分档等级结果

地区	RSR 秩	Probit	RSR 回归	分档水平
苏州	2.0000	6.4261	0.6649	3
南京	1.0000	7.0699	0.7331	3
无锡	5.0000	5.5024	0.5672	2
南通	4.0000	5.7363	0.5919	2
常州	10.0000	4.4976	0.4608	2
徐州	13.0000	3.5739	0.3631	1
扬州	9.0000	4.7066	0.4830	2
盐城	11.0000	4.2637	0.4361	2
泰州	3.0000	6.0201	0.6220	3
镇江	6.0000	5.2934	0.5451	2
淮安	7.0000	5.0966	0.5242	2
连云港	8.0000	4.9034	0.5038	2
宿迁	12.0000	3.9799	0.4060	1

由表6-19可知，苏州、南京、泰州市绿色发展的综合评价效果最优，位于第三档次。苏州、南京市的水平RSR值和发展RSR值都位于前五名，表现较好。泰州市虽然增长不够快，但绿色发展表现仍较突出，2020年泰州市被生态环境部评为国家生态文明示范区。无锡、南通、常州、扬州、盐城、镇江、淮安、连云港绿色发展综合评价位于第二档次，其中常州和扬州市在水平方向上排名较为靠后，但从发展方向来看，两市的增长速度排名相对良好，尤其是扬州市；与常州和扬州市相反，盐城在水平方向上表现较为良好。宿迁和徐州市绿色发展综合评价为第一档次。徐州市在发展方向上排名靠后的主要原因是2020年单位产值工业能耗较2019年降低速度较为缓慢，在水平方向上主要是由于资源利用率在13个设区市中排名不高，且大气污染比较严重。宿迁市综合评价档次较低的主要原因是：从水平方向来看，单位产值建设用地最高，其资源利用率表现相对略差。此外，环境污染治理投入占GDP比重最低；从发展方向来看，排名较低的主要原因同徐州市一样，在资源利用方面应当提高利用效率。

六、设区市开放发展测度

江苏省13个设区市开放发展的RSR分布情况，见表6-20。

表6-20　江苏省13个设区市开放发展RSR分布表

设区市	RSR	频率f	累计频数∑f	评价秩数	评价秩数/n×100%	Probit
常州	0.4126	1	1	1	7.6923	3.5739
连云港	0.4517	1	2	2	15.3846	3.9799
盐城	0.4699	1	3	3	23.0769	4.2637
扬州	0.4699	1	4	4	30.7692	4.4976
徐州	0.4937	1	5	5	38.4615	4.7066
淮安	0.5217	1	6	6	46.1538	4.9034
宿迁	0.5483	1	7	7	53.8462	5.0966
南通	0.5636	1	8	8	61.5385	5.2934
镇江	0.5860	1	9	9	69.2308	5.5024
苏州	0.5986	1	10	10	76.9231	5.7363
无锡	0.6000	1	11	11	84.6154	6.0201
南京	0.6056	1	12	12	92.3077	6.4261
泰州	0.6210	1	13	13	98.0769	7.0699

利用表6-20中的RSR分布值作为自变量，Probit值作为因变量，进行线性回归，得到的回归模型为Y=0.19425+0.065862×Probit，并且可以得到江苏13个设区市开放发展拟合效果图，如图6-15所示。

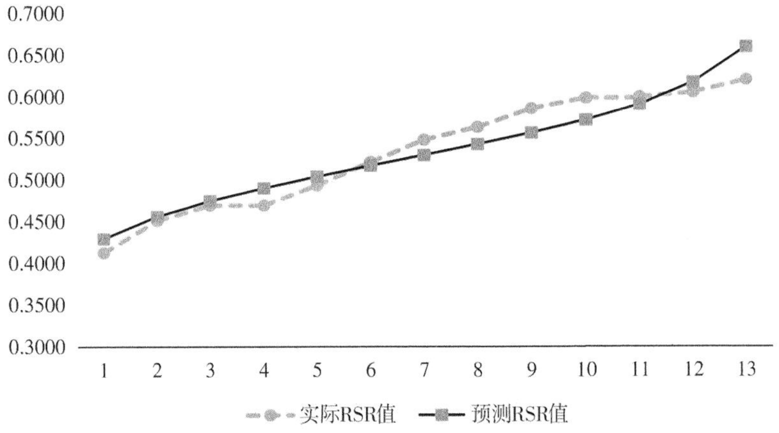

图6-15　江苏省13个设区市开放发展拟合效果图

按照回归方程推算所对应的 RSR 估计值对评价对象进行分档排序，得到分档排序临界值表，见表 6-21。

表 6-21　江苏省 13 个设区市开放发展分档排序临界值表

分档排序临界值表			
档次	百分位临界值	Probit	RSR 临界值（拟合值）
第 1 档	<15.866	<4	<0.4577
第 2 档	15.866~	4~	0.4577~
第 3 档	84.134~	6~	0.5894~

通过 RSR 拟合值，以及与表 6-21 中的 RSR 临界值进行区间比较，进而得到分档等级水平，得到 13 个设区市开放发展分档等级结果，见表 6-22。

表 6-22　江苏省 13 个设区市开放发展分档等级结果

地区	RSR 秩	Probit	RSR 回归	分档水平
苏州	4.0000	5.7363	0.5721	2
南京	2.0000	6.4261	0.6175	3
无锡	3.0000	6.0201	0.5907	3
南通	6.0000	5.2934	0.5429	2
常州	13.0000	3.5739	0.4296	1
徐州	9.0000	4.7066	0.5042	2
扬州	10.0000	4.4976	0.4905	2
盐城	11.0000	4.2637	0.4751	2
泰州	1.0000	7.0699	0.6599	3
镇江	5.0000	5.5024	0.5566	2
淮安	8.0000	4.9034	0.5172	2
连云港	12.0000	3.9799	0.4564	1
宿迁	7.0000	5.0966	0.5299	2

由表 6-22 可知，南京、无锡、泰州市开放发展的综合评价效果最优，位于第三档次，其中南京 2020 年开放发展表现突出，较 2019 年进步明显；

无锡市作为“市场和资源两头在外”的典型城市，2020年的开放发展水平较为突出；而泰州市积极应对新冠肺炎疫情等风险挑战，全市经济开放，总体呈现稳定恢复、稳中加固、稳中向好态势。苏州、南通、徐州、扬州、盐城、镇江、淮安、宿迁市开放发展综合评价位于第二档次。苏州市2020年在13个设区市中表现突出，开放发展的综合评价主要体现各市在对外贸易、资金和技术等方面的发展状况。苏州、无锡市加强外商投资促进和保护，推动对外贸易稳中求质，引导企业开启多元化出口市场，但发展相对缓慢。扬州市的发展速度相对良好，从水平方向上看，2020年的开放发展还有待进一步提高。连云港和常州市开放发展综合评价被评为第一档次，这两个市综合评价效果较差的主要原因是在发展方向上表现略差，其中连云港市人均进出口总额出现下滑，常州市跨境电商交易额增长速度较其他设区市增长略微缓慢。

七、设区市共享发展测度

江苏省13个设区市共享发展的RSR分布情况见表6-23。

表6-23　江苏省13个设区市共享发展RSR分布表

设区市	RSR	频率f	累计频数∑f	评价秩数	评价秩数/n×100%	Probit
连云港	0.3231	1	1	1	7.6923	3.5739
淮安	0.4571	1	2	2	15.3846	3.9799
扬州	0.4835	1	3	3	23.0769	4.2637
常州	0.4857	1	4	4	30.7692	4.4976
盐城	0.4857	1	5	5	38.4615	4.7066
镇江	0.5011	1	6	6	46.1538	4.9034
徐州	0.5033	1	7	7	53.8462	5.0966
泰州	0.5231	1	8	8	61.5385	5.2934
无锡	0.5626	1	9	9	69.2308	5.5024
宿迁	0.5956	1	10	10	76.9231	5.7363
南通	0.5978	1	11	11	84.6154	6.0201
苏州	0.6527	1	12	12	92.3077	6.4261
南京	0.6967	1	13	13	98.0769	7.0699

利用表 6-23 中的 RSR 分布值作为自变量，Probit 值作为因变量，进行线性回归，得到的回归模型为 Y=0. 053139+0. 092101×Probit，并且可以得到江苏 13 个设区市共享发展拟合效果图，如图 6-16 所示。

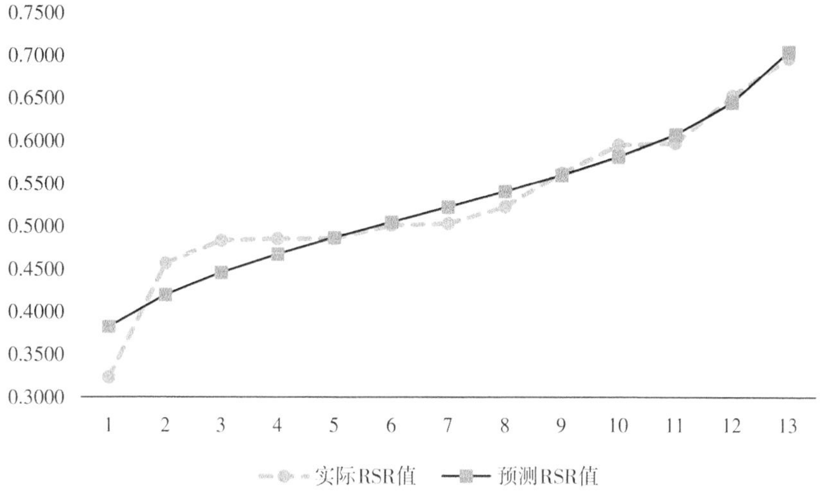

图 6-16　江苏省 13 个设区市共享发展拟合效果图

按照回归方程推算所对应的 RSR 估计值对评价对象进行分档排序，得到分档排序临界值表，见表 6-24。

表 6-24　江苏省 13 个设区市共享发展分档排序临界值表

分档排序临界值表			
档次	百分位临界值	Probit	RSR 临界值（拟合值）
第 1 档	<15. 866	<4	<0. 4215
第 2 档	15. 866~	4~	0. 4215~
第 3 档	84. 134~	6~	0. 6057~

通过 RSR 拟合值，以及与表 6-24 中的 RSR 临界值进行区间比较，进而得到分档等级水平，得到 13 个设区市共享发展分档等级结果，见表 6-25。

表 6-25　江苏省 13 个设区市共享发展分档等级结果

地区	RSR 秩	Probit	RSR 回归	分档水平
苏州	2.0000	6.4261	0.6450	3
南京	1.0000	7.0699	0.7043	3
无锡	5.0000	5.5024	0.5599	2
南通	3.0000	6.0201	0.6076	3
常州	9.0000	4.4976	0.4674	2
徐州	7.0000	5.0966	0.5225	2
扬州	11.0000	4.2637	0.4458	2
盐城	9.0000	4.7066	0.4866	2
泰州	6.0000	5.2934	0.5407	2
镇江	8.0000	4.9034	0.5047	2
淮安	12.0000	3.9799	0.4197	1
连云港	13.0000	3.5739	0.3823	1
宿迁	4.0000	5.7363	0.5815	2

由表 6-25 可知，苏州、南京、南通市共享发展的综合评价效果最优，位于第三档次。其中南京、南通在水平方向上共享发展表现都较为突出，较 2019 年也显著进步，南京在加强重点人群帮扶、增强就业韧性上采取了具体措施，比如拓展农民就业空间加强创业支持、健全困难群体就业创业帮扶机制等。苏州市在水平方向上表现整体评价效果，尤其是居民人均可支配收入较高，且居民恩格尔系数较低，然而受新冠肺炎疫情影响，总体消费水平下降，但食品类支出具有刚性，受疫情影响较小，使 2020 年相对于 2019 年居民恩格尔系数上升。无锡、常州、徐州、扬州、盐城、泰州、镇江、宿迁市共享发展综合评价位于第二档次，其中无锡、常州 2020 年在 13 个设区市中表现较好，但在发展方向上相对靠后，而扬州市与盐城市则是在水平方向上有待进一步提升。连云港市和淮安市共享发展综合评价为第一档次，其中淮安市在共享富裕方面应加强努力。共享发展综合评价结果受多方面因素的影响制约，比如扶贫脱贫、收入分配、公共服务等，要加强全民共享、全面共享、共建共享、渐进共享进程，注重配套工作建设。

八、设区市安全发展测度

江苏省 13 个设区市安全发展的 RSR 分布情况见表 6-26。

表 6-26　江苏省 13 个设区市安全发展 RSR 分布表

设区市	RSR	频率 f	累计频数∑f	评价秩数	评价秩数/n×100%	Probit
南京	0. 3573	1	1	1	7. 6923	3. 5739
连云港	0. 3573	1	2	2	15. 3846	3. 9799
镇江	0. 4718	1	3	3	23. 0769	4. 2637
徐州	0. 4855	1	4	4	30. 7692	4. 4976
扬州	0. 4940	1	5	5	38. 4615	4. 7066
无锡	0. 4991	1	6	6	46. 1538	4. 9034
南通	0. 5282	1	7	7	53. 8462	5. 0966
苏州	0. 5453	1	8	8	61. 5385	5. 2934
常州	0. 5573	1	9	9	69. 2308	5. 5024
淮安	0. 5641	1	10	10	76. 9231	5. 7363
宿迁	0. 6632	1	11	11	84. 6154	6. 0201
盐城	0. 6718	1	12	12	92. 3077	6. 4261
泰州	0. 7231	1	13	13	98. 0769	7. 0699

利用表 6-26 中的 RSR 分布值作为自变量，Probit 值作为因变量，进行线性回归，得到的回归模型为 Y=-0. 022554+0. 10752×Probit，并且可以得到江苏 13 个设区市安全发展拟合效果图，如图 6-17 所示。

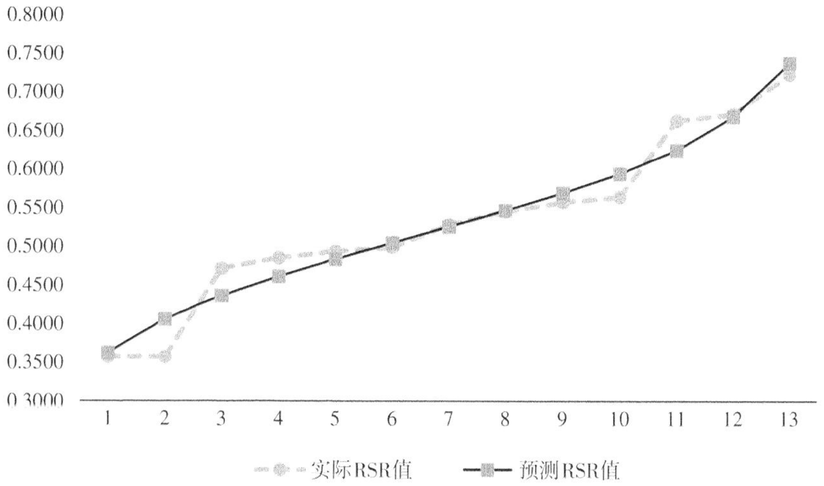

图 6-17　江苏省 13 个设区市安全发展拟合效果图

按照回归方程推算所对应的 RSR 估计值对评价对象进行分档排序，得到分档排序临界值，见表 6-27。

表 6-27　江苏省 13 个设区市安全发展分档排序临界值表

分档排序临界值表			
档次	百分位临界值	Probit	RSR 临界值（拟合值）
第 1 档	<15.866	<4	<0.4075
第 2 档	15.866~	4~	0.4075~
第 3 档	84.134~	6~	0.6226~

通过 RSR 拟合值，以及与表 6-27 中的 RSR 临界值进行区间比较，进而得到分档等级水平，得到 13 个设区市安全发展分档等级结果，见表 6-28。

表 6-28　江苏省 13 个设区市安全发展分档等级结果

地区	RSR 秩	Probit	RSR 回归	分档水平
苏州	6.0000	5.2934	0.5466	2
南京	13.0000	3.5739	0.3617	1
无锡	8.0000	4.9034	0.5046	2
南通	7.0000	5.0966	0.5254	2
常州	5.0000	5.5024	0.5691	2
徐州	10.0000	4.4976	0.4610	2
扬州	9.0000	4.7066	0.4835	2
盐城	2.0000	6.4261	0.6684	3
泰州	1.0000	7.0699	0.7376	3
镇江	11.0000	4.2637	0.4359	2
淮安	4.0000	5.7363	0.5942	2
连云港	12.0000	3.9799	0.4054	1
宿迁	3.0000	6.0201	0.6247	3

由表 6-28 可知，盐城、泰州、宿迁市安全发展的综合评价效果最优，位于第三档次。泰州和宿迁市的水平 RSR 值和发展 RSR 值均位于前五名，

其中泰州市多措并举做好新冠肺炎疫情防控与安全生产工作，实施线下精准监控、优化完善安全生产服务指导等措施。宿迁市加强“统筹发展与安全”“三个责任”等，进一步强化安全发展意识、夯实安全生产措施。盐城市在发展方向上排名虽然不靠前，但2020年安全发展效果在全省最为突出，主要是其在安全生产方面表现优秀，始终坚持筑牢安全防线，提升社会治理效能。苏州、无锡、南通、常州、徐州、扬州、镇江、淮安市安全发展综合评价位于第二档次，其中常州市2020年的安全发展效果较2019年提高显著，但在水平方向位于后五名。镇江市安全发展指数提升较为缓慢，主要原因是规模以上工业企业资产负债率和亿元GDP生产安全事故死亡率均呈现明显上升态势。连云港和南京市安全发展综合评价位于第一档次，无论是水平RSR值还是发展RSR值这两个设区市都排名后三位，其中南京在2020年排名靠后，主要是由于亿元GDP生产安全事故死亡率相对较大，区域发展差异系数较2019年虽然有所下降，但其下降速度相对较慢，因此其发展RSR值较低；连云港在水平方向上排名末位，主要原因是规模以上工业企业资产负债率较高；此外，南京市和连云港市2020年较2019年的亿元GDP生产安全事故死亡率有所上升，使安全发展指数下降明显，对此应着力完善应急管理体制机制。

九、设区市主观感受测度

江苏省13个设区市主观感受的RSR分布情况见表6-29。

表6-29　江苏省13个设区市主观感受RSR分布表

设区市	RSR	频率f	累计频数∑f	评价秩数	评价秩数/n×100%	Probit
泰州	0.2462	1	1	1	7.6923	3.5739
扬州	0.3154	1	2	2	15.3846	3.9799
苏州	0.4385	1	3	3	23.0769	4.2637
南通	0.4769	1	4	4	30.7692	4.4976
盐城	0.5000	1	5	5	38.4615	4.7066
常州	0.5231	1	6	6	46.1538	4.9034

续表

设区市	RSR	频率 f	累计频数 Σf	评价秩数	评价秩数/n×100%	Probit
镇江	0.5308	1	7	7	53.8462	5.0966
徐州	0.5846	1	8	8	61.5385	5.2934
无锡	0.6077	1	9	9	69.2308	5.5024
淮安	0.6231	1	10	10	76.9231	5.7363
南京	0.7000	1	11	11	84.6154	6.0201
连云港	0.7154	1	12	12	92.3077	6.4261
宿迁	0.7154	1	13	13	98.0769	7.0699

利用表 6-29 中的 RSR 分布值作为自变量，Probit 值作为因变量，进行线性回归，得到的回归模型为 Y=-0.18336+0.13957×Probit，并且可以得到江苏省 13 个设区市主观感受拟合效果图，如图 6-18 所示。

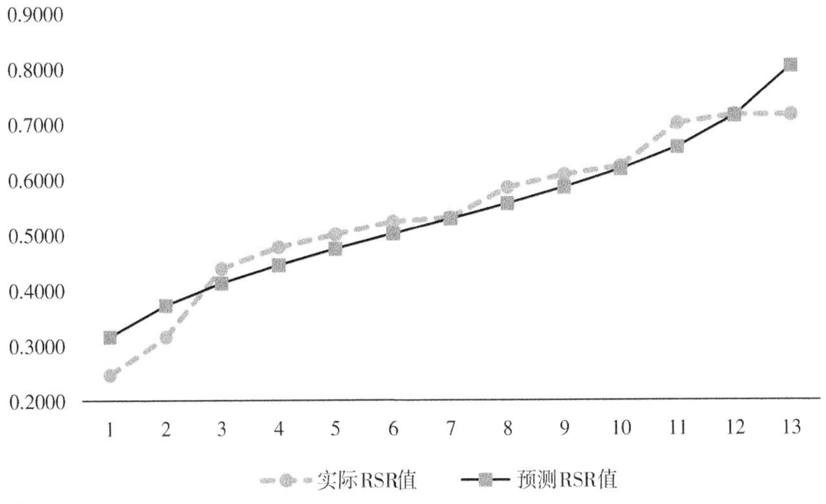

图 6-18 江苏省 13 个设区市主观感受拟合效果图

按照回归方程推算所对应的 RSR 估计值对评价对象进行分档排序，得到分档排序临界值表，见表 6-30。

表 6-30　江苏省 13 个设区市主观感受分档排序临界值表

分档排序临界值表			
档次	百分位临界值	Probit	RSR 临界值（拟合值）
第 1 档	<15.866	<4	<0.3749
第 2 档	15.866~	4~	0.3749~
第 3 档	84.134~	6~	0.6541~

通过 RSR 拟合值，以及与表 6-30 中的 RSR 临界值进行区间比较，进而得到分档等级水平，得到 13 个设区市主观感受分档等级结果，见表 6-31。

表 6-31　江苏省 13 个设区市主观感受分档等级结果

地区	RSR 秩	Probit	RSR 回归	分档水平
苏州	11.0000	4.2637	0.4117	2
南京	3.0000	6.0201	0.6568	3
无锡	5.0000	5.5024	0.5846	2
南通	10.0000	4.4976	0.4444	2
常州	8.0000	4.9034	0.5010	2
徐州	6.0000	5.2934	0.5554	2
扬州	12.0000	3.9799	0.3721	1
盐城	9.0000	4.7066	0.4735	2
泰州	13.0000	3.5739	0.3154	1
镇江	7.0000	5.0966	0.5280	2
淮安	4.0000	5.7363	0.6172	2
连云港	1.0000	6.4261	0.7135	3
宿迁	1.0000	7.0699	0.8034	3

同全省主观感受测度一样，测评数据是根据渺未科技数据公司调研结果数据和江苏省统计局每年开展的全省基本公共服务体系建设百姓满意度问卷调查数据进行综合测算，根据评价结果以及具体数值，本研究对各设区市的主观感受进行以下分析。

由表 6-31 可知，南京、连云港、宿迁市主观感受的综合评价效果最优，位于第三档次。其中南京市在发展方向上排列在中游，但在水平方向上表现较为突出；连云港市主要是由于 2020 年群众生活环境满意度和基本公共服务满意度都呈现显著上升的趋势。苏州、无锡、南通、常州、徐州、盐城、镇江、淮安市主观感受的综合评价位于第二档次。其中苏州市 2020 年主观感受综合评价得分较低，但较 2019 年提高明显，带动了综合评价档次；而南通市的发展 RSR 值最小，主要是因为基本公共服务满意度得分的降低。扬州和泰州市主观感受的综合评价为第一档次，主要是生活环境满意度和基本公共服务满意度得分较低。

第四节　江苏高质量发展预测研析

本节采用灰色预测模型①，对江苏省高质量发展综合指数进行预测。采用灰色预测模型的具体原因如下②。首先是数据要求方面，目前可以求得 2016—2021 年的江苏省高质量发展各标准数据与权重乘积的加权和。而其他的预测模型在这里都不太适用，如多元回归模型要保证回归系数的准确性，建立模型需要大量的样本，神经网络模型则需要大量的数据样本作为训练集。相比于其他预测模型，灰色预测模型在建模时并不需要过多的样本，针对时间序列短的样本分析具有其他模型不具有的优势，而且灰色预测模型是最适用于对具有一定不确定性的发展趋势、影响因素进行灰色系统建模，因此，相比之下灰色预测模型是最适用于现有样本数据的建模方法。对高质量发展指数产生影响的因素也是在不断变化的，也就是说，待预测系统是一个既具有模糊性又具有未知性的复杂系统，因此采用灰色预测模型是相对合理的。在可操作性方面，灰色预测模型原理复杂程度适中，计算机建模操作较为灵活。所以使用灰色预测模型，对未来短时间内

① 灰色预测模型适用于对一个既含有已知信息又含有不确定信息的系统进行预测，对数据的处理方法既包含了时间序列模型的序列的累加，又包含了回归模型的最小二乘法等方法，而且灰色预测模型对数据的要求并不是很严格，有少量样本即可进行建模。

② 郭克莎等：《迈向高质量发展之路》，北京・科学出版社，2020 年版，第 349—350 页。

江苏高质量发展指数进行预测是合理的。

本节选取 GM（1，1）模型对江苏高质量发展指数进行预测，使用 Matlab 软件进行操作，下面对 GM（1，1）模型的基本理论进行介绍。

一、模型原理

设原始序列：

$$X^{(0)}=[X^{(0)}(1),X^{(0)}(2),\cdots,X^{(0)}(n)] \tag{6-9}$$

通过累加生成新序列：

$$X^{(1)}=[X^{(1)}(1),X^{(1)}(2),\cdots,X^{(1)}(n)] \tag{6-10}$$

令 $Z^{(1)}$ 为 $X^{(1)}$ 的紧邻均值生成序列：

$$Z^{(1)}=[Z^{(1)}(1),Z^{(1)}(2),\cdots,Z^{(1)}(n)] \tag{6-11}$$

$$Z^{(1)}(k)=0.5[X^{(1)}(k-1)+X^{(1)}(k)] \tag{6-12}$$

那么 GM（1，1）的灰色微分方程模型可以表示为：

$$X^{(0)}(\mathrm{k})+aZ^{(1)}(\mathrm{k})=b \tag{6-13}$$

其中，a 为发展灰数；b 为内生控制灰数。

设 β 为待估计参数向量，$\beta=(a\quad b)^T$ 可用最小二乘法求解，得 $\beta=(B^TB)^{-1}B^TY$，其中：

$$B=\begin{pmatrix}-Z^{(1)}(2) & 1\\ -Z^{(1)}(3) & 1\\ \vdots & \vdots\\ -Z^{(1)}(n) & 1\end{pmatrix},\ Y=\begin{pmatrix}X^{(0)}(2)\\ X^{(0)}(3)\\ \vdots\\ X^{(0)}(n)\end{pmatrix} \tag{6-14}$$

称微分方程为 $\frac{\mathrm{d}X^{(1)}}{\mathrm{d}t}+aX^{(1)}=b$ 灰色微分方程 $X^{(0)}(\mathrm{k})+aZ^{(1)}(\mathrm{k})=b$ 的白化方程的解，也称时间响应函数，其解为：

$$\hat{X}^{(1)}(t)\ \left[X^{(0)}(0)-\frac{b}{a}\right]e^{-at} \tag{6-15}$$

累减后的预测方程为：

$$\hat{X}^{(0)}(k+1)=\hat{X}^{(1)}(k+1)-\hat{X}^{(1)}(k)(k=1,2,\cdots,n) \tag{6-16}$$

二、模型检验

（一）残差检验

残差检验即对残差进行逐点检验，绝对残差序列为：

$$\Delta^{(0)}(i) = \left| X^{0}(i) \quad \hat{X}(i) \right| \ (i = 1,\ 2,\ \cdots,\ n) \tag{6-17}$$

相对残差序列为：

$$\varphi_i = \frac{\Delta^{(0)}(i)}{X^{(0)}(i)} \tag{6-18}$$

平均相对残差为：

$$\bar{\varphi} = \frac{1}{n}\sum_{i=1}^{n} \varphi_i \tag{6-19}$$

给定 a，当 $\bar{\varphi} < a$ 时，称模型为残差合格模型。a 值取值为 0.01、0.05、0.1 时分别对应优、合格、勉强合格。

（二）后验差检验

后验差检验是对残差分布的统计特性进行检验，计算原始序列标准差为：

$$S_1 = \sqrt{\frac{\sum \left[X^{(0)}(i) - \bar{X}^{(0)} \right]^2}{n - 1}} \tag{6-20}$$

计算绝对误差序列的标准差：

$$S_2 = \sqrt{\frac{\sum \left[\Delta^{(0)}(i) - \bar{\Delta}^{(0)} \right]^2}{n - 1}} \tag{6-21}$$

计算方差比：

$$C = \frac{S_2}{S_1} \tag{6-22}$$

给定 C_0，当 $C < C_0$ 时，称模型为方差比合格模型。C_0 取 0.35、0.5、0.65 分别对应优秀、合格、勉强合格。

三、实证预测

（一）江苏高质量发展综合指数预测

在进行建模预测前，首先对待预测序列进行级比检验。给定序列：

$$X^{(0)}=[X^{(0)}(1),X^{(0)}(2),\cdots,X^{(0)}(n)] \tag{6-23}$$

则该序列的级比为：

$$\sigma^{(0)}(k)=\frac{X^{(0)}(k-1)}{X^{(0)}(k)} \tag{6-24}$$

若满足 $\sigma^{(0)}(k)\in(e^{-2/(n+1)},\ e^{2/(n+1)})$，则可以直接建模。若不满足需要对原始数据序列去适当的常数 c 作平移变换，$Y^{(0)}(k)=X^{(0)}+c$（$k=1,2,\cdots,n$），使序列 $Y^{(0)}=[Y^{(0)}(1),Y^{(0)}(2),\cdots,Y^{(0)}(n)]$ 的级比落入上述区间范围内。

首先计算 2016—2021 年江苏高质量发展综合指数序列的级比，预测区间为 2022—2024 年，$n=3$，存在序列各级的级比在（0.61，1.65）的范围，因此无须对原始序列作平移变换，直接对数据进行 GM（1，1）建模。

模型参数输出结果见表 6-32。

表 6-32　高质量发展指数 GM（1，1）模型输出参数

模型参数	输出结果
发展系数 $-a$	0.0176
灰色作用量 u	0.7718

本章第一节的高质量发展综合指数是通过标准值与权重乘积的加权和求得，在发展趋势呈现逐年上升且指数较大的情况下，预测结果可能出现大于 1 的情况，但本节的主要目的是观测综合指数的发展趋势，因此忽略其数值大于 1 的情况。因此以江苏省 2016—2021 年高质量发展指数进行预测，具体输出结果见表 6-33。

表 6-33　江苏 2016—2021 年实际值、预测值及残差相关数据

年份	实际值	平移后数据	预测数据	平移后预测数据	残差	相对残差
2016	0.6731	0.6731	0.6731	0.6731	0.0000	0.0000
2017	0.7253	0.7253	0.7374	0.7374	-0.0121	0.0167
2018	0.7944	0.7944	0.7788	0.7788	0.0156	0.0196
2019	0.8307	0.8307	0.8226	0.8226	0.0081	0.0098
2020	0.8545	0.8545	0.8688	0.8688	-0.0143	0.0167
2021	0.9213	0.9213	0.9175	0.9175	0.0038	0.0041

模型检验指标见表 6-34。

表 6-34　模型的检验指标

平均相对残差	残差平均和	相对精度	C 值
0.0111	0.0007	0.9889	0.0685

由表 6-34 可知，所建立的模型的平均相对残差 a 为 0.0111，a 取值为 0.01、0.05、0.1 时分别对应优秀、合格、勉强合格，因此该模型为合格模型。$C=0.0685$，因此模型的预测精度等级为优。因此该模型适用于高质量发展综合指数的预测。预测 2022—2024 年 3 年的结果，见表 6-35。

表 6-35　2022—2024 年江苏高质量发展综合指数预测结果

年份	预测结果
2022	0.9690
2023	1.0234
2024	1.0809

江苏高质量发展综合指数预测情况见图 6-19。

从图 6-19 中可以看出，江苏高质量发展综合指数在 2022—2024 年仍然持续上升，并且增长幅度稳定在 5.6%左右，这说明江苏省今后 3 年高质量发展水平总体向好。这与《江苏省国民经济和社会发展第十四个五年规划和二〇三五年远景目标纲要》提出的江苏 2020—2025 年区间年均增

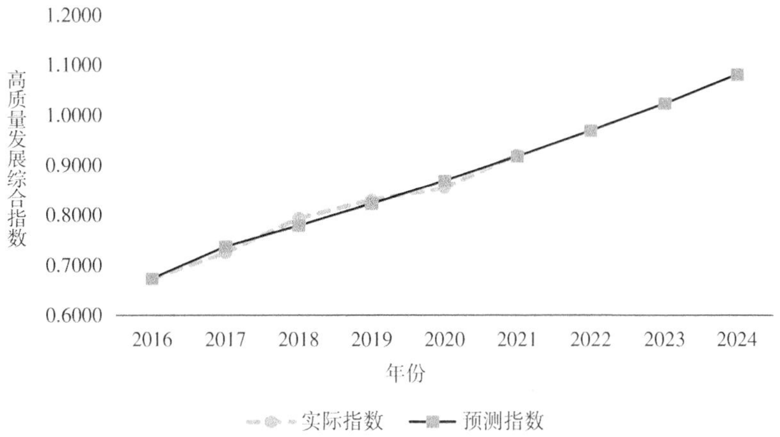

图 6-19 江苏高质量发展综合指数预测图

速 5.5%左右的目标基本一致。

(二) 江苏高质量发展“八个模块”的指数预测

在进行建模预测前，同样对综合质效、创新发展、协调发展、绿色发展、开放发展、共享发展、安全发展以及主观感受指数序列进行级比检验，八个方面的指数序列的各项级比均在（0.61，1.65）区间，因此无须先进行平移变换，可直接进行建模。

1. 全省综合质效指数预测

模型输出结果见表 6-36。

表 6-36 综合质效指数 GM（1，1）模型输出参数

模型参数	输出结果
发展系数 $-a$	-0.0008
灰色作用量 u	0.8199

模型检验指标见表 6-37。

表 6-37 模型的检验指标

平均相对残差	残差平均和	相对精度	C 值
0.0448	0.0121	0.9552	0.4977

由表 6-37 可知所建立的模型的平均相对残差 a 为 0.0448，a 取值为 0.01、0.05、0.1 时分别对应优秀、合格、勉强合格，据此该模型为合格模型。$C=0.4977$，模型的预测精度等级为合格。因此，该模型适用于综合质效指数的预测。预测 2022—2024 年江苏高质量发展综合质效指数的结果见表 6-38。

表 6-38　2022—2024 年江苏高质量发展综合质效指数预测结果

年份	预测结果
2022	0.8155
2023	0.8148
2024	0.8141

由表 6-38 可知，2022—2024 年江苏高质量发展综合质效指数预测值依次为 0.8155、0.8148、0.8141，预测呈现略微下降的趋势。图 6-20 直观展示了全省高质量发展综合质效指数的发展趋势。因此，江苏省应根据 2016—2021 年高质量发展综合质效指数，研究未来 3 年综合质效略微下降的主要原因，从提高全省高质量发展综合质效水平入手，带动全省高质量发展整体水平的提高。

江苏高质量发展综合质效指数预测情况如图 6-20 所示。

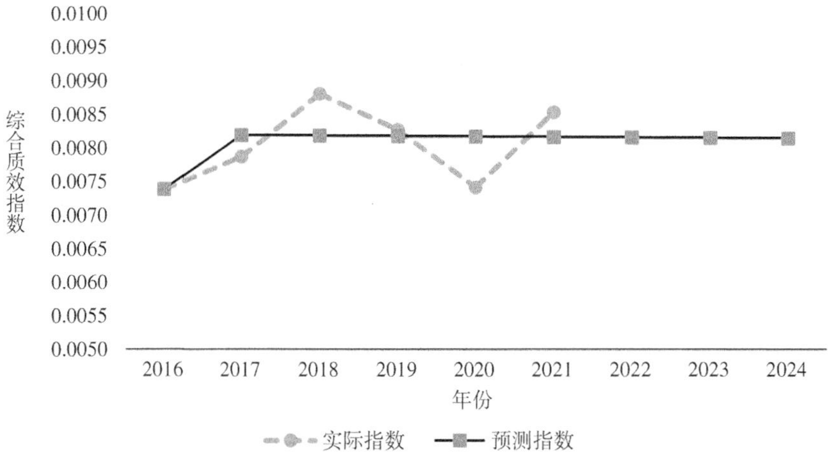

图 6-20　江苏高质量发展综合质效预测图

2. 全省创新发展指数预测

模型输出结果见表 6-39。

表 6-39　创新发展指数 GM（1，1）模型输出参数

模型参数	输出结果
发展系数 $-a$	0.0734
灰色作用量 u	0.6320

模型检验指标见表 6-40。

表 6-40　模型的检验指标

平均相对残差	残差平均和	相对精度	C 值
0.0227	0.0031	0.9773	0.1258

由表 6-40 可知，所建立的模型的平均相对残差 a 为 0.0227，a 取值为 0.01、0.05、0.1 时分别对应优秀、合格、勉强合格，据此该模型为合格模型。C=0.1258，模型的预测精度等级为优秀。因此，该模型适用于创新发展指数的预测。预测 2022—2024 年全省创新发展指数结果见表 6-41。

表 6-41　2022—2024 年江苏创新发展预测结果

年份	预测结果
2022	1.0220
2023	1.0998
2024	1.1836

由表 6-41 可知，2022—2024 年江苏创新发展指数预测依次为 1.0220、1.0998、1.1836，将呈现持续上升的趋势，预测将以 7.6%左右的增长速度稳步前行。如图 6-21 所示，据江苏创新发展指数预测的发展趋势，今后 3 年全省将保持平稳的速度增长。

江苏创新发展指数预测情况见图 6-21。

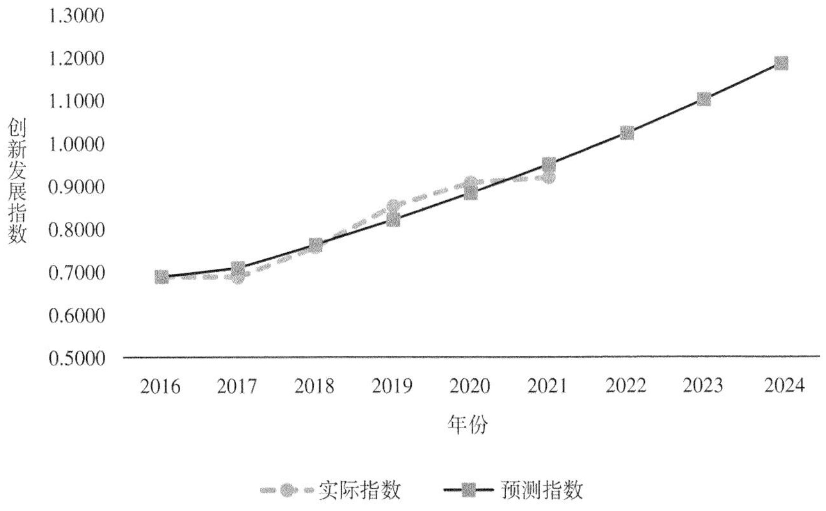

图 6-21　江苏高质量发展创新发展指数预测图

3. 全省协调发展指数预测

模型输出结果见表 6-42。

表 6-42　协调发展指数 GM（1，1）模型输出参数

模型参数	输出结果
发展系数 $-a$	0.0176
灰色作用量 u	0.7718

模型检验指标见表 6-43。

表 6-43　模型的检验指标

平均相对残差	残差平均和	相对精度	C 值
0.0359	0.0083	0.9641	0.4245

由表 6-43 可知，建立的模型的平均相对残差 a 为 0.0359，a 取值为 0.01、0.05、0.1 时分别对应优秀、合格、勉强合格。据此该模型为合格模型。C=0.4245，模型的预测精度等级为合格。因此，该模型适用于协调发展指数的预测。预测 2022—2024 年全省协调发展指数结果见表 6-44。

表 6-44　2022—2024 年江苏协调发展指数预测结果

年份	预测结果
2022	0. 8644
2023	0. 8797
2024	0. 8953

由表 6-44 可知，2022—2024 年江苏协调发展的综合指数依次为 0. 8644、0. 8797、0. 8953，将以 1. 77%左右的速度呈现稳步上升的趋势。从实际指数看，江苏 2018—2020 年是下降的趋势，要分析下降的原因，提出对策性改进的建议和意见，为未来几年协调发展整体向好提供参考依据。图 6-22 直观地反映了协调发展的基本走势。

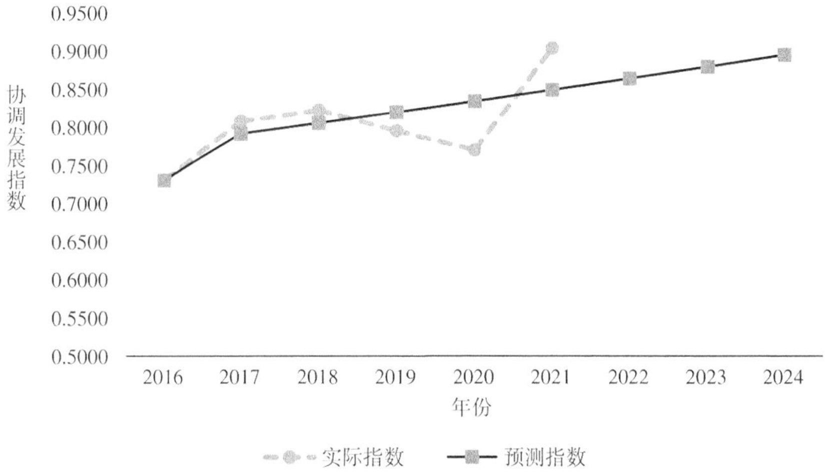

图 6-22　江苏高质量发展协调发展指数预测图

4. 全省绿色发展指数预测

模型输出结果见表 6-45。

表 6-45　绿色发展指数 GM（1，1）模型输出参数

模型参数	输出结果
发展系数 $-a$	0. 0991
灰色作用量 u	0. 5824

模型检验指标见表 6-46。

表 6-46　模型的检验指标

平均相对残差	残差平均和	相对精度	C 值
0. 0075	0. 0004	0. 9925	0. 0366

由表 6-46 可知，所建立的模型的平均相对残差 a 为 0. 0075，a 取值为 0. 01、0. 05、0. 1 时分别对应优秀、合格、勉强合格。据此该模型为优秀模型。C=0. 0366，模型的预测精度等级为优。因此，该模型适用于绿色发展指数的预测。预测 2022—2024 年江苏省绿色发展指数结果见表 6-47。

表 6-47　2022—2024 年江苏绿色发展指数预测结果

年份	预测结果
2022	1. 1086
2023	1. 2241
2024	1. 3516

由表 6-47 中可知，2022—2024 年江苏绿色发展指数预测值依次为 1. 1086、1. 2241、1. 3516，将呈现逐年稳步提升发展趋势，年均增长 10. 4%。绿色发展作为江苏拉动高质量发展的主要动力之一，将会继续保持现有的发展好势头。图 6-23 直观地反映了江苏绿色发展增长趋势。

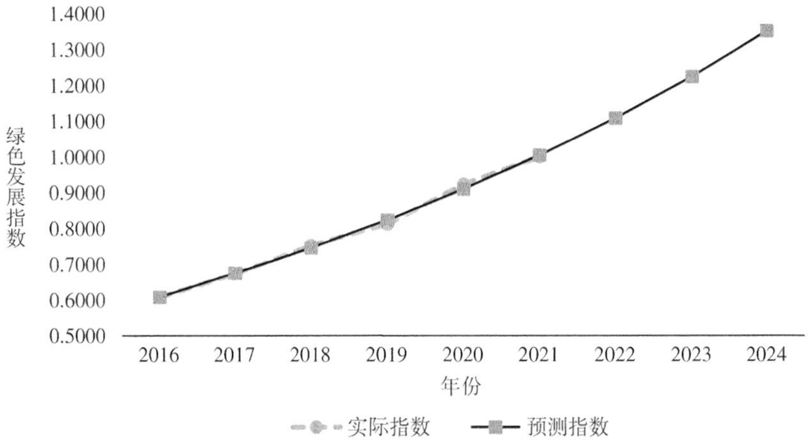

图 6-23　江苏高质量发展绿色发展指数预测图

5. 全省开放发展指数预测

模型输出结果见表 6-48。

表 6-48　开放发展指数 GM（1，1）模型输出参数

模型参数	输出结果
发展系数 $-a$	0.0825
灰色作用量 u	0.6242

模型检验指标见表 6-49。

表 6-49　模型的检验指标

平均相对残差	残差平均和	相对精度	C 值
0.0169	0.0017	0.9831	0.0717

由表 6-49 可知，所建立的模型的平均相对残差 a 为 0.0169，a 取值为 0.01、0.05、0.1 时分别对应优秀、合格、勉强合格，据此该模型为合格模型。C=0.0717，模型的预测精度等级为优。因此，该模型适用于开放发展指数的预测。预测 2022—2024 年江苏开放发展指数结果见表 6-50。

表 6-50　2022—2024 年江苏开放发展预测结果

年份	预测结果
2022	1.0609
2023	1.1521
2024	1.2511

由表 6-50 中可知，2022—2024 年江苏开放发展指数预测值依次为 1.0609、1.1521、1.2511，将呈现持续上升的趋势，年均增长 8.6%左右。江苏要在更高起点上推进高质量开放发展，继续保持拉动全省高质量发展的好势头。图 6-24 直观地反映了全省开放发展的总体趋势。

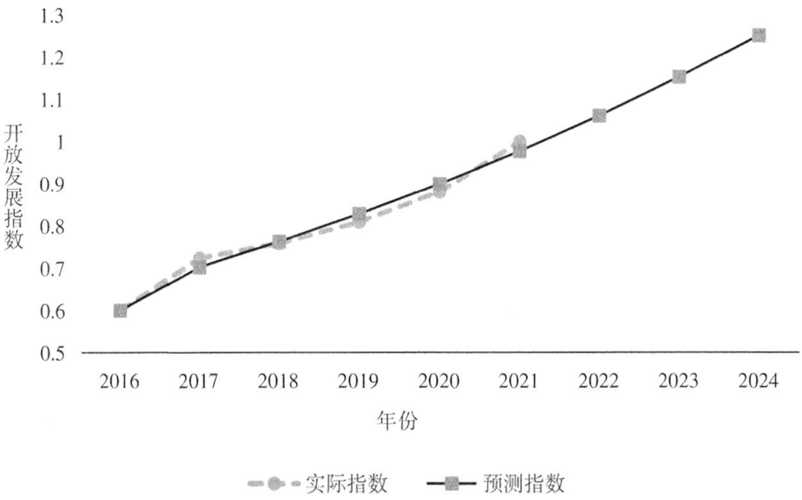

图 6-24　江苏高质量发展开放发展指数预测图

6. 全省共享发展指数预测

模型输出结果见表 6-51。

表 6-51　共享发展指数 GM（1，1）模型输出参数

模型参数	输出结果
发展系数 $-a$	0. 0578
灰色作用量 u	0. 6545

模型检验指标见表 6-52。

表 6-52　模型的检验指标

平均相对残差	残差平均和	相对精度	C 值
0. 0176	0. 0017	0. 9824	0. 1251

由表 6-52 可知所建立的模型的平均相对残差 a 为 0. 0176，a 取值为 0. 01、0. 05、0. 1 时分别对应优秀、合格、勉强合格，据此该模型为合格模型。C=0. 1251，模型的预测精度等级为优。因此，该模型适用于共享发展指数的预测。预测 2022—2024 年江苏省共享发展指数结果见表 6-53。

表 6-53　2022—2024 年江苏共享发展预测结果

年份	预测结果
2022	0.9522
2023	1.0089
2024	1.0689

由表 6-53 中可知，2022—2024 年江苏共享发展指数预测值依次为 0.9522、1.0089、1.0689，将呈现稳步上升的趋势，年均增速 6%左右，至 2024 年共享发展指数将增长到 1.0689。图 6-25 直观地反映了全省共享发展指数的总体趋势。

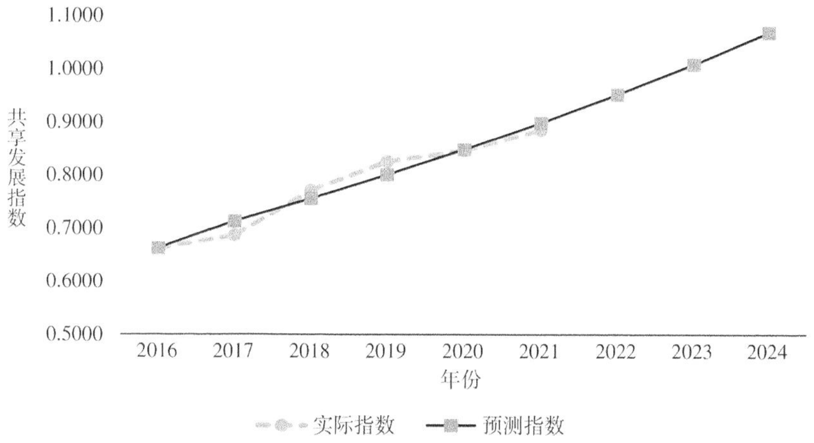

图 6-25　江苏高质量发展共享发展指数预测图

7. 全省安全发展指数预测

模型输出结果见表 6-54。

表 6-54　安全发展指数 GM（1，1）模型输出参数

模型参数	输出结果
发展系数 $-a$	0.0558
灰色作用量 u	0.6745

模型检验指标见表 6-55。

表 6-55　模型的检验指标

平均相对残差	残差平均和	相对精度	C 值
0.0306	0.0059	0.9694	0.2169

由表 6-55 可知所建立的模型的平均相对残差 a 为 0.0306，a 取值为 0.01、0.05、0.1 时分别对应优秀、合格、勉强合格，据此该模型为合格模型。C=0.2169，模型的预测精度等级为优。因此，该模型适用于安全发展指数的预测。预测 2022—2024 年江苏安全发展指数结果见表 6-56。

表 6-56　2022—2024 年江苏安全发展预测结果

年份	预测结果
2022	0.9691
2023	1.0247
2024	1.0835

由表 6-56 可知，2022—2024 年江苏安全发展指数预测值依次为 0.9691、1.0247、1.0835，将以年均增速 5.74%左右的幅度稳步上升。2024 年全省安全发展指数将增长至 1.0835。图 6-26 直观地反映了全省安全发展的总体趋势。

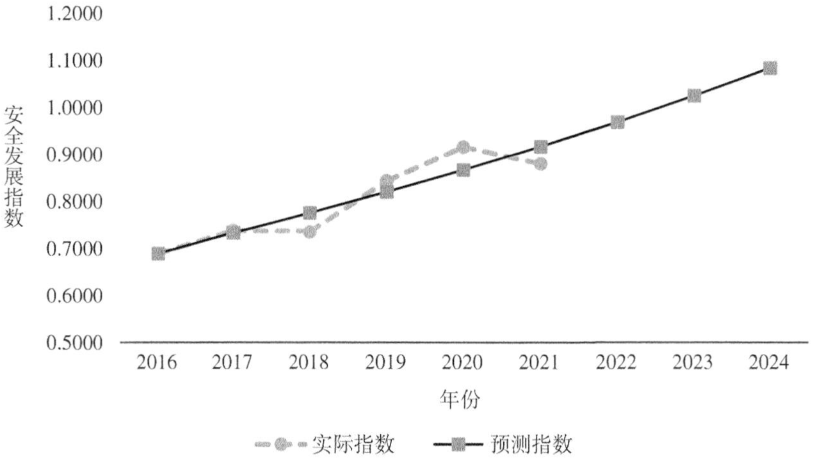

图 6-26　江苏高质量发展安全发展指数预测图

8. 全省主观感受指数预测

模型输出结果见表 6-57。

表 6-57　主观感受指数 GM（1，1）模型输出参数

模型参数	输出结果
发展系数 $-a$	0.0866
灰色作用量 u	0.6532

模型检验指标见表 6-58。

表 6-58　模型的检验指标

平均相对残差	残差平均和	相对精度	C 值
0.0482	0.0132	0.9518	0.1655

由表 6-58 可知所建立的模型的平均相对残差 a 为 0.0482，a 取值为 0.01、0.05、0.1 时分别对应优秀、合格、勉强合格，据此该模型为合格模型。$C=0.1655$，模型的预测精度等级为优。因此，该模型适用于主观感受指数的预测。预测 2022—2024 年江苏主观感受指数结果见表 6-59。

表 6-59　2022—2024 年江苏主观感受预测结果

年份	预测结果
2022	1.1356
2023	1.2383
2024	1.3502

由表 6-59 中可知，2022—2024 年江苏主观感受指数预测值依次为 1.1356、1.2383、1.3502，将以年均增速 9.04%左右的幅度持续上升。图 6-27 直观地反映了主观感受的总体趋势。

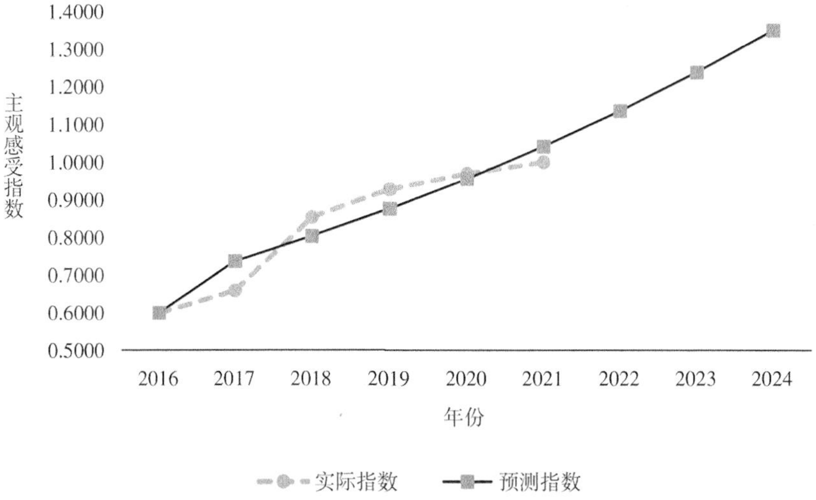

图 6-27　江苏高质量发展主观感受指数预测图

四、实证分析结论

本章选取 41 个高质量发展评价指标，对江苏高质量发展综合评价、全省高质量发展的贡献度分析、各设区市高质量发展综合评价、全省高质量发展预测四个方面实证进行了系统研究分析，具体实证分析结果主要概述为四个方面。

一是选取 2016—2021 年的数据测算江苏高质量发展综合指数。6 年来江苏高质量发展呈现稳步增长的好趋势。2021 年全省高质量发展的综合指数为 0. 9213，较上年增长了 0. 0668，比 2016 年增长了 0. 2482。从“八个模块”发展指数得分看，全省按年平均指数得分排名从高到低依次为主观感受指数 0. 8352、协调发展指数 0. 8053、综合质效指数 0. 8043、创新发展指数 0. 8019、安全发展指数 0. 8002、开放发展指数 0. 7956、绿色发展指数 0. 7951、共享发展指数 0. 7800。2021 年全省“八个模块”评价指数得分排名从高到低依次为绿色发展指数 1. 0000、开放发展指数 1. 0000、主观感受指数 1. 0000、创新发展指数 0. 9200、协调发展指数 0. 9042、共享发展指数 0. 8857、综合质效指数 0. 8529、安全发展指数 0. 8801。虽然全省高质量发展指数整体提高、发展趋势向好，但是发展不平衡、增长幅度存在差异。比如，综合质效指数未来可能呈现下降趋势，社会消费品零售总额增长速度下滑、GDP增长率逐年下降等问题应引起关注。

二是从“四小板块”维度对江苏高质量发展贡献度研究分析。选取扩展型柯布-道格拉斯生产函数分析模型，选取2016—2021年江苏高质量发展部分指标，从“生产效率、经济活力、环境保护和创新能力”“四小板块”，利用Matlab对变量进行回归分析。分析结果显示，“四小板块”对全省高质量发展的贡献度从大到小排序依次为：环境保护贡献度为0.4994、生产效率贡献度为0.4237、创新能力贡献度为0.1725、经济活力贡献度为0.3986。这表明“四小板块”对全省高质量发展均有着重要的推动作用，显示这四个方面对全省高质量发展起着正向推动作用。特别是环境保护贡献度最大，说明这些年江苏省以前所未有的力度抓生态文明建设，打好蓝天、碧水、净土“三大保卫战”，下大力气推动绿色发展、循环发展和低碳发展，收到了明显成效。生产效率贡献度、创新能力贡献度和经济活力贡献度也显示较好，这说明与江苏省这些年加大创新驱动发展、产业转型升级、深化市场主体改革方面的努力是密不可分的。

三是采用秩和比综合评价法测度各设区市高质量发展指数。选取2019—2020年各设区市数据，测算13个设区市高质量发展综合评价指数。测度评价结果显示，南京、苏州、无锡市综合评价效果最优，位于第三档次；南通、泰州、宿迁、常州、徐州、镇江、淮安、扬州市评价效果良好，位居第二档次；连云港和盐城市评价效果靠后，位居第一档次。从“八个模块”的测度结果显示，南京、苏州和无锡市多数模块评价效果居优较多，但是其他各市也亮点纷呈。比如，综合质效指数常州市位居第三档次的最优行列，创新发展指数连云港市位居第三档次的最优行列，协调发展指数徐州市位居第三档次的最优行列，绿色发展指数与开放发展指数泰州市位居第三档次最优行列，共享发展指数南通市位居第三档次最优行列，安全发展指数泰州、盐城、宿迁市位居第三档次的最优行列，主观感受指数宿迁、连云港市位居第三档次的最优行列。

四是构建灰色预测模型对2022—2024年全省高质量发展综合指数预测。通过GM（1，1）灰色预测模型使用Matlab软件计算，预测结果显示，2022—2024年江苏高质量发展综合指数仍然持续上升，年均增速稳定在

5.6%，这说明了江苏今后3年高质量发展水平总体向好。从“八个模块”预测结果看，2022—2024年江苏省高质量发展综合质效指数呈现略微下降的趋势，应当引起关注；预测创新发展指数将以7.6%的增长速度稳步上升；预测协调发展指数将以1.77%的增速稳步上升；预测绿色发展指数将以年均10.4%的幅度增速提高；预测开放发展指数将以年均8.6%的速度增长；预测共享发展指数将以年均6%的速度增长；预测安全发展指数将以年均增速5.74%的幅度上升；预测主观感受指数将以年均9.04%的幅度增速持续上升。

本章小结

高质量发展绩效评价是考核评价的核心环节，综合研判是测度评价的结果总结。首先，选取2016—2021年的数据，通过线性加权法计算江苏全省高质量综合发展指数，从“综合质效、创新发展、协调发展、绿色发展、开放发展、共享发展、安全发展和主观感受”“八个模块”分别测度评价指数，既有对全省高质量发展的总体评价，又有对“八个模块”的单向评价。其次，采用柯布-道格拉斯生产函数，选取2016—2021年江苏高质量发展部分指标，从“生产效率、经济活力、环境保护和创新能力”“四小板块”，利用Matlab对变量进行回归分析，对江苏全省高质量发展进行贡献度分析。再次，采用秩和比综合评价法测度13个设区市高质量发展指数，综合评价出各个设区市的水平档次，并分别测度各个设区市“综合质效、创新发展、协调发展、绿色发展、开放发展、共享发展、安全发展和主观感受”“八个模块”评价指数。最后，构建灰色预测模型对2022—2024年江苏全省高质量发展综合指数预测，并对江苏今后3年高质量发展的“综合质效、创新发展、协调发展、绿色发展、开放发展、共享发展、安全发展和主观感受”“八个模块”进行预测。

第七章

江苏高质量发展评价的结果应用与对策优化

高质量发展评价的目的在于用好评价结果，针对考核评价出的问题和不足，对标找差，优化对策，固根基、扬优势、补短板、强弱项，以更宽的视野、更高的格局、更大的气魄、更实的举措，踏浪涛头再弄潮、高原之上攀高峰，推动江苏高质量发展行稳致远。

第一节　评价结果的应用

评价结果运用是考核制度的生命力所在，也是考核链条的最后一环，决定考核推动发展的综合促进作用能否真正落地落实，具有至关重要的作用。用好考核评价结果，有助于树立正确导向，调动干部积极性、主动性、创造性；有助于使评价结果得到被考核者的认同和信服，凝聚对标找差、加压奋进的共识，汇聚奋力争先创优的合力；有助于更加科学有效务实地牵引高质量发展，形成比学赶超、争先进位、谱写“强富美高”新江苏建设现代化篇章的浓厚氛围。

一、用好考评结果反馈

心理学研究表明，及时对活动结果进行评价，并反馈给评价对象，能强化活动动机，对工作起促进作用。反馈既是考核工作的重要环节，也是考核结果运用的最基本方式。针对“反馈什么”“何时反馈”“怎么反馈”“由谁反馈”等问题，将考核结果反馈作为重要内容和关键环节予以强化，并与谈心谈话、工作例会等制度结合运用，注重反馈的时效性，无论平时考核、半年评估、年终考核还是专项考核，都做到结果必反馈、反馈必及时，防止和杜绝考核结果束之高阁；注重反馈的全面性，既肯定成绩，又指出不足和改进方向，持续跟进问效。本节一些研究内容学习借鉴了江苏省考核办2022年2月编发的《综合考核理论研究》的有关成果。

（一）“信息反馈+人文关怀”，强化反馈的温度

强化信息反馈这一基本功能，既定量分析、也定性评价，既肯定成绩、也指出问题。考核结果综合了党组织和身边干部群众的评价意见，具备客观性、权威性，是一面映照干部德、能、勤、绩、廉现实表现的明镜。以恰当方式反馈，由干部对照考核结果，审视自身德才表现，可以更加清晰地看出自己哪些方面做得好，得到群众的认可，要进一步发扬；哪些方面存在欠缺，需要改进；哪些方面存在误区，需要端正态度、提高认识。因此，针对性地加强对考核结果进行反馈，帮助干部总结实践经验教训，在提高干部政治素养、能力素质和改进工作作风方面，将起到正向推动作用。在原有的反馈分数情况和考核等次情况的基础上，进一步丰富内容、扩充内涵。深入挖掘得分背后的深层次信息，会同考核牵头单位和纪检、审计、环保等相关部门开展综合分析研判，加强对得分数据、工作背景等信息的交叉对比，增加个性化信息反馈，对单位整体工作提出定性判断，肯定工作成绩，指出薄弱环节，为单位进一步整改提升指明路径。加强对个人能力、作风、实绩等方面的研判，在明确等次的基础上，对个人的优点和不足给出评价，帮助单位主要负责人精准掌握个人情况，促进领导干部明确不足、自我提升。考核过程中，加强对干部反映集中问题的收集和整理，对于重要情况和敏感问题增强精准考量和把握，尤其是领导班子和领导干部存在的问题和不足，要敢于亮底、揭短，对干部身上出现的苗头性问题做到早提醒、早预防，促进领导班子和领导干部明确努力方向、积极自我完善，原汁原味向有关对象反馈。

打好“人文关怀”暖心牌，把结果反馈作为一次沟通交心的机会，增强领导干部的集体归属感和职业荣誉感。一是建立干部意愿诉求数据库。利用现代信息技术和屏幕终端管理系统，搭建干部诉求意愿云平台，及时收集和储存干部对考核评价的诉求意见，将干部各类诉求意见分类建档，纳入干部管理数据中心；利用考查考核、谈心谈话等时机，开展干部个性

化诉求意愿现场调研，开展问卷调查，将干部对考核结果反馈情况进行系统分析，建立动态数据库，实现考核结果运用与干部需求的对称统一，形成建立全方位、立体式、动态化、鲜活实用的干部实绩档案。二是健全完善干部日常谈心谈话制度。组织部门、单位主要领导定期或不定期开展与干部的谈心谈话，及时了解干部思想、工作、生活等情况，对存在的困惑予以疏导，帮助解决实际困难，创造条件解决干部后顾之忧，努力增进干部身心健康。实行干部约谈制度，畅通倾诉渠道，拉近干部与组织的距离，营造“家”的氛围。三是加强对重点对象的关心关爱。对长期工作在基层一线和艰苦地区的干部，以及长期承担急难危重任务的干部，组织上要加强跟踪管理，给予更多理解和支持，在政策、待遇等方面予以倾斜；对遭遇重大挫折或家庭重大变故、身患重病的干部，要及时给予组织的关心和温暖，帮助干部重塑信心、挺过难关。

（二）“书面反馈+个别约谈”，强化反馈的精度

精心反馈面上结果。采取全面反馈与重点反馈、集中反馈与个别反馈相结合，探索多元化考核结果反馈形式，突出书面反馈的严肃性、权威性，进一步增强领导班子和领导干部责任感、压力感。落实考核情况通报反馈制度，考核结果审定后，由考核办第一时间向各被考核单位书面反馈推动高质量发展、服务高质量发展、党的建设、领导班子和领导干部民主测评等考核情况，反馈材料除提供单位自身分数外，还提供同类别最高分、最低分和平均分 3 项参考值，并有针对性地提出改进意见建议，推动各考核单位对照“成绩单”对标找差、提档进位。对考核等次靠后或问题较为突出的单位，采取上门反馈的形式，向单位主要领导和相关责任人反馈考核情况，指出不足和需要改进的地方，帮助考核对象了解上级组织、干部群众对自己优缺点、成绩问题的真实评价，总结经验教训，明确努力方向，不断改进提高。开展评讲大会通报考核结果，对各地各单位考核情况进行整体评价，设置答疑环节，考核对象对结果存在疑问或者需要了解详细情况的可以现场解决。

精细反馈点上情况。实施面对面反馈，推行考核反馈谈心谈话制度，对运行情况存在突出问题的领导班子以及需提醒诫勉的领导干部开展“一对一”“面对面”谈话，点出问题不足，明确整改方向。推行在领导班子

内部通报考核评价结果，指出不足、提出要求，促进班子成员间相互了解和监督；对存在问题的领导干部逐一进行个别反馈，重点进行提醒、督导，在反馈谈话中不要居高临下进行指责，既指出问题和不足，又把握分寸，心平气和把问题谈深谈透彻；既给干部加压，又给干部鼓劲，同时也维护了干部的自尊心。通过高质量、高精度的反馈，有助于使考核结果得到被考核者的认同和信服，为在干部选拔任用、评先评优和日常管理中运用考核结果打下扎实基础，进一步系紧党组织与干部的纽带，增强组织凝聚力。在反馈中，党组织派人与考核对象谈话，允许考核对象根据考核结果作出必要解释，甚至是申辩，向组织反映个人思想动态和面对的问题困难，谈话人可以帮助解开干部的思想疙瘩，引导干部肯定成绩、改正错误、弥补不足、奋发有为。

（三）“全员反馈+通报表扬”，强化反馈的广度

扩大全员反馈范围。根据考核评价情况，适当拓展结果反馈的覆盖面和群众参与度，除将考核结果反馈给考核对象外，可根据需要反馈给参与考核工作的一般干部群众，既有利于提高干部群众参与考核工作的积极性，同时也倒逼领导班子和领导干部主动接受群众监督。召开年度高质量发展考核总结大会，对各地各部门年度综合考核结果进行通报；对评定为第一等次的，确定为“年度综合考核优秀地区（单位）”，颁发荣誉奖牌；延伸评选确定推进高质量发展“先进地区”和优秀党政干部，授予荣誉奖牌和荣誉证书，进一步表扬先进、鼓舞士气。对平时考核一般和较差等次、年度考核基本称职和不称职等次的，组织开展集中教育，进一步加强政治思想教育，增强宗旨意识、责任意识，提高比学赶超的紧迫感。

扩大通报表扬影响。考核公开会使得考核对所有地区和部门的激励更大，约束更强。综合考核的目的不是考核工作本身，更不是单纯地利用考核去完成责任人的奖惩或升降，综合考核最核心的目标和任务是运用考核结果来发现短板和问题，促进各地各部门相互学习、良性竞争，激励党员干部、社会大众有针对性地采取措施取长补短，促进区域经济社会协调发展。通过表扬先进梳理典型，提高结果反馈的影响力。扩大考核结果的知晓度和关注度，印发考核结果光荣榜，在一定范围通报表扬考核先进集体，为各地各单位树立标杆榜样，进一步增强干事创业动力、激发加压奋

进活力。对于垂管单位和金融机构，在本地范围内通报考核结果的同时，抄送其上级系统部门，肯定服务地方发展成绩，明确需要完善提升之处，为上级部门决策提供参考。强化氛围营造，持续加强对先进单位的鼓励宣传，放大典型示范效应，引导广大干部新时代新担当新作为。此外，从社会公众满意度评价的结果运用来看，可以尝试增设社会公众满意度评价改进反馈机制，对于满意度评价中的共性普遍问题，通过媒体网络进行公开说明，扩大反馈覆盖面，进而提升公众对综合考核的认可。

建立定期通报机制。建立平时考核、专项考核等结果定期通报机制，加强与部门单位的考核数据互通，扩大考核结果应用面，进一步延伸考核结果使用链条。一方面，加大通过电视、网络等媒体对于综合考核结果的宣传力度，在更大范围内释放综合考核的激励效应，使考核结果不仅在党员干部中产生积极影响，还能更好地对整个社会产生正向激励；另一方面，加强对考核结果的内部公开，建立并完善考评结果内部公开机制，制定考评结果内部公开的制度，尽可能地公布考评结果全部指标得分及排名，让各地区和部门更加清晰地明确不足，相互学习，取长补短，共同进步。

二、用足考评正向激励

水不激不跃，人不激不奋。正向激励就是通过对人的行为更有效的引导、更人性化的管理，使其产生愉悦的内在动力并强化为自觉的行动，有效激发热情、挖掘潜力、释放活力。坚持把考核结果作为实施鼓励激励、容错纠错、能上能下“三项机制”的重要依据，让有为者有位、能干者能上、优秀者优先，考出贯彻新发展理念的导航效应、整体发展质态的提升效应、担当作为干事创业的激励效应。

（一）职务激励强化用人导向

选好人、用对人是最有效、最直接的激励。树立正确的用人导向，建立综合考核结果与干部选拔任用挂钩的相关制度，形成重实干重实绩的鲜明用人导向，放大综合考核结果激励效应。一是向先进单位倾斜。对年度综合考核确定为综合先进、第一等次的地区单位和好等次班子倾斜，在干部选拔任用上予以优先考虑，本单位职数有限的，可提拔交流到其他单位，推广先进理念、成功经验、好的作风。连续3年获得第一等次的单位主要负责人予以提拔重用。对年度综合考核确定为较差等次的单位，原则上1年内所有干部不予提拔或晋升职级。着力破除论资排辈、平衡照顾思想，对能力强、素质好的干部要大胆提拔使用，必要时可以打破年龄、身份、学历、资历等壁垒，该给位子给位子，不拘一格地使用，让优秀干部有舞台、受褒奖，推动形成良好的用人导向和制度环境。二是向表现一贯优秀的干部倾斜。对年度考核连续3年被确定为优秀等次的干部，由党委组织部门单独建库，在班子调整、岗位补缺、职务提任时予以优先考虑；对工作勤勤恳恳、任劳任怨、平时考核和年度考核结果较好的“老黄牛式”干部，在职级晋升时予以照顾。三是向基层一线倾斜。坚持把新冠肺炎疫情防控、创新发展和急难险重任务一线作为识别干部的“主战场”、选拔干部的“主渠道”，切实把想干事、能干事、敢担当、善作为的优秀干部及时发现出来、合理使用起来。在同等条件下，对近期考核中被评定为“优秀”等次的领导干部，优先作为考察人选。强化选人用人导向激励，坚持以实绩选拔干部，让敢于负责、勇于担当、善于作为、实绩突出的优秀干部脱颖而出，对不敢担当、作风漂浮、不愿作为、落实不力的坚决“亮剑”。

（二）物质激励强化生活保障

健全干部待遇激励保障制度体系，根据考核等次和工作绩效差异化发放奖金，使得收入与能力、应尽的责任相匹配，更加有效地发挥奖金的激励作用。一是改革奖金发放办法。坚持论功行赏，科学设计考核奖分配方案，突出优者重奖的导向，适当拉开不同等次间单位绩效奖金级差，扩大第一、第二、第三等次单位考核奖基数，对在条线系统处于第一方阵，指标排名全省领先，工作有创新有特色有亮点，落实重大决策部署行动快、推进实、成效好、贡献大的标兵单位给予重奖。明确发给先进集体的奖金，除用于补助单位工作经费外，还可用于奖励相关领导和其他有功人员。积极探索机关部门内部绩效奖金二次分配管理办法，按照工作项目化、项目责任化、责任具体化的思路，制定重点工作任务书、时间表、路线图，评选一定比例数量的优秀处室、优秀个人，内部考核结果与奖金福利挂钩，切实让吃苦者吃香、让实干者实惠。二是充实奖金内涵。《党政领导干部考核工作条例》[①] 明确规定："领导干部作出重大贡献的，可以按照有关规定记功、授予称号，给予物质奖励。"可根据年度考核结果，对当年度为经济社会发展作出重大贡献的领导干部进行专项奖励。健全和完善绩效奖励制度，探索按照单位人数和职务级别、考核等次核发年度考核（绩效）奖总额，让绩优者具有更多获得感和成就感。三是探索平时奖励。鼓励将奖金作为每月收入的重要组成部分，总结推广先进地区好的经验做法，对平时考核结果为好、较好等次的按月差别化发放平时考核奖，将按劳分配原则在机关单位进一步具体化，持续激励担当作为、干事创业、勇争一流。按照规定对表现突出、有特殊贡献、获得荣誉表彰的公务员队伍或个人给予一定的奖金奖励，给予奖金奖励要遵循公平、公正、公开的原则，要严格遵循规定的程序，按照规定的标准给予，有效发挥物质激励正向激励效能。

（三）荣誉激励增强争先动力

荣誉激励就是通过表扬、鼓励、授予荣誉称号等方式进行激励，使被考核者的心理得到满足，增强其成就感、价值感，从而不断取得新的成绩和进步，同时对其他同志产生感召示范引领力。一是完善公平合理的评先评优制度体系，加大及时奖励力度，更好发挥荣誉的激励作用。公务员切身为人民服务，得到人民群众的认同可以激发公务员的职业荣誉感，可以邀请人民群众参与公务员评价、表彰活动，拉近群众关系的同时激发公务员的使命感，切身体会到公务员工作的重要意义，自发树立奉献社会的责任意识。二是探索设立机关单位单项考核奖，对超额完成年度目标任务、进位明显或在攻坚克难、创新创优、对上争取发展项目等方面表现突出的部门进行肯定，最大限度凝聚干事创业合力。三是评选表彰先进集体和先进个人，进一步优化综合考核表彰项目设置，可围绕重点工作任务、重大项目建设、重要改革创新项目和关系全局的安全生产等重要事项设立一定数量的单项奖，评选表彰一批推进高质量发展的优秀领导班子、领导干部和基层干部。四是加强典型宣传，加强系统谋划，抓牢阵地建设，在主流媒体、新媒体和信息刊物上持续推出典型报道，扩大知晓面和认同度，营

① 《党政领导干部考核工作条例》，2019 年 4 月 22 日《人民日报》。

造干事创业、争当一流的浓厚氛围。把考核结果与干部的“帽子”“票子”“面子”挂钩，真正把“帽子”戴到有能力的人头上，“票子”发到干实事的人手里，“面子”给到做实绩的人脸上，最大限度地调动干部的积极性。

（四）情感激励重在温馨暖心

在实际工作中，干部辛勤付出得到组织肯定，坚持原则得到公道评价，遭受挫折得到及时帮助，所起的激励作用往往比单纯提高经济待遇更有效。要加强和改进新时代的思想政治工作，建立健全日常关心关爱激励机制，增强干部的“归属感”。一是对不实信访要及时澄清。建立干部选拔任用信访举报快查快办“绿色通道”，完善预报保护措施，不实问题及时澄清，避免没有问题的干部被“耽误”，将诬告陷害行为纳入社会诚信体系建设，给社会上一个明白，还干事者一份清白。二是对日常关爱要更加走心。点滴的关爱，能够让干事者感受温暖、增添动力。坚持并完善谈心谈话制度，与干部开展经常性的谈心谈话，做到岗位变动必谈、组织处理必谈、发生家庭变故必谈、发现苗头性问题必谈。深化拓展健康体检、心理咨询、带薪休年假等措施。对因为工作原因没有按规定正常休假的应给予正常的工资报酬，对加班的情况要合理调休，给予公务员基本的休息权。保障工作条件，对急难险重岗位的公务员提供休养、疗养的机会。保障工作环境，提供开展工作所需的物资，及时解决工作中影响工作开展的问题。对遇到困难、家庭遭遇变故、出现身体健康问题的进行关怀和帮扶。三是对干事失误要适度包容。妥善把握事业为上、实事求是、依纪依法等原则，结合动机态度、客观条件、程序方法、性质程度、后果影响以及挽回损失等情况，制定容错纠错正面和负面清单，完善具体标准和操作细则，明辨“为公”还是“为私”，分清“无心”还是“有意”，判定“无禁”还是“严禁”，严格划分“失误、错误”与“违纪、违法”的界限。按照谁容错纠错谁负责的原则，落实容错纠错工作主体责任，下放干部容错纠错管理权限，允许基层党委对重点领域中改革创新、担当作为、不谋私利的干部大胆容错、及时容错，推动容错纠错机制真正落地见效。

三、用活考评反向鞭策

既要正向激励关爱，也要反向鞭策提劲，让“领头雁型”干部受累不受气、“狮子型”干部流汗不流泪、“老黄牛型”干部埋头不埋没，让“打太极型”干部没有市场、“说唱型”干部没有舞台、“木偶型”干部没有前途，形成考评导向的“强磁场”。

（一）加强反向约束

一是细化约束的导向。树立“考核优秀的能提拔，考核不好的绝对不能提拔”的导向。年度综合考核结果在本考核类别排名末位的，或领导班子被确定为“一般”等次及以下的，明确领导干部一年内不得提拔重用，要写出书面报告，剖析原因，提出整改措施，必要时可对主要负责人和相关责任人进行提醒谈话、责令整改，从反向强化“干好干坏不一样”导向。领导班子被确定为“较差”等次或连续两年为“一般”等次的，经组织考察认定存在问题的，应当对主要负责人和相关责任人进行组织调整，根据具体问题性质和严重程度，追究相关责任人责任。二是强化约束的刚性。对年度考核评为第三等次的地区，可责令作出书面整改报告，并对主要负责同志进行提醒谈话，同时取消该地区干部年终一次性奖金和年度考核奖金；对评为较差领导班子的单位，责令向省委作出书面检查，并取消干部年终一次性奖金和年度考核奖金。年度考核称职等次以下人员一律停发年度绩效奖和年终一次性奖金，第四等次或被“一票否决”的单位所有人员停发绩效奖。领导干部年度考核结果为“不称职”等次，或连续两年为“基本称职”等次的，经组织考察认定不适宜担任现职的，应当对其进行组织调整。本年度不计算晋职晋级和晋升工资的年限。三是拓展约束的渠道。对平时考核一般和较差等次、年度考核基本称职和不称职等次的，组织开展集中教育，进行“回炉锻造”，加强政治教育、法纪教育，增强其宗旨意识、责任意识。采取正面典型引导和反面典型警醒相结合的方式，触动其灵魂、净化其思想、提高其素质、增强其干事创业激情和动力。探索实施后进干部跟踪管理办法，开展结对帮扶活动，以好带差，促进后进加快向先进转变。

（二）常态监督管理

充分发挥干部考核经常性、制度化、全覆盖的特点，依据考核结果加强从严管理，监督抓在平时、管在日常，及时咬耳扯袖、提醒纠偏，防止小问题变成大问题、小管涌引起大塌方。用好用活干部个人有关事项报告、函询诫勉、谈心谈话等有效做法，及时帮助校正行为上的偏差。建立走访制度，纪委和组织部门不定期地明察暗访，全面了解干部工作情况。建立群众监察员等制度，做到领导干部权力行使到哪里、活动延伸到哪里，管理监督就跟进到哪里。要敢于动真碰硬解决问题，严明政治纪律、政治规矩，严格执行干部管理监督各项制度规定，持续深入推进作风建设，加大治懒治庸力度，对考核中发现的问题，该批评教育的严肃批评教育，该函询诫勉的及时函询诫勉，该组织处理的认真作出处理，使干部心有所畏、言有所戒、行有所止。强化重点目标任务、重要经济社会发展指标完成情况的监测统计，加强日常调度预警，实现压力前置传导，将新发展理念和高质量发展要求贯穿年度工作始终。通过对完成重要工作任务、贯彻落实新发展理念举措等重要行为的抓取和同向比较，定量分析责任担当和统筹驾驭能力的强弱，让数据“说话”，以案例“析理”。

（三）发挥“标签效应”

通过考核通报、警示教育等方式，刺激徘徊不前干部的自尊心，驱动干部用富有创造性和积极性的行动来证明能力，倒逼干部成长成才。公开“晒”成绩，让年终述职不再是走过场，而是晒干货、晒收获的平台。结合能上能下机制，让“下”有一致性，结合地方实际，区分责任大小，厘清影响程度，明晰“下”的标准，明确“下”的方式，既“下”得有底气，又“下”得很服气。对“下”的干部，加强正面引导，讲清“下”的原因，鼓励放下包袱，督促履职尽职，引导奋发有为，让干部有信心；加强管理监督，深入接触了解，定期综合研判，肯定优点进步，指出缺点不足，让干部有方向；加强关心激励，与同职务层次干部同等要求、同一管理、同步考核，对符合条件、改正错误、改进有效的干部，按规定程序选拔任用，让干部有希望。通过明确端了“铁饭碗”也要服人管，督查通报常态化，让“事不关己、高高挂起”的干部如坐针毡、夜不能寐，让“得过且过”成为“过去式”，引导“躺平干部”树立正确的人生观、价值观、事业观，从有“存在感”到有“价值感”，达到“引导一个、带动一片”的效果。

第二节 评价体系的完善

高质量发展考核评价体系的建设始终是一个动态发展变化的过程，考核评价的理念、评价的价值、评价的内容、评价的指标、评价的方法以及相关的配套体系建设都将随着发展的变化而不断变化。只有在实践中持续创新、接续完善，才能使考核评价体系不断深化优化，提高考核评价的导向性、牵引性、科学性和精准性，把高质量发展考核评价建设不断推向新的发展阶段。

一、深化优化绩效考核评价体系

立足新发展阶段、贯彻新发展理念、构建新发展格局、推动高质量发展，迫切需要抓住绩效评价这个“牛鼻子”，以高质量评价“标尺”引领和驱动高质量发展落地见效。现在一些地方考核评价之所以不够实、不够准、社会公认度低，主要原因是评价的对象、范围和领域不够全面和细分度不够；多数停留在事实评价而缺乏价值评价；现代信息技术、量化分析等方法综合运用的空间还需进一步拓展。解决这些问题，必须向考核评价的广度、深度、精度和效度发力，使考核指标体系和绩效评价体系能够充分体现新发展理念和高质量发展内涵，与建设现代化经济体系相匹配，与三次产业结构高端化、技术结构升级化、资源能耗使用的递减性和劳动力结构相适应，构建起政府、市场、企业主体之间的善治关系，彰显人民获得感、幸福感、安全感、价值感。

一是向广度挺进，补齐中观和微观评价的短板。有关高质量发展的评价，目前多数地区以宏观区域层面评价较多，如对省域、市县等区域的评价，而针对中观产业、微观企业以及其他细分领域的高质量发展评价相对较少。高质量发展内涵十分丰富，对于不同行业或者企业有着不同的实际内涵，由于这些领域对高质量发展内涵挖掘与测度评价缺乏，导致高质量发展无法对行业或企业等实际运行产生明确有效的引领，而且微观企业、中观产业以及宏观区域是相互联系的有机整体，任何一个环节的缺失都会导致无法评价高质量发展的全貌与真实状况。同时，区域高质量发展评价本身缺乏深度挖掘，多停留在指数测算、区域排名等阶段，对于评价结果背后的深层次因素、各个区域与众不同的鲜明特点等缺乏深入的分析，使评价的重点不够突出。因此，高质量发展考核评价要向广度进军，在夯实宏观区域层面高质量发展评价的基础上，拓展评价对象范围，加强中观产业、微观企业以及其他细分领域的高质量发展评价研究，填补对制造业、新兴产业、实体经济、能源高质量发展等测度和评价的不足；弥补对高新技术企业、大中型国有企业、民营企业的高质量发展测度和评价的缺失，扩大高质量考核评价的内涵和外延，进一步明晰高质量发展对不同细分领域实际工作的指导内涵，丰富评价指标，完善评价方法，引进第三方评价机制，委托专业社会调查机构进行满意度调查，把上级评价、部门评价、下级评价和群众评价有机结合起来，变单向、平面、单维评价为多层次、多渠道、多角度的评价，更加全面系统地推进高质量发展考核评价。

二是向深度挖掘，延伸事实评价、价值评价和智能评价的链条。高质量发展是一个看似简单却不易把握的概念。现在一些地方评价指标体系与实践结合不够紧密，评价指标的高质量发展导向不够鲜明，多数处在事实评价的初级阶段，评价结果背后的深层次内涵挖掘严重不足，缺乏能够揭示发展本质的价值判断和能够精准判断的智能评价。国际上，通常认为评价=测量（量的记述）或非测量（质的记述）+价值判断。评价是在量或质的记述基础上进行的价值判断活动，评价包括事实判断和价值判断两部分。事实判断是关于客体本身是什么的判断，它所揭示的是客体本身的性质和特点。价值判断揭示的是主体的需要与客体的性质、功能之间的关系，突出人的需要，满足公众的需求。高质量发展考核评价不仅要借助统计、测验等手段进行量的测定，而且要进行质的分析，把所有考查绩效的材料和分析综合起来，进一步研究在多大程度上能够达到预期的目的，由此作出价值性判断，做到知其然、知其所以然、知其所以必然。智能评价是以“互联网+”、物联网、移动应用、大数据技术等信息技术为支撑，形成可视化预判结论。假设 A 和 B 两个县的年度 GDP 总量相等，如果用事实评价 A 和 B 是一样评价等次；如果用价值评价，其中 A 县 GDP 构成中新兴产业占 80%，B 县传统产业占 60%，从价值评价角度看 A 县发展质量好于B县；如果用智能评价，通过数字画像、科学建模、智能分析A和B两县未来发展短板和不足，可明晰可持续发展动力增强的途径，得出未来两个县发展的优劣。事实评价是基础，摸清发展的现实状况；价值评价是关键，解决对发展“质”的分析评判问题；智能评价是补充，解决在“量”和“质”评价基础上的精准性问题，形成三者有机组合、相辅相成的评价链条。因此，要围绕“高质量发展是什么、为什么、怎么办”的逻辑线索，突破测算、排名等表层分析，加强评价结果背后的深层次内涵挖掘，突出各个评价对象与众不同的特点，提供更加深入、更加妥帖、更加准确的评价指导，努力实现从事实评价走向价值评价，再上升为精准评价的新跨越。

三是向精度聚焦，科学处理考核和评价的关系。在现实的考核评价工作中，人们往往把考核与评价混为一谈，实际上二者既有区别又有联系。考核是评价的基础和前提，没有考核就不能评价；评价是考核的延伸，没有评价的考核在一定程度上就没有意义。正如某位设区市领导所说，要正确处理考核和评价的关系，考核指标就像一幅写意画，突出重点关键，主要展现形和神；评价指标就像一张照片，细节丰富全面，像素越高越好。从现实情况看，目前江苏省综合考核采用的三套指标框架体系总体合理，在实际运行中也取得了较好的效果，各方面认可度较高。随着考核的深入，考核指标体系面临了新的现实情况。一方面，随着指标数量的压减，无法全面高质量发展的所有领域，结果运用时需要大量的指标数据，以便更好地分析经济社会发展质态；另一方面，很多单位为落实条线上的要求，也有把部门重点工作纳入考核的需求。从体系完善看[①]，进一步优化综合考核指标体系，将指标分为考核指标和评价指标两套体系，并在设区市高质量发展绩效评价中先行探索试点。考核指标主要体现高质量发展的核心内涵，突出补短板、锻长板、强支撑，起到引领发展、综合促进的作用。考核指标主要由核心型指标、辅助型指标、目标型指标组成，核心型指标应当充分贯彻新发展理念，凸显中央对江苏“走在前列”的定位，具备关键性、支撑性、牵引性，在较长时间内保持稳定，且具有相对较高的

① 高颜等：《提高综合考核指标体系科学化的调研报告》，《综合考核理论研究》（江苏省委组织部印刷资料）2022年2月第1期。

权重；辅助型指标应当关注阶段性重点目标任务，紧扣省委省政府重点工作，对推动全省发展起到引领促进作用，根据实际发展需要，在充分论证的前提下，保持“大稳定、小调整”；目标型指标应当针对底线红线或达标性要求，设置底线红线或目标区间值，不设权重，出现相关情况或未达到目标即扣分。从发展趋势看，评价指标体系主要用于全面了解掌握情况，开展综合分析研判，为科学决策提供参考，指标不设权重，不纳入考核计分。同时，将评价指标体系作为考核指标的“培育池”，对新纳入的指标，或在特定年份（比如“十四五”末）需要考核的指标，先在评价指标体系中运行，不断完善统计口径和评价办法，提升指标科学性，在此基础上，根据工作需要考虑转变为考核指标。

四是向效度提升，评价出内涵式发展的牵引力和内生动力。随着综合考核工作的深入推进，各地的重视程度大大增强，但也有的地方单位把考核当作目的，紧紧盯住考核分数和排序，忽视了考核的真正目的是促进高质量发展这个根本，违背了发展的初心。解决这些问题的根本出路在于以考核评价促进高质量发展，用好考核的“指挥棒”和评价的“风向标”。在发展战略目标上强定力。评价的目的是在实际生产生活中真正落实高质量发展的战略目标，强化评价结果与实际工作的联系，发挥评价考核在促进高质量发展中的指导性、引导力。评价指标的设计和应用要突出高质量发展内涵要求的操作性指导，依程序形成监督约束和目标引导，进一步明确各环节具体的工作内容、工作要求和规范，形成环环相扣的高质量“发展什么、怎么发展”的工作链条。在评价结果善用上强活力。用好考评“助推器”“评分尺”，将评价结果作为开展实际工作的重要参考依据，有效发挥优势，改正缺点不足，向着高质量发展的战略目标不断靠近。将考核结果与选拔任用、职级晋升、职称评聘、轮岗交流、评先评优、绩效奖金分配等挂钩；将考核结果与函询提醒、诫勉谈话、通报批评等惩戒措施挂钩，实行“提拔重用+组织调整”并重，真正让“优者上、平者让、庸者下、劣者汰”贯穿考核结果运用的全过程。在智能精准研判上强效力。以“互联网+”、物联网、移动应用、大数据技术等信息技术为支撑，推进智慧考核进程。横向上加快省级各职能部门相关基础数据的互联互通，纵向上将数据库延伸至市县乡并配套衔接，形成考核数据池，加强数据综合分析研究。优化完善综合考核信息化管理系统，加大线上考评、智能考评分量，加速“不见面考核”进程。要把实干实效作为高质量发展评定的标准之一，既考“虚绩”又考“实绩”，既考“显绩”又考“潜绩”，既考当前实绩又考长远发展，更好地营造“重实干、重实绩、重实效”的良好干事氛围。

二、深化优化考核评价方法体系

方法是手段、是载体、是考评实施的具体形式。完善考核评价方法体系，丰富考评“工具箱”，为高质量发展评价提供可靠保障和有力支撑。

一是丰富和发展智慧评价。智能评价是以“互联网+”、物联网、移动应用、大数据技术等信息技术为支撑，通过数字画像、科学建模、智能分析，形成可视化预判结论。加快运用区块链技术解决考核中的数据造假问题；运用SPSS分析软件在对已有数据分析的基础上解决指标相关性问题。横向上加快地区各职能部门相关基础数据的互联互通，纵向上将数据库延伸至市、县、乡并配套衔接，形成考核数据池，加强数据综合分析研究。加大线上考评、智能考评分量，加速“不见面考核”进程，探索数字化管理新模式，优化完善考核信息化管理系统，开发完善相关应用场景，通过客观真实数据的实时汇集，动态量化展示考评单位工作进展以数字赋能推进重点目标任务落实。树立“考核+大数据”的理念，构建各方联动、资源整合、信息共享的“大数据”工作格局，通过对海量数据的科学建模与挖掘分析，建立信息管理大数据运用平台，逐步实现用数据为考核对象准确“画像”，用模型改进指标设置、优化班子配备，推动考核工作“实用+过硬”。通过数字画像、科学建模、智能分析不同地区未来发展短板和不足，明晰可持续发展动力增强的途径。总之，事实评价是基础，摸清发展的现实状况；价值评价是关键，解决对发展“质”的分析评判问题；智能评价是补充，解决在“量”和“质”评价基础上的精准性问题，形成相互联系、梯次推进的评价链条，努力实现从事实评价走向价值评价、再上升为智能评价的新跨越。

二是探索实施分级分类深化细化评价。从全省看，江苏南部地区、中部地区和北部地区发展差异化大、功能定位不同，应当分级分类进行评价。分级通常以行政区划为基础划分评价单元，具体分为设区市层面、县（市、区）层面和乡镇层面3个层级；分类应当把全省细分为A、B、C、D 4类地区，根据每类地区不同的发展功能定位，设置不同的考核评价指标，以及不同的考核评价权重。各类地区要结合本地特色发展实际，构建符合本地发展要求的高质量发展评价体系。如按照“十四五”地域发展功能定位，苏南应聚焦“改革创新、绿色转型、社会文明、平安建设、人的全面发展”等领域引领示范，苏中应聚焦“绿色发展、产业创新、城乡融合、社会治理、民生福祉、安全发展”等水平，苏北应聚焦“产业发展、城市能级、县域经济、基础设施、公共服务、乡村建设、安全保障”等重点环节。要明晰高质量发展对不同细分领域实际工作指导的内在要求，分类细化评价指标内容，解决什么是高质量、怎样发展高质量“以评促高”的问题。要明确对各类地区评价的目标方向，研究分析各类地区的发展特色、优势与存在的短板与不足，明晰未来调整优化发展的主攻方向。评价结果不作横向比较，主要是反映各地区高质量发展的动态特征，提高以评价促进发展的质量和效果。考虑到现行综合考核体系中主要指标受职能定位约束较大、单位自主努力空间有限，从而容易弱化考核结果的鞭策效应，建议增设针对“规定职能”履行情况的专项评比。该项考核依然以综合考核各相关指标得分为依据，选取“管理工作目标”中按照定职能、定机构、定编制的“三定”规定履行职责情况、依法依规履职情况、财政预算绩效管理情况等作为计分指标，并按一定比例进行相应等次设置，进行专项表彰和奖励，作为综合考核结果的补充。

三是畅通多元化评价渠道。一要变年度目标考评为短期中期长期目标接续考评，解决考核中的急功近利带来的地方畸形发展问题。各地为了圆满完成年度指标考核任务，往往只把目光聚焦在考核指标确定的任务上，忽视了对地方发展具有带动作用的中长期重大项目的投入和建设，影响了地方的长远发展。因此，一方面，要解决为了考核而考核的短期行为；另一方面，要把重大的中长期项目列入年度持续考核，并赋予科学的年度时序进度评价分值，注重研究和布局与现代化指标的对接与融合。二要变主管部门考评为主管部门与第三方参与共同考评，解决考核“打和牌”和不公正问题。对于定量指标由地方政府主管部门根据完成情况评价打分，对于定性指标则由具有专业资质的第三方考评打分，最后由地方的发改委审核和进行综合评价。探索建立实地考核工作机制，组织第三方机构定期到单位了解情况、参与工作督查，加强对前后变化、工作业绩、短板不足的“微关注”，并通过谈心谈话等形式，主动了解干部，深入“管他的”“他管的”“他服务的”“他身边的”知情者中，获取直接、可靠、立体的第一手资料。三要变单一考核评价为集成评价，解决目标任务难易程度差异评价不到位问题。目标值法对于同一类型分值设置相同或相近的考核指标，往往因地区差异导致难易程度不一，考核结果不能充分体现工作负荷和工作成效，造成了考核评价过于简单和不合理。解决这一问题要实施集成评价，以目标值法为主，兼顾极差分析法和聚类分析法的综合运用，运用极差分析法解决目标任务完成的好、中、差问题，运用聚类分析法解决相同或类似项目的评价排序问题。积极探索评价结果与平时考核、专项考核、年度考核、任期考核相衔接，相关情况录入考评信息系统，便于整合分析，做到相互补充、互为印证。坚持成效分析和背景分析相结合，既看工作基础、资源禀赋、发展阶段等客观条件，又看主观努力程度和纵向发展成效。坚持集体作用和个人贡献分析相结合，既看单位集体取得的实绩，又分析个人在其中的作用发挥。坚持显绩分析和潜绩分析相结合，把经济发展和债务状况、安全生产、节能减排、生态建设等方面情况进行对照分析，力求做到客观准确评判。

四是尝试“三结合”的评价新范式。探索推进组织考评、现场考核、第三方评估相结合的考评模式，增强立体化考核评价力度。要在总结和完善体制内考核评价的经验基础上，针对既当“运动员”又当“裁判员”的弊端，采用多元化考核评价渠道。探索引入第三方专业考评机构，丰富考评手段，增加考评维度。既要注重把握第三方评估机构的独立性，又要考虑评价内容的关联性，做到独立、客观、公正。探索组织考评、现场考核、第三方评估相结合的考评模式，发挥智库对高质量发展与评价的重要作用。拓展社会评价和群众评价范围，用社会和群众的获得感来评价高质量发展成效。在依托政府考核评价的基础上，鼓励市场评价和社会评价发展，充分发挥其立场中立、体制灵活、专业性强、社会关系广泛等优势，从而为准确反映高质量发展状态与进展提供更加全面的信息支持。引进第三方评价机制，委托专业社会调查机构进行满意度调查，把上级评价、部门评价、下级评价和群众评价有机结合起来，变单向、平面、单维评价为多层次、多渠道、多角度的评价，使考核评价更有针对性、系统性、导向性和可操作性。吸收运用巡视巡察、审计、信访等数据，探索引入海关、税务、电力、交通物流等可直接抓取的第三方数据，加强分析研判、比对印证，变"切片扫描"为"立体扫描"，变"单点观测"为"多维分析"，使综合考核"眼观六路、耳听八方"，全方位、多角度、近距离、深层次地考准考透工作实绩，提高考核精准性。

三、深化优化考核评价配套体系

进一步完善高质量发展数据标准体系。提高数据质量是考评信息采集工作的中心任务。只有一流的数据质量，才能有一流的评价质量。要以《中华人民共和国统计法》和《中华人民共和国标准化法》为依据，根据高质量发展的政策要求，不断推进高质量发展的统计数据标准化和规范化工作。主要工作包括[①]：经济结构变化的统计分类标准，如国民经济行业分类标准、三次产业划分标准、大中小微型企业划分标准等；反映新经济和创新发展的统计标准，如新产业新业态新商业模式统计分类标准、战略性新兴产业统计分类标准、生产性服务业统计分类标准、高技术服务业分类标准等；反映人民美好生活需要的统计分类标准，如健康产业统计分类标准、文化产业统计分类标准、体育产业统计分类标准、教育培训产业统计分类标准、旅游产业统计分类标准、养老产业统计分类标准等。数据质量标准主要包含 9 个方面[②]：①真实性，源头数据必须符合统计调查对象的实际情况，确保统计数据有依据、可溯源；②准确性，数据的误差必须控制在允许范围内，能够为形势判断、政策制定、宏观调控等提供可靠依据；③完整性，数据应当全面完整，统计范围不重不漏，统计口径完备无缺；④及时性，统计数据生产应当在符合统计科学规律的前提下，尽可能缩短从调查到公布的时间间隔；⑤适用性，数据能够最大限度为用户所用，统计指标紧跟时代发展、切合统计需求；⑥经济性，数据生产应当尽

① 郭克莎等：《迈向高质量发展之路》，北京·科学出版社，2020 年版，第 378 页。

② 参见《国家统计质量保证框架（2021）》，国家统计局网站，2021 年 6 月 17 日。

可能降低成本，统计调查、行政记录、大数据等数据资源得到充分利用；⑦可比性，数据应当连续、可比，不同时间、空间数据生产使用规范统一的统计标准和统计原则；⑧协调性，数据结构严谨、逻辑合理，各总量数据、结构数据相互之间高度匹配；⑨可获得性，多渠道、多方式公布数据，同时公布相应的统计制度方法，加强数据解读，满足社会需求。健全数据质量考核制度，定期或不定期对各单位的数据质量情况进行检查通报，列入年度目标管理考核。对数据应用所反映出来的问题，实行整改“一把手”责任制，加强跟踪督查，使数据应用和整改提高做到有机的结合和统一。同时对发现的问题，分解落实到岗位和责任人，进行考核的责任追究，强化人员的法治意识、责任意识和落实意识。将基础数据正确率作为考核指标纳入目标管理考核，并每年进行更新和完善，实现数据质量问题与责任单位、负责人挂钩，错误数据与岗位操作人员挂钩的双项考核机制，促进考核数据质量不断提升。

进一步完善考核评价统计监测体系。一要加快完善高质量发展统计指标体系。目前，诸多新的产业、新业态、新商业模式缺乏统计数据支撑。二要健全“三新”经济统计指标。加快推进大数据在各类统计调查中的应用、开展数字经济核算等方面的实践探索。加强统计制度的改革与创新，充实丰富统计指标，加快建立健全针对新时代下新技术、新产业、新业态、新模式的统计制度以及统计方法，推进互联网、大数据、云计算、人工智能等现代信息技术在统计中的应用，显著增强统计资料的准确性、完整性、及时性，切实发挥数据在经济高质量发展评价中的基础性作用。三要深化细化五大发展理念数量化。虽然我国围绕五大发展理念构建的思路应用较为广泛，但是五大发展理念的衡量指标还不够完善，还缺少一些数据支持。由于高质量发展指标体系并不能简单等同于新发展理念指标体系，需要进一步围绕高质量发展的深刻内涵，补充和完善相关综合性指标和主观评价指标。四要完善多元化系统化统计评价方式。创新发展多元化评价方式，在依靠统计数据展开定量评价的同时，加入访谈调研、专家评议等定性方法，促进定量和定性分析的有机结合。强化创新在推进统计现代化改革全局中的重要作用，协调推进统计理论创新、制度创新、技术创新、实践创新，利用统计科学、数据科学与现代信息技术相互叠加、相互渗透、相互支撑的交叉融合发展契机，丰富统计数据源，优化统计方法手段，重塑统计生产方式，为统计改革发展提供更多新动能。同时，从发展质效、结构优化、动能转换、风险防范和民生福祉等不同模块构建统计指标体系。五要完善高质量发展统计监测机制。统计体系要为高质量发展政策体系服务，要为国家监测各领域高质量发展任务执行情况提供依据。主要包括：为供给侧结构改革提供统计监测，譬如服务于“三去一降一补”的产能、产量和库存统计，服务创新发展的科技统计、高技术投资统计等；为新经济与数字经济发展提供监测，譬如数字经济、分享经济、互联网经济、“三新”经济增加值核算等。

进一步完善考评事项负面清单制度。考评是工作的“指挥棒”，是监督工作的重要手段。长期以来，有些地方十分注重上级对下级的考评，基层工作做得好不好，由上级部门通过考评等方式说了算。而上级部门布置工作任务是否科学、有无增加基层不必要的负担，基层干部一般很少有话语权。尽管有基层反映负担太重的呼声很大，但并没有引起一些上级部门的足够重视，依然要求基层重复填写报表、反复上交汇报材料、每项工作拍照留痕等。由于考评权在上级部门，基层尽管负担很重，却敢怒而不敢言，时间一长，基层干部干事创业的积极性难免会受到影响。设置好负面清单非常重要，既可以让上级部门明白什么样的事情能做，什么样的事情不能做，做了就会增加基层负担、引起基层不满，反向考评就会丢分；同时，也让基层反向考评时有理有据，敢考、能评。例如，实施准入事项清单制度，未经批准事项一律不得进入清单；基层网格治理“无事不扰”，不得将成立专班、开会发文、台账记录等作为工作是否落实的标准，不得摊派账号推广、打卡、关注、点赞等任务；基层材料报送“一次提交”，机关部门和各被考核单位报送的各类报表，统一扎口、统筹归并、整合精简，同一数据材料只报一次，其他内设机构不得直接要求重复报送材料等。有了这些清单，上级部门就会清楚有所为、有所不为，而基层也能避免反向考评时“盲人摸象”。

进一步完善考评专业人才队伍建设与培养。健全省市县三级考评人才工作运行体系，形成考评人才的选拔、使用、管理、评价的良好机制，建设规模适中、结构合理、又专又精、本领过硬的高质量考评人才队伍，优化考评人才学习工作环境，为更加有效地促进高质量发展提供人才和智力支撑。一是建强三支考评人才队伍。建强高层次考评人才队伍。由机关、企事业单位领导干部和高等院校、科研院所、研究智库、社团组织等机构专家学者组成，为考核评价组织实施、理论创新、制度优化、技术革新提供智力支持。建强职业考评人才队伍，由各级考核机构、综合考核牵头和责任单位考核工作专职人员组成，有效发挥研究谋划、政策制定、统筹协调、指导推进作用。建强服务考评人才队伍，由在被考核单位组织人事部门、承担综合考核工作组织落实的考核工作者组成，有序承接考核要求、依规实施考核流程、推动考核落地落实。二是加强教育培训。根据高层次、职业和服务考评人才各自特点和工作实际，分类开展培训。加强时政教育，定期举办时事政治教育和政策理论培训及专题研讨，提高考评队伍政治素质。优化培训内容，根据新形势、新任务、新要求，健全完善包括综合考评政策理论、工作实务、技术方法等内容的课程体系。创新培训形式，实行菜单式、论坛式、观摩式培训和交流。三是强化能力提高。高层次考评人才通过参与考评实务、组织调查研究、专题研讨、推广咨询服务等方式，促进理论与实践相结合，增强推动创新、破解难题、咨政建言的能力。职业考评人才通过参与重大活动组织实施，开展纵向、横向岗位交流和内部轮岗学习锻炼，促进全面深入把握高质量发展和考评工作运行规律，切实发挥中坚作用，增强系统谋划、统筹推动工作的能力。服务考评人才通过参与学习培训和岗位实践锤炼，强化考评政策理论和业务技能运用，切实发挥承接作用，增强依规促考、善抓落实的能力。四是推动应用研究。每年针对重点难点问题开展集中攻关，设立江苏社科应用研究精品工程综合考核专项课题，形成一批有实际应用价值和理论指导意义的研究成果。加强课题成果转化，促进研究成果应用到综合考核政策制定、组织实施、结果运用等环节，转化为谋划、推动工作的实际成效。发挥智库作用，加大智库建设扶持力度，充实专家库人才，打造江苏高质量发展综合考核知名品牌。

第三节 发展路径的优化

服务发展是高质量发展考核评价的目标任务，优化发展路径是高质量发展的现实需要和根本保障。在对江苏高质量发展综合质效测度、六大发展质量测度和主观感受测度的基础上，根据综合绩效评价分析和影响因素分析，结合江苏未来高质量发展预测展望，提出发展路径优化的对策措施。

一、构筑现代产业高地，实现经济发展高质量

从前面几章高质量发展综合评价的分析情况看，江苏仍然处于产业链的中低端，高端产业、高端产品相对较少，产业的国际竞争力不够强，虽然江苏制造业规模位居全国第一，但大而不强、全而不优、创新能力弱、效益低下等问题依然存在。解决这些问题，迫切需要提升产业竞争力，加快构建实体经济、科技创新、现代金融和人力资源协同发展的现代产业体系，不断提升江苏在全球产业链、供应链、价值链中的位势和能级，坚持巩固壮大实体经济根基，以培育建设具有国际竞争力的产业集群为主抓手，推进江苏制造向江苏创造转变、江苏速度向江苏质量转变、江苏产品向江苏品牌转变。

（一）更加注重现代产业发展

构建现代产业体系是建设现代化经济体系的重中之重，也是实现高质量发展的关键所在。要着眼于“创新引领、要素协同、链条完整、竞争力强”的要求，构筑现代产业高地。一是先进制造支撑根基。制造业是江苏国民经济的主体，从根本上决定着江苏的综合实力和竞争力。加快发展现代产业体系，必须更加注重发展壮大实体经济，深入实施制造强省战略，促进科技创新、现代金融、人力资源等高端要素向实体经济汇聚，推动制造业高质量发展。二是结构优化提质增效。没有结构优化，提质增效就会变成空话。应着眼供给侧结构性改革，瞄准提高质量、效率和效益的目标，推进制造业结构性调整，培育一批强而优的大产业、大企业，加快淘

汰劣势产业和落后产能，不断培育壮大战略性新兴产业和现代服务业，促进新旧动能接续转换，提高战略性新兴产业、高技术产业、知识和技术密集型产业在整个产业体系中的比重。三是绿色低碳厚植底蕴。高质量发展必然是绿色低碳的发展，不仅要求生产方式绿色化、推进清洁技术的广泛应用，还要求完善生态文明领域统筹协调机制，推动产业结构、能源结构调整，加强末端治理和绿色基础设施建设，实现经济发展和生态环境保护相协调。四是数字赋能补链强链。数字化转型成为产业发展的新趋势，对构建现代产业体系的赋能作用越来越强。通过推动产业数字化、数字产业化，促进数字经济与实体经济深度融合，增强数字经济的赋能作用，提升社会生产力，提高产品附加值，推动高质量发展。五是安全可控赢得主动。未来对发展的风险防范和自主创新可控的能力更加重要，只有化解发展风险，提高自主创新的可控能力，才能实现真正的高质量发展和赢得未来发展的主动。要优化配置江苏人才智力资源，针对制约江苏发展的“卡脖子”技术领域，建设产业技术创新战略联盟，强化技术攻关、重点突破、应用牵引、整机带动，推动产业基础高级化。

（二）更加注重新兴产业培育与发展

新兴产业的培育和发展仍然是江苏的短板和不足。战略性新兴产业和现代服务业的发展是推进产业体系优化升级的结构性力量，也是培育壮大新动能的重要着力点。要深刻把握产业属性和发展规律，强化技术攻关、试点示范和场景应用，加快技术迭代和产业升级。一是加快发展壮大战略性新兴产业。深入推进国家战略性新兴产业集群发展工程，建设创新和公共服务综合体，加快关键核心技术创新应用，增强要素保障能力，推动新一代信息技术、高端装备、生物技术、新能源、新材料等战略性新兴产业加快成长为新兴支柱产业。二是前瞻谋划未来产业。通过实施未来产业孵化与加速计划，健全适应技术迭代的政策体系，打造未来技术应用场景，前瞻布局第三代半导体、基因技术、空天与海洋开发、量子科技、氢能与储能等领域，积极开发商业化应用场景，抢占产业竞争发展制高点。三是加快发展生产性服务业。鼓励发展智能化解决方案、众包等制造服务融合的新业态新模式，大力发展研发设计、现代物流、供应链管理等生产性服务业，促进先进制造业和现代服务业深度融合发展。四是提升生活性服务业品质。紧扣人民美好生活需要，以标准化、品牌化、数字化为引领，加快发展医疗健康、文化旅游、育幼家政等服务业，推动生活性服务业向高品质和多样化升级。五是抢抓数字化发展机遇。加快建设网络强省、数字江苏、智慧江苏，实施数字经济核心产业加速和制造业数字化转型升级行动，加快推进产业数字化、数字产业化。大力推动工业互联网创新发展，提升数字政府、数字社会、智慧城市建设水平，以全面数字化引领经济社会转型升级，为经济高质量发展插上信息化翅膀、增添强大新动能。

（三）更加注重品牌建设和产品质量

从江苏考核评价的指标看，由于对产品质量和品牌建设的考核内容相对薄弱，影响了考评评价整体水平的提升。品牌建设和质量建设是江苏高质量发展的根基，未来需要把高质量发展的触角延伸到企业的产品质量和品牌建设上。一是推进供给侧结构性改革。特别是增加中高端消费品的供给，行业协会发布升级和创新消费品指南，推出一批个性、绿色、时尚精品，努力满足消费者对高端产品的消费需求。二是深入实施消费品工业“三品”专项行动。在“增品种”方面，进一步加强产品工业设计和创意设计，发展智能消费品和营养与健康消费品。在“提品质”方面，组织一些产品开展国际对标和品质对比活动，在关键领域自主制（修）订一批国际标准，鼓励制定实施高于国家标准、行业标准、地方标准的企业标准、团体标准。在“创品牌”方面，鼓励企业围绕研发创新、设计创意、生产制造、质量管理和营销服务全过程制定品牌发展战略，积极打造更多的“江苏精品”“苏地优品”区域品牌。三是实施好智能制造工程。根据行业的不同特点，推广大规模个性化定制，满足不同消费者的需求，促进企业加强研发、生产、营销和服务模式创新，鼓励企业从过去简单的数量增长朝质量提升和技术创新型转变。四是打造更多享誉世界的“江苏品牌”。加强市场监管，打击假冒伪劣、侵犯知识产权行为，大力弘扬工匠精神，加强职业教育，厚植工匠文化，培育出更多精工巧匠，支持消费品走向市场、走向国际。

（四）更加注重全要素生产率提升

国际经验表明，越是在更高的经济发展阶段上，越是要靠提高全要素生产率实现经济增长。提高全要素生产率，实质上指的是要提高全要素生产率对经济增长的贡献率。一要把全要素生产率作为重要考核指标。全要素生产率是目前国际上普遍认可的衡量高质量发展的重要指标。目前江苏的全要素生产率水平与美国、日本等世界发达国家相比差距很大。从我国改革开放前后发展绩效对比情况看，提高全要素生产率显示了关键作用。长期以来，我们一直把提高劳动生产率即单位劳动投入创造的产值作为衡量经济发展水平、质量及可持续性的重要指标。这个指标具有高度综合性，可以作为衡量经济发展质量的重要标准。同时还应看到，全要素生产率能够更好兼顾高质量发展的目的与手段，提供了可持续提高劳动生产率的途径。二要明晰提高全要素生产率的路径。提高全要素生产率分为技术进步和资源配置效率改善两大路径。一方面，技术进步包括自主创新和技术引进，主要是进一步加大自主研发力度，在前沿科技领域开展颠覆性创新，同时加快科技成果向现实生产力转化；另一方面，资源配置效率改善可以从产业结构变化以及产业内部的资源配置入手，推动传统制造业向高精尖产业转变、生活性服务业向生产性服务业转变等。三是注重人力资本投资和知识产权保护①。知识消费—人力资本提高—创新效率的循环补偿，是经济高质量发展的核心机制。产业转型升级，必须要提升人力资本结构，使经济增长过程中伴随着知识消费比重提高，人力资本结构优化，以符合高质量发展需要，提高劳动生产率。保护各种经济主体的合法财产权利，是提高全要素生产率的基本制度环境。特别是要加强知识产权保护，从传统的专利权、商标权、版权扩展到包括计算机软件、集成电路、植物品种、商业秘密、生物技术等在内的多元对象，促进技术创新和知识创新。

二、强化产教才城融合，实现创新发展高质量

从江苏高质量发展综合考核情况看，创新发展对全省高质量发展的贡献度较高，但关于人才、科教这些对引领高质量发展起着重要作用的考核指标权重相对较少，导致江苏高质量发展的创新后劲不足、发展活力不强。进一步挖掘江苏产业基础雄厚、科技教育人才资源丰富的优势，必须

① 宁夏社会科学院理论研究中心：《如何提高全要素生产率》，2019 年 1 月 31 日《宁夏日报》。

做好产教才城深度融合这篇大文章。

（一）进一步深化产才融合机制

产才融合既是江苏高质量发展的鲜明特色，也是未来发展必须优化和完善的重要方向。针对“抓人才不了解产业如同盲人摸象，抓产业脱离人才就缺少腾飞的翅膀”这些难题，要找到人才与产业发展的“最大公约数”，凝聚起人才部门与产业部门的“最大合力”。精准选才，推动人才集聚与产业转型深度契合。把立足产业聚人才、引领产业育人才、做强产业留人才作为工作的主导方向，建立产业发展的有效人才供给机制，采取刚柔并重方式，发挥产业园区聚才主阵地作用，突出精准聚焦，大力建设产业研究院、新兴产业创新中心等平台，有选择性地引才招才。对掌握产业核心技术的顶尖人才开辟绿色通道，实行一事一议、特事特办，以此带动同领域人才团组式落户，形成人才集群。精心育才，推动人才培育与政策优化深度互动。将“大水漫灌”的初创扶持转变到后续培育的“精心滴灌”上来，在引进人才落户之初给予项目启动扶持的基础上，强化对人才创业创新的再培育、再激励，构建全生命周期的政策支撑体系。积极推行“科技创新券”和“创业红包”，运用财政后补助方式，对高成长性人才项目给予“一企一策”产业化帮扶，政策资助方式由直接变间接、无偿变有偿、事前变事后，从而提高财政资金使用效益和人才创业创新成功率。精确用才，推动人才发展与机制创新深度对接。打通人才流动、使用的机制障碍，建立精确用才的灵活高效制度，让人才专心致志搞创新、出成果，用市场价值回报人才价值，最大限度释放人才创新创造活力。充分挖掘高校、院所、企业的集聚优势，构建“创新在高校、创业在园区”的校地、校企“双创”会商机制，通过区校联建科技成果转化平台，加速转化创新成果。精诚留才，推动人才需求与环境建设深度融合。从“创业文化、专利保护、金融服务、中介组织、政府作用”五个方面入手，精诚营造“环境像花园、文化像校园、生活像家园、创业成乐园”的人才生态，真正让引进人才“留得住、发展好”。

（二）进一步增强自主创新能力

攀登世界科技高峰的必由之路是自主创新，高质量发展要努力实现关键核心技术自主可控，把创新发展主动权牢牢掌握在自己手中。实现高水平科技自立自强，需要加快提升各个领域的自主创新、原始创新能力，赢得高质量发展的制高点和主动权。打好关键核心技术攻坚战。手握关键核心技术，才不会被“卡脖子”、受制于人。应进一步加快重大科技基础设施统筹布局，加强基础研究和应用基础研究，实现更多“从0到1”的源头创新，夯实科技创新根基；围绕江苏重大战略发展需求，着力重大科技项目和工程，展开关键核心技术攻关，瞄准塔尖高位起跳；主动融入全球创新网络，以全球视野谋划创新发展，发挥长三角一体化、长江经济带、苏南自主创新示范区优势，打开大门开放创新。隆起区域自主创新高地。构建特色鲜明、优势互补、集群发展的区域科技创新高地，围绕国家战略需要和江苏产业发展需求，加强基础研究，注重原始创新，探索跨区域、集群式、一体化发展的区域协同创新路径，全面提升在国家自主创新体系中的地位。苏南地区重点推进以“自主创新支撑、产业高端攀升、企业创新跨越、科技园区赋能、开放创新融合”为主要内容的“卓越工程”。高新区争先进位，培育壮大“一区一战略产业”，努力建设成为创新驱动发展示范区和高质量发展先行区。建强企业创新主体生力军。进一步强化企业创新主体地位，促进各类创新要素向企业集聚，支持企业牵头组建创新联合体。深入实施高新技术企业培育“小升高”行动，量质并举壮大以高新技术企业为骨干的创新型企业集群，加快培育一批集成创新能力强、核心竞争优势明显的创新型领军企业、独角兽企业和瞪羚企业。探索共性技术平台建设，加快建设一批重大创新平台，盘活创新科技资源存量，促进产业链上中下游、大中小企业融通创新。

（三）进一步强化创新载体建设

科技创新要取得突破，需要基础设施、创新载体等“硬件”支撑。江苏与北京、上海、深圳、合肥等地相比，创新载体建设相对滞后，而且对创新载体的考核指标和权重设置相对偏少，影响了创新发展的质量。一要强化战略科技力量布局。系统推进基础研究、关键核心技术攻关和实验室体系建设，着力解决制约发展和安全的重大难题。重点支持一批国家重点实验室建设，集中优势资源争创更多国家实验室，高水平建设江苏省实验室。推动未来网络试验设施、高效低碳燃气轮机试验装置产生更多前沿科技成果，支持建设纳米真空互联实验站、作物表型组学研究设施、空间信息综合应用工程等重大科技平台，提高共享水平和使用效率。二要打造沿沪宁产业创新带。加快科教资源和产业创新优势叠加，加强与上海科技创新中心联动发展，提升苏南国家自主创新示范区创新引领能力，支持南京建设综合性科学中心、苏州创建综合性产业创新中心。积极推动苏锡常共建太湖湾科技创新圈，建立健全科技资源共享、重大研发平台共建和协同联合攻关机制，大幅提升科技创新策源功能。三要创建一流产业载体。充分支持南京创建综合性国家科学中心，推动紫金山实验室、姑苏实验室、太湖实验室等承担更多战略任务，进一步优化区域创新发展格局，创建更多国家级平台载体。进一步发挥省产业技术研究院“试验田”作用，扩大示范引领效应，深化技术创新及成果转化体制机制改革，提升高水平产业技术供给能力。聚焦优势产业和新兴产业，以企业为主体，推动创建国家级产业创新中心、技术创新中心、制造业创新中心、工程研究中心，加快打造产业创新新引擎。

三、着力城乡一体建设，实现城乡发展高质量

从高质量发展考核的情况看，江苏的城乡一体化进程走在了全国前列，但也存在社会-文化二元结构呈现固化和强化趋势、资源环境制约日益凸显、城乡发展同质化、区域发展失衡化等一系列难点问题。建立健全城乡融合发展体制机制和政策体系，使城市和乡村在开放、公平、公正的制度和政策环境中资源共享、优势互补、相互增益、共同繁荣，让高质量发展的红利惠及每个人、每个家庭，成为化解人民日益增长的美好生活需要和不平衡不充分发展之间的矛盾的最有力注脚。

（一）推动苏南苏中苏北区域板块协调发展

城乡融合发展是对城乡共赢发展的最好诠释。要下好全省高质量发展“一盘棋”，按照“苏南引领、苏中崛起、苏北赶超”的要求，构建区域协调发展新格局。突出“城乡融合”，推动苏南地区当好现代化建设先行军。巩固放大城乡融合引领优势，健全城乡融合发展体制机制和政策体系，探索形成新型工农、城乡关系。协力推进城乡产业融合发展，高质量建设苏南自主创新示范区，加快数字产业化和产业数字化进程，畅通城乡要素双向流动。稳步提高城乡公共服务优质均衡水平，完善城乡社会保障体系和

居民持续增收政策机制，稳妥有序推进农村集成改革，推进城乡基础设施建管一体化。突出以“区域协同”为抓手，推动苏中地区当好现代化建设生力军。强化协调联动、融合融通，与苏南苏北交通互联互通、产业创新协同、城市功能对接、公共服务共享、生态环境共治。加速建设过江通道和北沿江、通苏嘉、盐泰锡常等高铁以及南通新机场，加快高速公路县际连通。协同开展创新创业资源共享，引导更多科技成果在苏中地区转化，更多先进制造业和新兴产业项目在苏中地区集聚。加强政策协同，促进公共服务水平和营商环境系统提升，统筹优化沿江沿海生产力布局，坚决守住出江入海生态屏障。突出“四化同步”，推动苏北地区当好现代化建设接力军。坚持信息化和工业化深度融合、工业化和城镇化良性互动、城镇化和农业现代化相互协调，加快集成改革，促进“四化”同步发展。增强新型工业化的动力来源，深化南北产业协作，突出企业主体引育，发展高端制造业。强化新型城镇化的载体支撑，完善现代城镇体系，补齐基本公共服务短板，提升综合承载能力。拓展信息化的全域赋能，同步建设新型信息基础设施，加快发展“互联网+”，积极创设智慧应用场景。

（二）盘活用足用好城乡融合发展要素

城乡要素的自由流动是城乡融合发展的核心内容和主要表现形式，从当前的基本发展形势来看，最重要的是要完善要素从城市流向农村的体制机制，打破体制上的障碍。按照平等、开放、融合、共享的原则，积极引导人口、资本、技术等生产要素在城乡之间合理流动。一方面，合理引导省内城市的资本、人才和技术等生产要素进入农村。健全城市优质资源要素下乡长效促进机制，建立健全城乡教育资源均衡配置机制、乡村医疗卫生服务体系、覆盖城乡的公共文化服务体系、城乡统一的社会保障制度，深入推进“万企联万村、共走振兴路”行动，促进城市公共资源和公共服务向农村延伸，加快城市资本、劳动力、技术等生产要素向农村流动。同时，积极创新农业农村金融产品及服务，不断完善农业农村金融体系，拓宽融资渠道为农业农村提供金融支持。另一方面，抓住产权制度改革与要素市场化配置这两个城乡融合高质量发展的“棋眼”。乡村改革的基础是农民土地资产确权、集体资产清产核资及集体成员身份确认。要进一步盘活农民闲置宅基地和闲置农房，深化农村承包土地经营权，让沉睡的土地焕发活力。加大政策配套，促进城市投资者、消费者下乡，推动一二三产业融合发展。凡是人员、土地、资金、科技等各类要素流动遇到障碍的地方，就是改革重点所在、难点所在。要抓住信息化对于城镇化、乡村振兴的催化、融合作用，以信息技术为支撑，促进要素自主有序流动，提高要素配置效率，力争在土地、劳动力、资本、技术等要素市场化配置关键环节上实现重要突破。

（三）补弱补强补齐农村发展活力不足的短板

城乡高质量发展，最大的短板在乡村，乡村最大的弊端是发展的活力不足。要聚焦建设现代农业强省，全面增强农村发展活力，按照产业兴旺、生态宜居、乡风文明、治理有效、生活富裕的总要求，分级分类、分时分段推进乡村振兴。一是提升农业发展质量。坚持质量兴农、效益优先，深入推进农业供给侧结构性改革，组织实施农业综合生产能力提升、农业结构优化升级、农业品牌强农、农业科技兴农、开放型农业提升、一二三产业融合发展等行动，高质量构建现代农业产业体系、生产体系、经营体系，推动乡村产业振兴。实施农业绿色化、优质化、特色化、品牌化发展战略，加大农业龙头企业培育扶持力度，大力发展农业农村电子商务。二是推进乡村绿色发展。坚持尊重自然、顺应自然、保护自然，坚守生态保护红线，转变农村生产生活方式，实施绿色生态农业建设、生态河湖建设和农村人居环境整治提升等行动，推动乡村生态振兴，建设人与自然和谐共生的美丽宜居乡村。推进农业清洁生产，实施化肥、农药减量增效行动，推广测土配方施肥和水肥一体化技术。规范使用饲料添加剂，推广健康养殖和高效低毒兽药，减少兽用抗菌药物使用量。完善公益林、湿地、重要水源地等生态补偿机制，加大重点生态功能区转移支付力度，推动农业生态资源保护。三是推动农村基础设施提档升级。坚持把基础设施建设的重点放在农村，促进城镇基础设施向农村延伸，实现互联互通、共建共享。实施“四好农村路”建设行动，着力打造特色致富路、平安放心路、美丽乡村路、美好生活路。实施农村饮水安全巩固提升行动，加快实现城乡居民饮水“同源、同网、同质、同服务”，切实提升农民群众饮水安全水平。实施农村新一代信息基础设施建设行动，推进“光网乡村”“无线乡村”工程建设，弥合城乡数字鸿沟。

（四）推进城乡基础设施一体化发展

城乡基础设施是推进城乡融合高质量发展的重要组成部分，早日建成布局合理、集约高效、设施完善的基础设施必将为城乡融合高质量发展提供基本保障和有力支撑。一是统筹建立综合立体交通体系。全面加强规划布局和建设推进，高铁、航空、港口、过江通道、管道、公路等重大基础设施，在提升通达程度、提高标准上下功夫，推动各类交通无缝衔接。重点是推动城乡路网的一体规划设计，畅通城乡交通运输连接，实现县乡村（户）的道路连接，城乡道路客运一体化。二是统筹规划市政公用设施。以县或市的范围作为整体，统筹规划城乡的道路、供水、供电、信息基础设施、广播电视、防洪、垃圾污水等基础设施的建设，推动向城市郊区的乡村和规模比较大的中心镇延伸。对新一代信息基础设施超前谋划，早日实现城乡全覆盖，加快推动“数字江苏”建设。三是统筹改善人居环境。大力实施城市“增绿添园”，优化公园、绿廊、居住区和单位绿化等绿地生态系统，完善城市“公园绿地10分钟服务圈”和城市林荫系统，推进生态园林城市建设。建设绿美村庄，推动农村生活垃圾分类处理、生活污水处理设施建设改造和无害化卫生户厕全覆盖，建设农村生态河道和生态清洁小流域，打造生态宜居美丽乡村。

四、塑造美丽山水特色，实现生态文明高质量

虽然绿色发展对江苏高质量发展的贡献度较为明显，但现代绿色产业发展、低碳循环发展和污染环境整治的任务依然艰巨。要拓展生态文明高质量发展路径，从绿色产业体系建设、污染防治攻坚、生态修复建设等方面继续加大力度。

（一）着力构建绿色产业体系

按照产业生态化和生态产业化的思路，大力推进生态和产业的深度融合，突出生态的“含绿量”，按照主体功能区规划，调整不符合生态环境功能定位的产业布局、规模和结构，构建绿色产业链体系，打通绿水青山就是金山银山的转化通道，加快推动转型升级、绿色崛起。一方面，加快推进产业生态化。按照“绿色低碳循环”发展要求，实施碳排放总量和强度“双控”，加快产业结构调整，促进产业绿色化发展。加快培育新动能，

大力发展航空、电子信息、新能源汽车、新材料等绿色制造业，大力发展大数据、物联网、电子商务等新兴产业，大力发展现代金融、工业设计、文化创意等现代服务业，促进产业实现高质量发展。加大技术改造力度推动有色、化工、建材等传统产业智能化、绿色化、清洁化改造。坚决淘汰落后产能，为新动能发展腾出资源和环境空间。加快节能环保相关技术装备的研发、推广和产业化，积极发展环保服务业，提升节能环保产业发展水平。另一方面，加快推进生态产业化。按照产业化规律推动生态建设、提供生态产品，推动省内丰富的生态资源向生态优势转变，富足的生态财富向物质财富转变。充分挖掘各类旅游资源，推动绿色、红色文化深度融合，加快构建全域旅游发展新格局。依托盐城环保科技城、宜兴环保科技工业园等载体，积极发展节能环保服务，形成万亿级节能环保产业规模。持续实施园区绿色化循环化改造工程，深入推进企业循环式生产、园区循环化改造、产业循环型组合，建设一批省级绿色循环发展示范区，创建一批国家绿色产业示范基地。

（二）推动污染防治攻坚战向纵深发展

站在系统性和全局性高度，继续集中优势兵力，深入实施大气污染防治行动，开展重点区域大气污染协同治理，构建水污染防治大格局，持续推进净土行动，大力推进“无废城市”建设等举措，坚决打赢蓝天、碧水、净土保卫战，创造出得到人民认可、经得起历史检验的成绩。深化大气污染联动协同防治，打赢蓝天保卫战。强化多污染物协同控制和区域协作防治，推进 PM2.5 和臭氧浓度“双控双减”，基本消除重污染天气。加强挥发性有机化合物减排防控，在臭氧污染重点控制区实施更严格的减排政策，持续开展重点化工园区和仓储码头综合治理。实施重点行业超低排放改造工程，深化治理设施升级和提标改造，开展“绿岛”建设试点。加强机动车尾气排放精细化管理，深化建筑工地、堆场码头和城市扬尘管控。全面实施生态河湖行动计划，打赢碧水保卫战。坚持“外源减量、内源减负、生态扩容、科学调配、精准防控”，系统推进新一轮太湖水环境治理，实现更高水平“两个确保”。夯实河长职责，水环境整治和连通水系一起抓，全面加强水质监控，不能把劣Ⅴ类水带入现代化进程。加强太湖等浅水型湖泊的清淤疏浚，聚泥成岛，增加湖体环境容量，污水处理达标后必须通过湿地进行生态过滤，才能进入水系，打造太湖生态修复“样板工程”。提升土壤污染治理能力，打赢净土保卫战。强化土壤分类管控和源头治理，健全土壤污染状况调查和风险评估体系，建立建设用地土壤污染风险管控和修复名录，加强暂不开发利用地块的风险管控，严格再开发利用地块准入管理。强化农用地安全利用和土壤污染精准管控，建立土壤和地下水环境污染防治联动机制。完善土壤污染防治法规标准和技术规范，提升防治监管能力。

（三）持续推进生态修复与建设

从生态系统整体性出发，坚持山水林田湖草沙冰一体化保护和系统治理，强化生态监管体系，完善“河长制”，全面推行“林长制”，系统开展生态修复治理，全面提升生态系统质量和稳定性。大力提升“水韵江苏”质态。统筹沿江地区产业转型升级和生态环境保护，加强滨江风貌设计、江面风光美化，展现水清岸绿的大江风貌现代之美。坚持陆海一体的生态修复和污染防治，发挥黄渤海候鸟栖息地世界自然遗产品牌效应，全景展示“生态绿+海洋蓝”人海和谐壮美画卷。发挥大运河连线织网、融汇交流的重要作用，加快沿运河、淮河、黄河故道地区联动发展，一体建设高品位的文化长廊、高颜值的生态长廊、高水平的旅游长廊。发挥湖泊水网优势，重点建设太湖、洪泽湖、骆马湖、高邮湖等生态湖区，推动湖城交融，打造江苏永续发展的“绿心地带”。大力提高生态修复质量。深入建设绿色江苏，扎实推进流域防护林体系和生态景观林建设，进一步提升农田林网质量，全面推行林长制，深化国家森林城市建设。深化生态河湖实体建设，开展河湖水生态修复，推进河湖休养生息，加快里下河、洪泽湖、高邮湖、骆马湖等湖泊退圩还湖，强化河湖长制。深入实施生物多样性保护战略与行动计划，加强珍贵物种遗传资源保护培育，积极开展生物多样性调查、监测与评估。大力完善生态价值补偿机制。一方面，建立重点生态公益林补偿标准动态调整机制，继续实施国家、省级重点公益林营造、抚育、保护和管理的生态效益补偿，根据生态公益林面积、质量、区位等实施差别化补偿；另一方面，建立生态环境损害评价机制，综合运用财政、税收和法制等手段，对造成破坏的责任人实行更加严格的生态修复要求及相关惩罚措施，形成奖优罚劣的湿地生态效益补偿机制。

五、坚持共同富裕导向，实现人民生活高质量

实现全体人民共同富裕、提高人民生活质量，是高质量发展的本质要求。从共享发展考核评价的角度看，江苏要在全民共享、全面共享、共建共享、渐进共享发展的基础上，着力提高全体人民富裕程度，提升人民生活品质，不断增强获得感、幸福感、安全感，向着共同富裕目标作出积极有为的努力，让老百姓的生活更宽裕、更便利、更舒适、更安心、更有尊严，让社会更加公平正义。

（一）着力推动共同富裕，进一步改善人民生活水平

共同富裕本质上聚焦的是平衡效率与公平、兼容发展与共享的问题，关键在处理好做大“蛋糕”与分好“蛋糕”之间的关系。一是党建领富。加强基层党建，推进跨层级、跨地域、跨系统的党建联盟建设。构建完善“党建引领、人民主体、多元融合、整体智治”的社会治理体系。积极创建省级善治（示范）村（社区），打造清廉基层党组织样板。二是产业致富。因地制宜发展特色优势产业，收获实实在在的物质财富增长，增强自我造血功能。特别是在农村地区，确保每个贫困村都有主导产业、有项目基地、有带动企业，有劳动能力的贫困户有脱贫项目、有稳定增收渠道，变“输血”为“造血”。三是城镇聚富。按照“田园城市、精明增长、职住平衡”要求，优化城乡规划和建设，加快推进以县城为重点的新型城镇化，加快培育现代化小城市。引导产业、项目更多投向城镇，引导农村转移人口向城镇集聚。四是数智创富。全面推进智慧城市、数字乡村建设，开发数智平台，实施数字基建、数字产业、数字治理、数字服务、数字生活“五大工程”。特别是要推进农业生产过程数字化、管理过程智能化、决策过程智慧化，建成一批数字农业工厂、数字化种养基地，打造一批数字样板乡镇（街道）。五是改革促富。围绕缩小“三大差距”，创新先富带后富机制，实施中等收入群体壮大行动，研究制定提高劳动报酬在初次分配中比重的政策措施。完善二次分配制度，发挥税收等调节收入差距的作用，调节过高收入，提高低收入群体和经济薄弱地区居民生活水平。六是民生惠富。加强城乡基础设施和公共服务体系建设，让各地都能充分享受到优质普惠的教育、医疗、养老、幼托、社保、文体等公共服务和社会保

障。七是美丽共富。持续打好蓝天、碧水、净土保卫战，深化污水、垃圾、厕所“三大革命”，深入推进新一轮美丽乡村建设行动，实现生态保护、绿色发展、民生改善相统一，让青山常在、绿水长流、空气常新。

（二）着力健全保障体系，解除人民生活后顾之忧

随着江苏经济社会快速发展、人民生活水平不断提高，社会成员对风险保障产生了更高诉求。需要健全多层次社会保障体系，为人民群众提供生活和生产的基础性社会保障。让社会保险更有力。针对江苏人口老龄化程度较高的现状，实施积极应对人口老龄化战略，发展多层次、多支柱养老保险体系，充分考虑发展的阶段性特征和财政承受能力，将提高福利水平建立在经济和财力可持续增长基础上，不断增强社会保障能力，实现老有所养、老有所依、老有所乐、老有所安，切实增进人民福祉。实施全民参保计划，鼓励灵活就业人员、个体工商户和农民工参加企业职工基本养老保险和职工基本医疗保险，城乡居民基本养老保险和基本医疗保险基本实现应保尽保。加快发展企业年金，完善职业年金制度，发展养老保险第三支柱。深化医疗保障制度改革，健全多层次医疗保障体系，大力推动补充医疗保险发展，建立覆盖全民的大病医疗保险制度。让住房保障更优质。促进住房保障对象从以户籍家庭为主逐步向城镇常住人口覆盖，确保城镇中等偏下收入住房困难家庭实现应保尽保。深化共有产权住房试点，加大新建商品住房项目配建租赁住房力度，规范发展公租房，推进租购住房享有同等公共服务权利。探索利用集体建设用地和企事业单位自有闲置土地建设租赁住房，完善长租房政策，扩大保障性租赁住房供给。让社会救助更完善。深化社会救助体制改革，健全以基本生活救助、专项社会救助、急难社会救助为主体，社会力量参与为补充的分层分类救助制度体系。完善按户保与按人保相结合的最低生活保障制度，给予低收入家庭和支出型困难家庭相应的医疗、住房、教育、就业等专项社会救助或临时救助、慈善救助等必要的救助措施。完善基本生活救助标准动态调整机制。积极发展服务类社会救助、慈善救助，提升社会救助领域志愿服务水平。

（三）着力实施民生工程，努力让人民群众过上高品质生活

让人民生活幸福是“国之大者”，其中医疗卫生和教育是人民生活幸福的重要民生工程。一是提升医疗卫生服务水平。树牢“大卫生、大健

康”理念，优化公共卫生区域布局，提高医疗服务能力，支持设区市和有条件的县区建设三甲医院，人口超过50万的县（市、区）建设妇幼保健院和二级以上老年医院，优化医疗卫生布局，促进优质医疗资源下沉，让更多群众在家门口享受到高质量医疗服务。充分发挥中医药在疾病预防、治疗、康复中的独特优势，实施名医、名科、名院建设行动计划，高质量打造中医药服务体系。大力发展智慧医疗，推进5G网络、大数据、人工智能等新技术在医疗卫生领域的应用，推进互联网医院建设，探索建立适应互联网医疗服务的价格政策和医保支付方式。二是提高教育教学质量。坚持教育公益性原则，把促进教育公平作为基本教育政策，推动义务教育均衡发展和城乡一体化，改善薄弱学校办学条件。全面落实国家“双减”政策，注重加强教学研讨，努力提高教学效率，构建高质高效课堂。大力提高教育质量，坚持社会主义办学方向，落实立德树人根本任务，推进学校思想政治理论课改革创新，加强和改进体育美育，把劳动教育贯穿人才培养全过程，促进学生德智体美劳全面发展。健全学校家庭社会协同育人机制，增强学生文明素养、社会责任意识、劳动精神、实践本领，提升探索创新和自主学习能力，促进身心健康。加强高质量教师队伍建设，将师德师风建设作为评价教师队伍素质的第一标准，加快培养一批有思想、有水平、善管理的名师、名校长，真正实现教育家办教育。三是高标准建设健康江苏。提高全民健康意识，推动从环境卫生治理向全面社会健康管理转变，重视精神卫生和心理健康，提升全民健康素养。实施妇幼健康保障工程，构建综合连续、覆盖城乡的老年健康服务体系，开展残疾预防，拓展退役军人和其他优抚对象健康服务渠道。深入实施全民健身国家战略，大力普及科学健身知识，加强全民健身场地设施建设，推行公共体育设施免费或低收费开放，加快建设城乡一体化“10分钟体育健身圈”，构建运动促进健康新模式，打造更高水平公共体育服务体系示范区。

六、守好风险防控底线，实现安全发展高质量

安全发展评价是本研究的一个新探索。目前，江苏安全发展总体水平较高，但局部地区安全生产风险、政府债务风险不容忽视。既要善于运用发展成果夯实安全基础，又要善于塑造有利于发展的安全环境，把安全作

为高质量发展的基础，实现发展和安全互为条件、彼此支撑。

（一）完善安全治理体系

健全江苏安全领导体制，形成党委领导、政府负责、社会协同、公众参与、法治保障的安全治理体系。从立法、执法、司法、普法、守法各环节全面发力，加快形成一套立足江苏省情、体现时代特点、适应战略安全环境的安全发展体系。在自然灾害、公共卫生等诸多领域，认真评估、及时制定、修订抢险救灾、灾害救助等方面的规范性文件，建立完善相关政策、规程和标准，构建集各领域安全为一体的安全发展制度保障体系。健全完善安全生产督导、考核、巡查、巡视等制度，进一步压紧压实党委政府领导责任和部门监管责任。全面实施工业企业安全生产风险报告制度，加快建立企业“全员、全岗位、全过程、全天候”安全生产责任制，有效发挥安全生产信用监管、安全生产责任保障、安全风险隐患有奖举报等作用，推动企业切实担起主体责任。完善风险防控机制，建立健全风险研判机制、决策风险评估机制、风险防控协同机制、风险防控责任机制，主动加强协调配合，坚持一级抓一级、层层抓落实。全过程、高效率把防范化解重大风险工作做实做细做好，做到守土有责、守土尽责，不让小风险演化为大风险，不让个别风险演化为综合风险，不让局部风险演化为区域性或系统性风险。

（二）聚焦安全发展重点领域

维护政治安全，在立根本、强主流、善引领上下功夫，坚决抵制和批驳各种反主流意识形态的错误言论和错误思潮，把握好时度效，敢于亮剑，敢于斗争，牢牢掌握意识形态工作领导权、管理权、话语权。维护经济安全，坚持中国特色社会主义基本经济制度不动摇，把发展实体经济作为重中之重，提升产业链供应链完整性，增强产业体系抗冲击能力。实施粮食安全战略，加强粮食生产、仓储、物流和供应能力建设。强化能源安全，保障煤电油气稳定供应。维护金融稳定，守住不发生区域性、系统性金融风险的底线。维护社会安全，努力满足人民群众对过上美好生活的更高期待和对安全的更高标准，大力推进更高水平的平安中国建设，在提高社会治理整体水平、打击黑恶势力、遏制重特大安全事故上下功夫，不断增强人民群众安全感。坚持人民至上、生命至上，打好新冠肺炎疫情防控人民战争，加强应急管理体系建设，强化生物安全监管和风险防控，保障食品药品安全，确保维护人民生命安全落到实处。形成强有力的海外利益安全保障体系，强化对涉外贸易、知识产权、人权保障等方面的支持。加强网络安全保障体系和能力建设，健全跨行业、跨部门、跨地区的一体化防护体系，完善安全基础设施和技术支撑服务体系，加快安全自主产品部署应用，提高网络安全态势感知、监测预警和应急处置水平。

（三）提高安全发展能力水平

提升党员干部特别是各级领导干部统筹发展和安全的本领，通过加强学习，确立安全发展的自觉和自信，把这一重要原则贯穿工作活动全过程，提高准确识别、精准预测、高效响应和妥善应对各类风险的能力，坚决克服麻痹思想、厌战情绪、侥幸心理、松懈心态。透过复杂现象把握本质，抓住要害、找准原因，果断决策，善于引导群众、组织群众，善于整合各方力量、科学排兵布阵，有效予以处理。着力发挥改革推动作用和法治保障作用，促进安全发展原则转化为谋划安全发展的具体思路、落实安全发展任务的工作举措、实现高质量发展的实际成效。努力提高全社会安全风险防范意识，加强安全法律法规和安全知识宣传教育，不断提高安全意识和自我防护能力，形成“安全发展、人人有责、人人可为”的共识。深入推进危险化学品、煤矿、非煤矿山、消防、道路运输、交通运输和渔业船舶、城市建设、开发区、危险废物等重点行业领域专项整治和化工产业整治提升行动，全面加强危险化学品全生命周期监管，坚决遏制较大及以上生产安全事故，持续压降事故起数和死亡人数，确保安全生产形势持续平稳。

本章小结

高质量发展评价的目的在于用好评价结果。要用好考评结果反馈，“信息反馈+人文关怀”强化反馈温度，“书面反馈+个别约谈”强化反馈精度，“全员反馈+通报表扬”强化反馈广度；用足考评正向激励，职务激励强化用人导向，物质激励强化生活保障，荣誉激励增强争先动力，情感激励重在温馨暖心；用活考评反向监测，加强反向约束，常态监督管理，发挥“标签效应”。建议深化优化绩效评价体系，向考核评价的广度、深度、精度和效度发力；深化优化考核评价方法体系，丰富和发展智慧评价，畅通多元化评价渠道，尝试“三结合”的评价新范式；深化优化考核评价配套体系，进一步完善高质量发展数据标准体系、考核评价统计监测体系、考评事项负面清单制度和考评专业人才队伍建设与培养。在发展路径的优化上，建议构筑现代产业高地，实现经济发展高质量；强化“产教才城”融合，实现创新发展高质量；着力城乡一体建设，实现城乡发展高质量；塑造美丽山水特色，实现生态文明高质量；坚持共同富裕导向，实现人民生活高质量；守好风险防控底线，实现安全发展高质量。

第八章

研究结论与研究展望

本研究以江苏高质量发展为背景，根据高质量发展的内涵及特征，围绕江苏高质量发展“为谁评价”“由谁评价”“评价什么”“怎样评价”这条主线，构建江苏高质量发展评价体系。根据研究结果，本章将从研究结论与特点、研究新探与不足、研究愿景与展望三个方面，进行梳理和概括。

第一节　研究结论与特点

本研究运用马克思主义发展观、新公共管理和政府绩效评价理论，以践行新发展理念为基本准则，科学设计江苏高质量发展评价指标体系，采用德尔菲法和层次分析法相结合的方法赋权，采用线性加权法计算2016—2021年江苏高质量发展综合指数以及“八个模块”评价指数；选取柯布-道格斯生产函数分析代表性的二级指标对高质量发展的贡献度；采用秩和比综合评价法和综合指数相结合的方法测度13个设区市高质量发展综合评价分档等级结果及“八个模块”测度分档等级结果；采用灰色预测模型对江苏2022—2024年高质量发展综合指数预测及“八个模块”预测。主要研究结论和研究特点有如下几个方面。

一、研究结论

（一）明晰了江苏高质量发展评价理路与价值

研究了以理论探寻考核评价的指向。高质量发展评价的理论基础，主要是新发展理念、马克思主义发展观、新公共管理与政府绩效评价理论。研究提出以人民为中心的发展思想是价值依归、新发展理念是根本遵循、价值评价施政行为是内在要求、树立新发展绩效观是必要前提的理论探索。高质量发展评价的内在逻辑，主要体现在评价的价值依归、根本遵循、内在要求、必要前提四个方面，四者相互联系、相互递进、相得益彰，丰富了高质量发展的内涵和逻辑关系。从高质量发展的内涵要义出发，研究考核评价的尺度、方法以及特征，以高质量评价“标尺”引领和驱动高质量发展落地见效。

研究了以实践探索考核评价的真经。系统总结江苏高质量发展 5 年考核评价的发展历程、主要做法和经验启示。江苏的实践表明，新思想是领航之塔，重点解决“为什么考、为谁考”的根本方向问题；新理念是行动指南，重点解决“怎样考、考什么”的目标定位问题；新方法是有效手段，重点解决形式、对象、途径等实践路径问题；新机制是活力之源，重点解决统分结合、运行顺畅、执行有力的动能问题；新担当是价值追求，重点解决领导干部“想干事、会干事、干成事、不出事”的问题。这“五个新”彰显了综合考核制度理论性与实践性、规律性与创新性的辩证统一。

研究了以价值追求考核评价的导向。不仅注重客观评价（事实评价），而且注重价值评价的研究，提出了“导向性与牵引性相结合、科学性与系统性相结合、综合性与差异性相结合、通用性与简洁性相结合、可行性与可比性相结合”的“五结合”江苏高质量发展评价基本原则，明确了“速度与质量统一、效能与效益统一、效率与公平统一、发展与生态统一”的“四统一”江苏高质量发展评价价值标准，初步研究了全要素生产率、劳动生产率、城乡居民收入比、研发投入强度、人均受教育年限和城镇化率等江苏高质量发展评价的定量标准。

（二）构建了江苏高质量发展评价指标与权重

江苏高质量发展评价指标设计立足科学性、牵引性、导向性、精准性和实用性的新要求，从“综合质效、创新发展、协调发展、绿色发展、开放发展、共享发展、安全发展和主观感受”“八个模块”构建指标体系，努力体现“更有质量、更有效率、更加公平、更可持续、更加安全”和

“六个发展高质量、文化事业高品牌、社会治理高水平、生态环境高标准、人民生活高品质”的发展特质。

“八个模块”充分体现高质量发展考评指向。围绕江苏高质量发展考核评价的更高要求，遵循“坚持对标国家、体现省情；坚持创新思维、精准考量；坚持科学合理、简洁易行；坚持分类施策、综合评价”的设计原则，从“综合质效、创新发展、协调发展、绿色发展、开放发展、共享发展、安全发展、主观感受”八个方面，形成了“总体产出、质效提升、投资消费、创新投入、创新产出、创新机制、产业结构、城乡结构、文明协调、资源利用、生态保护、环境质量、资金开放、贸易开放、技术开放、贸易结构、共同富裕、公共服务、社会保障、经济稳定、不良资产、安全生产、生活感知、服务感知”24 个一级指标和 41 个二级指标的评价指标体系框架，突出关键核心指标，选择最具代表性的综合性、典型性、约束性指标，做到少而精、重点突出，操作简便易行。统筹发展与安全两件大事，首次把安全发展纳入创新发展、协调发展、绿色发展、开放发展、共享发展评价行列，提出“六个发展”的新思路。注重指标管理机制的优化和完善，研究提出了指标的形成机制、指标的运行机制、指标的退出机制、指标的监测机制等管理体系。

“五个更”充分体现新发展理念内涵要求。更有质量体现现代化建设的高标准要求，并与现代化建设的指标要求相衔接，既考虑当前的发展质量，也要考虑长远的发展质量要求；既考虑经济发展质量，也要考虑文化、社会、生态的发展质量，是一个全面协调发展的高质量。更有效率体现要素资源配置效率的提高。指标的设计聚焦促进要素自主有序流动，重点突出全要素生产率和全员劳动生产率的提高，强化高质量发展的核心指标地位。更加公平体现全体人民的共建共享和共同富裕的目标要求，强调共建共享，体现全体人民的共同富裕和公共服务均等化、优质教育资源均等化，使指标的公平体现在方方面面。更可持续体现生态优先、绿色发展。资源利用强化单位工业能耗产值、单位建设用地产值评价；生态保护强化林木覆盖率、环境污染治理投入占 GDP 比重评价；环境质量强化空气优良天数比率、地表水达到或好于Ⅲ类水体比例评价。更加安全体现发展的稳定性和风险防控。在经济稳定上，强化区域发展差异系数评价；在不良资产上，强化政府性债务化解率、规模以上工业企业资产负债率评价；在安全生产上，强化亿元 GDP 生产安全事故死亡率评价。

“五个高”充分体现发展高质量标准。“六个发展”高质量，创新发展高质量突出创新驱动和人才引领，协调发展高质量突出产业结构协调、城乡协调、物质文明和精神协调，绿色发展高质量突出生态优先、资源利用、环境质量，开放发展高质量突出资金开放、贸易开放、技术开放，共享发展高质量突出共同富裕、公共服务、社会保障水平提升，安全发展高质量突出发展的稳定性和防范化解政府债务、金融风险。文化事业高品牌，加快提升文化创新创造发展能力，提高文化产业比重，推进文化产业成为主导产业，构筑思想文化引领高地、道德风尚建设高地、文艺精品创作高地，推动文化大省向文化强省跃升。社会治理高效能，健全多元主体治理参与机制，构筑人人有责、人人尽责、人人享有的社会治理共同体，提高社会治理的智能化、精细化、人性化水平，完善“人民主体、多元融合、整体智治”的社会治理体系。生态环境高标准，构建绿色低碳循环生产方式，推动实现生态环境质量根本性好转，彰显“水韵江苏”绿色转型成效和人文魅力风采，争创成为美丽中国建设示范省份。人民生活高品质，公共服务体系和社会保障体系更加完善，更高水平实现幼有好育、学有优教、劳有丰得、病有良医、老有颐养、住有宜居、弱有所扶的目标，让全省人民生活更宽裕、更便利、更舒适、更安心、更有尊严，社会更加公平正义，有获得感和幸福感。

（三）配套了江苏高质量发展评价统计与保障体系

研究提出了高质量发展统计体系的目标框架，即“六个统计子体系”：更广范围构建全面完整、反应灵敏的统计调查制度体系；更宽领域构建统一规范、接轨国际的统计标准体系；更加系统构建方法科学、获取直接的统计数据采集体系；更深层次构建科学严谨、统一规范的国民经济核算体系；更高水平构建务实精准、内容丰富的统计监测评价体系；更大力度构建灵活高效、支撑有力的统计支持保障体系。

研究分析了高质量发展统计体系的典型案例。紧紧围绕经济社会发展的重点领域和关键问题，进一步拓展统计监督新领域，全方位开展高质量发展监测评价，重点对数字经济统计监测评价、构建共同富裕指数、建立新发展格局指标体系等前沿问题开展了实证性研究。开展数字经济监测评价势在必行，明晰数字经济分类统计标准，健全数字经济统计核算体系。构建江苏共同富裕指数，形成 4 个一级指标、12 个二级指标和 50 个三级指标组成的共同富裕评价指标体系。建立江苏新发展格局指标体系，科学设计“国内大循环”层面相关评价指标 13 个、“国内国际双循环”层面相关评价指标 11 个、“制度保障”层面相关评价指标 14 个。

研究探索了高质量发展统计保障的实现路径。依靠改革创新根本动力，持续为统计体系建设蓄势赋能；聚焦数据质量核心要求，确保统计体系真实刻画经济社会实践；锚定有效供给主攻方向，提升统计体系对统计需求变化的适配性；用好统计监督尚方宝剑，彰显统计体系服务高质量发展的重要作用；夯实基层基础坚强基石，厚植统计体系建设沃土，推进高质量统计体系建设不断实现新突破。

（四）测度了江苏高质量发展绩效评价与预测

采用多维度、综合评价高质量发展绩效的方法可行有效。对江苏全省高质量发展总体评价，主要采用德尔菲法和层次分析法相结合的方法开展测度评价，无量纲化处理采用功效系数法，根据各指标的重要程度，赋予不同的权重。综合指数=水平指数×60%+发展指数×40%。对全省高质量发展的贡献度评价，选用扩展型柯布-道格拉斯生产函数分析模型，选取 2016—2021 年江苏省高质量发展部分指标，利用 Matlab 对变量进行回归分析。对设区市高质量发展综合评价，采用秩和比综合评价法评价各设区市高质量发展水平，并从水平指数和发展指数两个方面，将综合指数法与秩和比综合评价法结合，即最终 RSR 值是水平指数获得的 RSR 值与发展指数获得的 RSR 值的结合。采用灰色预测模型，对江苏 2022—2024 年高质量发展综合指数以及“八个模块”发展指数进行了预测，主要通过 GM（1，1）灰色预测模型使用 Matlab 软件计算。研究表明这些评价研究方法在实际考核评价中是可行的且是有效的。

研究展示了江苏 6 年高质量发展实现稳步提质增效的过程。从综合评价结果看，2016—2021 年江苏高质量发展持续推进，发展情况稳中向好，高质量发展得分呈现逐年稳步增长趋势，分别依次为 0.6731、0.7253、0.7944、0.8307、0.8545、0.9213。从年度增长数量看，2016 年得分为

0.6731，2021年增长至0.9213，2021年高质量发展指数较2016年增长了0.2482；但增幅有所波动。从“八个模块”综合评价看，截至2021年按综合指数绝对数值排名从高到低依次为绿色发展指数、开放发展指数、主观感受指数、创新发展指数、协调发展指数、共享发展指数、安全发展指数、综合质效指数。

从“四小板块”研析了江苏6年高质量发展的贡献度情况。研究结果表明，“生产效率、经济活力、环境保护和创新能力”“四小板块”对全省高质量发展的贡献度评价是可行有效的，从大到小排序依次为：环境保护贡献度为0.4994、生产效率贡献度为0.4237、经济活力贡献度为0.3986、创新能力贡献度为0.1725。这表明“四小板块”对全省高质量发展均有着重要的推动作用，显示这四个方面对全省高质量发展起着正向推动作用，而且相互之间差异不大。

采用秩和比综合评价法测度各设区市高质量发展档次。秩和比综合评价法基本原理是在一个n行m列矩阵中，通过秩转换，获得无量纲化统计量RSR；在此基础上，运用参数统计分析的概念与方法，研究RSR的分布；以RSR值对评价对象的优劣分为三个档次排序，第三档次为最优，第二档次为良好，第一档次为较差。从13个设区市测度结果看，虽然发达地区被评为优秀第三档次的较多，但在“八个模块”的测度中，苏中、苏北等市仍然有单项超过苏南等发达地区，而苏南等发达地区仍有一些单项被评为较差档次。这说明不论发达地区还是落后地区，都存在着短板和弱项，平衡充分发展亟待提升。

构建了灰色预测模型对全省高质量发展综合指数预测。通过GM（1，1）灰色预测模型使用Matlab软件计算，预测结果显示，2022—2024年江苏高质量发展综合指数仍然持续上升，年均增速稳定在5.6%，这说明江苏今后3年高质量发展水平总体向好。从“八个模块”预测结果看，创新发展、协调发展、绿色发展、开放发展、共享发展、安全发展、主观感受也会进一步提高，但综合质效可能会出现略微下滑趋势。

（五）优化了江苏高质量发展评价路径与对策

“注重三用”：高质量发展评价结果应用刚性化。研究提出用好考评结果反馈、用足考评正向激励、用活考评反向监测，使评价结果应用落地生效。在结果反馈上，“信息反馈+人文关怀”强化反馈温度，“书面反馈+个别约谈”强化反馈精度，“全员反馈+通报表扬”强化反馈广度。在考评正向激励上，职务激励强化用人导向，物质激励强化生活保障，荣誉激励增强争先动力，情感激励重在温馨暖心。在考评反向监测上，加强反向约束，常态监督管理，发挥“标签效应”。

“三深化优化”：高质量发展评价体系科学化。深化优化绩效评价体系，向考核评价的广度挺进、向深度挖掘、向精度聚焦和向效度提升。深化优化考核评价方法体系，丰富和发展智慧评价，探索实施分级分类深化细化评价，畅通多元化评价渠道，尝试“三结合”的评价新范式。深化优化考核评价配套体系，进一步完善高质量发展数据标准体系、考核评价统计监测体系、考评事项负面清单制度和考评专业人才队伍建设与培养。

“六个高质量”：高质量发展对策建议精细化。在对江苏高质量发展综合质效测度、六个发展质量测度和主观感受测度的基础上，根据综合绩效评价分析和影响因素分析，结合江苏未来高质量发展预测展望，分别就构筑现代产业高地，实现经济发展高质量；强化产教才城融合，实现创新发展高质量；着力城乡一体建设，实现城乡发展高质量；塑造美丽山水特色，实现生态文明建设高质量；坚持共同富裕导向，实现人民生活高质量；守好风险防控底线，实现安全发展高质量六个维度提出了对策建议。

二、研究特点

理论研究的特点主要体现“三个结合”：

一是理论性与实践性的结合。本研究以践行新发展理念为基本准则，以江苏高质量发展考核实践为样本，通过“理论研究—实证与定量分析—实际应用”研究，从“综合质效、创新发展、协调发展、绿色发展、开放发展、共享发展、安全发展和主观感受”“八个模块”构建评价指标体系，设计一级指标 24 个、二级指标 41 个。精选评价方法大跨度、多领域绩效评价和贡献度分析，优选评价模型发展趋势预测。研究既注重经验总结，又深刻剖析问题；既聚焦宏观制度，又着眼微观政策；既有理论探索，又有路径创新，力求形成具有新时代特色、江苏特点的高质量发展评价体系，为全国高质量发展考核评价探索新路子。

二是时代性与创新性的结合。本研究立足江苏新时代新阶段发展要求，对 2016—2021 年全省高质量发展进行发展水平指数测度，对 13 个设区市 2019—2021 年发展指数和水平指数综合评价，深入系统探讨江苏高质量发展基本特质。江苏高质量发展评价指标的设计，立足于高站位、高起点、高定位、高质量、高标准和科学性、牵引性、导向性、精准性和实用性，体现“五更五高”的基本特点，即评价指标体现“更有质量、更有效率、更加公平、更可持续、更加安全”和“六个发展高质量、文化事业高品牌、社会治理高水平、生态环境高标准、人民生活高品质”，创新性提出“创新发展、协调发展、绿色发展、开放发展、共享发展、安全发展”六个发展。

三是阶段性与前瞻性的结合。本研究对江苏“十三五”时期高质量发展情况进行测度，从评价的角度探寻江苏最近 5 年的发展轨迹和地域发展特色，为江苏高质量发展“锻长板、补短板，扬优势、限劣势，育特色、强后劲”提供新发展思路参考。本研究立足新阶段、对标新目标、落实新要求，运用灰色预测模型预测今后 3 年江苏高质量发展走势。本研究把发展的阶段性与前瞻性有机结合，提高了江苏高质量发展评价体系的科学性和严谨性。

实践研究表明开展高质量发展评价需要“五个互动并进”：

一是高位推动与组织领导互动并进，让综合考核成为名副其实的“一把手”工程，对综合考核工作的方方面面“一盘棋”谋划、“一体化”布局，才能实现“一竿子”到底、“一条龙”推进，让高质量发展这条大船行稳致远。

二是系统谋划与基层探索互动并进，自上而下而又自下而上地系统谋划，既用顶层设计指导基层实践，又用基层实践丰富完善顶层设计，实现从感性到理性，再从理性指导实践的转换。

三是考人考事与知事识人互动并进，看能力，从要事、急事、险事、难事中看担当，以对事的研究和由事及人的研判，推动知人善任、知事善为。

四是技术手段与智能评价互动并进，让技术与艺术如影随形、水乳交融地“跳探戈”，把大脑与数据的研判、历史与现实的研判、静态与动态的研判、考事与察人的研判有机结合起来。

五是用好结果与激励作为互动并进，发挥考核的“评判器”“识别仪”作用，将综合考核结果与评先评优挂钩、与跟踪问责挂钩、与选拔任用挂钩，打通综合考核结果运用的“最后一公里”。

第二节　研究新探与不足

一、研究新探

本研究在学习借鉴前人研究成果的基础上，结合江苏高质量发展考核评价实践，研究过程中一些新的探索主要有以下四个方面。

（一）深化细化高质量发展指标评价体系，提高绩效评价的科学性

通过系统梳理和研究全国高质量发展指标评价文献和案例，在评价指标设计上主要有三个方面的思路方案：一是从贯彻落实新发展理念出发，围绕“创新、协调、绿色、开放、共享”的发展标准设计指标体系；二是从高质量发展特征出发，围绕高质量的供给、高质量的需求、高质量的投入产出、高质量的分配和高质量的经济循环等方面进行指标体系设计；三是从高质量发展要求出发，围绕质量变革、效率变革、动力变革三个方面进行指标体系设计。这三种指标体系设计理路各有所长，但又不够全面系统，尚不能充分体现高质量发展实质要求。本研究在第一种方案的基础上，突出“创新发展、协调发展、绿色发展、开放发展、共享发展”5个一级指标，融入体现“供给、需求、投入产出、分配、宏观经济循环”高质量发展5个特征方面的要求，增加“综合质效”一级指标，体现投入与产出等发展效能；同时从第三种思路方案中增加“安全发展和主观感受”2个一级指标，把“安全发展”纳入发展质量的新要求，把“主观感受”纳入发展效率的新内容。这样基本形成了“八模块”框架下的“1+6+1”的江苏高质量发展指标评价体系，即“综合质效+6个发展（创新、协调、绿色、开放、共享、安全）+主观感受”，探索性地把“安全发展”纳入

了新发展理念体系，不仅丰富了新发展理念的深刻内涵，而且深化了高质量发展评价的特质要求。

（二）研究探析高质量发展评价的内在联系，提升绩效评价的逻辑性

为探索解决一些地方高质量发展考核评价不够实、不够准的问题，研究发现主要原因是由于现有的评价还停留在事实评价上造成的，而忽视了价值评价。事实评价揭示的是客体本身的性质和特点。价值评价揭示的是主体的需要与客体的性质、功能之间的关系，也就是要体现“人的需求”和价值导向。高质量发展考核评价不仅要借助统计、测验等手段进行量的测定，而且要进行质的分析，也就是要把所有考查绩效的材料和分析综合起来，进一步研究在多大程度上能够达到预期的目的，由此作出价值性判断，体现评价的内涵性、本质性要求。随着大数据、云计算、区块链技术的推广和应用，使考核评价“人、机、智”的结合成为可能，推进智慧考核呈现出广阔的发展前景。总之，“事实评价 1.0 版—价值评价 2.0 版—智慧评价 3.0 版”将成为高质量发展绩效评价上升的发展逻辑。事实评价是基础，评价发展的现实状况；价值评价是关键，解决对发展“质”的分析评判问题；智慧评价是提升，解决在“量”和“质”评价基础上的精准性问题，形成三者有机组合、相辅相成的评价链条。加快运用区块链技术解决考核中的数据造假问题；运用 SPSS 分析软件在对已有数据分析的基础上解决指标相关性问题。因此，围绕“高质量发展是什么、为什么、怎么办”的逻辑线索，突破测算、排名等表层分析，加强评价结果背后的深层次内涵挖掘，突出各个评价对象与众不同的特点，提供更加深入、更加妥帖、更加准确的评价指导，努力实现从事实评价走向价值评价、再上升为智慧评价的新跨越。

（三）精准把握高质量发展评价“四个度”，增强绩效评价的均衡性

如何提升高质量发展评价的“广度、深度、精度、效度”问题，本研究从考核评价的均衡性角度进行了初步研究探讨。一是向广度挺进，补齐中观和微观评价的短板。目前，高质量发展评价多以宏观区域层面评价较多，如对省域、市县等区域的评价，而针对中观产业、微观企业以及其他

细分领域的高质量发展评价相对较少。在夯实宏观区域层面评价的基础上，扩大对中观产业、微观企业以及其他细分领域的高质量发展考核评价，明晰不同细分领域实际工作指导的内在要求，变单向、平面、单维评价为多层次、多渠道、多角度的评价。二是向深度挖掘，延伸事实、价值和智能评价链条。高质量发展考核评价不仅要借助统计、测验等手段进行量的测定，而且要进行质的分析。智能评价是以“互联网+”、物联网、移动应用、大数据技术等信息技术为支撑，通过数字画像、科学建模、智能分析，形成可视化预判结论。三是向精度聚焦，科学处理考核和评价的关系。在现实的考核评价工作中，人们往往把考核与评价混为一谈，实际上二者既有区别又有联系。考核是评价的基础和前提，没有考核就不能评价；评价是考核的延伸，没有评价的考核在一定程度上就没有意义。要正确处理考核和评价的关系，考核指标就像一幅写意画，突出重点关键，主要展现形和神；评价指标就像一张照片，细节丰富全面，像素越高越好。四是向效度提升，评出高质量发展的牵引力和内生动力。坚持“以评价促发展”的目标导向，形成环环相扣的高质量“发展什么、怎么发展”的工作链条，将评价结果作为开展实际工作的参考依据，与选拔任用、职级晋升、职称评聘、轮岗交流、评先评优、绩效奖金分配等挂钩，加强评价结果背后的深层次内涵挖掘。

（四）聚焦高质量发展运行规律，研判绩效评价的推断性

高质量发展评价的目的是在实际生产生活中真正落实高质量发展的战略目标，切实加强评价结果与实际工作的联系，充分发挥高质量发展评价考核在促进高质量发展中的指导性、引导力，真正实现“以评价促发展”的“初心”。要做到这一点，就要通过考核评价研究高质量发展的苗头性、趋势性的问题，研究高质量发展未来的主攻方向、存在的短板与不足，有效预警高质量发展运行的趋势变化，有效测度并分析高质量发展水平空间分布特征与发展趋势，基于江苏各地高质量发展评价结果数据进一步对高质量发展在各区域间的空间分布特征以及趋势变化作出前瞻性研判。譬如，研究展示了江苏 2016—2021 年高质量发展实现稳步提质增效的过程，但也预判出江苏 2022—2024 年“综合质效”可能相对下降的不足，以及群众高品质生活仍待改善，实现全体人民共同富裕任务繁重而又非常艰

巨。比如，本研究还从 2016—2021 年江苏“生产效率、经济活力、环境保护和创新能力”等方面，对全省高质量发展的贡献度评价研判，得出这“四小板块”对江苏未来发展起着重要的正向推动作用的基本结论。再比如，采用秩和比综合评价法测度各设区市高质量发展档次和各地“八个模块”的测度，研判出不论发达地区还是落后地区，都存在短板和弱项，得出平衡充分发展亟待提升的结论。

二、研究不足

区域高质量发展绩效评价是一个较为复杂的问题，虽然课题组为之付出了艰辛的努力和刻苦的探索，但囿于自己学识水平和能力的局限，本研究仍有诸多不足，具体来说主要有以下五个方面。

（一）高质量发展评价理论体系亟待丰富完善，评价缺乏充足的学理支撑

从理论研究看，存在的缺陷主要是原创性理论研究不足。高质量发展考评是一个崭新的课题，评价在实践活动中日益凸显的重要意义与现阶段评价理论发展滞后的现实之间形成了突出矛盾，亟须建立健全评价学理体系以促进评价实践的健康发展。一方面，基于哲学、经济学、管理学等已有学科积累，结合评价学的自身特点，围绕评价的内涵、分类、原则、过程、方法、范式等基础性、普适性的元问题进行深入研究；另一方面，充分利用丰富的评价实践经验，在此基础上进行系统性概括，将其提炼并上升为新时代高质量发展评价理论体系，进一步充实评价学理体系，从而使得评价实践在一般性的评价思维、评价模式等方面有理可依、有章可循。

（二）高质量发展绩效评价内容的丰富性、多维性，增加了量化评价难度

高质量发展是一个多维性的经济社会质态，不仅体现在经济领域，而且体现在更广泛的社会、政治、文化和生态以及党建等多元化领域，是比经济增长质量范围更宽、要求更高的质量状态，更能体现新时代的新思想与新变化。“高质量发展”是一个看似简单却不易把握的概念，如何进行“高质量发展”的统计核算是一个崭新的复杂课题。例如，多维性是经济高质量发展的根本属性之一，那么如何能够充分反映其丰富内涵的同时，

避免“地毯式”测评导致的不可操作性？如何使众多评价指标之间兼顾相互独立性和内在逻辑性？如何处理一些不可计量的指标？这些问题都是开展经济高质量发展评价时面对的难题。

（三）高质量发展评价的广度与深度不足，评价的全貌和精准难以体现

目前，我国对高质量发展评价研究以省域、市县等宏观区域层面居多，而针对中观产业、微观企业以及其他细分领域的高质量发展评价研究相对较少，这在一定程度上与微观数据采集获得较难有关。高质量发展对于不同行业或者企业都有着不同的实际内涵，缺少产业、企业等领域的高质量发展的内涵挖掘与测度评价，将会导致“高质量发展”无法对行业或企业等实际运行产生明确有效的引导；进一步而言，由于微观企业、中观产业以及宏观区域是互联互动的有机整体，任何一环节的缺失都会导致无法反映高质量发展的全貌与真实情况。与此同时，有关区域经济高质量发展评价研究本身也缺乏深度挖掘，多停留在指数测算、区域排名等阶段，浅尝辄止，对于评价结果背后的深层次因素、各个区域与众不同的鲜明特点等缺乏深入的分析，研究重点不够突出。

（四）考核评价工具手段不够多，立体评价亟待加强

一方面，考核“工具箱”还不够充实，如对领导班子和领导干部的考核偏重述职述廉、民主测评等，对实地走访、民意调查、跟踪了解等灵活有效的措施采用较少，难以全方位、多角度进行综合评价。另一方面，考核“工具箱”还不够先进，对管理学、统计学、心理学等学科中先进的理念、方法借鉴不够，现代信息技术、量化分析等方法综合运用的空间还需进一步拓展。譬如，有的领导对一些部门单位情况不了解，考核信息不对称，难以用打分的方式评价。再如，一些部门单位在考核中“过度留痕”，形式主义较重，掩盖了考核真实性，不同程度地出现了“纸上论英雄”“工作好不如材料好”的现象。造成这方面的主要原因是考评手段不足，大数据、区块链先进技术在考评中的应用不够。

（五）评价数据来源与测度方法不够多，评价依据不够全面充分

高质量发展评价是一项涉及多个指标与环节的复杂性、系统性工程，

需要高质量的数据基础以及技术手段予以支撑。由于目前已有研究主要依赖于统计年鉴、统计公报等公开发布的统计数据，构建指标体系受制于统计数据可得性。传统的统计多以“物”为主，对于就业失业、消费行为、生态环境、医疗保健、教育养老等与“人”相关的数据统计不够全面，而诸如新技术、新产业、新模式等相关数据更是尚未被有效纳入传统统计体系，导致一些能够充分有效反映高质量发展情况的指标无法被选入评价指标体系。传统统计数据与大数据相比，在灵敏度、实时性等方面都有着明显差距，因此难以准确、及时和全面地揭示高质量发展状况。基于访谈座谈、问卷调查、专家评价等获取的诸如直观感受、主观判断等定性信息，较少被纳入评价过程；而现实生产生活情况并不是仅靠统计数据就能够全面、充分反映的，因此会导致信息来源单一造成的判断依据不完整不全面，最终影响评价结果的客观性与准确性。

第三节　研究愿景与展望

高质量发展考核评价内涵丰富，涉及范围广泛，量化测度复杂，是一项系统工程，不论哪一个环节出现疏漏都将影响评价结果的客观性和公正性，以致无法实现地方高质量发展绩效评价的初衷和目的。虽然本研究对江苏高质量发展评价体系进行了构建和测度评价，但对考核评价的理论基础、价值导向、评价技术、评价制度等评价的学理、价值、技术、制度等还不够系统深入。因此，加强区域高质量发展评价研究，不能仅限于评价指标体系的构建、评价方法的选用等基本面上，还应当深入系统研究高质量发展评价的价值导向、评价的制度安排、评价的先进技术、评价的结果应用等问题。只有从不同的研究视角来审视考核评价问题，才能从本质内涵上理解高质量发展绩效评价，才能融会贯通政府的绩效管理、绩效评价和“以评价促发展”的各项实际的工作实践之中。

一、进一步聚焦高质量发展评价的理论性研究

高质量发展考评是新发展阶段对高质量绩效评价理论的新发展。我国

原有的考评发展的方法已经过时，而新的考评尚不能满足推动高质量发展的基本要求，迫切需要新的考核评价理论指导实践。要从高质量发展考评的时代背景、理论基础、理论框架三个维度，研究提出以新思想为指导，以人民为中心是价值依归，以新发展理念为根本遵循，以价值评价施政行为是内在要求，以树立新发展绩效观为必要前提，进行理论体系框架的研究。新发展绩效观是践行新发展理念、全面系统、务实有效评价发展高质量的认识论和方法论，着力形成高质量发展的综合绩效效果、规模质量效益、政府施政效能、公众参与效度的考核评价导向。要基于哲学、经济学、管理学等已有学科积累，结合评价学的自身特点，围绕评价的内涵、分类、原则、过程、方法、范式等基础性、普适性的元问题进行深入研究。要充分利用丰富的评价实践经验，在此基础上进行系统性概括，将其提炼并上升为科学评价理论，进一步充实评价学理体系。建议架构具有一般指导意义的、适用于多个领域的、较为全面系统的评价学体系，形成类似于管理科学中的《管理学》《管理学原理》《行政管理学概论》等评价学著作，从而使得评价实践在一般性的评价思维、评价模式等方面有理可依、有章可循。

二、进一步聚焦高质量发展评价的异质性研究

本研究是以江苏省和13个设区市为例来研究高质量发展评价问题，评价的内容、评价的指标、评价的主体、评价方法、评价的周期、评价的结果应用等，都是围绕江苏高质量发展考核评价的实践来展开，限于时间和其他各种研究条件的限制，本研究未对其他省份高质量发展绩效评价进行比较性研究。各地资源禀赋不同，发展的条件不同，发展阶段和现实水平不同，因此，不同地区对高质量发展的评价有何异同，不同地区对发展评价的共性特点是什么，个性化特征是什么，这些评价异同产生的背后深层次原因是什么等诸多问题都值得我们继续思考和深入的研究。由于对不同地区高质量发展评价的样本比较研究较少，在对江苏高质量发展影响因素分析研究过程中缺乏较多的实证样本支撑。

三、进一步聚焦高质量发展评价的功能性研究

评价功能研究是对高质量发展评价的新的探索，过去缺乏对评价功能

的研究。如何对高质量发展考核评价的功能界定、功能设置和功能创新呢，是本研究今后努力研究探索的思路和方向。从高质量发展考核评价的功能含义与特征看，需要研究明晰高质量发展考评管理功能的构成要件和运行原理，对考核评价鲜明的导向性特征、现代的治理性特征、科学的检测性特征、适度的管控性特征、正向的激励性特征、精准的智能性特征需要进行系统研究，以便解决考核评价科学性和精准性不足的问题。从高质量发展考核评价的功能定位与建设看，需要进一步研究如何科学设置考核评价的信息系统数据库，实现数据统一分类、统一采集、统一核查、统一存储，保证数据源的一致性和数据质量，并加强考评大数据库的安全防护，解决信息来源渠道单一、数据采集较为困难、真假数据难以甄别的问题。从高质量发展考核评价的功能拓展与创新看，需要系统研究考核评价如何推进数据质量标准化、流程管理一体化、资源成本节约化、考评分析多样化、精准评价智能化问题，推进省级考核评价信息化平台“一张网”建设，在智能赋能上运用大数据实现人、机、智三位一体化，在动态预警上逐步实现全方位动态预警信息发布。

四、进一步聚焦高质量发展数据信息孤岛问题研究

数据孤岛问题是高质量发展考核评价中最常见的问题，现在不论是地区之间还是部门之间，随着计算机技术运用的不断深入，不同软件间，尤其是不同部门间的数据信息都不能共享，设计、管理、生产的数据不能进行交流，数据出现脱节，即产生信息孤岛，将给考核评价工作带来信息需要重复多次的输入、信息存在很大的冗余、大量的垃圾信息、信息交流的一致性无法保证等困难。下一步要围绕解决数据标准不一、来源渠道较多、业务模型复杂、数据治理难度大，信息安全要求高、系统网络隔离、数据多元接入困难等突出问题，研究建设定数据标准、促数据融合、建数据模型、强数据治理，构建江苏考核评价大数据库。要加强数据“高质量”治理研究，从源头上保障数据供给的更加可靠，实现数据“大体量”汇聚、“多样性”处理、“时效性”流动及“高价值”转化。

五、进一步聚焦高质量发展评价的政策性研究

高质量发展考核评价方案的制订和实施，都要根据高质量发展的政策

要求来进行，本研究虽然在构建江苏高质量发展评价体系过程中对相关政策作了一些调查研究，但还不够系统深入。需要深化对高质量发展政策的认识，高质量发展的核心落脚点是质量第一，而不是“高”是第一。下一步要围绕高质量发展的政策取向与绩效评价、政策质量与绩效评价质量等问题进行深入系统研究。只有搞清楚高质量发展的政策取向，才能制定正确合理的高质量发展绩效评价指标。譬如，要注重质量型发展取向，注重把防范和化解重大风险作为重中之重，注重把保护和改善生态环境作为发展生产力和保护生产力之策；推进高质量发展宏观调控方式转型，从数量调控向质量调控转变，从总量调控向结构调控转变，从需求调控向综合调控转变。只有搞清楚高质量发展的政策质量，才能提高考核评价的绩效质量。系统提高政策质量，产业政策要突出引导性，创新政策要突出先进性，绿色政策要突出共生性，开放政策要突出包容性，社会政策要突出公平性，这些都应当进行系统研究。同时，要加强政策评估研究，我国政策评估与高质量发展的新要求还不够适应，深入研究制定高质量发展政策评估取向和评估标准，注重研究高质量发展政策评估的重要环节和基础工作。

六、进一步聚焦高质量发展评价的新模式研究

强化组织考评、现场考核、第三方评估相结合的考评模式研究，增强立体化考核评价力度，既是本研究的不足，也是今后进一步加强研究的方向。要在总结和完善体制内考核评价经验基础上，针对既当“运动员”又当“裁判员”的弊端，采用多元化考核评价渠道。探索引入第三方专业评价机构，丰富评价手段，增加评价维度。既要注重把握第三方机构的独立性，又要考虑评价内容的关联性，做到独立、客观、公正。探索组织考评、现场考核、第三方评估相结合的考评模式，发挥智库对高质量发展与评价的重要作用。拓展社会评价和群众评价范围，用社会和群众的获得感来评价高质量发展成效。在依托政府考核评价的基础上，鼓励市场评价和社会评价发展，充分发挥其立场中立、体制灵活、专业性强、社会关系广泛等优势，从而为准确反映高质量发展状态与进展提供更加全面的信息支持。

七、进一步聚焦高质量发展评价的规律性研究

本研究虽然对江苏高质量发展考核评价的经验做法进行了总结，但还没有上升到理性的高度进行规律性总结提炼，特别是对我国省域高质量发展评价的普遍性特征和地域个性特征研究不够。高质量发展考核评价除具有体制内的评价的普遍特征外，还有社会第三方的绩效评价自身所独有的特点。下一步需要加强对地方高质量发展绩效评价规律的探索研究，准确把握地方高质量发展绩效评价的生成机制和影响因素，拓展研究各地推进高质量发展评价的普遍性规律和特殊性规律，研究社会第三方高质量发展评价的普遍性规律和特殊性规律，体制内评价和体制外考核评价哪些相同点和不同点，两者之间如何优势互补等，诸多问题都需要深入细化研究。如何实现精准性和简便性的辩证统一。过度追求精准性，将耗费大量行政资源，不利于推动发展；过度追求简便，将造成评价误差较大，失去考核初衷。关键在实现二者的有机平衡，建立健全能够体现新发展理念和符合江苏实际的全面客观、精准有效、简便易行的高质量发展评价体系。目前，我国对高质量发展考核评价的研究才刚刚起步，对考核评价规律的研究需要进一步加强。

本章小结

围绕江苏高质量发展“为谁评价”“由谁评价”“评价什么”“怎样评价”这条主线，构建江苏高质量发展评价体系。研究结论主要是：明晰了江苏高质量发展评价理路与价值、构建了江苏高质量发展评价指标与权重、配套了江苏高质量发展评价统计与保障体系、测度了江苏高质量发展绩效评价与预测、优化了江苏高质量发展评价路径与对策。理论研究的特点主要体现为：理论性与实践性、时代性与创新性、阶段性与前瞻性的有机结合，实践研究表明开展高质量发展评价需要高位推动与组织领导互动并进、系统谋划与基层探索互动并进、考人考事与知事识人互动并进、技术手段与智能评价互动并进、用好结果与激励作为互动并进。研究新探主

要有以下三个方面：深化细化高质量发展指标评价体系、提高绩效评价的科学性，研究探析高质量发展评价的内在联系、提升绩效评价的逻辑性，精准把握高质量发展评价“四个度”、增强绩效评价的均衡性，聚焦高质量发展运行规律、研判绩效评价的推断性。研究不足主要是：高质量发展评价理论体系亟待丰富完善、评价缺乏充足的学理支撑，高质量发展绩效评价内容的丰富性多维性，增加了量化评价难度，高质量发展评价的广度与深度不足、评价的全貌和精准难以体现，考核评价工具手段不够多、立体评价亟待加强。评价数据来源与测度方法较为单一、评价依据不够全面充分。研究愿望主要是：进一步聚焦高质量发展评价的理论性研究、进一步聚焦高质量发展评价的异同性研究、进一步聚焦高质量发展评价的功能性研究、进一步聚焦高质量发展数据信息孤岛问题研究、进一步聚焦高质量发展评价的政策性研究、进一步聚焦高质量发展评价的新模式研究、进一步聚焦高质量发展评价的规律性研究。

附　录

高质量发展深入人心　高品质生活仍待改善

——江苏高质量发展公众满意度评价调查分析

高质量发展的根本目的是增进民生福祉。为了解人民群众对高质量发展进展的满意程度和意见建议，江苏高质量发展研究院于 2022 年 3—5 月采用问卷方式，开展了高质量发展公众满意度评价研究。课题组紧扣高质量发展目标内涵，精心设计高质量发展公众满意度评价调查内容，利用问卷星平台发放并回收调查问卷 11036 份，经审核剔除未有效答题的调查问卷，最终有效样本为 9130 份。调查结果显示，社会公众对全省推进高质量发展的总体评价较好，高质量发展成效得到认可，但民生领域还存在一些值得关注的短板和问题，必须多措并举加以解决。

一、调查对象分布广泛，调查结果具有较强代表性

一是从所在城市看，被调查对象与城市常住人口数量基本呈正相关。按回收调查问卷数量从高到低排序，13 个设区市依次为南京、徐州、苏州、连云港、常州、扬州、淮安、无锡、南通、宿迁、镇江、盐城、泰州。南京市参与调查人数最多，为 1406 人，占全部被调查对象的比重为 12.7%；徐州市有 1363 人参与，占比为 12.4%。为提高满意度调查质效，所在居住地区没有超过半年的被调查对象未纳入有效问卷样本。

二是从年龄分布看，被调查对象主要集中在 25～44 岁。其中，25～34 岁被调查对象占比为 28.24%，35～44 岁被调查对象占比为 27.82%，两者合计占比达 56.06%，年龄分布较为理想。年龄在 18 周岁以下、65

周岁以上的被调查对象均未纳入有效问卷，主要是考虑到未满 18 周岁群体缺少生活体验，65 周岁以上的群体因大多处于退休状态，对所列问题不够关心。

三是从性别和居住地看，被调查对象和全部人口分布基本一致。最终有效样本共 9130 个，男女比例为 56.4%：43.6%，性别比较为均衡；城镇居民和农村居民比例为 81.9%：18.1%，基本符合全省城乡常住人口的水平。

四是从学历层次看，被调查对象的学历层次整体较高。被调查对象的学历以本科为主，占全部被调查对象的比重达 48.8%；其次为专科学历，占比为 18.0%。呈现中间学历层次人数较多、两端学历层次（小学及以下、博士）人数较少的特征。学历为专科及以上的被调查对象占比接近 80%，确保对全省高质量发展情况有较为清晰的认知。

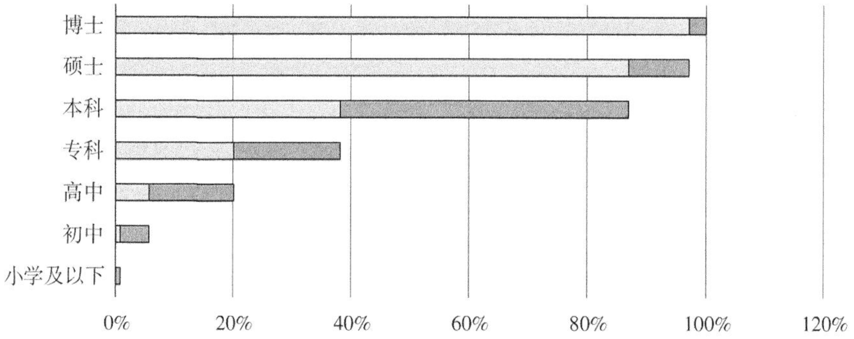

图 附-1　被调查对象受教育程度情况

五是从职业分布看，被调查对象涵盖了多种职业。机关企事业单位人员相对较多，企业人员占被调查对象占比为 26.3%，事业单位人员占比为 20.8%，党政机关人员占比为 18.0%。企业人员中，企业管理人员、企业职工分别占比 10.9%、15.3%，份额与现实基本相符。此外，被调查对象还包括学生（占比为 13.3%）、个体户和自由职业（占比为 7.0%）、退休人员（占比为 3.2%）、下岗失业人员（占比为 1.2%），职业涵盖面较为广泛。

六是从收入分布看，被调查对象覆盖到多种收入层次。有效问卷显示，被调查对象的月平均收入在 3000 元以下至 20000 元以上的各个区间均有分布。其中，月平均收入位于3001～10000元区间的占64.4%，基本能代表社会人群实际收入状况。

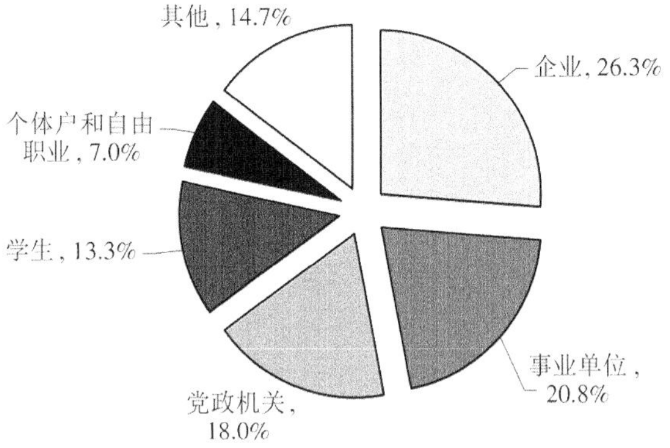

图 附-2 被调查对象职业分布情况

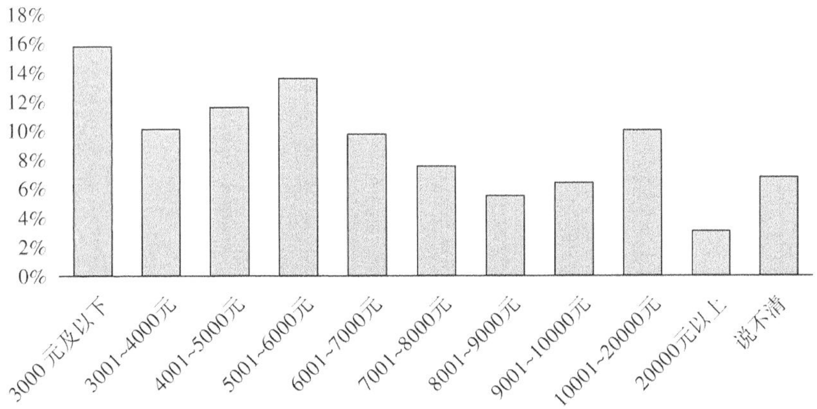

图 附-3 被调查对象月均收入情况

二、公众对高质量发展满意度整体较高，分领域呈现差异

本次调查的问卷共包括10道评价题和1道问答题。评价题重点围绕公众对教育、就业、收入、社保、医疗、居住、文化、安全等民生专项领域的满意度，以及对当地推进经济社会高质量发展的总体满意度开展调查，被调查对象从“非常满意”“满意”“说不清”“不满意”“非常不满意”

中选择一个选项作答。问答题是关于公众对全省和本地推进高质量发展的意见建议，共回收具体意见建议 5000 余条，共计 6 万余字。

（一）公众总体认可度较高：全省经济社会高质量发展的总体满意度达 75%

从调查结果看，社会公众对江苏推进高质量发展成效总体认可。关于“当地推进经济社会高质量发展的满意度”选项，选择“非常满意”的占 31%，“满意”的占 44%，两者合计占比达 75%。选择“不满意”及以下的问卷占比为 7.3%，其中“非常不满意”占比仅为 1%。从 9 个专项领域满意度调查结果看，公众对不同领域的高质量发展满意度存在一定差距，但平均满意度处在较高水平。9 个领域汇总，平均满意比例（含“非常满意”和“满意”）为 74.4%，平均不满意比例（含“不满意”及“非常不满意”）为 10%。

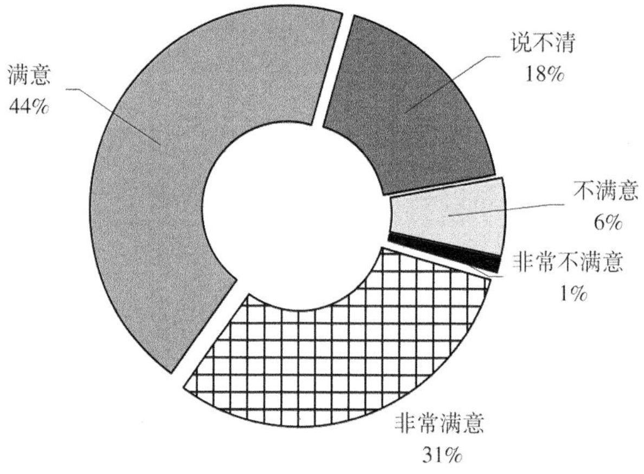

图 附-4 公众对当地推进高质量发展的总体满意度

（二）群众安全感专项满意度最高：回答为“满意”及以上的问卷占比达 85.6%

9 个专项领域中，群众安全感满意度最高，回答为“满意”及以上的问卷占比达 85.6%，大幅领先其他领域，是唯一满意度高于 80% 的专项领域。同时，安全感专项回答为“不满意”及以上的比例为 3.8%，是唯一不满意度低于 5% 的领域，其中回答为“最不满意”的比例仅为

0.6%，群众认可度非常高，反映出全省社会治理效能日益提高，治理成效逐步凸显。

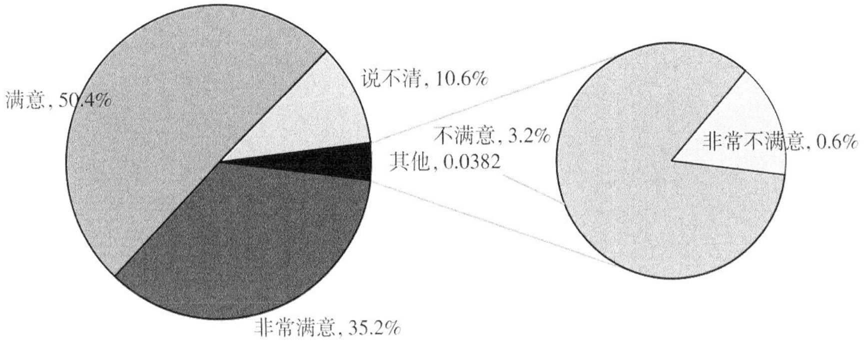

图 附-5 群众安全感专项领域满意度调查结果

（三）有4个专项领域公众满意度较高：回答为“满意”及以上的问卷占比超过75%

9个专项领域中，除群众安全感以外，还有4个专项领域的公众满意度相对较高，回答为“满意”及以上的问卷占比超过75%，从高到低依次为居住水平、生态环境、教育和精神文化。其中，居住条件和生态环境专项领域，回答为“满意”及以上的问卷占比分别为78.9%、77.4%，整体接近80%，反映出全省居住条件改善和生态环境治理取得较为显著的成效。教育和精神文化领域，回答为“满意”及以上的问卷占比分别为75.8%、75.4%，相对处于较高水平。值得关注的是，教育领域回答“非常不满意”的比例为1.2%，群众对教育领域存在的个别问题反映依然较为强烈。

（四）有3个专项领域公众满意度相对偏低：回答为“满意”及以上的问卷占比达70%~75%

9个专项领域中，社会保障、医疗保险、就业3个专项领域的满意度处于中等偏低的水平，回答为“满意”及以上的问卷占比达70%~75%。其中，社会保障领域回答为“满意”及以上的问卷占比为74.0%，回答为“不满意”及“非常不满意”的问卷比例为8.4%，满意度在9个专项领域中相对靠后，但不满意度也处在较低水平（仅次于安全感），说明社会保

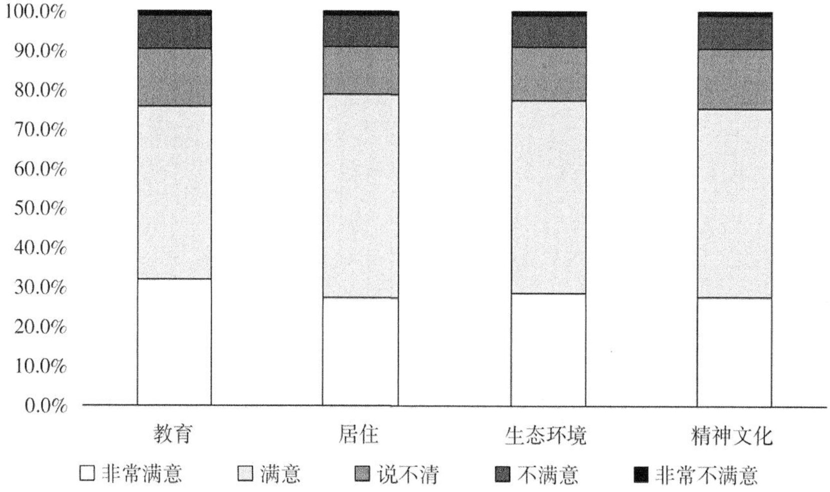

图 附-6　满意度较高的4个专项领域调查结果

障领域的工作虽然有待提高，但兜底作用已初步显现，在公众层面不存在过多不满意的情况。医疗保险、就业2个专项领域，回答为“满意”及以上的问卷占比分别为73.1%、70.1%，回答为“不满意”及“非常不满意”的问卷比例为9.52%、9.42%，满意度偏低而不满意度较高，说明这两个领域的工作亟待进一步加强。

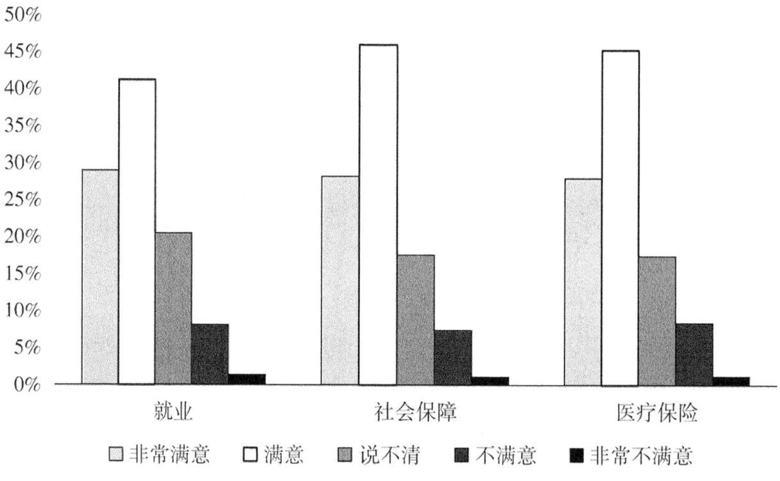

图 附-7　满意度较低的3个专项领域调查结果

（五）收入水平专项领域满意度最低：回答为“不满意”及“非常不满意”的问卷占比达21.5%

9个专项领域中，公众对收入水平满意度最低，回答为“满意”及以上的问卷占比仅为59.6%，满意度明显低于其他领域；回答“不满意”的问卷比例为18.2%，“非常不满意”的比例为3.3%，与其他领域相比差距较为明显。收入水平是民生保障中最为核心的指标，主观上公众对收入水平易出现不满情绪。但与其他专项领域的调查结果结合研判，就业、医疗保险2个专项领域的满意度排名倒数第二、第三位，说明公众对收入、就业和医疗支出等民生领域存在较强的不满和焦虑情绪。

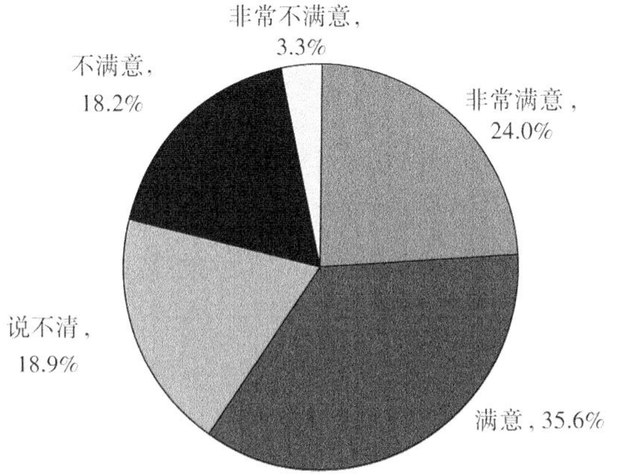

图 附-8　收入水平专项领域满意度调查结果

（六）意见建议方面：公众对经济社会高质量发展成效给予充分肯定并提出改进工作的重点方向

当问及被调查对象“对全省和本地推进高质量发展有什么具体意见建议?”时，出现频率较高的词语分别是“挺好的”“满意”“高质量”“越来越好”“非常感谢”等，反映出民众对经济社会高质量发展进步的充分肯定，也体现了对高质量发展成效的信心。意见建议方面，“提高收入”“降低物价”“医疗”“促进消费”等词语高频出现，与专项领域的问卷调查结果也相互验证。此外，“加快产业发展”“求真务实”“全面发展”“提高社会文明建设”等高频出现的词语，为做好保障和改善民生工作提供了方向。

图 附-9　公众对推动高质量发展意见建议高频词

三、聚焦短板弱项，多措并举促进公众满意度提升

全省公众对高质量发展总体评价较好，但被调查对象中仍有部分群体对高质量发展的满意程度并不是很高，相关专项领域的调查结果也揭示出高质量发展中还存在一些薄弱环节，如收入的短板制约因素较多、民生领域满意度普遍偏低、高品质的精神文化生活匮乏等问题，解决发展不平衡不充分问题和人民群众急难愁盼问题仍需持续用力。

（一）收入水平是满意度短板，富民增收势在必行

2021 年江苏居民人均可支配收入首次位列全国第四，达 47498 元，增长 9.5%，但与人民群众的期盼还存在较大差距。与浙江相比，居民人均可支配收入和增速分别低 10043 元和 0.3 个百分点，人均收入上还有不小的差距。省内地区间收入不平衡的问题依然突出，相比苏南强市的收入水平位居全国前列，苏北五市多数还低于全国平均值。在此次调查中，收入水平满意度相对比较低，不满意度占比远高于其他内容，表明收入成为影响居民生活质量的重要因素。满意度偏低与收入分配差距有关，特别是在新冠肺炎疫情影响背景下，公众对收入增长预期不高。继续稳步提高居民收入，应该成为不懈努力的目标。要多渠道促进富民增收，深化收入分配制度改革，合理提高劳动报酬在国民收入中的比重，促进经营收入稳定增长，增加城乡居民财产性收入，时刻关注低收入群体与贫困群体，扎实推动共同富裕，为创造高品质生活提供坚实保障。

（二）民生保障仍有差距，改善民生任重道远

近年来各项民生指标持续攀升，人民生活水平总体上有了很大提高，但还存在许多直接关系到老百姓切身利益的民生问题亟待解决。调查中就业、医疗、社会保障等满意度均低于平均值，最后征求意见建议中也多涉及民生领域，反映出这些是公众最为关注的社会问题。受新冠肺炎疫情影响，2022年以来全省就业压力骤增。城镇调查失业率由2月份的4.6%大幅上升至3月份的5.7%，为2019年有监测数据以来最高，一季度均值4.9%，接近5%的控制目标。在此背景下，公众对就业信心明显不足。医疗卫生方面，卫生健康服务能力虽逐年提升，医药卫生体制改革也在持续深化，但部分地区还未摆脱“就医难、看病贵”的窘境，优质医疗资源紧缺现状并未完全解决。社会保障方面，城乡和群体之间待遇仍有差别，公共领域还存在硬件设施达标但服务尚未匹配等情况。保障和改善民生没有终点，未来还需扎实做好保障和改善民生工作，聚焦群众关注度高、反映强烈的突出问题，加强基础性、普惠型、兜底性民生保障建设，助力补齐民生事业短板。要强化就业优先政策，实施多渠道灵活就业，特别是帮助因疫情短期失业人群尽早回归工作岗位。大力发展优质医疗资源、推动均衡布局，持续完善养老和医疗保障体系，统筹做好各项社会保障，让人民群众的获得感更强。

（三）文化需求聚焦更高层次，持续提升品质民生

党的十八大以来，全省经济总量连跨新台阶，随着社会生产力水平极大提高和社会供给能力显著增强，广大人民群众的基本需求得到有效满足，人们普遍追求更高品质的生活，特别是高品质精神文化生活。调查中，精神文化生活专项满意度处于中等水平，但非常满意的占比排在倒数第3位，不满意度为9.4%，也处于偏高的水平，证明与群众期盼仍有一定差距。要推进文化惠民工程，加大公共文化产品供给和服务，注重在优质化上下功夫，公共文化服务产品应从“有没有”向“好不好”转变，公共文化服务设施应由全覆盖向高效能转变。持续推进公共服务优质共享，努力建成一批科教文卫重大项目，建设智慧便捷的城乡文化生活圈，满足人民群众多层次多样化高品质精神文化需求。

（四）生态环境拐点未至，久久为功建设美丽江苏

2021年生态环境质量创自监测以来最好水平，但绿色转型发展依然面临较大压力，此次调查对生态环境的满意度虽排在专项领域前列但仍未到80%。空气环境质量末端治理空间不多，结构尚未调整到位，空气质量仍有较大改善空间。全省清水源水涵养能力较弱，水质自净能力不强，汛期部分时段水环境质量易出现明显波动，目前水环境质量情况在长三角仍然靠后，水质改善任务艰巨。在资源利用方面，部分地区资源集约节约利用水平偏低。必须坚持生态优先绿色发展，更加有力推进美丽江苏建设。按照推动减污降碳协同增效总要求，在加快推动产业结构、能源结构、交通运输结构、用地结构调整等方面同向发力、协同治理，深入打好污染防治攻坚战，全力推动全省生态环境质量持续改善。要进一步优化城乡人居环境，打造让生活更美好的美丽宜居城市，创建让城市更向往的美丽田园乡村，共建共享绿色家园。

参考文献

（一）地方文件

［1］江苏省考核工作委员会．江苏省 2021 年度综合考核实施办法［Z］．苏考发（2021）1 号．

［2］江苏省考核工作委员会．2021 年度高质量发展绩效评价考核实施方案［Z］．苏考发（2021）1 号．

［3］江苏省考核工作委员会．2021 年度设区市党的建设考核实施方案［Z］．苏考发（2021）1 号．

［4］江苏省考核工作委员会．2021 年度综合考核满意度评价实施方案［Z］．苏考发（2021）1 号．

［5］江苏省考核工作委员会．江苏省 2020 年度综合考核实施办法［Z］．苏考发（2020）1 号．

［6］江苏省考核工作委员会．2020 年度高质量发展绩效评价考核实施方案［Z］．苏考发（2020）1 号．

［7］江苏省考核工作委员会．2020 年度设区市党的建设考核实施方案［Z］．苏考发（2020）1 号．

［8］江苏省考核工作委员会．2020 年度综合考核满意度评价实施方案［Z］．苏考发（2020）1 号．

（二）著作

［9］郭克莎，等．迈向高质量发展之路［M］．北京：科学出版社，2020.

［10］张林，彭剑啸．广西县域经济高质量发展评价蓝皮书［M］．北京：知识产权出版社，2020.

［11］江苏省考核办．综合考核理论研究［C］．南京：江苏省考核

办，2022.

[12] 戴晓曙．干部分类考核方法研究［M］．北京：党建读物出版社，2019.

[13] 李义良．江苏县域高质量发展评价研究［M］．南京：江苏人民出版社，2021.

[14] 国家统计局. 全面建设小康社会统计监测方案［M］. 北京：社会科学文献出版社，2008.

[15]［印］维诺德·托马斯．增长的质量［M］．《增长的质量》翻译组，译．北京：中国财政经济出版社，2001.

[16]［苏］卡马耶夫．经济增长的速度和质量［M］．陈华山，左东官，何剑，等，译．武汉：湖北人民出版社，1983.

[17] 王小鲁，樊纲，胡李鹏．中国分省会市场化指数报告（2018）［M］．北京：社会科学文献出版社，2019.

[18]［美］阿里·哈拉契米．政府业绩与质量测评：问题与经验［M］．张梦中，丁煌，等，译．广州：中山大学出版社，2003.

[19] 王金南，於方，曹东．中国环境经济核算研究报告（2013）［M］．北京：中国环境科学出版社，2015.

[20] 麦斯特企业管理研究中心．员工绩效考核［M］．北京：经济日报出版社，2004.

[21] 吕风勇，邹琳华．中国县域经济发展报告（2018）［M］．北京：中国社会科学出版社，2019.

[22] 陈向明．质的研究方法与社会科学研究［M］．北京：教育科学出版社，2000.

[23] 陈忠，赵世明．中国干部选拔任用［M］．北京：人民出版社，2017.

[24]［美］德尔伯特·C. 米勒，内尔·J. 萨尔金德．研究设计与社会测量导引［M］．风笑天，等，译．重庆：重庆大学出版社，2004.

[25] 范柏乃．政府绩效评估与管理［M］．上海：复旦大学出版社，2007.

[26] 范柏乃．政府绩效管理［M］．上海：复旦大学出版社，2012.

[27] 付亚和，许玉林．绩效管理［M］．上海：复旦大学出版社，2009.
[28] 周国兰，周吉，龙强．江西经济高质量发展评价与实现路径研究［M］．北京：经济管理出版社，2019.
[29]［英］凯西·卡麦兹．建构扎根理论：质性研究实践指南［M］．边国英，译．重庆：重庆大学出版社，2009.
[30] 郭亚军．综合评价理论方法及拓展［M］．北京：科学出版社，2012.
[31]［英］凯瑟琳·马歇尔，［美］格雷琴·B. 罗斯曼．设计质性研究：有效研究计划的全程指导［M］．何江穗，译．重庆：重庆大学出版社，2015.
[32]［美］克里斯托夫·鲍利特．重要的公共管理者［M］．孙迎春，译．北京：北京大学出版社，2011.
[33]［英］埃贡·G. 古贝，［美］伊冯娜·S. 林肯．第四代评估［M］．秦霖，蒋燕玲，译．北京：中国人民大学出版社，2008.
[34]［德］赖因哈德·施托克曼，沃尔夫冈·梅耶．评估学［M］．唐以志，译．北京：人民出版社，2012.
[35]［美］利奥尼德·赫维茨，斯坦利·瑞特．经济机制设计［M］．田国强，译．上海：格致出版社，2014.
[36] 李修义．中国县级综合改革的历程与实践［M］．北京：经济管理出版社，1992.
[37] 杨士秋，王京清．公务员考核［M］．北京：中国人事出版社，党建读物出版社，2008.
[38] 张铁网．领导干部考核制度改革与创新［M］．北京：中共中央党校出版社，2003.
[39] 李森．党政领导干部素质与能力培养研究：干部培训视角［M］．北京：党建读物出版社，2008.
[40] 周黎安．转型中的地方政府：官员激励与治理［M］．上海：格致出版社，上海人民出版社，2017.
[41] 中国社会科学院工业经济研究所课题组．中国县域经济推动产业升级实践［M］．北京：社会科学文献出版社，2013.

［42］刘思峰，郭本海，方志耕，等．系统评价：方法、模型、应用［M］．北京：科学出版社，2015.

［43］萧鸣政．现代绩效考评技术及其应用［M］．北京：北京大学出版社，2007.

［44］刘昕．党政领导干部民主测评及优化［M］．北京：中国人民大学出版社，2018.

［45］李志军．第三方评估理论与方法［M］．北京：中国发展出版社，2016.

［46］王浦劬，臧雷振．治理理论与实践：经典议题研究新解［M］．北京：中央编译出版社，2017.

［47］夏锦文，吴先满．新时代江苏经济社会高质量发展研究［M］．南京：江苏人民出版社，2020.

［48］中共南京市委全面深化改革委员会办公室．集成改革的江宁探索［M］．南京：南京出版社，2020.

［49］易昌良. 2015 中国发展指数报告："创新 协调 绿色 开放 共享"新理念、新发展［M］. 北京：经济科学出版社，2016.

［50］方振邦，罗海元．党政领导干部考核评价［M］．北京：中国人民大学出版社，2019.

［51］李明．新时代好干部考评机制新探［M］．上海：上海人民出版社，2020.

［52］聂春文．中国高质量发展［M］．大连：东北财经大学出版社，2018.

［53］蒋文能．县级领导干部绩效形成机理和评估机制研究［M］．北京：中国经济出版社，2021.

［54］张小峰，刘显睿．高效能政府绩效评估体系［M］．上海：复旦大学出版社，2020.

［55］邬定国．地方政府社会建设的绩效评价研究［M］．北京：中国社会科学出版社，2020.

（三）论文

［56］刘兴远．高质量发展绩效评价考核在江苏的探索与实践［J］．中国

统计，2022（5）：13-16.

［57］中央组织部公务员三局．以干部考核之变，聚推动发展之力——江苏省改进推动高质量发展的政绩考核调研报告［J］．党建研究，2020（12）：53-57.

［58］李义良，苗成斌．江苏高质量发展考核评价指标体系科学性提升研究［J］．江苏海洋大学学报（人文社会科学版），2022（1）：112-118.

［59］马润凡，刘子晨．论高质量发展政策体系的目标取向与执行环境营造［J］．河南师范大学学报（哲学社会科学版），2020，47（2）：22-27.

［60］朱启贵．建立推动高质量发展的指标体系［N］．文汇报，2018-02-06（12）．

［61］田晓平．形成推动高质量发展标准体系理论研究与实践探索——以河北省为例［J］．中国质量与标准导报，2018（6）：42-46.

［62］孟灿文．统计如何更好地反映高质量发展［J］．中国统计，2018（11）：4-6.

［63］李咏馨．高质量发展背景下湖北省经济发展绩效评价研究［J］．中南财经政法大学研究生学报，2019（6）：14-22.

［64］高娟．新时代中国政府绩效评价研究［J］．中国软科学，2019（12）：62-71.

［65］陈晓雪，时大红．我国30个省市社会经济高质量发展的综合评价及差异性研究［J］．济南大学学报（社会科学版），2019（4）：100-113，159-160.

［66］李金昌，等．高质量发展评价指标体系探讨［J］．统计研究，2019（1）：4-14.

［67］任保平．我国高质量发展的目标要求和重点［J］．红旗文稿，2018（24）：21-23.

［68］刘惟蓝．以高质量发展的指标体系引领开发区建设［N］．新华日报，2018-04-25（13）．

［69］朱乐尧．区域经济发展效果的宏观评价［J］．数量经济技术经济研

究，1989（9）：75-78.
［70］曹仰锋．高层管理团队领导行为对团队绩效的影响机制：案例研究［J］．管理学报，2011，8（4）：504-516.
［71］曾维和．后新公共管理时代的跨部门协同：评希克斯的整体政府理论［J］．社会科学，2012（5）：36-47.
［72］国务院发展研究中心，管理世界杂志社，等．1991年188个地级以上城市经济社会发展水平评价［J］．管理世界，1992（6）：143-149.
［73］朱庆芳．社会指标的应用及评价比较实例——改革开放以来哪些地区经济社会发展速度快、水平高［J］．社会学研究，1993（2）：31-35.
［74］国家统计局课题组，等．和谐社会统计监测指标体系研究［J］．统计研究，2006（5）：23-28.
［75］齐心，梅松．大城市和谐社会评价指标体系的构建与应用［J］．统计研究，2007（7）：17-21.
［76］陈友华．全面小康社会建设评价指标体系研究［J］．社会学研究，2004（1）：90-98.
［77］宋林飞．中国小康社会指标体系及其评估［J］．南京社会科学，2010（1）：6-14.
［78］冯志峰．探索构建高质量发展评价指标体系［J］．中国井冈山干部学院学报，2020，13（3）：33-40.
［79］钞小静，任保平．中国经济增长质量的时序变化与地区差异分析［J］．经济研究，2011（4）：26-40.
［80］宋明顺，等．经济发展质量评价体系研究及应用［J］．经济学家，2015（2）：35-43.
［81］曹仰锋．高层管理团队领导行为对团队绩效的影响机制：案例研究［J］．管理学报，2011，8（4）：504-516.
［82］陈宏辉，贾生华．企业利益相关者三维分类的实证分析［J］．经济研究，2004（4）：80-90.
［83］周永道，孟宪超，喻志强．区域综合发展的“五位一体”评价指标体系研究［J］．统计与信息论坛，2018（5）．

[84] 杨新洪．“五大发展理念”评价指标体系构建——以深圳市为例［J］．调研世界，2017（7）：3-7.
[85] 黄顺春，邓文德．高质量发展评价指标体系研究述评［J］．统计与决策，2020，36（13）：26-29.
[86] 陈晓玲，李小庆．中国省级政府效率研究：基于空间面板数据分析［J］．财贸研究，2013（4）：118-125.
[87] 陈雪峰，时勘．参与式领导行为的作用机制：来自不同组织的实证分析［J］．管理世界，2008（3）：126-132.
[88] 魏修建，杨镒泽，吴刚．中国省际高质量发展的测度与评价［J］．统计与决策，2020（13）：15-20.
[89] 任保平，李禹墨．新时代我国高质量发展评判体系的构建及其转型路径［J］．陕西师范大学学报（哲学社会科学版），2018（3）：106-114.
[90] 刘丽霞．西部省份经济高质量发展的综合评价分析［J］．内蒙古财经大学学报，2019（3）：13-15.
[91] 师博．中国特色社会主义新时代高质量发展宏观调控的转型［J］．西北大学学报（哲学社会科学版），2018，48（3）：14-22.
[92] 郭桂萍．高质量发展指标体系要解决三大不平衡问题［N］．学习时报，2018-06-08（2）.
[93] 吕薇．探索体现高质量发展的评价指标体系［J］．中国人大，2018（11）：23-24.
[94] 李子联，王爱民．江苏高质量发展：测度评价与推进路径［J］．江苏社会科学，2019（1）：247-256.
[95] 师博．论现代化经济体系的构建对我国经济高质量发展的助推作用［J］．陕西师范大学学报（哲学社会科学版），2018，47（3）：126-132.
[96] 苗成斌．拓广度挖深度强效度，探索高质量发展评价新路径［N］．新华日报，2021-12-28（17）.
[97] 丁彬．按照科学发展观要求创新领导干部考核评价机制［J］．中国浦东干部学院学报，2008（5）：88-91.

[98] 丁刚，陈奇玲．省域政府效率对经济发展方式转变影响作用的空间关联模式探析：基于 GWR 模型与 ESDA 方法［J］．中国行政管理，2014（8）：90 -93.

[99] 杜瑛．协商与共识：提高评价效用的现实选择：基于第四代评价实践的分析［J］．教育发展研究，2010（17）：47 -51.

[100] 方振邦，陈曦，唐健．国外高级公务员绩效考核：比较与启示［J］．云南社会科学，2015（6）：24 -30.

[101] 方振邦，侯纯辉，陈曦．美国联邦政府高级公务员绩效考核体系及借鉴［J］．国家行政学院学报，2016（2）：128-132.

[102] 方振邦，黄玉玲．日本中央政府高级公务员考核研究及其启示［J］．日本研究，2015（1）：51-59.

[103] 方振邦，冉景亮．英国高级公务员绩效管理实践及其对我国干部队伍建设的启示［J］．探索，2015（6）：98-103.

[104] 洪向华．健全和完善党政领导干部绩效考核制度的对策措施［J］．领导科学，2010（12）：31 -33.

[105] 李训章．关于正确运用干部实绩考核结果的思考［J］．组织人事学研究，1997（4）：33 -34.

[106] 李衍增．干部政绩考核评价问题研究综述［J］．攀登（双月刊），2010，29（5）：88-92.

[107] 李以渝．机制论：事物机制的系统科学分析［J］．系统科学学报，2007，15（4）：22-26.

[108] 郦水清，陈科霖，田传浩．中国的地方官员何以晋升：激励与选择［J］．甘肃行政学院学报，2017（3）：4-17.

[109] 胡月星．不同层级公务员胜任特征模型结构实证研究［J］．领导科学，2011（9月中）：4-7.

[110] 冯英浚，高欣，魏松贤．生产有效性与管理有效性［J］．管理工程学报，2001（3）：27-29.

[111] 范柏乃，闫伟．公共部绩效评估方法的缺陷与修正：FBN 认同度评估法［J］．南京社会科学，2016（9）：80 - 87.

[112] 唐平秋，韦伟光．我国领导干部政绩评价结果运用研究［J］．广西

师范学院学报（哲学社会科学版），2015，36（3）：90-94.
［113］王登峰，崔红．中国基层党政领导干部的胜任特征与跨文化比较［J］.北京大学学报（哲学社会科学版），2006，43（6）：138-146.
［114］张海钟，赵文进，张维英．甘肃省县处级干部领导行为问卷调查分析［J］．价值工程，2007（12）：21-25.
［115］张培德．如何构建党政人才政绩指标评价体系［J］．中国人才，2006（5）：58-59.
［116］谢忠平．关于完善党政领导干部考核的思考［J］．中共天津市委党校学报，2015（6）：8-11.
［117］徐细雄，万迪昉，梁巧转．基于两维度相对业绩比较的经营者报酬契约设计［J］．中国管理科学，2005，13（3）：115-118.
［118］王发读．对领导干部综合考核评价工作的现实思考［J］．江汉论坛，2010（5）：45-48.
［119］唐任伍，唐天伟．政府效率的特殊性及其测度指标的选择［J］．北京师范大学学报（社会科学版），2004（2）：100-106.
［120］乔坤元．我国官员晋升锦标赛机制的再考察：来自省市两级政府的证据［J］．财经研究，2013，39（4）：123-133.
［121］周长城，谢颖．经济社会发展综合评价指标体系研究［J］．社会科学研究，2008（1）：89-94.
［122］肖思思，黄金贤，陈志刚，等．资源节约型社会发展综合评价指标体系及其应用——以江苏省为例［J］．经济地理，2008（1）：118-123.
［123］朱少芬，赵沁娜．“十二五”时期经济社会发展指标体系构建研究——以滁州市为例［J］．合肥工业大学学报（社会科学版），2012，26（2）：58-63.
［124］赵紫燕，于晓萍，董惠敏，赵博艺．中国的全面小康指数——指标体系建构及综合评价［J］．国家治理，2016（32）：3-24.
［125］朱启贵．全面建成小康社会评价指标体系研究［J］．人民论坛·学术前沿，2017（4）：52-60.
［126］陈曦，王中华．加快构建我国新经济监测评价指标体系——美

国新经济指数对我国的启示［J］．价格理论与实践，2017（3）：112-115.
［127］杨姗．新时代县域经济高质量发展的思路与策略探讨［J］．大众投资指南，2021（16）：34-35.
［128］陈再齐，李震，杨志云．国际视觉下经济高质量发展的实现路径及制度选择［J］．学术研究，2019（2）：79-86.
［129］李强，李新华．新常态下经济增长质量测度与时空格局演化分析［J］．统计与决策，2018，34（13）：142-145.
［130］任保平，文丰安．新时代中国高质量发展的判断标准、决定因素与实现途径［J］．改革，2018（4）：5-16.
［131］彭宇文，田珂源．基于全局主成分分析的湖南省各地级市经济增长质量评价［J］．湖南工业大学学报（社会科学版），2018（4）：14-18，50.
［132］董嘉明，庞亚君，王琳．准确把握新型城市化的内涵与特征——浙江省新型城市化评价指标体系研究［J］．浙江经济，2018（3）：62-63.
［133］汪克亮，杨力，查甫更．区域城市化水平的可变模糊识别评价方法研究［J］．统计教育，2009（8）：3-6，17.
［134］杨丹辉．新常态下经济增长与环境治理：基于后发国家EKC的思考［J］．当代经济管理，2016（1）：1-6.
［135］于斌斌．产业结构调整与生产率提升的经济增长效应——基于中国城市动态空间面板模型的分析［J］．中国工业经济，2015（12）：83-98.
［136］余泳泽，杜晓芬．技术进步、产业结构与能源效率——基于省域数据的空间面板计量分析［J］．产业经济评论，2011（4）：36-68.
［137］袁富华．长期增长过程的“结构性加速”与“结构性减速”：一种解释［J］．经济研究，2012（3）：127-140.
［138］詹新宇，崔培培．中国省际经济增长质量的测度与评价——基于“五大发展理念”的实证分析［J］．财政研究，2016（8）：39，40-53.
［139］张军，吴桂英，张吉鹏．中国省际物质资本存量估算：1952—2000［J］．经济研究，2004（10）：35-44.

［140］张其仔．比较优势的演化与中国产业升级路径的选择［J］．中国工业经济，2008（9）：58-68.

［141］张其仔，郭朝先，白玫．协调保增长与转变经济增长方式关系的产业政策研究［J］．中国工业经济，2009（3）：29-39.

［142］孙斐．中国地方政府绩效评价的价值冲突管理：基于四川省资中县政府的质性研究［J］．公共管理学报，2015（3）：139 - 160.

（四）学位论文

［143］李晓楠．高质量发展评价指标体系构建与实证研究［D］．杭州：浙江工商大学，2020.

［144］朱燕青．江西省经济高质量发展评价指标体系构建及实证研究［D］. 南昌：江西财经大学，2020.

［145］魏艳艳．中国省级高质量发展水平测度研究［D］. 郑州：河南大学，2020.

［146］陈敬全．科研评价方法与实证研究［D］．武汉：武汉大学，2004.

［147］李重照．公开选拔领导干部制度有效性研究［D］．上海：复旦大学，2013.

［148］王发读．基于绩效评估的领导班子和领导干部综合考核评价体系构建与制度安排研究［D］．武汉：华中师范大学，2012.

（五）外文文献

［149］Bolcárová P，Kološta S. Assessment of Sustainable Development in the EU 27 Using Aggregated SD Index［J］. Ecological Indicators，2015，48：699-705.

［150］OECD. Towards Green Growth：Monitoring Progress OECD Indicators［R］. OECD Publishing，2011.

［151］Statistics Netherlands. Green Growth in the Netherlands 2015［R］. Statistics Netherlands，2015.

［152］Diefenbacher H，Zieschank R，Rodenhäuser D. Measuring Welfare in Germany. A Suggestion for a New Welfare Index［M］. Federal Environment Agency, 2010.

[153] Held B, Rodenhäuser D, Diefenbacher H, e tal. The National and Regional Welfare Index (NWI/RWI): Redefining Progress in Germany [J]. Ecological Economics, 2018, 145: 391-400.

[154] Atkinson R D, Correa D K. 2007 State New Economy Index: Benchmarking Economic Transformation in the States [DB/OL]. Social Science Electronic Publishing, 2007.

[155] Robert D, Atkinson J, John W. The 2017 State New Economy Index [DB/OL]. Social Science Electronic Publishing, 2017.

[156] Arnold J, Arad S, Rhoades J, Erasgow F. The empowering leaderhip questionnaire: the construction and validation of a new scale for measuring leader behaviors [J]. Journal of Orgnizational Behavior, 2000, 1 (21): 249 - 269.

[157] Atkinson R. D. & Nager A. The 2014 State New Economy Index [DB/OL]. Social Science Electronic Publishing, 2014.

[158] Bolcárová P. & Kolosta S. Assessment of Sustainable Development in the EU 27 Using Aggregated SD Index [J]. E-cological Indicators, 2015 (48): 699-705.

[159] Changzheng Z. & Jin K. Effect of Equity in Education on the Quality of Economic Growth: Evidence from China [J]. Journal of Human Sciences, 2010, 7 (1): 47-69.

[160] Mei L. & Chen Z. The Convergence Analysis of Regional Growth Differences in China: The Perspective of the Quality of Economic Growth [J]. Journal of Service Science and Management, 2016, 9 (6): 453-476.

[161] Statistics Netherlands. Green Growth in the Netherlands 2015 [R]. Statistics Netherlands, 2015.

[162] Vishal G, Shailendra S. How leaders impact employee creativity: a study of Indian R&D laboratories [J]. Management Research Review, 2013, 36 (1): 66.

后　记

2017年10月，党的十九大报告提出，“我国经济已由高速增长阶段转向高质量发展阶段”。2022年10月，党的二十大报告强调，“高质量发展是全面建设社会主义现代化国家的首要任务”。

高质量发展是当前和今后一个时期确定发展思路、制定经济社会发展政策、实施宏观调控的根本着眼点。高质量发展考核评价是新时代的产物，也是贯彻新发展理念、把高质量发展落到实处的制度性安排。自2018年江苏在全国率先实行高质量综合考核以来，综合考评的正向激励作用、发展引领作用、综合促进作用增强，考出了“比学赶超”的发展动力，考出了“争当表率、争做示范、走在前列”的生动局面。

为贯彻落实党的十九大、十九届五中全会和江苏省第十四次党代会精神，江苏省哲学社会科学规划办于2021年设立了“江苏省高质量发展评价体系研究”社科基金重大项目。经过项目招标、投标、答辩和专家评审，课题组确定了一个总课题和5个子课题，由苗成斌（南京邮电大学高质量发展评价研究院研究员）担任总课题负责人，子课题负责人分别是：刘德海（江苏省政协文化文史委副主任、南京邮电大学高质量发展评价研究院理事长，研究员）、刘兴远（江苏省考核工作委员会办公室副主任、省统计局一级巡视员、江苏高质量发展综合评估研究基地首席专家，高级统计师）、孙怀江（江苏省委组织部考核评价中心主任）、朱卫未（南京邮电大学人事处处长，教授）、李义良（南京邮电大学高质量发展评价研究院教授）。

项目开题后，总课题和各个子课题进一步优化调整，并同步按计划开展研究。各个课题组接受了项目中期检查，并于2022年7月形成了课题研究报告。项目研究过程取得了一批阶段性成果，主要体现在以下五个方面：

一是上报决策咨询研究报告。主要通过《江苏宣传工作动态》《智库专报》《决策参阅》《高质量发展评价研究专报》等专刊报省有关领导和部门，有的被正省级领导肯定性批示，相关建议被省考核评价中心吸纳，发挥了为决策提供咨询服务的作用。二是出版专题研究著作。人民出版社出版的《高质量发展综合评价与实现路径研究》，聚焦考核评价理论和实践探索；江苏人民出版社出版的《江苏县域高质量发展评价研究》为江苏县域高质量发展“精准画像”；《高质量发展考评体系研究》也将在人民出版社出版。三是通过发表学术性论文开展理论宣传。《拓广度挖深度强效度，探索高质量发展评价新路径》《江苏高质量发展考核评价指标体系科学性提升研究》《推动高质量发展统计体系的构建：目标与路径》《丰富完善推动县域高质量发展的制度体系》《构建县域高质量发展评价的正向激励机制》《以高质量评价体系引领县域高质量发展》等一批研究成果发表在省内外有影响的期刊上。四是部分研究成果获奖。《提升考核指标体系科学性研究》，获 2021 年度江苏省社科应用研究精品工程奖（高质量发展综合考核专项）一等奖；《江苏综合考核满意度评价机制研究》，获 2021 年度江苏省社科应用研究精品工程奖（高质量发展综合考核专项）三等奖。五是参与江苏省有关部门课题研究。课题组成员参与了江苏省考核评价中心、省编制办、省发改委等课题研究，本课题的一些观点、方法和结论被吸收采纳。

本课题的研究和报告的撰写，在江苏省哲学社会科学规划办的指导下进行；江苏省委组织部副部长高颜给予指导和修改；省发改委综合处处长王国亮、省社科联研究室主任刘西忠给予指导并提出修改意见建议，课题组成员刘德海、刘兴远、孙怀江、朱卫未、李义良、陈燕儿（南京邮电大学高质量发展评价研究院助理研究员、博士）等参加了研究报告主要章节的研讨和修改；南京邮电大学高质量发展评价研究院执行院长沙勇教授给予了指导、修改和支持帮助。

本课题负责人苗成斌具体主持研究和撰写，并与刘兴远、赵扬波（江苏省委老干部局秘书）对全书进行了集中统稿、修改和完善。朱卫未、刘兴远、李义良对大量数据进行了收集和处理。刘兴远设计调查问卷，苗成斌、李义良具体组织实施了问卷调查。

本书是集体研究和攻关的成果。其中，序，由刘德海研究员执笔；第一章，由赵扬波、杨娜娜（南京邮电大学高质量发展评价研究院助理研究员、博士）执笔；第二章，由孙怀江、赵扬波执笔；第三章，由陈燕儿执笔；第四章，由李义良执笔；第五章，由刘兴远执笔；第六章，由朱卫未、张霞蕊（南京邮电大学在读硕士研究生）执笔；第七章，由苗成斌执笔；第八章，由苗成斌执笔；附录，由苗成斌、刘兴远、张远征（省统计局监测处副处长）、马海锋（省统计局主任科员）、李义良等执笔。

知事者明，顺势者成。深入研究高质量发展和考核评价是一项系统工程，也是一个长期的探索过程。课题研究团队阅研了大量公开发表的论文、专著及相关政策文件，深入江苏有关设区市、县（市、区）、乡镇、开发园区、街道社区和企业现场调研和走访，同时利用“问卷星”小程序获取有效调查问卷9130份、意见建议5000多条。研究团队通过专题文献阅读，夯实考评理论功底；通过调查研究，丰富考评实践知识；通过深入思考，拓展考评思维空间，并在此基础上，把研究的重点问题、难点问题和关键性问题列出清单，逐一进行研究探讨和集中攻关。

本书只是从不同的视角对江苏高质量发展的有关方面进行了初步的分析探索，囿于水平和时间所限，虽然数易其稿，但书中的一些观点和提法还不够成熟、不够完善，难免存在疏漏和不妥之处。研究高质量发展考核评价是一个永恒的课题，永远在路上。我们祈望各位同人、专家、读者批评指正，希望更多的同志关注和参与高质量发展考核评价方面的研究。

在本书付梓之际，感谢江苏省哲学社会科学规划办对这个项目的指导、支持和资助，感谢江苏省考核工作委员会办公室及省有关部门对项目研究的指导、提供的宝贵资料和意见建议，感谢南京邮电大学各位领导给予的关心和精心指导，感谢高质量发展评价研究院沙勇教授、金巍副研究员、刘莉主任、卢晶晶秘书、王瑄秘书的大力支持和帮助，感谢高质量发展研究院给予的出版资金资助，感谢中国社会出版社杨春岩编辑为本书出版付出的辛勤劳动。同时，我作为项目的牵头人，还要感谢各子课题负责人和各位研究人员的大力支持和帮助。在此，谨向在由项目立项到结题、书稿写作到出版过程中作出奉献的所有人员，一并致以诚挚的感谢！

苗成斌

2022年10月